History of Japan Academy of Business Administration (JABA):
Main Issues of Last 40 Years

日本経営学会史
創設51周年から90周年まで

日本経営学会
［編］

千倉書房

はしがき

　待望の書『日本経営学会史』の刊行を心より喜びたい。本書は、日本経営学会創立90周年記念事業の一つとして、海道ノブチカ日本経営学会前理事長、片岡信之元理事長（『日本経営学会史』編集長）、小阪隆秀前常任理事（90周年記念事業実行委員会委員長）を中心に、多くの先学のご協力を仰ぎ取り組まれてきたものである。編集・刊行にご尽力いただいた皆様に謝意を表したい。

　山本安次郎先生の『日本経営学五十年』（東洋経済新報社、1977年）との併読により日本経営学会の研究活動史の全貌が展望できるよう、第51回大会（1977）から第90回大会（2016年）まで40年間を対象に編纂されている。

　経営学は19世紀末に生成し、20世紀に大きく発展した。日本では日本経営学会の創設（1926年）に象徴されるように、経営学は「昭和の学問であり、最初は輸入の学問」（山本安次郎）であった。苦難の大戦期を経て、社会科学として市民権を獲得し、今日、グローバルに通用する経営学の創造が求められると同時に、日本に責任を負う経営学の発展も求められている。21世紀、日本経営学会はこうした期待に応えることができなければならないであろう。創設90周年を迎えた日本経営学会はこれまで以上に大きな成果が社会から期待される時期を迎えている。

　『日本経営学会史』はこうした期待に応える礎石を提供するものである。日本における経営学研究90年の歴史に学ぶことなく、経営学研究の現状を分析し、未来を語ることはできないであろう。本書は日本における経営学の未来展望の基本文献に位置づけられるものであると確信している。経営学の過去・現在・未来に関心を抱く多くの人々に熟読されることを祈念したい。

日本経営学会理事長　百田義治

目 次

はしがき ———————————— 日本経営学会理事長　百田義治　iii

刊行にあたり ———————— 90周年記念事業実行委員会委員長　小阪隆秀　xiii

編集方針 ———————————『日本経営学会史』編集長　片岡信之　xvii

第 I 部
日本経営学会90年の歩み
創設51周年から90周年までを中心に

第 1 章　日本経営学会90年の歩み ———————— 片岡信之　003
　　　　　——51〜90周年を中心に

1 ▸ 創設 (1926年) から50周年 (1976年) まで　003

2 ▸ 51周年 (1977年) から90周年 (2016年) まで　015

3 ▸ 総括　025

第 II 部
第51回大会以降の統一論題論点とその意義

第 2 章 | 第51回大会〜第52回大会 ──── 田中照純 043

1 ▸ 第48集『日本的経営の諸問題』(1978年)
　　　　　　　　　　　　　　　［第51回大会(1977年)］ 043
2 ▸ 第49集『日本経営学と日本的経営』(1979年)
　　　　　　　　　　　　　　　［第52回大会(1978年)］ 054

第 3 章 | 第53回大会〜第55回大会 ──── 坂下昭宣 063

1 ▸ 第50集『現代経営学の基本問題』(1980年)
　　　　　　　　　　　　　　　［第53回大会(1979年)］ 063
2 ▸ 第51集『八〇年代の企業経営』(1981年)
　　　　　　　　　　　　　　　［第54回大会(1980年)］ 070
3 ▸ 第52集『現代企業の諸問題』(1982年)
　　　　　　　　　　　　　　　［第55回大会(1981年)］ 078

第 4 章 | 第56回大会〜第58回大会 ──── 河野昭三 085

1 ▸ 第53集『産業技術の新展開と経営管理の課題』(1983年)
　　　　　　　　　　　　　　　［第56回大会(1982年)］ 085
2 ▸ 第54集『現代企業の所有と支配』(1984年)
　　　　　　　　　　　　　　　［第57回大会(1983年)］ 091
3 ▸ 第55集『政府と企業』(1985年)
　　　　　　　　　　　　　　　［第58回大会(1984年)］ 098

第 5 章 | 第59回大会〜第61回大会 ——— 奥林康司　107

- 1▸ 第56集『現代経営学の新動向』(1986年)
  ─────────────［第59回大会(1985年)］　107
- 2▸ 第57集『情報化の進展と企業経営』(1987年)
  ─────────────［第60回大会(1986年)］　114
- 3▸ 第58集『企業経営の国際化と日本企業』(1988年)
  ─────────────［第61回大会(1987年)］　120

第 6 章 | 第62回大会〜第64回大会 ——— 仲田正機　127

- 1▸ 第59集『産業構造の転換と企業経営』(1989年)
  ─────────────［第62回大会(1988年)］　127
- 2▸ 第60集『日本的経営の再検討』(1990年)
  ─────────────［第63回大会(1989年)］　134
- 3▸ 第61集『九〇年代の経営戦略』(1991年)
  ─────────────［第64回大会(1990年)］　141

第 7 章 | 第65回大会〜第67回大会 ——— 宗像正幸　149

- 1▸ 第62集『世界経済構造の変動と企業経営の課題』(1992年)
  ─────────────［第65回大会(1991年)］　149
- 2▸ 第63集『新しい企業・経営像と経営学』(1993年)
  ─────────────［第66回大会(1992年)］　155
- 3▸ 第64集『世界の中の日本企業』(1994年)
  ─────────────［第67回大会(1993年)］　164

第 8 章　第68回大会〜第70回大会 ────── 小松 章　174

1 ▸ 第65集『現代企業と社会』(1995年)
　　　────────────［第68回大会(1994年)］　174

2 ▸ 第66集『日本企業再構築の基本問題』(1996年)
　　　────────────［第69回大会(1995年)］　181

3 ▸ 第67集『現代経営学の課題』(1997年)
　　　────────────［第70回大会(1996年)］　187

第 9 章　第71回大会〜第73回大会 ────── 森本三男　196

1 ▸ 第68集『環境変化と企業経営』(1998年)
　　　────────────［第71回大会(1997年)］　196

2 ▸ 第69集『21世紀の企業経営』(1999年)
　　　────────────［第72回大会(1998年)］　203

3 ▸ 第70集『新しい世紀と企業経営の変革』(2000年)
　　　────────────［第73回大会(1999年)］　209

4 ▸ 三大会統一論題報告の総括
　　──21世紀を迎える経営学の課題と展開　216

第 10 章　第74回大会〜第76回大会 ────── 植竹晃久　219

1 ▸ 第71集『経営学の新世紀：経営学100年の回顧と展望』(2001年)
　　　────────────［第74回大会(2000年)］　219

2 ▸ 第72集『21世紀経営学の課題と展望』(2002年)
　　　────────────［第75回大会(2001年)］　226

3 ▸ 第73集『IT革命と企業経営』(2003年)
　　　────────────［第76回大会(2002年)］　234

第11章 | 第77回大会〜第79回大会 ——— 林 正樹　242

1▶ 第74集『グローバリゼーションと現代企業経営』(2004年)
　　　　　　　　　　　　　　　　　　　［第77回大会(2003年)］　242
2▶ 第75集『日本企業再生の課題』(2005年)
　　　　　　　　　　　　　　　　　　　［第78回大会(2004年)］　249
3▶ 第76集『日本型経営の動向と課題』(2006年)
　　　　　　　　　　　　　　　　　　　［第79回大会(2005年)］　257

第12章 | 第80回大会〜第82回大会 ——— 齊藤毅憲　266

1▶ 第77集『新時代の企業行動―継続と変化―』(2007年)
　　　　　　　　　　　　　　　　　　　［第80回大会(2006年)］　266
2▶ 第78集『企業経営の革新と21世紀社会』(2008年)
　　　　　　　　　　　　　　　　　　　［第81回大会(2007年)］　272
3▶ 第79集『日本企業のイノベーション』(2009年)
　　　　　　　　　　　　　　　　　　　［第82回大会(2008年)］　279

第13章 | 第83回大会〜第85回大会 ——— 貫 隆夫　289

1▶ 第80集『社会と企業：いま企業に何が問われているか』(2010年)
　　　　　　　　　　　　　　　　　　　［第83回大会(2009年)］　289
2▶ 第81集『新たな経営原理の探求』(2011年)
　　　　　　　　　　　　　　　　　　　［第84回大会(2010年)］　296
3▶ 第82集『リーマン・ショック後の企業経営と経営学』(2012年)
　　　　　　　　　　　　　　　　　　　［第85回大会(2011年)］　303

第14章　第86回大会〜第88回大会 ──── 村田和彦　311

1▸ 第83集『新しい資本主義と企業経営』(2013年)
　　　　　　　　　　　　　　　［第86回大会(2012年)］　311
2▸ 第84集『経営学の学問性を問う』(2014年)
　　　　　　　　　　　　　　　［第87回大会(2013年)］　318
3▸ 第85集『日本的ものづくり経営パラダイムを超えて』(2015年)
　　　　　　　　　　　　　　　［第88回大会(2014年)］　325

第15章　第89回大会〜第90回大会 ──── 高橋俊夫　333

1▸ 第86集『株式会社の本質を問う−21世紀の企業像』(2016年)
　　　　　　　　　　　　　　　［第89回大会(2015年)］　333
2▸ 第87集『日本の経営学90年の内省と構想』(2017年)
　　　　　　　　　　　　　　　［第90回大会(2016年)］　345

編集後記 ──── 日本経営学会前理事長　海道ノブチカ　356

―――― 巻 末 資 料 ――――

日本経営学会　全国大会統一論題の変遷(第1回～第90回大会) ―――― 361

日本経営学会　学会賞受賞者一覧
　▸ 著書部門　404／▸ 論文部門　405

執筆者紹介 ―――――――――――――――― 407

刊行にあたり

　日本経営学会は1926年に創立され，2016年をもって90周年を迎えることになった。これを記念して，「日本経営学会賞（著書・論文）」受賞作品の英文翻訳による対外発信，50周年記念講演以降の周年記念講演の書籍（電子データ形式）への集成，そしてこの『日本経営学会史　創設51周年から90周年まで』の出版が企画された。本書がこれまでの40年間を対象にしたのは，創立大会から第50回大会までの歴史についてはすでに山本安次郎著『日本経営学五十年』（東洋経済新報社，1977年発行）にまとめられているためである。日本経営学会の創立からの90年間の歴史については，これらの両書を通じて振り返っていただくことになる。

　本書では，『経営学論集』に掲載されている統一論題を対象にして，それらの趣旨と論点について分析し，今日的な視点で評価することで，日本経営学会が何を課題にしてどのような分析と議論をしてきたかを歴史的に跡付けることを目的とした。各大会における統一論題にはその時代における重要な課題が選定され，その課題に対して報告者による渾身の分析が加えられ，質疑応答の成果が『経営学論集』に「論文」として掲載されている。それゆえ，各大会の統一論題が時代の経過の中で相互にどのような関連をもっていたのか，日本経営学会がこの40年間にわたって追い求めてきた経営課題の意義と社会的な貢献がどのようなものであったのか，を改めて問うのが本書の課題である。それは，日本経営学会が歩んできた40年間の学問的格闘の歴史を跡付けることにもなり，また100周年に向けた発展への礎になりうるものでもある。

　この40年間の統一論題を振り返って概観してみると，日本経営学会は新しい経営現象と常に格闘してきたことがわかる。それは，企業に対して外部から加えられる大きな経済的・社会的・自然的な変化への対応と市場競争の

中で競争優位に立つための自己革新をすることから生じる課題である。つまり企業には，外から迫られる課題と内なる革新として自ら変化していかざるを得ない課題がある。

さらに，市場のグローバル化，情報技術の急速な進歩，企業と社会との関係などが，経営学に狭い企業概念を超える新しい課題を投げかけ，それらの分析と検討を迫っている。非営利組織の経営，ソーシャルビジネス，異文化経営，企業倫理，そして企業統治など，経営学の研究対象は拡がりと深さを増してきている。

このような状況におかれている企業は多様な経営現象を引き起こしてきた。経営学はそれらの経営現象に分け入って分析し検討することで，そこから一定の法則を見い出し，それらの法則を体系化して理論としてのレベルにまで引き上げる試みを絶えず繰り返してきた。そして，その理論（概念）を現実の企業経営に適用することで，経営実践のレベルを引き上げて経営活動の効率化を促進し，市場で競争優位に立とうとしてきた。その意味で，経営学は実践の科学であり，研究対象である企業の経営実践は経営学の理論を適用されることで同じところに留まることを自ら否定し，新しい状況の中に入っていくことで，そしてときに新しい状況を創り出すことで競争優位に立とうとしてきた。企業の経営実践とそれを研究対象とする経営学とは，このような相互促進的な関係をいわば宿命的に担ってきた。

しかしながら，歴史は直線的に進行してきたわけではない。この間の競争中心の社会においても，社会的格差が大きくなり，非正規雇用を増大させ，あるべきディーセント・ワークがないがしろにされ，またコミュニティーが衰退されるように逆機能し，これまでの社会の持つサスティナビリティと相容れない形で企業と経済の発展が促されてきた側面もある。そして今，企業の経営実践はグローバル化と情報化のまったく次元の異なる段階に入ってきており，その変化の大きさとスピードは企業の中の人間と企業を取り巻く社会を大きく変えていく可能性がある。今後どのような方向に向かって進んでいくのか，いかなる取り組みが望ましいのか，日本経営学会100周年に向けての課題設定，あるいは100周年の先の経営学の課題設定が問われている。これらの課題への示唆については，まさに本書を繙いていただき読み

取っていただくことである。

　本書は，日本経営学会のこれまでの40年の歴史を問うとともに，その伝統を次の世代に引き継ぐという趣旨から，これまで学会の様々な役職を担うことで活性化に貢献され，いまなお学会活動に積極的に参加されている方々にご執筆をお願いし，お力添えをいただくことで出版にこぎつけることができた。執筆順にお名前を記せば以下のとおりである。片岡信之，田中照純，坂下昭宣，河野昭三，奥林康司，仲田正機，宗像正幸，小松章，森本三男，植竹晃久，林正樹，齊藤毅憲，貫隆夫，村田和彦，高橋俊夫（以上15名，敬称略）である。そして，元理事長の片岡先生には編集長をお引き受けいただき，本書全体についての構成や資料の整理をすべてお引き受けいただいた。90周年記念事業実行委員会として，執筆者各位に深甚の謝意を表したい。90周年記念事業実行委員会は，海道ノブチカ，高橋正泰，上林憲雄，佐久間信夫，小阪隆秀から構成されたが，当時の海道理事長のもとでのすべての理事・幹事のご協力をいただくことで可能となった。本書の出版をもって，この90周年記念事業が完了することになる。関係者各位に深く感謝申し上げたい。

　　　　　　　　　　　90周年記念事業実行委員会委員長　小阪隆秀

編集方針

『日本経営学会史』編集長
片岡信之

　日本経営学会が，学会として自らの歴史を纏めて公刊するのは，学会創立以来，今回がはじめてのことである。

　日本の経営学の歴史を日本経営学会を中心として纏めた包括的通史が，これまでに全くなかったわけではない。山本安次郎『日本経営学五十年』（1977年，東洋経済新報社）は，最初にして殆ど唯一と言ってよい貴重な書である。しかし，この書はいまから40年前に，学会50年を機に個人として纏めて刊行されたものであり，それゆえ，初めての書であるという大きな意義とともに一定の限界を持っている。ひとつは爾後の40年間が当然ながら含まれていない事であり，他のひとつは，山本経営学の理念型とも言うべき「本格的経営学」の正当性を主張すべく，経営学説の潮流がその方向に収斂されていっていることを示そうとする一定の意図と傾向性を持って描かれていた事である。とはいえ，類書のない当時にあっては，同書は貴重であったし，いまも依然としてそうであることは否定できない。

　日本経営学会が人間の卒寿にあたる90周年を迎えるにあたり，学会として記念事業の最大イベントとして学会史を作成することが，学会理事会の提案で決まった。しかし，いざ取りかかるという段になって改めて具体的な作業を考えて見ると，過去90年間の学史を短期間で一挙に，詳細に検討して描くのは並大抵のことではない。その判断もあって，提案者であった当時の理事長海道ノブチカ氏と90周年記念事業実行委員会委員長小阪隆秀氏は，①とりあえず50周年までのところは山本教授の書に簡単ながら一応明らかにされていることもあるので，51回大会以後90回大会までの期間に今回は特化する，②具体的には，51回大会以後90回大会までの各大会の報告を収録した『経営学論集』第48集から第87集までの計40巻を数巻ずつ，ふさわしい執筆者に依頼して統一論題報告の内容紹介，時代的意義，今日的意義等

について書いて戴くという企画を立てられ，その案を持って私に編集長の依頼をしてこられたのであった。私は予てより日本の経営学史に関心を持っていたこともあり，重責に一抹の不安を感じつつも，喜んで承った次第であった。

学会員は多士済々，どなたに執筆をお願いするかを絞るのは困難を極めたが，この40年間を日本経営学会会員として体験してこられ，役員としても貢献されて学会事情に明るく，かつ平均20～30本相当の報告論文を短期間に読破して纏め・コメントできる健康体力と気力をお持ちの方ということを勘案しての依頼となった。その意味で言えば，今だからこそ可能な生き証人的一流執筆陣の構成であって，10年後の企画であればもはや不可能だったであろう。

このようにして出発したのであるが，その際にたてた編集方針は下記の通りであった。

1. 標題は『日本経営学会史　創設51周年から90周年まで』とし，創設51周年から90周年までの40年間の大会を取りあげ，『経営学論集』第48集から第87集までの40巻所収の統一論題報告を対象にする。自由論題報告は対象から割愛する。
2. この40巻を2～3巻ずつに区分けし，各執筆者に分担して書いて戴く。
3. それぞれの分担執筆では，各巻（各回大会）の詳細な内容が分かるようになっているが，それだけでは各回大会統一論題テーマがなぜ・どのような時代背景のなかでそのように設定されたのかが，読者には必ずしもよく分からないかもしれないし，学会の議論の一連の流れが十分に理解出来ないかも知れない。この点を補完するために，まず最初に学会史の大きな流れを，時代背景との関連で簡単に記述する章をおくことにする。
4. 今回の企画では創設51周年から90周年までを中心的に取りあげるのではあるが，日本経営学会史と言う限りは，それ以前の歴史に全く言及しないわけにはいかない。学会の90年史を少なくとも概観しておく必

要はある。従って，学会創設にいたる前の状況，学会創設期の状況，それ以後の戦前・戦後50周年までの状況についても，簡単に大きな流れについて触れておくことにした。

5. 以上の3．4．については，本書第Ⅰ部第1章で取りあげ，それを承けて第Ⅱ部第2章～第15章において，第51回大会～第90回大会（『経営学論集』第48集～第87集）の統一論題テーマを詳しく取りあげることにした。

6. 巻末資料においては，第1回大会から第90回大会までの大会統一論題テーマをすべて掲載した。これによって読者は，この90年間に日本経営学会が何を各時代の大会において重要なものとして取りあげ，どのような報告者が，どのような問題意識で論じたかについて一覧することができるであろう。

7. 巻末資料のところでも注記したが，『経営学論集』は，2017年3月末現在では，第1集以後第74集までがCiNiiでオンラインにて各論文にオープンアクセスできるようになっている。http://ci.nii.ac.jp/vol_issue/nels/AN00068737_ja.html

    また，第83集以後は日本経営学会ホームページからオンラインにて各論文にオープンアクセスできる状態になっている。ただ，残念ながら，第75集～第82集についてはまだ電子化されておらず，現在のところ紙製版に頼るしかない。

8. 上記6．で触れた巻末資料は，第Ⅰ部第1章で紙幅の都合上詳しく立ち入ることの出来なかった各大会のテーマ・報告者・開催場所・日時などの情報を補完する役割を果たすべく作成されている。両者は一体として内容的に完結する。従って，両方を相互参照しながら読んでいただければ幸いである。

9. 巻末資料は一覧性があるので，学会議論の流れとテーマを素早く把握するのに便利である。ここで関心を惹く大会，テーマを見付けたら，第Ⅱ部第2章～第15章の該当箇所に移るとか，CiNiiオープンアクセスに移るとかして，さらに掘りさげて行く事が出来るよう配慮して作成してある。

10. 本書は紙製版の他に電子版が発行される。電子版では，紙製版の巻末

資料に加えて，幾つかの追加資料を掲載する。
11. 本書では直接に対象としなかった創設大会〜第50回大会については，将来，なんらかの機会を捉えて，学会として取りあげた学会史を作成して戴くことを期待したい。

第 I 部
日本経営学会 90 年の歩み
創設 51 周年から 90 周年までを中心に

第 1 章　日本経営学会90年の歩み
——51〜90周年を中心に

片岡信之　*KATAOKA Shinshi*

1 ▸ 創設(1926年)から50周年(1976年)まで

1-1　経営学の胎動と誕生

◆《商業, 個人商店, 商人》時代から《工業, 企業, 組織》時代へ——経営学の胎動

　江戸期日本には『商売往来』,『塵劫記』などの商取引実務知識に関する木版教科書や, 石門心学, 大商家の家訓・店則・家法等の流布に代表される商人学があった。三都(江戸, 大坂, 京都), 特に大坂・京都を中心に, こうした動きが盛んであった。

　明治維新はこうした事態を一変させることとなった。文明開化, 殖産興業, 近代的企業育成という方針のもと, 明治初期における欧米の会社制度・洋式簿記・教育制度の輸入, 欧米経済学書や商業諸学書・商業事情書などの翻訳紹介が, 堰を切って始まった。やがて, 明治中期になると, 日本人による商業諸学書の刊行が見られるようになる。そして20世紀初頭(明治30年代)の頃には, 商業学, 商業経済学, 私経済学, 工業経済学, 労働保護論, カルテル・トラスト論などの議論が, 日本人によって書かれて出始めた。その動きは明治後期に至って, それらの《理論化・体系化・経営学化》への議論へとつながっていくのである。例えば商業通論, 商業経営法, 商事経営学, 工業実地経営論, 企業論, 工場法, 賃金論などの一連の著作が出現したし, さらにドイツの議論の影響を受けた《企業と経営の概念》論争があり, テイ

ラー『科学的管理の原理』原著出版の同年（1911年，明治44年）には安成貞雄，池田藤四郎らによるテイラー・システムの紹介記事（雑誌，新聞）が見られるようになったのであった。

　これは要するに，現実の経済活動が，江戸期の《商業，個人商店，商店主》から，明治末には《工業，企業，組織》に移りつつあり，それに伴い江戸期以来の商人学から明治末の商事経営学・工業経営論・企業論を志向する方向に変貌してきていたということが出来る。経営学誕生に向けての気運が胎動しつつあったのである。

◆ 2つの経営学類型の形成と日本経営学会の設立

　大正期（1912年～，大正1年～）に入るや否や，アメリカの企業・経営事情の紹介やテイラー（Taylor, F.W.）『科学的管理の原理』の翻訳とその系譜に属する書・論文が，実務家たちを中心にして，大量に輸入・紹介され始めた。主たる内容も，徐々に商業現場の第一線商業業務（作業）活動から製造＆商業現場の管理活動に移って行くようになった（工場管理，工場能率増進法，標準化，単純化などの著作・翻訳紹介の急増）。さらに，「科学的管理法」の影響をうけた人事管理論（賃金形態，利潤分配，労資協議，工場委員会，工場衛生，産業心理等），販売管理論などの翻訳や論文が多数出てくるようになった。それにつれて，先進的な工場では実際に科学的管理法が実践され，これらを紹介推進するのに貢献した組織として協調会（半官半民。1919年～，大正8年～），大日本文明協会（1908年～，明治41年～。大正14年から財団法人文明協会），中外産業調査会などがあった。また，高等教育機関（小樽高商＝現 小樽商大，東大経済学部，早稲田大学商科，大阪高商＝現 大阪市立大学，慶應義塾，東京高商＝現 一橋大学）でも科学的管理法関連の講座が開かれるようになった。

　他方，ドイツでの動向については，明治期末頃から企業の実情を伝える論文や書が出ていたが，やがて理論面でも，ドイツの私経済学・経営経済学・企業論の紹介や影響を受けた論文や書物が，少しずつ増えてくるようになる。特に東京高商，神戸高商（現 神戸大学），東京帝大の若き学者たちがその中心であった。ドイツに留学した若き商業学者たちは，ドイツから，①従来の商業学を超える新しい学問である経営経済学を樹立するための経営学方法

論的な問題意識（経営経済学・私経済学・企業経済学などは何を研究対象とし，どのようにアプローチすべきなのかなど），②企業形態論や企業集中論，③財務論，④計理論（会計学，ないし経済計算論）などをもたらし始めた。アメリカからの知識と異なり，管理論的要素が見られないのが対照的であった。もちろん，両方の知識を吸収して取り込もうとする学者も多かった。のちに戦前昭和以後に経営学の世界で頭角を現し経営学論壇の牽引役を担う事になる当時20歳代から30歳代の諸学者（増地庸治郎，平井泰太郎，中西寅雄，村本福松，池内信行ら）が，米独英伊など欧米諸国に留学して知識を吸収し，大正後半から末期頃に帰国してくる。

　このような動向の中で，大正末期には，大正初期〜中期にでた多くの議論（著書，翻訳，論文等）を踏まえつつ，経営学の研究は2つの方向に向けて理論的に集約されてきていた。それは，一方では①アメリカ経営管理論の系譜に属する著作群として，神田孝一『労働能率研究』（1922年，大正11年），池田藤四郎『能率増進科学的経営法』（1923年，大正12年），神田孝一『工場管理論』（1926年，大正15年），国松豊『科学的管理法綱要　能率増進及応用』（1926年，大正15年），馬場敬治『産業経営の職能と其の分化』（1926年，大正15年），渡辺鉄蔵『工場経営論』（1926年，大正15年）などの出版に見られ，他方では②ドイツ経営経済学の系譜に属する著作として，渡辺銕蔵『商事経営論』（1922年，大正11年），増地庸治郎『経営経済学序論』（1926年，大正15年に刊行され，日本で初めて経営経済学の名称をつけた書）が出現し，経営管理論系と経営経済学系という2つの類型が明確化してきたことに示されている。しかもこれらはそれぞれ，いずれも，すでに一定の包括的・体系的展開となっており，その後の日本の経営学発展の基礎とでも言うべきものであった。このように日本の初期経営学は，大正の後半〜末期に，アメリカ経営管理論，ドイツ経営経済学の両方からの影響を直接に受けつつ形を整え，この面での高等教育機関や研究者も増え，徐々に学問としての認知を受けるようになっていった。神戸高商では，「経営学」という授業科目も開講されている（1926年，大正15年）。

　大正15年（この年は12月25日から昭和元年となった年でもあった）の7月10日に日本経営学会が設立されたのは，そのような動きの一つの延長線上にある帰結といってよい。創立大会で学会名を巡って2時間にわたる大議論の末，（商

学会ではなく）経営学会に7割の賛成を得て決定したということは，時代の変化を感じさせるものであった。すでに遅くとも大正末期までには，今日巷間で見かける経営学書と比較してもさほど遜色のない程の体系の書がいくつも刊行されていたことを考えれば，日本経営学会の創立は，こうした動向の延長線上にある必然という面が強かった。

1-2　戦前日本経営学会における主要論点の推移

　このように日本経営学会は設立されたが，そこではどのようなことが主要テーマになったのであろうか。以下においてその論点の推移を，年次大会の統一論題を追っていく形で示そう。その際，統一論題は，時代背景と極めて密接に結び付いて設定されているので，背景を区切って，各背景との関連において見ていくことにする。

◆ 慢性的不況下における日本経営学会の誕生

　第一次世界大戦期においては，ヨーロッパの軍需に支えられた大戦景気と呼ばれる好況に沸き，にわか成金も多数誕生した大正バブルの日本であったが，大戦終結とともに状況は一転し，戦後恐慌に陥ることになった（1920年～，大正9年～）。さらに1922年（大正11年）には多数銀行の休業・支払い停止による銀行恐慌が起こり，これに追い打ちをかけて，関東大震災による震災恐慌が襲った（1923年，大正12年）。このような慢性的恐慌への移行は，政府対応の不手際もあって，1927年（昭和2年）の昭和金融恐慌へと突入していく。日本経営学会が呱々の声を上げたのは，このような時期の最中だったのである。

　設立から数年間，日本経営学会は次のような統一論題を取りあげている。
　第1回大会のテーマは「会計士（計理士）制度」であった。これはすでに1909年（明治42年）の日糖疑獄を機に社会問題となった粉飾経理と関連して論じられてきていたテーマと関連していた。明治末頃から水島鐵也，鹿野清次郎らによって取りあげられ，それが1914年（大正3年）（河津暹），大正6年（渡辺鉄蔵），大正8年（浅田博），大正10年（岡本真一），大正11年（柿原夏雄），

大正12年（飯田静次郎），大正13年（渡辺義雄，飯田静次郎，原口亮平），大正14年（渡辺義雄，渡辺寅二，岡田誠一，平井泰太郎，増地庸治郎，船田勇，西谷健太郎，商工省商務局，会計士法期成同盟会）などの諸論文に綿々と引き継がれ，実務の世界でも，具体的に会計士法が喫緊の課題になっていた。法制化はすでに大分前の1914年帝国議会に会計監査士法案として提出されたものの，何度も流れ，1927年にやっと計理士法として成立し，ただちに施行されたのであった。そのような時代背景を承けての統一論題設定であった。（報告テーマと報告者の詳細は，本書巻末の収録資料を参照されたい。以下，第2回大会以後も同様）。

　第2回大会では「株式会社制度」がテーマとなっている。株式会社については，これも明治期以来多くの議論があったのであるが，大正期にも有限責任制を巡っての福田徳三・上田貞次郎・関一・花岡敏夫らの間の論争，工業金融，企業連合や合同，企業形態，持株会社，株式会社の現代生活に与える影響などの視点から多様な書や論文が展開されていた（株式会社論ではドイツの議論の影響が強く見られ，アメリカからの議論は殆ど無かった）。この流れを承けて，テーマ設定がなされたのである。

　第3回大会では「商業教育制度」が取りあげられている。商業教育は夙に明治期に高等商業教育機関が東京高等商業学校（1887年，明治20年），市立大阪高等商業学校（1901年，明治34年），神戸高等商業学校（官立第2高商，1902年，明治35年）の3高商が，それぞれ昇格（東京）あるいは新設（大阪，神戸）されており，当時の斯学では最高の教育機関であった。特に東京高商は1920年（大正9年）には，さらに大学令による東京商科大学に昇格していた。大阪高商も神戸高商も，大学への昇格が間近であった（日本経営学会設立2年後の1928年＝昭和3年と翌年とにそれぞれ市立大阪商科大学，神戸商業大学に昇格）。ほかに東京帝大法科大学商業学科（1909年，明治42年。のち経済学部商業学科）もあった（但しこれは必ずしも充実してはいなかった）。早稲田や明治など，私学も内容を高度化し，充実してきていた。こうして明治以後整えられてきていた日本の商業教育は，初等－中等－高等のすべてのレベルが今や一通り揃ってきたのであり，いまや改めて商業教育の体系的なありかたが問い直されるようになったのである。

　第4回大会では①「経営学自体の諸問題」，②「官営及び公営事業」の二

つが掲げられた。前者は，ドイツでの方法論的議論の影響を受けつつ，初期の経営学会として経営学とは何かを問おうとするものであり，後者は報告者にやや商業学の名残を残しながら，官営，公営事業の諸領域を取りあげている（会員に商学研究者が相当数いたことを反映していたと考えられる）。

第5回大会は「中小商工業問題」が挙がっている。明治期の産業発展以後の中で近代的大企業が生まれる反面，在来の中小商工業者の存続が社会問題となってきたため，中小業者（や農民）を保護・救済するために，信用・販売・購買・利用の4種に亘って産業組合（協同組合）が作られていた（1900年，明治33年の産業組合法）。さらに，モノ作りだけではなく，商業においても百貨店をはじめとする新種の商業者が現れ，中小商業者と百貨店との利害対立も，折からの恐慌下でもあり，深刻であった。統一論題では，このうち，小売商の将来，店員制度，小売商対百貨店問題，中小商工業者の金融問題が論じられている。

◆ 産業合理化運動，不況下統制経済から戦時統制経済への移行と経営学の転変

既述のような慢性的な不況のなかで，企業が大量倒産し，失業者が増大するという状況にあって，時の浜口内閣がこれを打開すべく打ち出したのが金解禁，緊縮財政，産業合理化等であった（1930年，昭和5年）。物価引き下げ策を採用し，市場にデフレ圧力を加えて産業合理化を促し，高コストと高賃金の問題を解決しようと狙うものであった。大戦景気以来水膨れし，効率の低下していた企業の整理統合，不採算部門の整理等によって生産性を高め，国際競争力をつけようとしたのであったが，これは企業に痛みを強いる政策であり，事態は好転しなかった。しかも，折からの世界恐慌と重なって不況はさらに悪化して倒産，失業，農村窮乏化はますます深刻となったため（昭和恐慌），翌年に金解禁・緊縮財政・非募債政策は放棄され，逆に金輸出再禁止，軍備拡張，農村救済を目的とする積極財政・景気刺激政策に転じた（1931年，昭和6年）。

満州事変（1931年），日中戦争（1937年〜），太平洋戦争（1941年〜）と断続的に続いた戦争や積極財政政策によって，政府借入が増え戦争インフレーションの懸念があったが，統制経済と戦時国債の個人購入で資金を吸収し，辛う

じてインフレを抑えていた（敗戦後はこれが一気に噴出する）。

　金解禁時に設置され，その後もずっと企業経営に大きな影響を与えたものとして臨時産業合理局（1930年，昭和5年），重要産業統制法（1931年，昭和6年），工業組合法（同）などがある。これらを通じて強制カルテル化による不況の克服をはかろうとしたのであるが，これは重要産業分野や中小企業に国家が統制をする政策の端緒を切り開いた。その後，重要産業統制法は1936年（昭和11年）に改訂・強化され，トラストも対象となり，さらに日中戦争対応のための国家総動員法（1938年，昭和13年）による人的・物的資源総動員＝国防目的達成手段に変質し，軍部と官僚による統制の戦時国家統制経済に流れ込んでいくことになった。

　これと並行して国家総力戦のための軍需産業を確立する目的で生産能力の1.5〜10倍増をめざす生産力拡充計画が決定，実施された（1939年，昭和14年）。しかし，この計画も引き続いての第二次計画も，結局は目標を達成することが出来なかった。

　このような背景のうえで，日本経営学会の統一論題は，以下に見るように，戦時国家統制経済という時代的要請に向けて適応し，転変・直結していくテーマを毎回設定してきたのであった。（戦前大会の統一論題，報告テーマ，報告者については巻末の資料を参照。なお，戦前の大会は第17回大会の後は1943年〜1945年まで休止されていて，復活するのは戦後1946年の第19回大会からである。また，なぜか不明であるが，第18回大会は欠番になっている）。

　戦前の統一論題の特徴のひとつは，今日の視点からすれば，経営学固有のテーマが意外に少ないことであろう。特に初期においてその傾向が強かった。議論は，企業論領域，組織・管理論領域，財務論領域等々もあったとはいえ，それとは異なった領域，商業，貿易，配給組織，金融，証券，保険，中小商工業，会計，商業教育制度などの領域の報告のほうが多くを占めて，報告者も経営学固有の研究者とは今日的には評価しがたい人々も多いのである。この理由は，日本経営学会創立時に商学会にするか経営学会にするかの大議論がなされた直後というような時代的制約（会員に商学研究者が多くいたという会員構成，経営学とは何かが方法論的に問われ始めたばかりの時期だったこと，商業学会，日本金融学会，日本貿易学会，……等々のより専門化された学会がまだ当時の日本

には存在しなかったことなど）にあるであろう。

　第2の特徴点は，統一論題テーマが，常にその時代的現実と要請に密着して変動的に設定されていたということである。この点は第1回大会以来一貫していた特徴であり，敗戦後も今日まで基本的に引き継がれてきている特徴でもある。論点は常にホットな時流と繋がっていた。経営学という極めて現実的な実務の場を研究対象とする学問としては，一面では当然のことではあるが，しかしながら他面では，現実との距離の取り方において，あまりにも無批判な即自的受容・認識・主張を重ねてきたという批判を免れられないであろう。研究対象に即して研究する事は，対象の現実のあり方をそのまま即自的肯定的に認識し論じることと同じではない。この点からすれば，経営学研究が，全体として，当時の時代潮流・時代精神に迎合しすぎて，議論の客観性・普遍性・科学性において問題があったことを認め，教訓としなければならないであろう。

　第3の特徴点は，上の第2点とも関係するが，統一論題報告者に実務家が，継続的に，一定数散見されることである。この特徴は学会創設時からのものであった。学会設立時には会員中で会社関係者が40％を占めていたことの反映であろう。そしてこれは，今日の日本経営学会には見られない特徴であった。学会に会員としてふさわしい条件を備えた実務家を迎えること自体は決して悪いことではない。経営学のように経営の実践的現実の場を取りあげる学問においては，むしろ現場からの視点や情報の提供は一定程度必要である。問題は，学会が科学的研究の立場（これ自体が議論の対象になるが）を守れるか否かという一点から判断されるべき事柄であろう。この点から言えば，戦時経営学者は，学者を含めて，概して現実肯定的・即自的に寄りすぎて，結果として戦争協力に加担したことになったのであり，学者の比率が高ければ良かった……というような問題ではないのである。

　第4の特徴点は，以上3つの特徴にもかかわらず，経営学をひとつの学問として成立させる根拠を問おうとする方向の方法論的議論が全く無かったわけではないことが挙げられる。第4，12，15，16，17回の各大会報告の底流としてそれは僅かに窺えるほか，日本経営学会外で当時発表された学術雑誌論文にはずばり経営学方法論を論じる論文が散見される。これは，日本経

営学会成立直前の大正末頃にドイツから入ってきた経営学方法論議論（増地庸治郎『経営経済学序論』1926年，渡辺鉄蔵『商事経営論』1922年など）の延長線上にあった。しかし，議論は増地や渡辺らの水準を超えるものではなかった。

このように，経営学と言ってもその外延や内包が，研究者間で明確に共有されていなかったし，科学としての自覚が十分であったとは言えない。この状態はそのまま，戦後の経営学に持ち越されることとなったのであった。

1-3 戦後復興と高度経済成長期における経営学

◆ 戦後日本経済復興期と経営学──1945〜1954年

1945年8月の敗戦は，日本社会をすべてにおいて大きく変えた。GHQによる経済民主化（財閥解体，農地改革，労働組合の合法化等），高インフレとその収束政策，経済再建のための重点産業復興政策，米政府の資金援助，単一為替レート設定，朝鮮戦争特需（繊維，鉄鋼，消費財需要，設備投資）などの激動を経て，1955年頃には戦前の経済水準に復活し，「もはや戦後ではない」（『経済白書』1956年）といわれるまでに復興した。アカデミズムの世界でも，戦前の思想弾圧で大学を追われた教員が復帰する一方，GHQの軍国主義者・国家主義者追放令に基づく教員適格審査によって教員が大学から追放された（のち追放解除）。

こうしたなか，経営学研究者達の顔ぶれも研究課題も，戦前とは大きく変わった。それを象徴的に示しているのが，敗戦直後の1946年に開かれた戦後初の日本経営学会大会（第19回大会，統一論題：日本経済の再建と経営経済学の課題）における諸報告であった。とくに第一部の報告は，「社会主義経営学の提唱」「経営者革命と会社革命」「企業民主化の方向」等，戦前の大会ではあり得なかったテーマのものであった。そこでは戦時統制経済下の経営学の論点とはまったく対照的とも言うべき，戦後の全面的な大変動の雰囲気を反映した新しい論点が示されていた。また，戦時及び敗戦で崩壊した経済・経営をどう再建するかという問題意識が強く出た報告がなされている。論者も論点も大きく入れ替わったのであった。

しかし，新しい論点を提出するにせよ，当面の企業再建を論じるにせよ，

従前の戦前経営学についての全面的な批判的総括、それに基づく理論的超克の視点は見られない。戦前の大会で報告をしたり聴いたりした人ばかりのはずであるが、それらの内容との関連についての総括や自己批判がどれだけなされたかは読みとれない。経済・経営の戦後復興・再建が喫緊の課題であったとしても、理論的総括の作業は、理論家としては、やはり必要であったと思われる。

その後の戦後大会の統一論題を継時的に見れば「経営学の再吟味・経済変動と経営」(第20回大会)、「経営合理化の諸問題」(第21回大会)、「日本経済の安定と経営の諸問題」(臨時大会)、「経営学の基本問題」(第22回大会)、「株式会社と企業経営の問題」(第23回大会)、「経営管理組織の合理化」(第24回大会)、「経営財務の諸問題」(第25回大会)、「労使関係の基本問題」(第26回大会)、「経営学の再検討・現下の経営財務問題」(第27回大会)となっており、まさに理論的総括の場としてふさわしい回が何度もあったと思われるのであるが、結局それはなされないままで過ぎていた。新しい状況下で経営学はどんな課題と当面向き合わねばならないのかという事についての問題意識は強く感じられるものの、戦前経営学と関連づけて何がどう変わるのか(変わるべきなのか)、あるいは変わらないのかという理論的総括の視点はないのである。何度か出てくる「再検討」「根本問題」「基本問題」などの意味は、当面する新しい戦後の事態にどう対処するかという目前の課題が中心である。取りあげられている主な論点は、当時を反映して経済再建、経営合理化、組織合理化、大量生産、中小工業、労使関係、賃金、人間関係、財務、株式会社、経営者支配などであった。

ともあれ、こうして再出発した戦後の日本経営学会は、これ以後も毎年1回の年次大会を開催していくことになった。

◆ 高度成長時代の日本経済と経営学──1955〜1973年

戦後復興期を過ぎ1954年(昭和29年)後半〜1957年頃には、設備投資や家電製品を中心に神武景気、1959年(昭和34年)〜1961年(昭和36年)の岩戸景気、1964年(昭和39年)の東京オリンピックに向けての東海道新幹線・高速道路建設を中心にしたオリンピック景気と、日本経済は年平均10％の実質

成長率を誇る高度成長期に入る。高度成長を支えた要因は，積極的な技術革新，安価で優秀な労働力，活発な設備投資，国民の高い貯蓄率，政府の産業育成・保護政策，低い軍事支出と民需中心経済，終身雇用と年功賃金・年功昇進による労使協調，相対的に割安な為替レート，安価な原料・燃料などであった。これをバックに政府は貿易自由化に踏み切る。1963年には貿易自由化率が92％となり，OECD加盟をして先進国の仲間入りを果たした。また1967年から1971年にかけて5度に亘る資本の自由化が行われ，開放経済体制が急速に進んでいった。そして，1968年にはGDPが西ドイツを抜き，資本主義国第2位になる。一億総中流，大量消費社会，昭和元禄等と呼ばれる時代の到来であった。途中で何度かの不況を挟みつつも，基本的には70年過ぎ頃までは高度経済成長時代であったと言ってよいであろう。

　しかしながら，高度経済成長は他方では負の要因を産み出しもした。労働力不足，インフレに加えて，公害が顕在化し，1970年には「公害国会」で国の公害防止姿勢が明確化された。「経済成長よりも福祉を」が世論になって，成長第一主義に反省の気運が出てきた。それに加えて，1971年のニクソン・ショック（ドル・ショック，金ドル交換停止）後の急激な円高による輸出大打撃によって，高度経済成長は急ブレーキがかかることになるのである。

　ちょうどその頃発生した二度のオイルショック（1973年，1979年）は，石油供給の逼迫と石油価格高騰をもたらし，折からの田中角栄『日本列島改造論』（1972年）による公共事業増，積極的財政政策，便乗値上げなども絡んで，異常なインフレ（「狂乱物価」）を引き起こしたが，これに対処すべく急遽採用されたインフレ抑制のための総需要抑制策，金融引き締めは，やがて戦後初のマイナス経済成長をもたらすことになっていく（1974年）。高度経済成長の終焉であった。

　この高度成長という時代背景の中で，経営学にたびたび登場してきた主要テーマをキーワード的に示せば，次のように実に多様なものであった。

　　技術革新と経営，管理と技術学，オートメーション，経営合理化，生産性向上，公害なき企業経営，公害と経営学，経営と環境，企業エコロジーモデル，大企業と中小企業，企業合同，企業の集団化と分権化，系

列化，下請関係，貿易自由化と企業体質改善，貿易自由化と経営学，日本企業の国際化，多国籍企業，国際経営比較，比較経営学，労務管理，労使関係，賃金，職務給，人間関係管理，経営計画，長期経営計画，財務計画，稟議制度と計画，戦後10年の企業経営と経営学，収益性・経済性・生産性，労務管理，生産管理，研究開発管理，マーケティング，市場開発，経営組織，ビジネスリーダーシップ，事業部制，経営戦略論，経営学の隣接科学，経営学の方法，経営学の体系と内包，経営学の本質と課題，アメリカ経営管理論の動向，意思決定論，組織論的経営学，企業行動理論，行動科学的経営学，商業経営学，中小企業経営学，ドイツ経営学の新動向，ビジネスエコノミクス，経営学史，経営史，経営政策，個別資本説，社会主義経営学，経営者の社会的責任，企業の社会的責任，企業の社会的責任と株式会社，企業の再検討，政府と企業，企業の公共的統制，地域開発など。

　これらを見れば，①復興期を経て今や高度成長期に至った日本経済と企業の当面した目前の諸課題（貿易自由化が連続で統一論題テーマになっているなど）とともに，②アメリカやドイツ，特にアメリカ経営学の新しい理論動向を次々に導入しながら，経営学の内容を明確にし，体系化しようとする努力の動きがあったことがわかる。1962年の第36回大会統一論題「経営学における組織論の展開・その役割と地位」は，この動向を象徴するものであった。バーナード，サイモンらについての報告に見られる新しい組織論への注目，組織論を初めて統一論題に取りあげたこと，企業行動科学の報告（1969年，第43回大会），経営戦略論の報告（1970年，第44回大会）などは，他方での組織学会設立（1959年）の動きとほぼ並行していて，経営学が新しい段階に入ったことを示していた。

　さらに，戦前の統一論題テーマと明らかに異なるのは，商業学的色彩の議論がまったく消えたことであった。これは経営学の学問的特質が徐々にハッキリしてきたこと，日本商業学会が1951年に設立されたこと等の事情によるものと思われる。また，会計学領域の議論も消えている。戦後はドイツ経営経済学の影響が薄くなり，会計学的研究領域を内包していたドイツ流に代

わって，それを内包しないアメリカ流の管理論的経営学の影響下に置かれたこと，及び，日本会計研究学会が1937年に設立されて以後会計学研究者の活躍の場がそちらに移行したことなどが原因であろう。

　また，他方で，戦後に解放され盛んになった労働組合運動を背景にして，企業に対する批判的研究を掲げる批判的経営学のアプローチが盛んになり，一時は日本経営学会会員の20〜30％くらいを占めるとさえ言われた。これは日本に固有の企業研究とされ，その内部は方法論的相違から個別資本（運動）学派，上部構造論学派，企業経済学派などに分かれていたが，その殆どは当時のソ連共産党流の硬直的な「マルクス＝レーニン＝スターリン主義」を教条的下敷きとしており，その硬直性により豊かな成果を生み出すにはほど遠かった。そして，60年代半ば以後から陰りを強めていたソ連・東欧諸国が矛盾を露呈し耐えられなくなって80年代末〜90年代初めにかけて自壊して行くと共に，批判経営学派の議論は下火になっていくのである。

2 ▶ 51周年（1977年）から90周年（2016年）まで

2-1　経済の構造転換と国際化のなかでの経営学——1974〜1985年

　1970年代の二度のオイルショックでは，それを乗り越えるべく日本経済と企業は猛烈な産業構造転換と合理化を推進した。石油への依存度減少，石油以外の代替エネルギーの開発，省エネ型の産業構造や省エネ製品の開発，減量経営による合理化，重厚長大産業から省エネ・省資源型技術に支えられた軽薄短小産業への産業構造転換，経済のソフト化・サービス化（情報産業・サービス業・レジャー産業，開発・デザイン・情報・管理，技術集約性）等。これらの努力によって企業は品質やコストで国際競争力を強化し，輸出を軸にして経済は低成長ながら安定軌道に乗った。輸出に支えられて，1980年には日本の自動車生産台数が世界一になり，日米貿易摩擦が激化した。アメリカの社会学者エズラ・ヴォーゲルが書いた『ジャパン・アズ・ナンバーワン：アメリカへの教訓』（原書・邦訳共に1979年）が話題になった。70年代後半から内外で日本的経営が注目されるようになり，日本的経営のQCサークル，カイゼ

ン，ジャスト・イン・タイム，共同体的組織，終身雇用，年功賃金，協調的労働組合，企業内福利厚生，長期的利益視点，強い学習意欲と読書習慣等が注目された。かつては遅れや非効率の原因とさえ見なされていた日本的経営とされる特徴は，一転して強みの原因と評価されるようにさえなった。

日米貿易は1960年代には繊維，1970年代には鉄鋼，工作機械，カラーテレビ，1980年代には半導体，スーパーコンピュータなどハイテク機器へと，商品は移り変わりつつも，一貫して摩擦が問題となってきていた。さらに，「双子の赤字」（財政赤字と貿易赤字）に悩むアメリカは，今や日本に輸入拡大と貿易黒字縮小を強く求めるようになり，その圧力によって日本では80年代半ば以後の内需拡大政策への政策転換が行われるようになっていく。

この時代に日本経営学会の統一論題報告テーマになったのは，つぎのようなものであった。大きく7つの群に分けて提示しよう。

　　日本企業の成長要因分析，70年代不況・70年代構造変動下の企業経営，80年代の企業経営，80年代の経営戦略，80年代の経営財務戦略，経営戦略論の新展開，転換期における経営経済学の課題，企業経営の現代的課題，経営環境的アプローチ，ポピュレーション・エコロジー・アプローチ，日米欧の産業政策と企業経営，社会環境変化と日米自動車産業，技術進歩と経営管理，産業技術発展と経営管理（自動車，石油化学），メカトロニクス技術と経営管理，FAと経営管理，ITの進歩と経営管理，イノベーションと経営学，技術革新の基本方向，生産のオートメ化による管理と作業労働の変化（鉄鋼，自動車），製品戦略意思決定，戦略的意思決定の日米比較

　　日本的経営，経営参加と日本的経営，日本的経営と共同体的思考，日本人の権限・責任意識，日本的経営の合理性，日本的労使関係，年功賃金，日本経営学と日本的経営，日本的経営と文化恒常性，日本的経営論と経営学の方法，日本的経営の論理

　　企業の国際化，日本企業の海外進出の特徴，企業の国際化と社会的責

任，企業行動環境の国際比較，企業経営の国際比較（日中），日本企業の国際比較，比較経営学

経営民主化，労務管理の集団化と自主化，労使合意決定論，経営参加（日仏独中），労働の人間化，労働過程論，経営参加と企業の社会的統制（西独）

現代企業の所有と支配，株式会社支配論の方法，日本企業の株主総会と支配，機関所有と支配，現代公企業の形態と統制，企業税制と資本所有の構造，アメリカ会社支配論

政府と企業，企業の統制，公企業の経営改革（国鉄），公益事業の規制緩和，アメリカ公企業と規制緩和，公営企業と私企業の管理（中国），中小企業政策と企業構造変化

経営学の回顧と展望（経営学教育，経営管理，組織論，技術進歩，経営管理学，企業行動理論，ドイツ経営学の人間的要素，個別資本説），バーナード・サイモン理論と経営学方法論，W. キルシュの経営経済学方法論（管理論としての経営経済学），経営哲学，社会主義企業経済学と方法論，一般システム理論・コンティンジェンシー理論・Population Ecology，システムの形成と維持，組織論的管理論，アメリカ管理論の摂取と批判，ドイツ構成主義的経営経済学

　時系列的に論点を簡単に見れば，第51回大会（1977年）と第52回大会（1978年）では日本的経営が2年連続で統一論題テーマとされ，第53回大会（1979年）では，ドイツ経営経済学，個別資本説，近代組織論の関係を問う議論がなされた。ドイツ経営経済学の企業管理論化も指摘されている。また，第54回大会（1980年）では企業国際化と環境対応が議論され，また労働の人間化とそれを巡る2種類の異なった視点からの考察が提示されている。第55回大会（1981年）では，経営戦略論において従来の多角化戦略論への反

省・脱却を示唆する議論が見られる。また，経営民主化，労使合意決定が議論された。第56回大会（1982年）では，産業技術の新展開が情報技術との関連で多様な視点から議論されている。第57回大会（1983年）では所有と支配が，特に機関所有に焦点をあてて論じられ，第58回大会（1984年）では当時の規制緩和潮流の中で政府と企業の関係が問われている。第59回大会（1985年）では，現代経営学の新動向として一般システム理論，組織論的管理論（バーナード），労働の人間化，構成主義経営経済学，労働過程論などが論じられている。

2-2　内需拡大政策・バブル経済・海外直接投資時代と経営学
　　　——1986〜1990年

　1970年代の二度のオイルショックを乗り越えるために行われた猛烈な産業構造転換と合理化によって，日本企業の国際競争力はますます強くなり，日本の貿易黒字や経常黒字は増えていった。他方，双子の赤字に悩んでいたアメリカは，その対処のために諸外国にプラザ合意（1985年）でドル安誘導を承認させた。そして日本では，これによって急速な円高ドル安が進んだ。日本は円高不況を迎え，減量経営による投資抑制，個人消費減退が進むこととなり，政府の内需拡大政策（1985年〜，輸入拡大と貿易黒字縮小を狙う）を採用して凌ごうとしたのであったが，それにもかかわらず事態は好転せず，輸出依存体質は変わらず，貿易黒字はむしろ増加すらした。そのようななか，日米貿易不均衡の是正を目的とする日米構造協議（1989〜1990年）が政府間で開かれる一方，企業側は過剰資本対策として対外資本進出を目指すようになって行く。海外投資はアメリカ，NIEs，アセアン，そして中国さらに欧州へと焦点を移しつつ続き，一種のブームになった。強い国際競争力，怒濤のような海外資本進出によって，日本的経営は世界で注目を浴びるようになり，かつては克服されるべき非合理性・後進性に引きつけて捉えられていた日本的経営は，合理的で他国が参照すべき模範のような位置づけに変わったのである。日本人の間では過信や奢りのような雰囲気すら醸し出されたほどであった。

　円高不況に対抗する景気対策によって公定歩合引き下げ，通貨供給増大，

財政出動がとられる一方，企業は貿易で得た投資先のない巨額資金を持っており，両者の複合で1986〜1991年にかけて過剰流動性が発生した。いわゆるバブル経済の発生であり，株式，不動産への投機が一気に高まり喧噪状態を示した。（このバブルは後の「平成不況」（1991年〜）をもってやっと収束する。）

　当時の中曽根内閣（1982〜1987年）は，米英のレーガン，サッチャー政権にならって新保守主義路線（新自由主義政策路線）を採用し，「戦後政治の総決算」，行政改革・税制改革・教育改革推進等を唱え，具体的には三公社等の民営化開始，新電電スタート，民営たばこ発足，国鉄分割・民営化が進行した。この動きは小泉政権による構造改革路線で頂点を迎え，その後も基本的には今日まで持続されている。

　このような時代背景のもとで，日本経営学会の統一論題テーマやキーワードとして登場したのは，概ね次の5群にわたるものであった。

　　産業構造の転換と企業戦略，産業構造転換と企業構造，日本型リストラクテアリング，産業成熟化とネットワーク戦略，サービス経済化と企業戦略，金融構造の転換と金融機関経営，多国籍企業のプレゼンスと産業構造，構造転換と地域産業，テクノポリス構想，テレトピア構想，リゾート構想，地域活性化，企業誘致，地場産業

　　企業経営の国際化，海外関係会社管理，本社の国際化，深圳経済特区進出日本企業の管理，企業集団財務の国際的展開，グローバル経営戦略，現地人社長と内なる国際化，日本企業の海外現地生産，グループ戦略と現地生産，海外生産方式の展開方向

　　日本的経営の再検討，日本企業の経営国際化，日本企業の国際化戦略，国際人事管理と日本的経営の再構築，日本的経営財務論，経営システムの型と機能（文化的要因の位置づけ再検討）

　　情報化の進展と企業経営，情報システムと経営意思決定，情報化社会と組織革新，意思決定方式の変化，情報化と熟練，情報化と組織デザイン

戦略

90年代の経営戦略，日本企業の技術開発力，経営情報戦略システムにおけるFA/CIMと生産管理のアプローチ，エレガント・カンパニー，労働市場の構造変化企業対応，経営戦略と企業倫理，経営戦略・組織革新，日本自動車産業の戦略的マーケティング，国際化時代における地場産業の経営戦略，M&Aの展望

これを時系列的に見ていけば，第60回大会(1986年)では，情報化の進展が企業経営の諸側面に及ぼす影響が取りあげられ，第61回大会(1987年)では企業国際化に伴う諸インパクトが，第62回大会(1988年)では産業構造の転換が企業戦略や地域産業に及ぼす影響が論じられている。また，第63回大会(1989年)では日本的経営が現地生産，成長戦略，人事管理，労使関係，財務，経営システムの文化的要因などの視角から取りあげられている。第64回大会(1990年)では90年代の経営戦略と題して，日本企業の技術開発力，FA/CIM，企業倫理，人事管理，エレガント・カンパニー，日本的経営，地場産業，M&Aなどでの変化が論じられている。第65回大会(1991年)では，冷戦構造の崩壊，欧州連合発足などへの流れの中で，世界経済構造の変化と企業経営について議論され，社会主義体制の変動と企業経営，EC統合と企業経営，グローバリゼーションと企業経営が取りあげられた。

2-3　バブル経済の崩壊・長期低迷期の経営学——1991年〜

1980年代後半のバブル経済は1991年2月頃から崩壊が誰の目にも明らかになってきた。地価・株価の下落，金融機関の不良債権問題が浮上など，「平成不況」(1991〜1993年)に始まり「失われた10年」，次いで「失われた15年」，さらには引き続いて「失われた20年」といわれるにまで長引いた不況が続いた。1998年にはGDPはマイナス成長であった。おりから国際的にも，東欧・ソ連の社会主義計画経済体制の行き詰まり・技術革新の停滞，バルト3国の独立，ソ連崩壊(1991年)・ソ連衛星圏の崩壊，中国など残存社会主義

国の市場経済化(事実上の資本主義化)などが相次ぎ,大激動の時代に入っていた。社会主義世界体制の崩壊と冷戦終結への動きを背景に,新たな経済協力が進み,APEC(1989年),EU(1993年),NAFTA(1994年)などが成立し,91年には中国もAPECに参加するにいたる。グローバル化,国際連携の気運が一気に高まるに至った。

1994年に1ドル100円を突破,1995年には1ドル79円75銭(史上最高値)をつけた円高による不況によって,不良債権問題・金融危機は深刻化し,都市銀行や証券会社の大型倒産が相次いだ(北海道拓殖銀行・山一証券の破綻,日本長期信用銀行・日本債券信用銀行・東邦生命などの破綻,銀行の不良債権問題の深刻化)。緊急措置として公的資金投入,大手4証券への損失補填,金融機関の破綻処理が施され,金融制度抜本改革(ビッグバン)が提言された。97年のアジア通貨危機,98年のロシア通貨危機など国際的な金融危機が一層不安をかきたてた。こうした雰囲気のなか,金融再編,金融機関統廃合が次々と進み,メガバンクが誕生するに至った(東京三菱銀行,三井住友銀行,みずほ銀行,りそな銀行)。

相次ぐ景気対策がとられ(金利政策,財政出動),ゼロ金利政策(1999年),史上最低金利の公定歩合と量的緩和政策(2001年)が行われた。1990年代に新自由主義のもと金融立国モデルによってアメリカが復活したとの判断から,市場・利潤・株主を重視する米国型経営に倣って,アメリカ的経営やコーポレート・ガバナンスがモデルとして採用されていった。くわえて,ソ連・東欧社会主義計画経済圏の崩壊は,国際的にも,資本主義・新自由主義・市場主義に自信を与えていた(市場原理主義の盛行)。

2001年発足の小泉内閣(2001～2006年)のもとで,聖域なき構造改革路線が打ち出され,規制緩和,民営化,グローバル・スタンダード,不良債権処理,財政再建がうたわれた。景気の低迷によってリストラ失業が350万人にまで増え,企業は企業で過大な債務を負っているところが続出した。そして,こうした企業の再生を支援する産業再生機構が発足した(2003年)。輸出主導の景気拡大がある程度進んだがその実感はあまり感じられず,それゆえ「かげろう景気」と呼ばれた(2002～2008年)。

2000年の米国ITバブルの崩壊は,アメリカ的経営やコーポレート・ガバ

ナンスを根本的に問う深刻な事態を続出させた（優等生企業とされたエンロン，ワールドコムほか有力企業の破綻や粉飾決算の露呈，監査法人の無機能など）。そしてアメリカでは企業情報開示の正確性と信頼性を改善して投資家を保護しようとする企業改革法（SOX法）が成立する。これは，同様に企業の不正が続出していた日本にもおおきなインパクトを与え，後に日本版SOX法（2008年）を生むことになる。さらに後に，「日本版スチュワードシップ・コード」（2014年），「コーポレートガバナンス・コード」（2015年）等となって現れる。

ITバブル崩壊後にサブプライム・ローンによってITに代わる住宅需要を掘り起こして景気回復を目指していたアメリカ経済であったが，2007～2008年にそのサブプライム・ローンの不良債権化によって，「リーマンショック」が発生する。それは世界金融危機へと拡がり，急激な景気後退が世界を覆うこととなった。GM・クライスラーなどの経営危機が言われ，株価重視の短期志向が長期投資を抑制したとする批判的論調もでて，米国型経営への反省の動きも見られた。日本でも，中谷巌がこれまで主導していた市場主義・規制緩和論からの転向（懺悔）宣言をするなど，新自由主義経済論者に一定の動揺が見られた。

リーマンショックで急速に悪化した日本経済景気は，いったん2009年第1四半期に持ち直しに転じたかに見えたが，ギリシャ財政危機，欧州政府債務危機，東日本大震災などで勢いに乗れなかった。その後2013年には実質GDPがリーマンショック前の水準を回復する所まで来たものの，やはり本格的な成長軌道には至らず今日に至っている。

このような背景のなか，日本経営学会統一論題では以下のようなテーマが議論になった。

まず，上述のような国際的・国内的な政治・経済環境の大変化に対応して，世界経済構造の変動と企業経営の課題，リーマンショック後の企業経営，危機の時代の企業経営，日本企業再生の条件，日本企業の再構築，企業システムの再構築，日本的生産システムの変容，新しい資本主義，新しい企業経営像，21世紀の企業経営，社会主義企業経営の教訓，変化の時代の不変のマネジメントなどのテーマが相次いで登場し，厳しい激変時代の企業経営のあり方を緊張感を持って模索する動きが鮮明に出てきていることが認められ

る。そのなかで日本企業のグローバリゼーションと企業経営，国際化戦略の再構築，グローバルな戦略アライアンス，競争構造・市場社会の変貌，企業戦略，競争戦略，金融自由化とファイナンス・カンパニーの戦略，経営資源，ダイナミックケイパビリティ，付加価値創出，持株会社解禁と日本型企業経営，持株会社経営，組織の境界，企業経営の多様化，リスクマネジメント，持続可能な経営，経営指導原理の再構築，企業の活性化とトップマネジメント，情報資本主義時代の経営，近代組織論の再構築などが具体的に論じられている。

これに対応して，経営学そのものが何を求められているのかという問題意識も出てきている。21世紀経営学の課題と展望，経営学の再構築，研究対象の多様化と経営学の学問性，経営学の存在理由と方向，企業行動研究の革新，変革期の経営学，経営学100年の回顧と展望など，経営学を根本から問い直し，新たな時代環境に適合した理論構築を目指そうとする意欲を示すテーマが続出してきている。

以上の諸テーマ，論点の中で，特に頻出してきたものをいくつかの群に柱立てをして，さらにキーワード的に示せば，次の通りである。

　企業活動の国際化・グローバル化：
　グローバリゼーションの新パラダイム，EC統合と企業経営，アジア企業の経営，社会主義体制の変動と企業経営，グローバル企業の国際分業，グローバル化と企業競争力，国際戦略再構築，グローバルニッチの探求，地域市場と地域統括会社，国際合併，国際ロジスティクス戦略，グローバルスタンダード，研究開発のグローバルマネジメント，企業社会の多様性（文化的多様性，異文化経営，ダイバーシティ・マネジメント，人事管理の多様性），日本企業の国際貢献

　日本的経営の変貌：
　日本企業の再生，国際移転，変容する日本的生産システム，日本型生産システムの有効性と限界，小集団活動の日本的特質，日本企業のアジア経営，日本型経営の動向と課題，ジャパナイゼーション（日本化現象），

経営比較（日英，日独），普遍性と特殊性，戦略的変革と経営者

イノベーション：
日本企業のイノベーション（技術，組織，企業社会），事業創造とイノベーション，大学発ベンチャー企業，企業行動のダイナミズム，創発戦略，新しい資本主義の現実と社会イノベーション

IT革命と企業経営：
IT革命と企業経営，EMSビジネス，IT不況とコーポレート・アメリカ，IT革命と製造システムの転換，モジュール化戦略，ITとプロセスイノベーション，情報システムと競争優位，管理の情報化，IT革命と労働・社会生活の変容，グローバリゼーションと生産システム革新

コーポレート・ガバナンス：
コーポレート・ガバナンスの再構築，再生の時代の経営者，株主価値志向経営，株主価値重視経営からの脱却と共同決定，株式会社の本質，株式会社の原理，21世紀の企業経営，ガバナンス改革，企業統治システムの再構築，企業統治原理，コーポレート・ガバナンスと企業観，ストックホルダー・アプローチとステークホルダー・アプローチ，コーポレート・ヘゲモニー，日本的コーポレート・ガバナンスの問題点，日本型組織と不祥事，日本型企業システムと経営者，経営者自己統治論，企業倫理，企業活動と規制，政府規制と自立的経営システム

新たな経営原理：
新たな経営原理の探求，市場経済と企業の社会性，CSRを意識したプラスティス，CSRの日本的展開，日本企業の閉鎖性，「公と私」の再構成，新しい企業価値，新しい社会貢献，企業社会と市民社会，社会と企業，事業目的と使命，ソーシャル・ビジネスの経営，企業倫理，経営倫理，倫理的組織風土，脱成長の経営学

環境問題と経営：
環境問題対応，環境倫理，環境保全，環境管理システム，環境経営学，企業経営と永続性，社会的責任

地域振興と企業経営：
地域振興と企業経営，地域産業の構造変化，中小企業の投資行動，インキュベータ，企業と社会

人的資源管理：
人材育成と活用，HRMのパラダイム転換，フラット型組織とHRM，知的人材の開発，組織能力の再開発，組織革新，ワークスタイルの変化，GMのチーム包括協約

3 ▶ 総括

　以上，日本の経営学の歴史を「日本経営学会」史を中心にすえてみてきたが，その中で見て取れる点を挙げれば，次の通りである。

1. 日本の経営学は，ドイツやアメリカに比べても，ほぼ遜色なく早い成立時期を持っている。米独両国の議論は，日本の経営学の論壇では，初期段階からほとんど同時代的に日本に紹介されてきたし，経営学会の成立についても，ドイツの2年後，アメリカの10年前というわけで，ほぼ同時代的であったと見なすことが出来よう。

2. とはいえ，日本の経営学は，日本自身の学界や実業界の中から固有のものが生まれ育ったというよりも，アメリカ，ドイツ両国の学問や企業における実践事例の紹介を通じて発展してきた色彩が強いと言える。（但し，日本にそれを生む素地がまったくなかったわけではなく，むしろ一定の素地が明治末期頃から育ってきていたからこそ受け入れられたというのが正確である。日本経営学会が創設される以前には，大正初期以来，先進的な企業において，テイ

ラー・システムやそれに繋がる実践が行われていたし，いくつかの団体がアメリカの文献の翻訳・紹介をしていた。また，高等教育機関でも，これに関する科目が開設されてきていた）。

3. 日本の経営学論壇は，その時々の時勢に合わせて企業に求められている課題が議論の中心に設定され，時流に直結したテーマが論じられるのが特徴であった。日本経営学会の統一論題は，戦前の第1回大会から今日に至るまで，時々のホットなテーマが課題として設定されてきた。このことは，本稿で述べた時代背景と統一論題テーマとを照合させた考察によって確認できるところである。

4. こうした傾向は，経営学という極めて現実的な経営実務に密着した領域を主たる研究対象にする学問の特徴であるといえば言えよう。それはそれで一応首肯できることであり，現実離れした空論に比べて強みであるとも言える。しかし，そのことは同時に，経営実務の時流的要請にこたえるという形で意識的・無意識に時流に引きずられ，安易にそれを前提にした議論に陥るという危うさと隣り合わせになっていた。特に戦前昭和期経営学の議論の経時的移り変わりは，その一例であった。そこから引き出される教訓は，経営現象に即して観察する場合に，その時代制約性，時代的熱病と客観性，特殊性と普遍性という両面を冷静に見る複眼的観察視点を常に念頭に置きながら研究を進める必要性があるという点である。

5. 初期（から敗戦まで）の戦前日本経営学会では，今日で言うところの会計学領域の研究テーマが一定数報告されており，特段それが違和感を持って受けとめられていたわけではなかった。寧ろ当然として受けとめられていたと言って良い。第1回大会のテーマが「会計士（計理士）制度」であったことがそれを示している。日本経営学会のイメージがまだ明確でなく，商学，会計等の研究者の多くが日本経営学会会員になっていた事情，当時紹介されていたドイツ経営経済学が会計学領域を当然のよう

に内包していたこと（ドイツの経営学者は同時に会計学者でもあった）の影響等の事情があったものと考えられる。

6. 日本経営学会の議論を歴史的に辿ってみて気付く点は，形式的には同じ言葉・テーマの下でも（時代背景との関連ゆえに）異なった内容の議論がなされ，異なったイメージ，位置付けや評価がなされてきたことである。例えば，日本的経営と言っても，その否定的評価から肯定的評価への移行，さらには時代不適合・崩壊論へという議論内容の時代的変遷は，それを物語っている。経営戦略の多角化戦略論から「選択と集中」論への変遷，組織論の古典的組織論から近代的組織論への変遷，「組織」概念の変遷（明治期後半～大正初期には企業形態・企業・生産諸要素結合と同義の漠然とした意味で使われていたが，アメリカ経営学流入の中で組織概念は精錬され，変化していった）……等々，多くの論点の変化を辿ってみると同様のことが分かる。しばしば議論内容は逆転していることすらある。その変化の背景，根源との関連を掘りさげて考察することが必要である。

7. 当初日本経営学会に専ら結集していた経営学の研究（者）は，その後，関連領域やより専門的に特化された研究の推進を目指す諸学会の陸続たる設立によって，多くの関連諸学会を生むことになった。経営関連学会協議会（2006年設立）に参加している学会数は2016年現在で実に60学会にのぼる。日本経営学会設立時に内包されていた様々な研究者たちが日本会計研究学会（1937年設立），日本商業学会（1951年設立），……などとして分化するとともに，時代と共に生まれてきた新しい領域を研究する学会（例えば最近では日本ナレッジ・マネジメント学会，日本リスクマネジメント学会など）が次々に生まれるなど，今もなお少しずつ増えてきている。参加60学会はつぎの通りである。（経営関連学会協議会ホームページより，50音順）

　　アジア経営学会（経営分野），異文化経営学会（経営分野），会計理論学会（会計分野），経営学史学会（経営分野），経営行動科学学会（経営分野），経営行動研究学会（経営分野），経営情報学会（情報分野），経

営戦略学会(経営分野)，経営哲学学会(経営分野)，工業経営研究学会(経営分野)，国際会計研究学会(会計分野)，国際公会計学会(会計分野)，システム監査学会(経営分野)，実践経営学会(経営分野)，税務会計研究学会(会計分野)，組織学会(経営分野)，中小企業会計学会(会計分野)，日仏経営学会(経営分野)，日本会計研究学会(会計分野)，日本会計史学会(会計分野)，日本管理会計学会(会計分野)，日本企業経営学会(経営分野)，日本経営会計学会(会計分野)，日本経営学会(経営分野)，日本経営工学会(経営分野)，日本経営財務研究学会(経営分野)，日本経営システム学会(経営分野)，日本経営診断学会(経営分野)，日本経営実務研究学会(経営分野)，日本経営数学会(経営分野)，日本経営分析学会(会計分野)，日本経営倫理学会(経営分野)，日本原価計算研究学会(会計分野)，日本広告学会(商学分野)，日本産業経済学会(商学分野)，日本財務管理学会(経営分野)，日本社会関連会計学会(会計分野)，日本商業学会(商学分野)，日本消費経済学会(商学分野)，消費者教育学会(商学分野)，日本商品学会(経営分野)，日本情報経営学会(情報分野)，日本生産管理学会(経営分野)，日本創造学会(経営分野)，日本地方自治研究学会(経営分野)，日本ナレッジ・マネジメント学会(情報分野)，日本比較経営学会(経営分野)，日本ビジネス・マネジメント学会(経営分野)，日本物流学会(商学分野)，日本保険学会(商学分野)，日本ホスピタリティ・マネジメント学会(経営分野)，日本マクロエンジニアリング学会(経営分野)，日本マネジメント学会(経営分野)，日本リスクマネジメント学会(経営分野)，日本労務学会(経営分野)，非営利法人研究学会(経営分野)，標準化研究学会(経営分野)，ファミリー・ビジネス学会(経営分野)，ランチェスター戦略学会(情報分野)，労務理論学会(経営分野)

このように関連諸学会が増えて行くにつれて，あらためて母胎的学会としての日本経営学会の存在意義，役割は何であるのかが問われざるを得なくなってくると思われる。

8. 関連諸学会の増加は，経営現象の複雑化・多様化・専門的分化，研究の多様化・専門的分化の結果であり，それはそれとして必然の動きではあるが，他方では日本経営学会創設期の偉大な先人学者達に共通の念願であった統一的な経営学体系構築への強い意欲と努力，それに向けた方法論的検討というような問題意識や努力が希薄になったか殆ど消滅した状況にあるように感じられる。細分化された部分的研究を集めれば経営の全体像が自動的に解明・認識されることになるのかどうかがあらためて議論になろう。かつて馬場敬治や山本安次郎が主張した「本格的な経営学」やドラッカーの「新しい科学哲学」の必要性という指摘はこの点に関わっている（山本は常常，「分析哲学の限界」に言及していた）。経営研究の統一的全体性（totality），経営現象の総合的把握をどのようにしたら確保できるのかが，歴史的にも論理的にも母胎的学会として位置づけられる日本経営学会にあっては，今後課題として問われねばならないのではないか。植竹晃久も「そうした諸領域の研究成果を経営学という独立の科学分野でいかに統合的に理解していくかが問われてくる」と，本書第10章でコメントしている。

9. 第二次世界大戦後（特に直後）の日本の経営学は，アメリカ経営学（経営管理学）の流入によって，基調はそれ一色となり，戦前昭和期経営学の基調はまったく一変したと言ってよいが，それとともに，経営学の研究対象が企業，経営経済から組織一般・管理一般にまで拡大され，それに伴って経営の価値，価値の流れ，価値循環過程などの経済過程の解明（ドイツ経営学の伝統的特徴）が経営学の内容からなくなる（ないしは薄くなる）傾向にあった。日本経営学会のこれまでの報告を見れば，アメリカ経営管理学系，ドイツ経営経済学系，そして後にも触れる批判的経営学系の3理論類型に概ね大分類できる（そして各系統はまた，それぞれ内部では多様に分かれている）。これらは相互に意識し合い，影響関係にもある。こうした事情から，アメリカとドイツの性格が異なる両経営学を折衷した体系の経営学概説書がいまでは多数を占めている。学会設立の初期段階から両経営学の紹介・導入と摂取・統合・総合化を目指しての真摯な研究

がなされた事によるものであり，日本経営学の特徴を示していると言える。

10. こうして経営学とは経営管理学なのか，経営経済学なのか，それとも両者を統合したものなのかという初期経営学者たち（日本経営学会の初期から参加し，戦前から昭和30年代頃まで活躍した人たち）の長年問うてきた方法論上の論争・論点は薄まってきて，戦後の時の流れの中で自然の内に経営管理学が優位な方向に収斂してきたように思われる。経営学の研究対象，研究方法，学問的性格の如何はもはや殆ど問われなくなった。しかし，それは本当に学問的な意味で解決されてそうなったとされるべきものであるのだろうか。

11. 日本経営学会の初期（戦前，昭和初期）から，マルクスやリーガーらに依拠して，後に個別資本（運動）説と呼ばれるようになる経営経済学の流派が生まれたが，それは今日では殆ど活動停止状態ないし瓦解状況にある。それとも関連して生まれた社会主義経営学会（1976年創設）の議論も形を変えることとなった（学会名も1995年には比較経営学会，さらに2005年に日本比較経営学会と改称している）。それはかつて存在した・あるいは現存している社会主義国を僭称する国家（本来マルクスが想定していたはずの人間主義的社会主義理念とは対極にある醜悪な姿に転化した全体主義的抑圧国家群）の自滅・崩壊と直接に関係しているが，さらに，そもそも理論的に下敷きにしていた硬直的な「マルクス＝レーニン＝スターリン主義」（及びその延長線上の議論）の誤謬・カテキズム化そのものによって，これ以上理論的に柔軟・積極的な展開が不可能なところまで追い詰められたことが根底にあった。ここでは根本的な自己批判と理論的再出発が必要であろう。しかし深刻なのは，こうした情況についての理論的総括がなされないまま沈黙やなし崩しの転向？がなされているかにみえる事である。これでは，かつての戦時経営学者の戦後の沈黙や転向を批判する資格はないといわれても致し方ない。資本主義企業も（残存する）「社会主義」企業も，ともに大きな諸問題点を抱えている今日，両者に対してチェック・批判

の機能を果たすものとしてその役割が期待されている時ではないかと思われるだけに，厳しい自己批判の上に立った新たな出発が必要であろう。

12. 日本経営学会は，これまで見てきたように，昭和金融恐慌→産業合理化→戦時統制経済→戦後復興→高度経済成長→構造転換と国際化→内需拡大・バブル経済・海外直接投資→バブル崩壊・長期低迷と，めまぐるしく移り変わる国内外経済変動の中での企業経営の直面する現実を見ながら，そこでの課題を取りあげて論じてきた。そしていま，企業を取り巻く国際環境は，またも超弩級の激変と転換の流れの中にある。深刻な地球規模での環境問題，国際的・国内的に深刻な貧困問題・格差問題，大量移民問題，米欧に見られる反イスラムなど排外主義の台頭，イギリスのEU離脱に始まるEU崩壊可能性の危機，トランプ米大統領誕生に始まる（アメリカ発の）反グローバリズム・保護主義の台頭とその国際的拡散の兆し，中国の強引な海洋進出・一帯一路・AIIBなどに見られる膨張主義的大国主義的野心，ナショナリズム風潮の国際的拡散，既存の国際政治経済枠組み崩壊の危機，リベラルな価値や民主主義のルールなど既存価値の否定，限界の見えてきた新自由主義路線……など，従来の枠組みとは異なった，寧ろ逆行する世界秩序への大きな再編の可能性が生じつつある流動的大転換期にあるかに見える。これらを産み出した経過の最深部にあるのは，1980年代以降に国内的・国際的に展開されてきた英米発の新自由主義経済政策であり，その限界性・問題性である。従来の経営学が前提として理論を組み立ててきたその前提的諸条件・枠組み・価値観が大きく変わってきているかにみえるいま，企業の理念・目標，経営戦略はどうあるべきなのか。経営学の果たしうる貢献は何なのか。戦前日本の経営学者達がおかれたのとある意味では通底するような大時代状況変化の最中にわれわれはおかれている。時代的状況を冷徹に読みとって過つことのない判断・理論的営為をすべき時なのではなかろうか。

表1-1 日本経営学会50年史年表(創設〜50回大会)

年度	大会 年次	大会 臨時	論集	統一論題
大正15	1		1	会計士制度研究
昭和2	2		2	株式会社制度
昭和3	3		3	商業教育制度
昭和4	4		4	経営学自体の諸問題・官営及び公営事業
昭和5	5		5	中小商工業問題
昭和6	6		6	産業合理化と失業
昭和7	7		7	商品市場組織
昭和8	8		8	経営とインフレーション
昭和9	9		9	貿易統制研究・経営学最近の問題
昭和10		関西 山口	号外	工業統制問題・商業学最近の問題
		関東 小樽	号外	産業統制研究
昭和10	10		10	カルテル及び経営学の重要問題
昭和11	11		11	統制経済と企業経営
昭和12	12		12	最近における企業・経営組織の諸問題
昭和13	13		13	戦時体制下の企業経営
昭和14	14		14	価格統制
昭和15	15		15	利潤統制
昭和16	16		16	生産力拡充
昭和17		関東 福島		新産業合理化
		関西 大分		中小商業問題
昭和17	17			経営理論の問題
昭和18	休			
昭和19	休			
昭和20	休			
昭和21	19		17	日本経済の再建と経営経済学の課題
昭和22	20		18	経営学の再吟味・経済変動と経営
昭和23	21		19	経営合理化の諸問題
昭和24		小樽	20	日本経済の安定と経営の諸問題
昭和24	22		21	経営学の基本問題
昭和25		大分		統制撤廃と中小企業・税制改革と企業経営
昭和25	23		22	株式会社と企業経営の諸問題
昭和26	24		23	経営管理組織の合理化
昭和27	25		24	経営財務の諸問題

当番校	理事長
東京商科大	五常務理事合議制
神戸高商	上田貞次郎（1879〜1940）
日本大	中西寅雄（1896〜1975）
神戸商業大	平井泰太郎（1896〜1970）
明治大	増地庸治郎（1896〜1945）
名古屋高商	村本福松（1890〜1949）
京都帝大	
早稲田大	
神戸商業大	
山口高商	
小樽高商	
慶應義塾大	
大阪商大	
東京帝大	
京都帝大	
東京商大	
神戸商業大	
明治大	理事長制始まる
福島高商	初代　瀧谷善一（1893〜1947）
大分高商	
関西学院大	
明治学院専門	
神戸経済大	二代　平井泰太郎（1896〜1970）
早稲田大	
小樽商大	
神戸商大	三代　高瀬荘太郎（1892〜1966）
大分大	
関西学院大	
慶應義塾大	
同志社大	

年度	大会 年次	大会 臨時	論集	統一論題
昭和28	26		25	労使関係の基本問題
昭和29	27		26	経営学の再検討・現下の経営財務問題
昭和30	28		27	戦後10年の企業経営と経営学の再検討
昭和31	29		28	経営学の体系および内包
昭和32	30		29	技術革新と経営学の課題
昭和33	31	長崎	30	経営計画の諸問題
昭和33	32		31	国民経済と企業
昭和34	33		32	日本における経営の諸問題
昭和35		高松		長期計画をめぐる諸問題・経営教育と産学協同
昭和35	34		33	現段階におけるわが国企業の集団化と分権化
昭和36	35		34	貿易の自由化と企業の体質改善
昭和37	36		35	経営学における組織論の展開・その役割と地位
昭和38	37		36	労務管理と経営学
昭和39	38		37	財務管理と経営学
昭和40	39		38	生産管理と経営学
昭和41	40		39	マーケティングと経営学
昭和42	41		40合冊	経営学の基本問題
昭和43	42		40合冊	経営学の現代的課題
昭和44	43		41合冊	経営学と隣接科学
昭和45	44		41合冊	70年代の企業経営・経営学の発展課題
昭和46	45		42	70年代の経営学の課題
昭和47	46		43	経営と環境
昭和48	47		44	経営国際化の諸問題
昭和49	48		45	企業の社会的責任と株式会社企業の再検討
昭和50	49		46	経営参加の諸問題・現代の経営参加
昭和51	50		47	経営学の回顧と展望

出所：山本安次郎『日本経営学五十年』東洋経済新報社，昭和52年，132-133頁。一部訂正・追補のうえ引用。

当番校	理事長
明治大	
京都大	
中央大	
神戸大	
東京大	
長崎大	
一橋大	
福岡大	
香川大	
日本大	
名古屋大	
甲南大	
明治大	
立命館大	
青山学院大	
大阪大	
中央大	四代　古林喜樂（1902〜1977）
大阪市大	
東海大	
神戸大	
日本大	
近畿大	五代　市原季一（1921〜1979）
専修大	
関西大	
明治大	
神戸大	

表1-2 日本経営学会大会史年表(第45回大会～第90回大会)

開催年	回	開催校	大会委員長	刊行年	書名	
1971	45	日本大学	亀井辰雄	1973	第42集	七〇年代の経営学の課題
1972	46	近畿大学	生島廣治郎	1973	第43集	経営と環境
1973	47	専修大学	栂井義雄	1974	第44集	経営国際化の諸問題
1974	48	関西大学	山口吉兵衛	1975	第45集	企業の社会的責任
1975	49	明治大学	藤芳誠一	1976	第46集	現代の経営参加
1976	50	神戸大学	占部都美	1977	第47集	経営学の回顧と展望 50周年記念特集
1977	51	愛知学院大学	佐野守	1978	第48集	日本的経営の諸問題
1978	52	早稲田大学	鈴木英壽	1979	第49集	日本経営学と日本的経営
1979	53	同志社大学	今井俊一	1980	第50集	現代経営学の基本問題
1980	54	中央大学	岩尾裕純	1981	第51集	八〇年代の企業経営
1981	55	立命館大学	坂寄俊雄	1982	第52集	現代企業の諸問題
1982	56	立教大学	三戸公	1983	第53集	産業技術の新展開と経営管理の課題
1983	57	関西学院大学	吉田和夫	1984	第54集	現代企業の所有と支配
1984	58	拓殖大学	小林末男	1985	第55集	政府と企業
1985	59	松山商科大学	岩国守男	1986	第56集	現代経営学の新動向
1986	60	駒澤大学	遠藤孝	1987	第57集	情報化の進展と企業経営 60周年記念特集
1987	61	龍谷大学	林昭	1988	第58集	企業経営の国際化と日本企業
1988	62	小樽商科大学	篠崎恒夫	1989	第59集	産業構造の転換と企業経営
1989	63	福岡大学	片山伍一	1990	第60集	日本的経営の再検討
1990	64	東洋大学	島袋嘉昌	1991	第61集	九〇年代の経営戦略
1991	65	愛知大学	野崎幸雄	1992	第62集	世界経済構造の変動と企業経営の課題
1992	66	明治大学	木元進一郎	1993	第63集	新しい企業・経営像と経営学
1993	67	和歌山大学	浅野敏	1994	第64集	世界の中の日本企業
1994	68	山梨学院大学	高橋敏夫	1995	第65集	現代企業と社会
1995	69	大阪経済大学	田渕進	1996	第66集	日本企業再構築の基本問題
1996	70	一橋大学	田島壮幸	1997	第67集	現代経営学の課題 70周年記念特集
1997	71	関西大学	高堂俊彌	1998	第68集	環境変化と企業経営
1998	72	札幌大学	星真太郎	1999	第69集	21世紀の企業経営
1999	73	同志社大学	島弘	2000	第70集	新しい世紀と企業経営の変革
2000	74	横浜市立大学	齊藤毅憲	2001	第71集	経営学の新世紀：経営学100年の回顧と展望

摘要(新規開始事項を中心に)	会員数	理事長
統一論題のみ収録		
本号から年報に自由論題も収録 編集方針の一新 ドイツとアメリカの経営学会に代表派遣		古林喜樂
		古林喜樂
東北部会が発足	1558	市原季一
	1613	市原季一
50周年記念講演会(大阪,関電ホール)		市原季一
	1677	藻利重隆
		藻利重隆
		藻利重隆
		藻利重隆
	1745	藻利重隆
	1788	藻利重隆
		海道進
		海道進
		海道進
60周年記念講演 第1回国際経営シンポジウム(神戸国際会議場) 年報改善委員会および機関誌問題検討委員会	1852	海道進
国際経営学会設立検討委員会・同準備委員会	1861	海道進
	1902	海道進
	1930	田島壯幸
IFSAM設立(フランクフルト)初代会長野口祐	1948	田島壯幸
プログラム委員会方式を導入,ワーク・ショップを新設,『経営学論集』横組み化,理事・常任理事の定員増やプログラム委員会条項を盛り込む会則の大幅改訂,学会の英文名称の変更	1974	田島壯幸
IFSAM第1回世界大会(東京京王プラザホテル)	1990	田島壯幸
機関誌「日本経営学会誌」発行を決定	1996	田島壯幸
	2029	田島壯幸
学会機関誌への投稿受付開始	2049	森昭夫
70周年記念講演	2049	森昭夫
『日本経営学会誌』創刊	2075	森昭夫
	2077	野口祐
情報化検討委員会設置	2111	野口祐
情報化検討委員会答申	2127	野口祐

開催年	回	開催校	大会委員長	刊行年	書名	
2001	75	桃山学院大学	片岡信之	2002	第72集　21世紀経営学の課題と展望	
2002	76	明治大学	高橋俊夫	2003	第73集　IT革命と企業経営	
2003	77	愛知学院大学	二神恭一	2004	第74集　グローバリゼーションと現代企業経営	
2004	78	早稲田大学	小林俊治	2005	第75集　日本企業再生の課題	
2005	79	九州大学	丑山優	2006	第76集　日本型経営の動向と課題	
2006	80	慶應義塾大学	十川廣國	2007	第77集　新時代の企業行動　80周年記念特集	
2007	81	追手門学院大学	西岡健夫	2008	第78集　企業経営の革新と21世紀社会	
2008	82	一橋大学	村田和彦	2009	第79集　日本企業のイノベーション	
2009	83	九州産業大学	池内秀己	2010	第80集　社会と企業：いま企業に何が問われているか	
2010	84	石巻専修大学	晴山俊雄	2011	第81集　新たな経営原理の探求	
2011	85	甲南大学	河野昭三	2012	第82集　リーマン・ショック後の企業経営と経営学	
2012	86	日本大学	松本芳男	2013	第83集　新しい資本主義と企業経営	
2013	87	関西学院大学	深山明	2014	第84集　経営学の学問性を問う	
2014	88	国士舘大学	白根良三	2015	第85集　日本的ものづくり経営パラダイムを超えて	
2015	89	熊本学園大学	勝部伸夫	2016	第86集　株式会社の本質を問う　―21世紀の企業像	
2016	90	専修大学	馬場杉夫	2017	第87集　日本の経営学90年の内省と構想　90周年記念特集	

摘要（新規開始事項を中心に）	会員数	理事長
Call for Papers, ペーパー参加, 大学院生セッションなどを新設	2133	片岡信之
ABMと提携し国際発信体制を前進, 韓国経営学会との交流開始（相互に年次大会へ参加）, 理事長1期制を規定化	2158	片岡信之
英語セッションを新設, 公開講演会（愛知学院大学）, 日本経営学会賞を新設, 第1回公開シンポジウム（早稲田大学大隈講堂）	2176	片岡信之
ABM日本経営学会責任編集号（第1回）を刊行, 日本経営学会賞第1回授賞	2158	小林俊治
日独公開シンポジウム（明治大学, 関西学院大学）, 公開シンポジウム（九州大学）	2175	小林俊治
80周年記念講演, 公開シンポジウム（早稲田大学）, 経営関連学会協議会（新設）参加,「日本経営学会倫理綱領」制定	2179	小林俊治
『日本経営学会誌』『経営学論集』のWeb化, IFSAM評議会と同フォーラム（茨木市）, シニア会員制新設	2183	坂下昭宣
	2162	坂下昭宣
	2169	坂下昭宣
	2160	高橋俊夫
	2105	高橋俊夫
『経営学論集』のE-book化開始（紙媒体版は簡略化）	2056	高橋俊夫
	2000	海道ノブチカ
公開講演会（国士舘大学）, IFSAM第12回世界大会（明治大学）	1948	海道ノブチカ
	1940	海道ノブチカ
90周年記念講演, 90周年記念事業	1912	百田義治

第 II 部
第51回大会以降の統一論題論点とその意義

第2章 第51回大会〜第52回大会

田中照純 *TANAKA Teruyoshi*

1 ▶ 第48集
『日本的経営の諸問題』(1978年)
——————————————— 第51回大会(1977年)

1-1 日本経営学会の新たな発展段階

　日本経営学会の歴史の中で，ここに取り上げる第51回(1977年)と第52回(1978年)という二つの大会を通して，初めて「日本的経営」の問題が本格的に報告されそして議論された。その意味では，これらの両大会こそがまさに学会史の上で一つの画期を成したと言えるだろう。しかも，過去に例のない二大会に亘って連続的に統一論題として取り上げられたという事実は，経営学分野における日本的経営の問題が持つ学問的意義の大きさを物語っている。では，なぜ1970年代の後半に至って日本的経営に関する問題が経営学会の統一論題を形成するようになったのだろう。

　すでに大正15(1926)年に誕生していた日本経営学会は，第二次世界大戦による数年の休会という時期を挟みながら，全体を通して毎年開催されて行った。そして戦後30年ほどの発展期を経ると，早くも半世紀にも及ぶ歴史を形作っていた。その50年に亘る長い歴史の上に立ちつつ1970年代の後半期に入ると，次の半世紀に向けてさらに新たな発展段階を迎える事になった。そうした意義深い時期に日本経営学会の第51回・第52回大会が開催され，しかも，それぞれの大会で初めて「日本的経営」に関わる統一論題が掲

げられ，その問題に集中した報告と議論が展開されたのである。まさに，半世紀の歴史を経た日本経営学会にとって，その名にふさわしい統一論題が設定されたと言うべきだろう。

そもそも日本経営学会での統一論題の内容は，果たして如何なる基盤や条件の下で形成されるのか。簡潔に言うなら，経営学が研究対象とする現実の企業経営，それが自らの活動を展開する際に一体どのような問題を抱え，その解決を求めているかという事実が根本にある。すなわち，実際に活動する企業経営の状況こそが客観的な基盤を成し，そこから発せられる課題や要請が経営学会での学問上の議論に反映する。だが，そうして学会での統一論題は，基本的にその時代における現実の企業経営の状況が経済的な土台を成し，それに影響を受けて言わばその学問的な上部構造として形作られるという特徴を持ちながら，同時にその土台からは相対的に切り離され，統一論題がそれ自体として独自に運動するという側面を有している。そのため，毎年決定される統一論題は，一方で大会ごとにその時代を反映した多彩で広範な問題に取り組みながら，他方ではそれまでの大会で扱われた問題を考慮し，出来るだけ偏りのない新しい内容で移り変わって行く。

こうして「日本的経営の諸問題」という統一論題の下に，日本経営学会の第51回大会は愛知学院大学で開かれたが，その当時，現実にわが国の企業経営は一体どのような状況にあったのか。基本的には，すでに1960年代のいわゆる高度経済成長の時期から，やがて70年代の安定成長の時代に入っていた。しかも経済の国際化が急速に進み，日本の企業経営が多国籍企業として様々な国で活動し，国際競争力を強めて行った。その結果，次第に日本企業への関心が高まり，やがて諸外国とは違った日本企業だけが独自に有する特質，それが日本企業の競争力の源泉として注目されたのである。そうした基盤の上に，新たな研究領域が「日本的経営」として経営学の学問体系の内部に形成された。

このように，日本経営学会の第51回大会で初めて統一論題として掲げられ本格的に議論された日本的経営の問題は，さらに次年度の早稲田大学で開催された第52回大会においても，基本的に引き継がれて行った。その際，統一論題は「日本経営学と日本的経営」と設定され，日本的経営という現実

の企業経営における問題だけでなく、経営学の学問性に彩られた「日本経営学」という新たな概念との関連を問うものとなった。この日本経営学なる概念も、果たしてそれが何を研究対象にするのか、またどのような研究方法で展開して行くのか、さらにそれは日本的経営と如何なる関係に立つのか、そうした言わば方法論上の問題を含むものとして根本から議論されねばならない。

1-2 「日本的経営」論の諸類型

　では実際に、果たしてどのような報告が二つの大会で為されたのだろう。全体としての「日本的経営」論、それは日本企業が有する様々な特性のうちで一体何を重視するかによって、大きく二つの類型に区別される。先ず第1の類型として、日本企業を成り立たせている思想や理念、あるいは経営上の文化や風土などの目に見えない経営基盤にその特性を求めるものがある。そうした特性は日本の企業経営のみに浸透しているとして、日本的経営を特徴づける重要な要因とされる。次に第2の類型は何か、それは日本企業のみに備わっている各種の具体的な制度上の特質を指すものである。とりわけ労働者に対する人事・労務面での雇用や昇進、さらには賃金などに関する諸制度を内容としたものだ。たとえば採用されてから退職するまで長期に亘って継続的に雇用される終身雇用制、あるいは年功主義に基づく昇進や賃金の制度、さらには労使関係上での企業別労働組合などが挙げられる。それ以外にも生産や販売、さらには財務といった各職能ごとに制度面あるいは構造面での日本的特性を主張する考え方である。

　だが、以上のような二つの主要な類型は、決してそれぞれが切り離され独立して存在するのではなく、互いに影響し規定し合う相互作用の関係にあるだろう。すなわち、一方では日本の企業経営に浸透した文化や風土、あるいは経営に関する思想や理念などの作用を受け、それらの特性が基盤となってその土台の上に具体的な人事・労務面の諸制度が形成される。また他方では、ひとたび具体的な諸制度が形成されると、それらが実際に機能する中で日本企業の文化や風土などの経営基盤に影響を与え、より一層それを強くし

たり変化させるなど，逆の作用方向も考えられる。こうして二つの基本的な類型の間には，密接な相互作用・相互依存の関係があると言えるだろう。いずれにせよ，日本的経営の具体的な内容を成すものとして，これらの代表的な諸類型が重要な意味を持っている。

1-3　第51回大会での統一論題の具体的内容

　さて，1977年に開催された第51回大会だが，そこでの報告は全体としてどのようなものだったのか。大会を通して設定された統一論題，それは前述のように「日本的経営の諸問題」であり，ここに学会史上初めて「日本的経営」なる概念あるいは用語が現れた。すなわち，この大会において日本的経営に関して集中した議論を展開することが高らかに宣言された。そして実際，それまでわが国の経営学で積み上げられてきた様々な問題が日本的経営との関連で取り扱われたが，その具体的な内容は大きく次の三種のものに区分できるだろう。先ず第1には，経営学の中に新しく生まれた日本的経営という問題を研究する際，果たして如何なる方法や考え方で取り組めば良いのか，言わば日本的経営の研究方法に関するものである。また第2には，前述のようにその日本的特性を日本企業だけに存在する経営上の思想や理念，さらには文化や風土などに求めるものである。そして第3には，これも先に指摘したように，その思想基盤や文化特性などを土台にして，そこから形成される日本企業の持つ具体的な諸制度について論じたものである。いわゆる年功主義の昇進や賃金，あるいは終身雇用制や日本的労使関係などを中心にして，それらの制度がどのように日本企業の活動に現れるかを明らかにしている。以上のような特徴を持ちながら，第51回大会の統一論題では全部で9本の報告が為された。そこで以下，それらの内容について順不同で具体的に紹介し，その中で若干の検討を加えてみよう。

◆ **占部都美「日本的経営の一つの特質について―年功昇進制―」**
　報告の中で占部は，日本企業における年功昇進制に注目し，わが国では欧米などと違い労働移動の少ない閉鎖的な労働市場である事から，その制度が

きわめて有効であると評価する。そしてわが国の年功昇進制について、それは社内昇進制度の一形態であるが、決して年齢や勤続年数による自然の昇進制度ではないと言う。なぜなら、報告者によれば年功とは単に年齢や勤続年数を意味するのではなく、勤続年数と共にそれに伴う熟練、職務知識、さらに忠誠心や責任感の成熟度までを包摂するものである。すなわち、年功昇進制は年齢や勤続年数が増すに従って自動的あるいは機械的に昇進する事ではなく、本人の人物的・能力的な要素に対する上司の選択・評価を含んだものである。この社内昇進制度である年功主義昇進制こそ、日本の従業員のモーティベーションを左右する要因として、アメリカの従業員の場合と比較にならないほど重要な意味を持っている。また報告者は、そうして一方では閉鎖的な労働市場の特性を重視すると同時に、他方では日本に特有の「恥の文化」に着目する。そして日本的経営を特色づける年功主義は、日本に特有な「恥の文化」に根ざしているとも言う。その場合に「恥の文化」とは、人の前で嘲笑されたり、物笑いになる有様を恥と思い、全人格的に屈辱感を覚える事を意味する。したがって占部によれば、「恥の文化」という日本人の心理特性の下では、従業員たちは企業内での昇進に特別の関心を持ち、また逆に例えば管理職から平社員への降職に対して大きな屈辱感を抱き、さらに他の従業員に比べて能率が悪いと評価される事を極度に嫌うという性格を持つ。そのため、上司から良い評価が与えられるように、日本の従業員は精勤型で、会社に対する忠誠心も強くなる。しかし、こうして長所の多い年功昇進制だが、報告者は他方でそれが様々な弱点を持っていると考える。たとえば、日本企業では上司は部下に屈辱感を与えないように気を配るため、能力や業績による抜擢は差し控えられ、また会社に対する忠誠心といったソフト面での評価要素は、上司の選択に任されるため主観的な思いやりで左右される。その結果、人事考課はお座なりになり、上司の評価による選択的な昇進は、結局のところ本人も同僚も文句のつけられない学歴や勤続年数といった形式的な基準に頼ることになり、本来の年功昇進制の意味を無くしてしまうのである。また、さらに年功主義の下では、トップ経営者からミドル管理職までが老齢化し、その結果として組織の活力を衰退させる。

　以上、報告者の主張は論理の運びが非常にクリアーであり、優れた報告内

容として評価し得る。とくに労働市場の閉鎖性という経済的事実を根拠に，日本企業の年功昇進制のメリットを打ち出す考え方には説得力がある。だが，他方ではそのディメリットをどのように解決して行くのか，今後の研究成果が期待されるところである。

◆ 岩田龍子「経営の"土着性"と経営学─日本人の権限・責任意識を中心に─」

　報告者の岩田は，戦後のわが国経営学においてアメリカ経営管理論をそのまま導入した事への反省の上に立ち，経営の"土着性"の問題を取り上げ，それを強調するという研究姿勢をとる。そして日本人の責任・権限意識を中心に，日本的経営の"土着性"を前提にした経営管理方式を展開する事が重要だと考える。そこで岩田は，日本人の責任意識の特徴として次の三つのものを指摘する。第1に日本人には"個人責任"の意識が確立していないこと，第2に日本人の場合，市民としての責任よりも，自分の所属する集団に対する責任がより強く意識されること，そして第3には，"強者の責任"とでも名付けるべき責任意識が強いことである。また報告者は，そうした責任意識と同様に日本人の"権限"意識にも注目する。それは欧米の組織において命令の受容を確保する上で重要な役割を果たしているのに対し，日本人の組織構成員の間にはそうした権限意識は殆ど浸透していないと言う。こうして，そもそも権限意識の希薄な日本の風土の下で，上司からの命令は如何にして受容されるかが問題となる。この点について岩田は，組織成員が業務の分担・遂行を促す要因として次のような四つのものを挙げる。その要因とは，①集団に対する責任，②仲間の好意，③上司個人の人格的魅力や権威，④組織成員の将来を決定する権力，などである。これら諸要因の影響から，組織成員はたとえ権限意識が希薄な下でも，上司の命令を受容すると言う。だが，岩田の考え方の中で，一方で権限意識の希薄さが日本的風土だと指摘しながら，他方では上司の命令を受容する要因として上司個人の権威，あるいは組織成員の将来を決定する権力などを強調するという点に矛盾はないのか，という疑問が生じる。そして最終的に岩田は，それぞれの国における経営風土の存在を重視し，そうした"土着性"を確認し検討することが重要であるとする。日本的経営は日本の文化・社会関係の下でこそ発展した形態であり，

日本的社会関係においてはそれなりの効率性を発揮する。だが、そのような欧米とは極めて異なった経営の在り方として"土着性"を持つ日本的経営の中で、米国流経営理論の普遍妥当な一般性を求める事には、ある種の危惧を感じると結論づけている。

◆ 古林輝久「『日本的経営』論における共同体的思考」

　先ず報告者の古林は、日本的経営の内容を成すと言われる終身雇用や年功賃金など、様々な諸制度を貫いている経営理念や指導原理として、経営家族主義と集団主義という二つのものを挙げる。また古林は、そうした日本人の心理特性の発生基盤として、「ムラ共同体」なるものを考える。ところで企業の経営管理は資本家ないし経営者による支配の体系であり、その支配力を安定的で強力なものにするには、一般勤労者の下からの支持と協力が必要となる。そこで企業経営の支配者は、経営集団主義や経営家族主義などの経営イデオロギーを打ち出し、企業経営で働く多くの人々に幻想的共同体の意識を抱かせる。それによって労資の対立関係が幻想的に緩和し解消させられる。こうして報告者は、共同体というものには、支配者の特定利益があたかも公的全体の利益であるかのように被支配者に思い込ませる"幻想性"があると言う。したがって、経済成長の背後には直接生産に携わる多くの人々の苦渋に満ちた生活がある以上、被支配者である民衆を同調させる共同体復権論には無条件に賛意を表し得ないとするが、この点に関しては私も同感である。

◆ 高田馨「日本的経営の合理性」

　報告者によれば、日本的経営は相対的ながら独自の性格を持つが、その特性は単に「温情主義的経営」ではなく、それを含みながら乗り越える合理性追求の過程である。ここで合理性の概念として、個人的合理性・企業的合理性・社会的合理性の三種のものが区別される。先ず第1の個人的合理性、それは従業員の個人的目的である「幸福」への手段となる企業経営組織が持つ合理性である。そして第2の企業的合理性とは、経営者が持つ基本的経営目標である企業の存続・成長に対する手段となる経営組織の合理性である。さ

らに第3の社会的合理性，それは人間（国民，人類）の目的たる「幸福」に対して手段となる企業経営組織が持つ合理性を指している。さらに，日本的経営に見られる終身雇用制と年功給は，いずれも経営組織のもたらす個人的合理性と企業的合理性とが調和する側面を持つと言う。だが報告者は，そうして日本的経営が個人的合理性と企業的合理性の調和を生むと同時に，他面では両者に衝突をもたらすとも考えている。その結果，たとえば有能者の退社と無能者の残留，有能者や若年者の不満，従業員の消極化や自己啓発意欲の低下などが生じる。そうした衝突を解消するため，新しい日本的経営の姿が示される。それは終身雇用制を残存させ，昇進と給与では能力主義を強化するというのが現実の姿である。さらに高田は，従業員の個人的合理性と企業的合理性とを調和させて衝突を回避する過程は，同時に他方で第3の合理性である社会的合理性との間で調和する面と衝突する面を持つと言う。そして最終的な結論として，報告者は自ら示した三つの合理性について，それぞれを相互に調和させ，衝突を可能な限り解消する事が企業の存続・成長の必要条件であるとする。こうして本報告の特徴は，合理性という概念を単に個人と企業のレベルで想定するだけでなく，さらに大きく社会にまで広げて考えている点にある。これは現在の経営学で盛んに論じられている企業の社会的責任の思想にも繋がる優れた着眼点ではないだろうか。

◆ 関谷幸三「年功賃金について」

　報告者は，一般に日本的経営の一つとされる「年功賃金」を取り上げるが，それを「賃金のきめ方」として，学歴や年齢そして勤続年数を重視して決められる賃金だとする。ではその年功賃金は，果たしてどのような成立基盤の下で形成され維持されたのだろう。関谷はそれを四つの根拠のうちに求めている。先ず第1には，わが国の賃金水準が低いという事実である。特に労働者にとって初任給が低く抑えられるが，新規学卒者の年齢が増すにつれ次第に上昇し，賃金も高く決定されて行く。年功賃金の第2の根拠として，明治期以来の労働者の熟練が長期間の経験によって体得される手工的熟練であり，それは年功に応じて熟達するものであった。その他として，第3に学歴別身分制，そして第4に経営家族主義といった根拠が挙げられる。だが，近

年になってそうした成立基盤が変化し、やがて崩壊して行くことになる。その原因は一体どこにあるのか、報告者の関谷は、若年労働者が不足し初任給の上昇があったこと、技術革新と熟練の変化によって若年労働者が重視されたこと、等によって年功序列や学歴序列を尊重する意識が薄れたと考えている。だが、そうして成立基盤を崩壊させながらも、いくつかの理由によって依然として年功賃金が持つ今日的意義はあると結論づける。その根拠として、第1に年齢別最低生計費を保証するために年功賃金が意味を持つこと、第2には労働者に対して企業内訓練の費用が上昇するが、その際に年功賃金は人事管理費用を節約する意味を持つこと、などを挙げている。

◆ 高橋洸「『日本的労使関係』の再検討」

　報告者は、日本的経営を「経営における日本的なるもの」と捉え、それを日本的労使関係のうちに求める。その日本的労使関係の骨格をなすものは終身雇用、年功賃金そして企業別組合という三つの要素だが、報告者はそれらの要素のパッケージとして「本工制度」に注目する。その「本工制度」を核とする「日本的労使関係」は、高度成長期における企業の急速な拡大を背景にして、きわめて有効に機能し定着したとみる。だが高橋は、やがて「高度成長」が破綻・終焉する戦後最大の構造的不況の中で、「本工制度」の基盤が次第に動揺すると考える。それは、具体的には「本工」中高年層への希望退職奨励や「本工」層の一時帰休となって現れた。では、他方において「本工制度」は労働組合とどのような関係を持ったのか。報告者によれば、大企業労働組合は「本工制度」を補強するための政策的努力を積み重ね、その結果として「日本的労使関係」の骨格は一定の修正が加えられつつ温存されることになる。そして最後に、報告者は「日本的労使関係」の骨格がぐらついていること自体が、日本の労働組合運動にとって試金石であると考えている。

◆ 山城章「日本的経営論と国際的経営論―日本的多国籍企業研究の問題―」

　先ず山城は、様々な経営学研究が存在する中で、自らの求める経営学、それをマネジメント経営としての経営学であるとする。さらにそれを進める上

で，1.日本の経営，2.日本的経営論の研究，3.日本経営学の確立，という言わば三つの研究段階を区別する。第1段階は，日本の現状はどうなっているかを描き出し記述するものである。そして次の第2段階は，日本の経営の現実をマネジメント理念によって改善する実践的行為に関する日本的経営論である。そして最後に第3段階は，実践経営学の研究努力によって形成される日本経営学の確立を指している。こうした三段階の研究を進めるには，日本の経営を各国の経営と比較する比較経営学の研究が必要であり，その研究なしには日本の経営が持つ真の特色は明らかにならないと言う。また，山城が追求するのは実践学的マネジメント論としての経営学だが，それはマネジメントする能力を育成し，あるいはマネジメントを職とするプロフェッショナルとしての経営能力を育成し，さらに最終的には現実をより理念に近いものに改善する能力を育成し，そのための実践力を開発するような実践経営学を意味している。そして山城は，資本や労働が国際的に移動し，会社の活動が国際的な広がりを持つ国際化時代には，各国に国籍を持ちつつ現地法人と活動する多国籍企業の研究が必須であり，最終的には「日本的」多国籍企業経営論の研究が必要だと結論づける。こうした多国籍企業経営論の提起は，現在から未来にかけて一つの重要な研究方向を示すものとして，大きな意味を持っていると言えるだろう。

◆ 真野脩「わが国経営学の一展開とバーナード―個別経済説の展開―」

報告者は，わが国経営学における一連の思考の展開として，上田貞次郎の経営学ならびに平井泰太郎の個別経済に関する研究を取り上げ，さらに両者の経営学がバーナードの組織経済に関する理論とどのような関連性を持っているのかを考える。そこで先ず上田経営学について，経営学は経済学とは異なり国民経済学から独立していること，あるいは企業のみならず家政までも含む経営概念を研究対象に設定すること，等の特徴を持っているとする。しかし，上田経営学があくまで経営経済学であり，経営概念は経済の原則を指導原理としているため，その投入と成果を比較する基準を貨幣に計算した価値に求めて市場価格による評価を考える時，経済学と区別された経営学の構想は挫折する事になると言う。次に，真野は平井泰太郎による経営学の構想

にも目を向け，平井経営学の特徴としてそれが人間の営む個別経済一般を対象とするため，企業のみならず家政や官庁の経営まで含むものであるとする。その場合，報告者は平井の主張する「経営」の特徴として「統一的意思の存在」を指摘するが，さらに継続的計画的存在に適した見方や組織的見方が取られるとする。そして報告者は，以上のようなわが国を代表する二人の経営学者に対して，バーナードの組織経済や協働体系という思考を対置する。その結果として，上田説と平井説の両方の経営学にバーナードの思考を導入する事によって，組織における意思決定の分析を中心とする経営学の展開への道が開かれると考える。だが，以上のような真野の報告には，日本の経営学についての解説はあっても，統一論題が求める現実の日本的経営に関する考察が見られないのは残念である。

◆ 川崎文治「日本的経営と日本の経営学説の反省―その源流に立って―」
　先ず報告者の川崎は，日本資本主義の発展の中で，明治期以降に現れた主要な経営学説を展開した経営学者とその学説を紹介し，それぞれの学説が持つ意義と問題点を指摘する。そこに挙げられたのは上田貞次郎と馬場敬治という二人の研究者であるが，いずれも日本における経営学の草分けとして活躍した人達である。そこで報告者は，先ず上田貞次郎における「株式会社経済論」について述べ，それを日本の経営学説の嚆矢と位置づける。その上で，上田の株式会社論はあくまで株式会社「経済論」として展開されたことを重視する。さらに川崎は，大株主こそが株式会社の支配者であるという株式会社支配論を展開した上田学説に注目する。そして，株式会社を平等な株主集団だとする法律の規定を一種の擬制だと指摘する上田学説を評価する。次に報告者は，馬場敬治における「産業経営理論」と支配論を取り上げる。報告者によれば，馬場学説では株式会社での支配の関係について資本の所有と財貨の生産を機能とし，前者から独立の営利的財務単位として「企業体」が，後者から独立の生産単位として「経営体」が構想される。しかも，その企業体は自己資本利益率の最大化を目的としつつ経営体を支配し，その結果として総合的には「価値の流れ」を作る「産業体」が形成されると言う。だが，その「価値の流れ」では価値の増大こそが重要だが，増加源泉を労働力の市

場売買を含めた市場取引の場に求め，流通市場を通じて価値の増加がはかられると考える。報告者によれば，さらに馬場は価値の流れから関係論としての組織論のみに重点を移したのであり，その結果，報告者は最終的に前述の上田学説から中西寅雄が展開した個別資本の運動の理論への流れを重要なものと確認する。だが，以上のような川崎報告が持つ問題点は，なぜ中西の個別資本理論が上田学説との関連で重要なものと考えられるのか，また，統一論題が求める日本的経営という事実について一体どのように考えるのか，等に関する十分な説明が無かった事である。

2 ▶ 第49集 『日本経営学と日本的経営』(1979年)
―――― 第52回大会(1978年)

　日本経営学会は，翌年の1978年に第52回大会を早稲田大学で開催したが，そこでは全体の統一論題として「日本経営学と日本的経営」が設定された。前年度の大会に初めて日本的経営の問題が現れ，それに中心的な位置づけが与えられたが，本大会ではそうした現実の日本的経営を研究対象として取り組む「学問」の側にも重点が置かれたようだ。だが，その「日本経営学」とは果たして何者か，これも初めて学会に登場した概念だが，それは前回大会で議論された日本的経営を扱う「日本的経営」論とどのような関係に立つのか。もちろん日本企業の活動状況を研究対象とする経営学には違いないが，その名称から言っても「日本的経営」論より更に一層厳しく学問としての性格が問われるものである。そこには経営学方法論に関わる根本的な問題が潜んでいるように思われる。そうした問題を内包しながら，第52回大会では一体どのような議論が展開されたのか，以下，統一論題に関する9本の報告について，その内容を順次個別的に検討していく事にしよう。

◆ 村山元英「日本的経営と文化恒常性―海外移転による検証―」
　先ず報告者の村山は，日本的経営を国際経営学の分野に位置づけ，しかも比較経営論という視角からそれを理論化しようとする。そのためにアメリカ，インドネシアそしてニッポンという三つの国々の企業経営において実態

調査を行い，その結果を分析して比較検討を試みる。果たして日本的経営が国際化に伴ってより普遍的な経営理論に成り得るのか，そうした期待を込めながら，報告者は「収斂理論」と「土着理論」という二つの主要な仮説を立てる。前者は調査対象となった三カ国での企業経営が，それぞれの特殊性を超えて共通した類似性を示すものである。また後者は，逆に環境の変化によって経営も変わるという考え方であり，言わば経営は環境の所産だという理論である。そして報告者は，収斂理論では組織恒常性と呼ばれる「温情主義型経営」が重要な役割を演じ，また土着理論では経営の持つ特殊文化性で示される特殊的近代化の論理性が重視されると言う。さらに調査分析の結果として，温情主義型の日本的経営論は必ずしも日本固有のものではないが，各国の企業経営で人々が持つ「親しみの情」は，"恒常性維持"の構成要素として普遍的な"収斂性"があるものと位置づけられる。そして報告者は，最後に本研究が持つ将来への課題を提起している。その課題とは，日本型経営理論の展開には「普遍主義」と「特殊主義」をより一層洗練させ，「経営文化」の本質を変えることなく，より強化する方向での研究が必要だという事である。こうして日本的経営を普遍性と特殊性という両側面から捉え，しかも両者の包摂関係のうちに日本的経営が国際的経営へと進化する過程を見出そうとする考え方には，非常に興味深いものがある。

◆ 牟礼早苗「今日の日本中小企業問題の特質」

　報告者の牟礼は，わが国中小企業問題の基本的特質について考える場合，独占資本主義の構造的矛盾の産物という一般的性質を基底に据え，その上で戦後から1970年代にかけては，日本独占資本主義の構造的特徴に規定された特質を持つに至っているとする。そうした変化の下で，70年代には「ドル・ショック」や「石油ショック」，さらには「円高ショック」という言わば三重のショックの影響もあり，中小企業は日本経済全体の中で鉱工業生産率を低下させ，また独占企業による「減量経営」の影響の下で企業倒産を増大させ，その結果として完全失業者の増勢という雇用状況の悪化を引き起こした。そのように情勢が変化する中で，今日の中小企業が直面している問題として「原料高・製品安」や「大企業による下請企業再編成」など，五つに

及ぶ重要な問題点を指摘する。だが，そうした困難な状況下でも，報告者はわが国中小企業問題の今日の特質として，中小零細企業者ならびに中小企業労働者双方の側に新しい動きがあるとしている。それは，一方で中小零細企業者たちが日本独占資本や大企業による支配と収奪に抵抗し，闘争する立場を強めている事である。また，独占資本や大企業の独占的高利潤獲得の諸活動に対し，民主的規制を加えて統制するという動きとなって現れた。その結果，業界団体は他の諸階層との共通要求の実現へと転換し，労働者や農民さらには市民によって支えられた共闘という形態をとる事が多くなっている。他方で中小企業労働者の側の運動も，独占資本・大企業に対する民主的規制を労働組合や業界団体と共同して展開すること，また革新自治体の力を最大限に引き出せるよう地方政治の革新を展望すること，などの課題を重視しつつあるとする。そして最後に報告者は，中小企業自身の主体的力量を増すための正しい実践的指針を研究する重要性がますます増大している，として報告を結んでいる。たしかに，そうした課題は現在から未来にかけて経営学が解明すべき重要なものになって行く事は間違いないだろう。以上のように，本報告はわが国の中小零細企業が置かれている現状を明らかにしつつ，その中に将来に向けた力強い動きが生まれている事も示唆するという，優れた特徴を持つものとして評価し得る。

◆儀我壮一郎「日本の私企業と公企業の国際的特徴」

報告者の儀我は，日本の私企業が歴史的にどのように独占化への道を歩んだかを論じ，敗戦後に六大企業集団として確立する過程を明らかにする。その六大企業集団は，内部矛盾や遠心力の作用にもかかわらず，全体として求心的結集を強化したこと，あるいは集団内での総合商社の重要な役割や，大企業の中小企業に対する強制的・支配的な諸関係などの新しい特徴を持ちながら発展したとする。そして，1970年代に入って民間資本輸出が急増する中で，三井・三菱・住友などの六大金融資本に属する諸企業が主体となり，国際トラスト化・「多国籍化」の方向を辿って行くとする。報告者によれば，こうして日本の独占体を成す六大企業集団は戦前の財閥から出発して，やがて1970年代の多国籍企業にまで発展する。そうした過程をもたらした条件

は一体何に求められるのか，その点について報告時間の制約もあり，十分には語られなかったようである。

◆ 生駒道弘「経営資本研究の日本的特徴―擬制資本論の方法―」

　全体を通して報告者は，わが国に独特の経営資本研究の方法として擬制資本論をあげ，それが株式会社の本質を解明するのにどれほど大きな意義を持つかを明らかにしている。たとえば，合名会社から合資会社，さらに株式会社へという資本動化の進展は，株式会社の本質理解のために効果的であること，また株式会社制度は証券市場と共に発展してきた一つの歴史的産物であり，その出資者内部に支配と被支配の関係が貫徹している事が明らかにされた。そして報告者は，わが国の株式会社金融論に重大な影響を与えたR.ヒルファーディングの擬制資本論にも触れている。すなわち，ヒルファーディングは配当の流れの評価価値を擬制資本と名づけ，それが現実資本を超過する場合の差額を創業者利得と呼び，しかもそうした企業評価の成立と創業者利得の発生こそが，一切の株式会社金融技術の前提であるとした。次に報告者は，そうして擬制資本概念は株式会社の解明に成果を上げたが，他方では若干の混乱を生み出していると言う。それは資本剰余金＝創業者利得説であり，時価発行増資の場合に現れる。処分可能であるという事をもって資本剰余金を会社にとっての創業者利得と成し得るものか，報告者は資本剰余金そのものを株式会社にとっての創業者利得とみる見解，それは本来の創業者利得概念の適用を誤っていると結論づける。さらに生駒報告は，投資理論的財務管理論の展開とポートフォリオ分析に対する擬制資本の意義へと移って行った。そして報告者は，ポートフォリオ理論というものが評価理論の精緻化，とくにリスク分析の深化を意味するとし，そこでも擬制資本形成の論理が現実資本の運用に反作用を及ぼしつつある事を見出し得るとする。

◆ 松本譲「『日本経営学』と『日本的経営』―比較経営論の提唱を中心にして―」

　本報告において松本は，一方で「日本経営学」の確立を主張しながら，また他方では「日本的経営」の究明も試みる。しかも，唯それぞれを個別に独立して論ずるだけでなく，両者の有機的な関連性をも問題にする。さらにそ

の過程では，わが国における「経営学」研究の究極的課題にも触れ，したがって本報告は経営学方法論の展開を基本にした多彩な内容のものになっている。その際，比較経営論の提唱という視座からも考察し，極めて意欲的な問題提起も試みられている。報告者である松本は，そもそも「日本経営学」がどのような基本的性格を持つのか，と問いかけて二つの考え方を提示する。第1の学説は，「国別特殊理論」としての「日本経営学」である。だが，この説ではドイツやアメリカ，そして日本など国ごとに異質的な経営学の成立を認めることになり，各国の企業経営に妥当する「一般理論」の存立が否定される致命的な問題があると言う。次に第2の学説として，「一般理論」の「日本学派」としての「日本経営学」がある。その場合，「一般経営学」とは資本主義社会の企業経営についての「一般理論」であり，それは普遍妥当性を持つ基本的原理の樹立を指向する。したがってこの学説では，各国の「経営学」の性格の相違はそれぞれの国の国民性を反映した思考方法の差異にほかならず，「一般経営学」についての「学派」の違いと理解される。しかし報告者によれば，わが国の企業経営を土壌とする「日本経営学」という主張は，単なる研究方法の差異として「学派」に解消する点に無理があり，したがってこの第2の学説にも賛同しない。以上，もともと「経営学」の研究対象である各国の企業経営は，それぞれ一般性と特殊性を持つが，上述のような学説はそれらの内のいずれかを重視し，逆に他方を軽視する一面的なものになるという批判を免れない。次に，松本は「日本経営学」と「日本的経営」の関係について説明する。報告者の考える「日本経営学」，それはわが国の企業経営に基づく「日本経営学」であり，日本の企業経営という研究対象そのものの相違性，あるいは日本の企業経営の特殊性を根拠にしたものである。だが同時に，「経営学」は本来的に資本主義社会の企業経営に共通した一般性を解明する「一般理論」でなければならない。そこで「経営学」全体としては，一方でそうした経営学の「一般理論」の確立が求められ，他方では日本の企業経営の特殊性を解明する「日本経営学」の構築が必要である。そうした「一般理論」と「日本経営学」を共に確立するには，現実の企業経営を国際的に比較するという方法が求められる。そこで各国の企業経営についての実証的研究と共に，企業経営の国際比較という方法が必要となる。こ

うして松本は，最終的に比較経営論の本格的な展開を提唱して自らの報告を結んでいる。

◆ 中村瑞穂「『日本的経営』論と経営学の方法―『経営』の概念をめぐって―」

　中村は，本大会の統一論題の趣旨を単に「日本的経営」に関わる問題を論ずるだけと解するのではなく，さらに進んで「日本経営学」と「日本的経営」との関係のあり方をも問うものとする。では，両者の関係は果たしてどのように解されるのかと問えば，報告者は「日本経営学」なる存在と「日本的経営」なる事実との間の相互作用だと考える。すなわち，「日本経営学」の「日本的経営」に対する作用という側面と，「日本的経営」の「日本経営学」に対する作用という側面との，双方向における作用関係と規定する。こうした相互関係のうちでも中心を成すものは「日本経営学」の「日本的経営」に対する取り扱いだが，1975年の時点までにこの分野で研究成果の蓄積がいっそう急速に進んでいる。しかし報告者は，「日本的経営」論さらに広く「日本の経営」に関する各種の研究が対象としている「経営」とは，そもそも何を意味するのか，という疑問を投げかける。その答えは論者により極めて多様であり，そのことが「日本的経営」を巡る論争を不毛のままに留め，また「日本の経営」に関する論議に無用の混乱を生ぜしめる一つの大きな原因を成している，と結論づける。そして報告者は，「日本的経営」論も含め「日本の経営」に関する研究が生み出している大量の成果について，それぞれを評価し日本における経営を正確に認識するためには，何よりも「経営」の概念を確定する事が必要不可欠であるとする。

◆ 清水龍瑩「わが国企業の成長要因分析」

　本報告の狙いは，1974年から77年までの4年間に亘って，わが国企業の成長を促した要因は何か，それを実際のアンケート調査を通して分析する事にある。しかも大企業と中堅企業に対象企業を分け，それぞれの成長にとってトップマネジメント，製品，組織など五つの要因のうちで何がより大きく貢献したかを探ろうとした。本研究のユニークな点は，従来の研究では企業成長の測度については売上高，資産，従業員数の伸びなどが用いられたのに

対し，売上高の伸び（成長性），使用総資本利益率（収益性），モラールの三つのものが用いられ，とくにモラールという要因が含まれている点が興味深い。それは，企業というものが企業内にいる人々に満足を与えながら維持発展しなければならない，と考えたからである。また五つの企業成長要因が示されているが，現実の企業経営は製品を軸にして展開されるので，特に製品戦略の展開との関係が重視される。報告者によると，たとえば製品戦略を意思決定するのはトップであり，また製品戦略が展開されると組織効率が向上することが考えられる。そして報告者は，実際に4年間を通したアンケート調査の結果として，次のような六つの仮説を生み出している。すなわち，（仮説1）大企業では低成長移行期から低成長定着期になるに従って，トップマネジメント要因から組織要因へとその重要性が移行してきている，（仮説2）大企業の成長には中期的に見れば製品が重要だが長期的には組織要因の方が重要だ，などである（以下省略）。以上のような報告内容から，仮説の提示それ自身が持つ意義は大きいが，そうした仮説をもたらした現実の企業経営における因果関係には触れていないこと，また統一論題との関係で本報告がそれに十分適したものか，などの点で疑問が生じる。

◆ 津田眞澂「日本的経営の論理の再検討」

　津田の考え方によると，日本の経営体は二重の基本原理で運営されている。その一つは経済合理性が貫徹するという原理であり，もう一つは共同生活体の原理である。先ず前者について，企業は市場経済の主体であると同時に，競争関係におかれた経済単位でもある。そうした市場における競争関係の中で存続し発展するために，個別企業は投入費用を上回る産出収益をあげるという経済合理性を貫徹すること，それを不可欠な行動としなくてはならない。しかし同時に，企業は人間の本質的属性から発する生活様式である共同生活体でもある。報告者によれば，日本企業の経営上の特性が日本的経営と呼ばれるのは，まさにこうした二重の原理の融合として現れるからである。だが，こうした二重の基本原理を承認するにしても，それらは果たして如何なる関係にあるのか，互いに対立するのかあるいは逆に促進し合うのか，その点についての詳しい説明がなされていないのは残念である。

◆ 河野豊弘「日本とアメリカの組織の創造性の比較」

　日本とアメリカの企業組織で，意思決定と組織の特性はどのように違うのか，それを組織の創造性という見地から評価し比較しようというのが本報告の狙いである。その際に報告者は，個人と組織がそれぞれ持っている一般的特性を明示し，その特性ごとに両国での相違点を見出そうとする。先ず，経営者やミドルなどの個人の特性を「創造性を高める」という観点から比較すると，日本の経営者やミドルは他のものに対して追随的な態度が強いが，それは一体なぜ生まれるのか。報告者はその理由として，第1に日本人は「集団主義的な考え方」を持つこと，第2に他人に負けないことを重視する「恥の文化」の存在を指摘する。次に，組織の特性についてアメリカと日本ではどのように違うのか。報告者は先ず組織の一般的特性として，①目標の明示，②創造性の高い人の充当，③自由な空気と横断的なコミュニケーション，など五つのものを指摘する。そして，それぞれの特性の中で日米の組織における特徴的な指標を挙げ，それとの関連で創造性を高めるか否かの評価を下す。たとえば，日本の組織特性である年功主義的な昇進と賃金について，それは組織の創造性を高める上で望ましくない。また逆に終身雇用については，身分を安定させ長期的な探索活動に適していることから，組織の創造性を高める上でマイナスではないと言う。以上のような考察を行った上で，報告者は日本の組織が創造性を欠くことはない，という結論を下すのである。

　以上のように，様々な論点を内部に含みながら，統一論題として連続的に二つの大会を通して議論された日本的経営だが，その後40年ほど経過して現在に至るまで，それは経営学という学問内で確実に一つの分野を形成し独自の内容を持つようになった。そのため，それは繰り返し経営学会の場で取り扱われてきた問題でもある。たとえば，最初の議論から12年後の1989年には，「日本的経営の再検討―九〇年代を展望して―」という統一論題が設定され，正式に第63回大会の中で再び議論されている。もちろん，そこにはすでに日本的経営の問題がすっかり経営学分野に定着し，それ自身が経営

学の体系において重要な位置を占めるほど発展して来たという背景がある。そのため，上述のように学会の歴史に再度現れる事になったのだが，今後もさらに一層豊富な内容を持った日本的経営が，統一論題を形成しながら新たな議論を生み出すものと期待される。それは又，これからの学会の発展にとって必要な事でもあるだろう。

第3章 第53回大会〜第55回大会

坂下昭宣 *SAKASHITA Akinobu*

1 ▶ 第50集
『現代経営学の基本問題』(1980年)

第53回大会(1979年)

1-1 時代背景と統一論題

　第50集は，日本経営学会第53回大会の統一論題（現代経営学の基本問題）および自由論題の論文をまとめたものである。本大会は1979年9月11日から3日間にわたって同志社大学で開催され，大会委員長は同大学の今井俊一である。

　日本経営学会年次大会の統一論題は，当該年次ならびにその近々年次の時代状況や，経営環境を反映したものである。そうであるなら，第50集のもとになった第53回大会当時の時代状況や経営環境はいかなるものだったのだろうか。これについては，大会委員長の今井が第50集の「序文」で詳しく述べている。したがって，ここでは今井の論述を要約して示すことにしよう。

　今井によれば，70年代は激動の時代であり，転換期であった。第一次石油ショック以降，70年代後半には経済は，国際的にも国内的にも高度成長経済から低成長経済へと転換した。いわゆる70年代構造不況のもとで，資源問題，国際通貨問題，コストインフレ，公害問題，社会的責任問題，失業問題，福祉問題等の難題が生じ，それらに対する企業経営の対応が厳しく注

視された。

このような時代状況を反映して、第53回大会では日本経営学の根本的な検討が要請され、それによって70年代経営学展開の総括がなされることになったのだ、と今井は述べている。このようにして、統一論題（現代経営学の基本問題）のもとに、(1) 現代経営学の展開とその方法論的再吟味 (2) 七〇年代不況下の企業経営の諸問題、という二つのサブテーマが設定されたのである。

1-2　統一論題の論文紹介

◆ 現代経営学の展開とその方法論的再吟味

日本経営学はドイツの経営経済学の導入から始まった。この経営経済学は日本の経営学界に根付き、個別資本説とも密接に関わりながら独自の展開を遂げた。その後、バーナード、サイモンを中心とする近代組織論が日本の経営学界に登場してくると、両者の間にさまざまな動きが出てきた。第50集の第一サブテーマ、「現代経営学の展開とその方法論的再吟味」を取り上げた7論文のうち4論文はこの動きを直接の論点としたか、またはこれを反映したものである。

最も顕著な動きは、経営経済学と近代組織論を統合して新たな経営学体系を構築しようとする動きである。この動きはかなり早くから出てきていたが、なかなか意見の一致を見なかった。異なる理論体系を統合するには、両者の間に方法論や論理構造の点で不一致や矛盾対立があってはならないからである。

第50集の巻頭論文、篠崎恒夫「バーナード、サイモン理論の形成と経営学の方法論的課題」は、両者の統合の条件整備が学界的状況としてどこまで進んでいるか確認し、統合の可能性の基盤を洗うことを論点にしたものである。

彼は池内信行の「組織論的思考型は資本の運動が管理領域において関わる組織現象の一定の描写である」との視点を受け継ぐが、「近代組織論は資本主義的管理に限定されない一般組織論である」との三戸公の視点をも加味し

ながら，経営経済学と近代組織論の統合可能性の条件を整理している。

篠崎は統合可能性の条件を整理していく中で，(1) バーナードの人間仮説における自由意思 (=主意論) と決定論の二重性の問題，(2) 近代組織論における意味論としてのプラグマティズムと論理実証主義の関係，を論じている。ただ，近代組織論の側のこのような問題が経営経済学との統合可能性問題とどう関わり，どう重要なのかについて，篠崎の明確な考えは筆者には伝わってこなかった。

これに対して論文の結論部分では，篠崎の立場ははっきりしている。彼は，近代組織論による組織のモデル区分が，(1) 組織論発展の歴史を段階的機械的に図式化したものであり，(2) 区分対象となる組織論は自らが基礎とする社会学，心理学，文化人類学が捉える限りの短いタイムスパンのものに限られ，(3) その際の基準は均衡的調和観に基づいた統合のための有効性に求められる，との問題点を指摘した上で，経営経済学が捉える人間労働の歴史や集団性の諸相は，こうした近代組織論の視点からは如実には明らかにしえない，としている。そして，「今後，われわれは，一層，これまで経験した歴史をつぶさに検討するとともに，時代における思想，理論の必然性と矛盾を意識レベルにおいて捉えながら，組織論統合の可能性を更に具体的に論じていかねばならないであろう。」と結んでいる。

川端久夫「個別資本説と近代組織論の統合」も，経営経済学と近代組織論の統合の動きを直接の契機としている。しかし川端の立ち位置は，経営経済学ではなく狭義の個別資本説 (=マルクス経済学の企業理論) と近代組織論の統合を目指す点が異なっている。彼の立ち位置は，論文の冒頭に掲げられた次のような主張に明確に表明されている。

> 日本の経営学は経営経済学として出発したが，次第に「管理一般の学」の方向にすすみつつある，と考え，この移行を自覚的に把えて，組織のための管理学から人間のための管理学の体系的確立を主張する向きがある。筆者はこれに賛同せず，経営学の対象を企業に限定する。したがって大きくは「ドイツにおける経営学的研究とアメリカにおける経営学的研究との総合」という課題展望に組みする。そして，右の総合が，狭義

の個別資本説（＝マルクス経済学の企業理論）と近代組織論（これはそれ自体，諸社会科学の総合である）とを主要な理論科学的基礎とする諸社会科学の内容を，実践科学の枠組の中で，一定の変容を伴いつつ編成し直す，という形で行われるべきである，と主張するものである。（以上，全文引用）

　川端のこの主張は明快で，その論理は緻密かつ整合的である。彼は上掲の主張に沿って，(1) 個別資本説とドイツ経営経済学の関係 (2) 制度論的研究の流れ (3) 管理論的研究の流れ，について検討している。こうした検討についても川端の論理的思考の緻密さは際立っている。とくに (1) について筆者は，彼の論文タイトルとの関係もあってとりわけ興味を持って熟読してみたが，よく理解することができた。

　以上によってわかるように，狭義の個別資本説と近代組織論を主要な理論科学的基礎としつつ，関連する諸社会科学を実践科学の枠組の中で一定の変容を伴いつつ編成し直すことで，企業管理学としての経営学を再編するというのが川端の結論である。

　以上に取り上げた「経営経済学と近代組織論を統合して新たな経営学体系を構築しようとする動き」に対して，近代組織論の側の動きはどうだったのだろうか。加藤勝康「Kuhnian Paradigmとしてのバーナード理論の受容とその展開をめぐる一考察」は，近代組織論の外部にいる人々は無論のこと，バーナードの解釈学的研究者にとってさえも衝撃的な論文ではなかったか，と思う。

　加藤の真のねらいは，*The Functions of the Executive* に代表されるバーナード理論をT. クーンのいうパラダイムと捉え，バーナード・パラダイム（あるいは，彼自身は言及していないが，サイモンやマーチ＆サイモンをも含む近代組織論パラダイム）に集う後継学者集団がクーンのいう「通常科学（normal science）化」（＝パズル解き）を積極的に推進していくこと，これこそが（バーナード・パラダイムに限定した）現代経営学の課題である，ということを示すことだったのだ，と筆者は確信するからである。

　加藤は上掲論文において，*The Functions of the Executive* の中の著名な組織の定義「二人以上の人間の意識的に調整された諸活動または諸力のシステム」

が思索に思索を重ねたバーナードの最終定義であった事実を，緻密な文献渉猟によって裏付けている。

　彼はこのような骨の折れる作業を何のためにしたのだろうか。それは，バーナードの組織の最終定義がクーン的パラダイムに不可欠な概念枠組として必要十分な条件を満たしていること，しかもまさにそのような意味での概念枠組の構築をバーナード自身がめざしていたこと，を裏付けるためであった。

　このようにして加藤は，バーナード・パラダイムに限定した現代経営学の方法論的課題が，バーナード・パラダイムの通常科学化（＝パズル解き）の推進だといったのである。なお通常科学化とは，（1）経験を基盤とする検証可能な，したがってまた棄却可能な仮説の構築，（2）仮説を構成する諸変数の操作化（＝測定可能化），（3）仮説の実証…といった一連の知的活動を指すものであることは言を俟たない。

　最後に，70年代当時の西ドイツ経営経済学そのものの情勢を見ておこう。今野登「現代経営経済学の方法論的諸問題について―W.キルシュの研究を中心にして―」は，まさにこうした点を論点にしている。今野は，「今日の西ドイツにおいては経営学は経営経済的管理論（企業管理論）として生成しつつあり，意思決定論的な，またシステム論的な経営経済学がパラダイム的な位置を占めるようになっている。」といい，その典型がE.ハイネンやW.キルシュだといっている。

　今野の論文は，キルシュの経営経済的管理論（＝企業管理論）の生成過程を追跡することで，その中心概念や論理構成を解明しようとしたものである。彼はキルシュの中心概念や論理構成について，次のように結論づけている。

　　キルシュの研究はまず意思決定行動の現実接近的な記述的理論を獲得すべく努力するのであるが，その際，意思決定前提の概念がそれの中心的概念として提起される。すなわち，意思決定理論はいかなる方法で人間が彼の意思決定諸前提から選択されるべき行為を導き出すかを説明しなければならず，さらにそれを超えていかにして個人が彼の意思決定の諸前提に到達するかを明らかにしなければならない。しかしまたそれ

は，とりわけ個人の社会的環境と集団的意思決定諸過程への彼の参加から生ずる，意思決定諸前提にたいする影響を示さなければならず，まさにここにおいて意思決定理論と組織理論との間の接触点があらわれ，意思決定前提はそのための結合環として作用することになる。（以上，全文引用）

　筆者はこれを見て，キルシュの意思決定前提という概念は近代組織論のH.A.サイモンのものだと直感した。そして，キルシュの意思決定理論と組織理論をつなぐ「結合環」の論理構成も，サイモンの「組織影響力の理論」の論理構成に強く影響されている，と確信した。これは要するに，日本の経営学界での「統合の動き」に対して，当のドイツでは近代組織論の導入という事態がすでに生じていた，ということである。
　以上では，第50集の第一サブテーマ，「現代経営学の展開とその方法論的再吟味」を取り扱った7論文のうち，経営経済学と近代組織論の統合をめぐる問題を直接の論点としたか，またはその問題を反映した4論文を紹介した。それ以外には，吉武孝祐「経営批判における思想的アプローチ―経営哲学への序想―」，角谷登志雄「"転換期"における経営経済学の基本課題と方法」，海道進「現代経営学の基本問題―社会主義企業経済学の展開とその方法論的考察―」の3論文がある。

◆ 七〇年代不況下の企業経営の諸問題
　第50集の第二サブテーマを取り上げた論文は，岡本康雄「戦後日本経営の展開と七〇年代不況」と，野口祐「七〇年代構造変動下の企業経営の分析―特に「企業危機」を中心として―」の2論文である。ここでは後者を取り上げる。
　野口論文は，70年代の国際的再生産の動態的変化（＝石油価格の高騰，ユーロ・カレンシーの急膨張，インフレの加速化，ブーメラン効果等）や国内的再生産の不均等発展（＝産業構造の調整と合理化）が企業経営にどんな影響を及ぼしているかを分析している。彼は，そうした影響は「成長と停滞」，「好況業種と構造不況業種」といった表現に象徴される跛行性と格差拡大の現象として現れ，

さらに「成長と倒産」にくっきりと表示されるものである，と指摘している。さらに彼は，そのような「企業危機的状況」がどんなメカニズムで生成するかを説明している。その説明は丁寧で，横断面分析的かつ歴史分析的になされているので，当該分野の専門家にとっては重要で，資料的価値も高いものであろう。

ただ，その分析単位は個々の企業そのものではなく，個々の産業となっている。その結果，「七〇年代構造変動下の企業経営の分析」という論文タイトルではあるが，実質は「七〇年代の産業構造変動の分析」となっているのではないかという印象を受ける。企業レベル自体の分析，たとえば産業構造変動に対する（あるいは産業構造変動における）個々の企業の戦略変革や組織変革のような適応行動の分析はなされていない。

野口は「雇用調整」や「合理化」や「企業倒産」といった企業レベル的現象にも言及してはいるが，これらも厳密にいえば産業レベルでのマクロな分析になっている。戦略や組織や組織行動といった企業レベルの現象の記述，説明が本来の経営学領域に属する問題だとすれば，野口論文には若干の違和感が残る。

1-3　現代的意義

ここでは紙幅の関係上，第一サブテーマの諸論文についてのみ，その現代的意義を述べる。すでに見てきたように，70年代末当時の日本経営学の主要な動きは，個別資本説を含むドイツ経営経済学と近代組織論の理論的・方法論的統合の問題をめぐって展開した。第50集の第一サブテーマ，「現代経営学の展開とその方法論的再吟味」を取り上げた7論文のうち4論文はこの動きを直接または間接に論点としていた。そこで明らかになったのは，このような統合問題が容易ならざるものであるという点と，統合とは異なる方向に動いている現実もあったという点，である。

前者の点に関していえば，異なる基本仮定（＝パラダイム）の上に立つ理論体系や方法論の統合は不可能ではないかもしれないが，きわめて困難だということである。どのような理論体系にも，それが依拠している存在論上，認

識論上,人間論上そして方法論上の基本的な前提や仮定（＝パラダイム）がある。それぞれの理論体系は自らのパラダイムの上に構築されており，そうしたパラダイムの境界内で理論的整合性を保障されている。それゆえ，パラダイムの境界外では妥当しない現実もあり得て当然である。しかしそれは，「その理論が妥当する境界」を明示しているのであって，「その理論の限界（＝欠陥）」を意味するものではない。もしも異なる理論体系の依拠するパラダイム同士が相互に相容れない関係にあるのならば，両者の統合は原理的にはきわめて困難だろう。第53回大会および第50集は，この点を示唆している意味で大きな意義があったと思う。

一方，後者の点では，クーンのパラダイム概念に立って近代組織論の通常科学化の推進を主張した加藤論文は，その後の日本経営学の一つの方向性を示したという点で大きな貢献をしたと思う。また，今野論文は70年代西ドイツでは，経営経済学が経営経済的管理論（＝企業管理論）として生成しつつあり，意思決定論的・システム論的な経営経済学がパラダイム的な位置を占めるようになっていることを，キルシュの詳細な学説的検討を通じて明らかにした。それは統合というより，アメリカ経営学のドイツ経営学への導入という現状を指摘したという意味で，きわめて示唆的な意義を持つものと思う。

2 ▶ 第51集『八〇年代の企業経営』(1981年)

第54回大会(1980年)

2-1 時代背景と統一論題

第51集は，日本経営学会第54回大会の統一論題（八〇年代の企業経営）および自由論題の論文をまとめたものである。本大会は1980年9月10日から3日間にわたって中央大学で開催され，大会委員長は同大学の岩尾裕純である。

本論集のもとになった第54回大会は80年代初年の開催であるため，統一論題は「八〇年代の企業経営」とされた。とはいっても，1980年に入ったからといって，それまでの経営環境や経営課題，さらには企業経営自体が急

に激変するわけではない。70年代からの激動期，あるいは転換期という特徴はやはり続いていたわけである。

　また，「八〇年代の企業経営」という統一論題からもわかるように，80年代初年の時点で向こう十年間の企業経営を論点にするというのはかなりの挑戦である。なぜなら，それまでの動向を的確に押さえたうえで，向こう十年間の兆候を予測できる新次元（＝新たな切り口）を提示しなければならないからである。

　この点について，日本経営学会が提示した新次元は次の三つである。すなわち，(1) 企業の国際化，(2) 企業経営の国際比較，(3) 労働の人間化，である。(1) と (2) はいわゆる国際化という切り口であり，(3) はこれらとはやや異質の切り口である。

　以上の論点（＝サブテーマ）のうち国際化については，以前にも「経営国際化の諸問題」という類似の統一論題が提示されたことがある（第44集）。また本論集（第51集）以降では，「企業経営の国際化と日本企業」（第58集）でも提示され，さらに「グローバリゼーションと現代企業経営」（第74集）というかたちでも提示された。これらのことから，国際化という論点が現在に至るまできわめて重要な論点であったことがわかるだろう。

2-2　統一論題の論文紹介

◆ 企業の国際化

　大西勝明「企業の国際化―日本企業の海外進出の基本的特徴―」は日本企業の海外進出を，(1) 海外進出の客観的基盤，(2) 八〇年代における海外直接投資の基本的特徴，(3) 海外進出における問題点，の三点から論じている。そして，(1) については，日本企業の海外進出は，インフレマネーに依存した重化学工業化が結果してきた過剰資本形成を基盤としている，と結論している。また (2) については，「重化学工業に傾斜しつつある日本の海外進出の組織化は，商社に代って銀行，さらに銀行を包摂した金融資本が担うことになっている。一九七〇年代後半から八〇年代にかけての日本の海外直接投資の増大は，このような新しい傾向性を含みながら金融資本を中心に展

開しているのである。」と結論している。

　さらに（3）については，「厳しい経済危機の続行，肥大化した日本経済を牽引していける産業の未開拓は，将来にわたって日本企業の海外進出を条件づけている。各企業とも中枢部門を国内に残し，労働集約的な部門を海外に移転するといったことをはじめ，抜本的な国際分業を追求することになっている。」とした上で，①不況のもとでの国内軍需生産への注目と海外直接投資の増大に伴う軍事力増強の要請，②国内不採算部門の切り捨てに伴う国内的価値破壊と失業者の増大，③先進資本主義国との経済摩擦の激化および開発途上国住民との敵対，といった問題点を指摘している。

　なお，大西の他に第一サブテーマを取り上げた論文としては，桜井克彦「企業の国際化とその社会的責任」がある。

◆ 企業経営の国際比較

　菊池敏夫「企業行動と環境の国際比較―制度的諸条件の問題と展望―」は，企業行動と環境の関係を後者が前者を規定する因果関係として捉え，そうした関係性の国際比較をめざした点において独創性がある。菊池論文は次の三点を検討し，明らかにしている。

（1）企業行動の国際的差異は環境要因の国際的異質性と不可分の関係にある。
（2）企業行動は，環境要因の中でも制度的要因から直接的な制約と作用を受ける。このため企業行動の国際比較においては，制度的諸条件の比較が決定的に重要な意味を持つ。
（3）制度的諸条件とは，法的規制や資金供給機構などである。近年ではとくに，制度的諸条件の中でも法的規制が重要視されている。このため，企業行動に対する法的規制の影響と問題点を明らかにする。

　なお，菊池論文において国際比較の対象とされる企業行動とは，企業の成長方式（合併・取得か内部成長か）や財務行動局面（自己資本比率や負債比率，および平均資本構成や負債構成）である。

菊池は上記のような因果関係の分析枠組を用いて，企業の成長方式の国際間相違とそれぞれの国の法的規制の関係や，企業の財務行動局面の国際間相違とそれぞれの国の資金供給機構の関係などを説明している。ここでは紙幅の関係上そのすべてを紹介するというわけにはいかないが，たとえばアメリカ企業の成長方式が内部成長方式よりも合併・取得による外部成長方式を選好することが多いのは，新規投資には各種の規制措置に関連して政府の許認可を必要とする領域が極めて多く，むしろ操業中の工場設備の取得または合併がはるかに有利であるという事情が存在していることによる，としている。

　下川浩一「社会環境変化と日米自動車産業」は，1973年の第一次石油危機に端を発した自動車産業の社会環境の激変に対して，日米自動車産業がそれぞれどのように適応し，どのような結果を残したかを国際比較している。したがって下川論文もまた，社会環境変化という原因現象と環境適応力という結果現象の間の因果関係を分析枠組にした，因果論的な日米国際比較であるといえる。

　第一次石油危機は日米自動車企業にとって同一の社会環境変化である。しかしながら，そのような社会環境の変化に対して，日米の自動車企業はきわめて対照的な環境適応力を発揮し，それぞれの結果も米国自動車産業の没落と日本自動車産業の国際競争力増大というようにきわめて対照的なものである。下川論文は，両者の環境適応力の違いをきわめて整然と，論理的に説明している。

　下川によれば，米国自動車産業の没落の原因は，(1) 歴史的な産業体質という構造的要因，(2) 急激な政府規制や市場環境変化と企業側のそれらへの適応能力不足に基づく一時的要因，が絡み合ったものである。(1) の構造的要因としては，①寡占的競争構造の定着による産業自体の革新性の喪失，②大型車中心，上級志向マーケティングと結合した戦略路線の定型化，③メーカーレベルにおける技術革新の立ち遅れ，④短期的財務業績偏重とそれに基づく設備投資の立ち遅れ，⑤自動車メーカーの企業体質としての組織運営の硬直化と環境適応能力の低下傾向，などがある。(2) の一時的要因としては，①第一次石油危機後の市場の急激な小型車化シフト，②戦略転換に伴う

設備投資の急増と，これによるイノベーション，投資，コストの三点にわたるリスクの一時的負担集中，などがある。

他方，日本自動車産業の国際競争力増大の原因は，①初期における産業政策の支援，とくに政府や銀行による支援，②後発のメリットを生かした形での最高水準の生産設備や生産技術の導入，③日本自動車産業が簡単には寡占化せずその競争的体質がいつまでも温存されたこと，④日本車の高品質メンテナンスを支えた産業的条件，とくに素材産業と部品メーカーの技術水準の高さ，⑤自動車産業側の労使関係の際立った安定，⑥自動車メーカーと部品メーカーの間に見られる強い集団的結束関係，などである。下川は，以上の中でも⑤と⑥を重視して，「以上のような諸要因の中で，日本的集団主義のシステムが，労使関係，対部品メーカー関係を通ずる高品質，高生産性，高技術水準による国際競争力強化の中心要因であると指摘できる。」と結論している。下川のこの指摘は，その後の80年代を通して全世界を席捲した「日本的経営論」の一端を先取りしているものとして，きわめて意義深いものがある。

なお，以上の他に第二サブテーマを取り上げた論文としては，林昭「経営参加と企業の社会的統制―戦後東西ドイツの歴史的経験の比較検討を通して―」，および野崎幸雄「企業経営の国際比較―中国のプラント類導入と経営・管理問題を中心として―」がある。

◆ 労働の人間化

村田和彦「「労働の人間化」の基本的性格」は，企業主導の「労働の人間化」の基本的性格を，企業自体の合理化努力との関連において解明しようとしている。村田によれば，企業の側が労働の人間化を主導しなければならない理由は，およそ次のようなものである。まず企業が行ってきた合理化努力に伴って，①管理と作業の分離，②作業の細分化，③作業における労働者の社会的孤立，といった「労働の非人間化」が進展する。こうした労働の非人間化に対して，労働者側は消極的にせよ積極的にせよ抵抗する。企業は労働者側のそうした抵抗を完全には無視できない。なぜなら，労働者側の抵抗は労働意欲の減退をはじめとするさまざまな不利益を，企業に対してもたらす

からである。このような経緯から、「労働内容の改善」を主内容とする、企業主導の「労働の人間化」が登場したのである。

　村田によれば、「労働の人間化」の諸施策は、①職務歴任、②職務拡大、③職務充実、④自律的作業集団、である。これらの中で村田が最も注目するのは、④の「自律的作業集団」である。彼によればその理由は、自律的作業集団の構想は、作業集団に技術的に意味のあるひとまとまりの作業を遂行する自律性と責任を与えることによって、「管理と作業の分離」の問題や「作業の細分化」の問題のみならず、「作業における労働者の社会的孤立化」の問題にも対処しようとするものと解される、からである。

　村田はまた、「労働の人間化」という構想は、「開放的社会・技術体系論」にその理論的基盤を置いているとして、この理論を詳しく検討している。しかし、企業を開放的社会・技術体系とみるこの理論そのものについて、ここで詳しく紹介する紙幅の余裕はない。筆者はただ、村田の検討が極めて緻密で的を射たものである旨、記しておくに留める。

　さて、企業主導の「労働の人間化」の基本的性格を、企業自体の合理化努力との関連において解明する、という村田論文の結論はどうなるのだろうか。彼はきわめて端的に明言している。最後にそれを引用しておくことにする。

　　これまでの考察から、企業による「労働の人間化」の努力の基本的性格に関してわれわれが導き出しうる結論は、つぎのとおりである。(1) 企業による「労働の人間化」の努力は、企業による労働力の合理的利用の努力の一形態として、したがってまた企業による「作業管理」の歴史的一形態として把握されねばならない。(2) 企業による「労働の人間化」の努力の「新しさ」は、それが、企業を「開放的社会・技術体系」として把握するとともに、労働者の心理的職務要件の充足を職務の編成にあたって考慮の内に含めることによって、労働力がもっている固有の特質と、環境の変化に対する企業の適応能力との双方に配慮を払いながら、労働力の合理的利用をはかろうとしているところにもとめられる。(以上、全文引用)

奥林康司「「労働の人間化」―その可能性と問題点―」も，村田と同じサブテーマを取り上げている。しかし，その論題からも推察できるように，奥林論文には「労働の人間化」を「企業による労働力の合理的利用の一形態」または「企業による作業管理の歴史的一形態」と捉える視点はない。彼はそれを，実際に企業の中で「労働の人間化」の諸制度を具体的に導入し実践している研究者の視点で捉えているのである。その結果，彼は労働の人間化の世界的動向を実証的に論じたのである。

　一方，奥林は「労働の人間化」は基本的には，労働者の作業現場における労働のあり方自体を変えていこうとするものであり，新しい原理に基づく職務の設計をめざすものである，といっている。奥林はその根拠を，(1)「労働の人間化」は，労働のあり方や作業内容の変更による労働者の生活の人間化を考えていること，(2)「労働の人間化」は，労働の疎外的状況の改善方向を具体的に示そうとしていること，であるとしている。

　また奥林は，「労働の人間化」の新しい職務設計原理が，従来からの賃金・労働時間の短縮・雇用保障以外に，挑戦性・職務を通じての学習・意思決定上の自由裁量などの精神的欲求の充足を職務に期待する新しい労働者像を想定している点も指摘している。その上で彼は，「このように労働者が人間として持っている基本的な精神的欲求を充足しうるところに，新しい職務がより「人間的」とされるゆえんがある。」と述べているのである。

　なお，以上の他に第三サブテーマを取り上げた論文としては，村田稔「「労働の人間化」の条件」がある。

2-3　現代的意義

　大西論文は「企業の国際化」というサブテーマを取り上げている。大西の場合，企業の国際化とは貿易論の輸出概念の延長線上にある直接投資であり，平たく言えば現地化である。彼はそれを，日本企業の海外進出という現象で捉えている。しかも，大西論文は国際化（＝海外進出）という現象を，歴史的視点から広角に捉えている点に特徴があるといえる。ただ，その論理は

金融資本論や帝国主義論的な感を否めず，やや教義的である。

菊池論文は「企業経営の国際比較」というサブテーマを取り上げている。しかしそれは，企業経営という現象の単なる記述的な国際比較としてではなく，企業経営という結果現象とその国の制度的環境という原因現象の間の因果関係として説明する分析枠組のもとに，因果論的な国際比較を行っている点に独創性がある。そのような分析枠組を用いて，成長方式や財務行動といった企業行動の国際間の相違は，それぞれの国の法的規制体系や資金供給機構などの制度的環境の異質性にその原因があることを，理論的・実証的に説明しているわけである。

下川論文も「企業経営の国際比較」というサブテーマを取り上げている。下川が取り上げたのは，社会環境の変化に対する日米自動車産業の環境適応力の国際比較である。したがって下川論文もまた，社会環境変化という原因現象と環境適応力という結果現象の間の因果関係を分析枠組にした，因果論的な日米国際比較であるといえる。

世界の自動車産業は，1973年の第一次石油危機によって未曾有の社会環境変化に見舞われた。そのような社会環境の変化に対して，日米の自動車企業はきわめて対照的な環境適応力を発揮した。下川論文は両者の環境適応力の違いをきわめて整然と，論理的に説明してみせた。前に紹介した菊池論文もそうであったが，国際比較といったような比較研究には現象の単なる記述的比較ではなく，諸現象間の因果論的な説明的比較という方法が最適だと思う。あるいは，歴史的研究といったような方法も，歴史自体が因果関係そのものでもあるので，同様に適切な研究方法であると思う。

村田論文と奥林論文は，「労働の人間化」というサブテーマを取り上げている。村田は，企業主導の「労働の人間化」の基本的性格を，企業自体の合理化努力との関連において解明した。その結果，既述したような結論を導き出したのである。

奥林も，「労働の人間化」の具体的内容を，①職務転換，②職務拡大，③職務充実，④半自律的作業集団の形成，として捉えた。この点においては村田論文と大きな相違はない。しかし，奥林は村田とは異なって，実際に企業の中で「労働の人間化」の諸制度を導入し実践している研究者の視点でそれ

を捉えている。つまり彼は,「労働の人間化」を,新しい原理に基づく職務の設計をめざすもの,と捉えたのである。

村田が「労働の人間化」を「企業による労働力の合理的利用の一形態」または「企業による作業管理の歴史的一形態」として,広く歴史的視点から連続的に捉えたのに対して,奥林はそれを非連続的なるものとして,換言すれば意思決定論的自律志向型・学習理論的成長志向型の新しい労働者像を前提に,労働者の精神的欲求充足の視点から見た「労働の人間化」を捉えているといえよう。

3 ▶ 第52集
『現代企業の諸問題』(1982年)
第55回大会(1981年)

3-1 時代背景と統一論題

第52集は,日本経営学会第55回大会の統一論題(現代企業の諸問題)および自由論題の論文をまとめたものである。本大会は1981年9月8日から3日間にわたって立命館大学で開催され,大会委員長は同大学の坂寄俊雄である。

この第52集の統一論題(現代企業の諸問題)については,前々年の第50集の統一論題(現代経営学の基本問題)との比較において,次の二点の注意が必要であろう。

第一に,両統一論題は特定対象の諸問題または基本問題を論点にしている点でよく似ているが,第50集の統一論題が,現代企業を研究する学問である「現代経営学」を特定対象に措定したのに対して,第52集の統一論題は「現代企業」そのものを特定対象に措定している点が根本的に異なる。要するに,第50集の統一論題は理論学説や方法論の検討が中心になり,第52集のそれは企業や企業行動そのものの検討が中心になるのである。

第二の相違点は,第50集の統一論題が措定した「現代」は1979年時点から70年代全体を回顧した範囲を指すのに対して,第52集の統一論題が措定する「現代」は1981年時点から80年代全体を展望した範囲を指すという点である。「現代」という同じ言葉をこのようにきわめて対照的に使った相違

点が生まれたのは，両大会が開催された時点の相違（＝70年代最後の年vs.80年代初頭の年）を反映しているからであろう。このようにして，第55回大会では統一論題（現代企業の諸問題）のもとに，（1）八〇年代の経営戦略，（2）企業経営と民主化，という二つのサブテーマが設定されたのである。

3-2　統一論題の論文紹介

◆ 八〇年代の経営戦略

　土屋守章「八〇年代の企業戦略―経営学における戦略研究の課題―」は，（1）戦略概念を整理した後に，（2）八〇年代の企業戦略について論じている。土屋は（1）については，企業がその目的達成のために持つ戦略を「経営戦略」といって総称し，それを企業組織におけるレベルないし全体目的との関わり方によって，「企業戦略」「事業別戦略」「機能別戦略」というように細分化して整理している。土屋によれば，「企業戦略」では企業が活動するべき事業領域，および活動によって蓄積するべき経営諸資源の内容が問題となる。「事業別戦略」では，競争企業の動きと関連したその事業のための各機能の戦略展開が重要となる。「機能別戦略」では，各事業を貫いて機能別に追及されるべき戦略を示し，その企業の機能別の経営諸資源の蓄積が図られる，としている。そして，これらのうち「企業戦略」についてはとくに，それが対象とするべき具体的な戦略問題ないし戦略行動と，それらを理解し説明するさまざまな「企業戦略の論理」を紹介している。ここでは紙幅の関係上その詳細に言及することはできないが，一例をあげれば企業の多角化戦略を説明するシナジー効果やPPMなどのモデルがそれである。

　土屋は（2）については，次のように述べている。

> 日本では，成熟期を過ぎつつある諸産業の工程開発に依然として技術革新の努力が向けられているために，原価削減のための更新投資は続けられ，さらに需要家の個々のニーズに適合した製品開発，細かなセグメントに合わせた製品差別化の戦略が維持されている。この戦略遂行の過程で，一つの産業の技術ばかりでなく，複数の産業の技術が組み合わさ

れる。その結果，ある産業の工程開発が多くの産業に普及するとともに，個々の産業の技術的性格は従来にない新しいものに変化していくはずである。このように日本の八〇年代の技術戦略は，既存事業の深耕に向けられるが，このことによって諸産業のライフ・サイクルは成熟期のままで延長されることになる。しかし他方アメリカにおける技術戦略は，新産業および既存産業のブレーク・スルーによる再生に向けられている。もしこれが成功した場合，日本の既存産業は一夜にして陳腐化する可能性もある。(以上，全文引用)

占部都美「経営戦略論の新しい展開」は，経営戦略論の系譜を学説史的に検討したものである。彼は，バーナードの「組織目的」やサイモンの「事業目的」の概念は「経営戦略」の概念に相当する，として，「…経営戦略論は，近代管理論の始祖であるバーナードの動態的組織均衡論ないしそれに含まれる効率の経営原理に起源を持つものであり，…」と主張している。占部のこうした主張は，サイモンが組織の抽象的目的の他に，どのような事業活動を行うべきかを決める決定基準としての事業目的を定義し，それは顧客のニーズ変化などの市場環境変化に適応して変更したり，新たに設定したりしなくてはならないものだと主張している点，を論拠にしている。

このようにして占部は，バーナードの組織目的概念やサイモンの事業目的概念が経営戦略概念の起源だと主張するのであるが，経営戦略論の実際の展開は1960年代に入ってからであって，それはチャンドラーやアンゾフの手によるものだという。

占部によれば，チャンドラーは「戦略的決定」と「戦術的決定」を区別している。前者は，企業の長期の将来のための(1)基本目標，(2)経営目標，(3)経営方針，(4)資源配分，の決定であり，後者は，配分された経営資源を能率的に運用し，円滑な日常の経営活動を確保していく決定である。そして占部は，チャンドラーの(1)は経営理念に近く，(2)または(3)が事業目的を含むならば，それは経営戦略である，と示唆している。

チャンドラー自身は「構造は戦略に従う」という命題であまりにも著名であるが，その際の構造とは事業部制か職能制かという組織構造を意味し，戦

略とは多角化か専業化かという事業構成を意味することを思えば、占部の上記の示唆はきわめて鋭い射的であるといえよう。

　最後に占部は、アンゾフの経営戦略概念を精緻に検討している。占部によれば、アンゾフは企業の意思決定を、(1)戦略的決定、(2)管理的決定、(3)業務的決定、に分けている。(1)は企業の外部問題に関わるものであり、とくに企業の製品―市場構造の選択についての決定である。(2)は経営戦略の実行に必要な資源の調達と運用に関わる決定である。(3)は企業の日常の生産および販売過程の能率を短期的に最大化するための決定である。アンゾフの経営戦略概念は(1)に関わるものであり、その主な内容は「製品―市場戦略」である。それは製品と市場の二次元についてそれぞれ「現有」と「新規」に分け、それらの組み合わせにより四通りの戦略(市場浸透戦略、市場開発戦略、製品開発戦略、多角化戦略)を考えるものである。こうして占部は、アンゾフの製品―市場戦略は、企業の成長性目的の達成に重点を置いた成長戦略の性格を持つ、と結論しているのである。

　なお、以上の他に第一サブテーマを取り上げた論文としては、今光廣一「八〇年代の経営戦略―経営環境論的アプローチ試論―」、および片山伍一「八〇年代における経営財務戦略の展開―わが国株式会社制度の改革との関連において―」がある。

◆ 企業経営と民主化

　島袋嘉昌「企業経営と労使合意決定の特質」は、「経営民主化の深化」を歴史的に考察し、その一形態としての「労使合意決定」を論じている。

　島袋はまず、「労働の人間化」を考察している。彼によれば「労働の人間化」は、機械化の高度化に伴う労働者の人間性疎外を克服するために1960年代に現れた企業努力の一つである。その具体的施策は①職務交代、②職務拡大、③職務充実、④半自律的作業集団の形成であり、「労働の人間化」は職務形成において労働者の心理的要請を重視することによって、労働者の人間性疎外を克服しようと努めてきたのである、といっている。しかし島袋は、「労働の人間化」の一定の効果を認めつつもなお、それは「現代的な経営民主化の要求を十分に充足しているとはいえない。いわゆる主題の本質的

問題の解明にはなっていない。…そこで，われわれは改めて経営民主化の深化の必要性を痛感している。」といっている。

「労働の人間化」に対置するものとして島袋がきわめて支持的に論じるのが，「労働者の人間化」という概念である。島袋自身はこの概念を直接定義しているわけではないので難解ではあるが，「「労働者の人間化」は，機械化過程の外において，機械化過程そのものを客体化し，対象化することのできる主体を労働者がみずから形成することによってのみはじめて可能であることをわれわれは知りうるのである。云々…」（藻利重隆「企業の合理化と労働者の人間性」『商業論纂』第22巻第1, 2, 3号参照）という引用文から推測すると，この概念は藻利のものであるらしい。この引用文から推論できることは，「労働者の人間化」とは労働者自身が経営の主体として機械化過程を客体化するということ，であろう。

島袋は論文の後段で「労働者の人間化」に言及して，「…それは労働者が集団的に一体となって生産手段の集団的自己所有の意識を形成すること」といい，「…別の表現をすれば，生産経営的構造のうちに「人間化の原理」を導入すること」ともいい，あるいはそれを「共同体化の原理」とも呼んでいる。これらのことから，上述の筆者の「推論」は的を射ていると思う。

いずれにしても，このようにして島袋は，経営の全面的主体ではないものの，「労働者の経営参加」としての「労使合意決定」の問題に辿り着くのである。彼は，「労使合意決定とは，経営における客観的資料に基づいて長期的観点から労使の合意によって経営諸活動の決定をするということである。原則的には経営権や労働権を尊重し，実質的には労使の合意によって意思決定を行うことである。すなわち，労使の合意なしで経営権や労働権の主張のみで経営諸活動を決定することは経営管理の機能的決定にはなりえないということである。」といっている。

島袋の「労使合意決定」という概念は，理念型的な理想を述べただけのものではない。彼は論文の結論の冒頭部分で次のように言っているのである。

> われわれは以上において，「企業経営と労使合意決定の特質とその問題点」を明らかにしてきた。とくにわが国の企業経営と民主化に関連し

て，日立造船の「経営審議会」における労働協約は注目に値するものである。

「経営審議会において審議の限りをつくしてもなおかつ労使の意見が一致しない事項については，会社はこれを原則として実施しない。」ということである。それがいわゆる労使合意決定の内容である。（以上，全文引用）

なお，以上の他に第二サブテーマを取り上げた論文としては，島弘「現代労務管理における「集団化」と「自主化」」，長谷川廣「経営民主化の意味と条件」，および谷田庄三「企業経営民主化の現代的課題―日本の銀行業を中心にして―」がある。

3-3　現代的意義

土屋論文は，「八〇年代の経営戦略」というサブテーマを取り上げている。すでに紹介したように，土屋論文は（1）戦略概念の整理，（2）八〇年代の企業戦略，について論じている。土屋は（1）については，経営戦略一般を企業戦略，事業別戦略，機能別戦略に3区分して整理しているが，とくに企業戦略に詳しい専門家である。彼は「企業戦略」では，企業が活動するべき事業領域，および活動によって蓄積するべき経営諸資源の内容が問題となる，と指摘している。企業戦略を論じる場合，企業活動の事業領域に注目する視点はよく見かけるが，企業活動の結果蓄積するべき経営資源にも注目する視点は当時としては斬新ではなかったか，という気がする。前者の視点の**鍵概念**がスタティック・シナジーとして，後者の視点のそれがダイナミック・シナジーとして定着している今日的状況を思えば，土屋論文の現代的意義は大きいと思う。

ただ，（2）については本人も自覚の上で，「右記は，「八〇年代の経営戦略」という与えられたサブテーマにこだわりすぎて，予測のようなことをしてしまったが，経営学における戦略研究の課題は，そのような予測を行うことではない。また，現実の企業に戦略を指導することは，経営学者の機能ではな

い。云々…」と述べているのが，筆者には印象的であった。

　占部論文も「八〇年代の経営戦略」というサブテーマを取り上げて，経営戦略論の系譜を学説史的に検討している。その検討は緻密であり，経営戦略概念の起源がバーナード＆サイモンの近代管理論にあると指摘した点などは，その独創的着眼ぶりに思わず驚嘆してしまう。また，バーナード，サイモン，チャンドラー，アンゾフと検討してきた本論文を読了したとき，実は占部自身が確固たる経営戦略概念を持っていたのだ，ということに筆者は気づくのである。それは，「環境の変化に適応して変更される，事業目的に関する決定基準であり，その一つの構成要素が資源配分の決定である」というものである。彼自身のこの経営戦略概念こそ，現代でもまったく色褪せない斬新さを持つものであると思う。

　ただ，「経営戦略論の新しい展開」という，1982年刊行の本論文のタイトルからすれば，取り上げた対象がアンゾフの『企業戦略』(1965年出版)で終わっているのは，遺憾の感を否めない。「もちろん，低成長経済期に入っても，技術革新や需要の変化が続く限り，多角化戦略が非重要になるわけではない。要するに，多角化ブームの功罪を経験した後に，多角化バイヤスから脱却して，現有部門と新規部門との両者を通じて，競争上の優位を確保するための競争戦略が経営戦略の基本であることがあらためて認識される必要があるであろう。」という指摘で終わる本論文を読了した今，M.E.ポーターの『競争の戦略』(1980年出版)を，占部自身も本論文の最終章として取り上げたかったのではないか，という気がしてならない。

　他方において，島袋論文は「企業経営と民主化」というサブテーマを取り上げている。すでに紹介したように，彼は「経営民主化の深化」を歴史的に考察し，その一形態としての「労使合意決定」を論じている。彼の論文は門外漢の筆者にはやや難解なものであったが，ほぼ理解できたように思う。島袋の経営民主化(＝労使合意決定)の概念は時代を先取りする斬新さがあり，その意味で現代的意義も決して小さくはない。しかしその反面で，経営民主化や労使合意決定の問題は企業内部の範囲を越え，たとえばコーポレート・ガバナンスの問題とも関わる微妙な問題領域である。その意味では，現代的意義という判断自体が慎重性を要する問題であると思う。

第4章 第56回大会～第58回大会

河野昭三 KOHNO Shozo

1 ▸ 第53集
『産業技術の新展開と経営管理の課題』(1983年)
──────────────────── 第56回大会(1982年)

　1982年大会の主催校は立教大学であり，統一論題の主テーマは当時新しい産業技術として注目を浴びていた産業のME（マイクロエレクトロニクス）化であった。以下，9つの統一論題報告の要旨を示したうえで，評者の概括的なコメントを付す。

1-1　報告要旨

◆「メカトロニクスの急展開と経営管理―変化のマネジメント時代の到来―」
　（名古屋大学　小川英次）

　小川報告は，メカトロニクス（機械・電子工学）の展開──産業用ロボットの導入やFMS（弾力的製造システム），CAD（コンピュータ援用設計）/CAM（コンピュータ援用製造）のめざましい発展──を，不可避的な歴史的動向として捉える。メカトロニクスによって多品種少量生産が可能となり，かつまた複雑で高度な加工および組立の作業が適切かつ経済的に自動化できるようになるだけでなく，製品や事業さらに経営組織に対して大きな影響をもたらすとした。すなわち，メカトロニクスの波は企業活動のインプット→スループット→アウトプット→フィードバックの至る所に影響を与えるところから，企業

はそれに対応した努力を用意すべきである旨が主張され，各企業は新技術の「受入能力」，すなわち技術水準に関する自己評価と内部関係者の「積極的同調」（＝変化のマネジメント）を強化すべきことが強調された。特に「変化のマネジメント」として，何よりもまずメカトロニクスに対するトップからボトムに至る関係者の理解（＝教育・訓練活動）が要請されるゆえに，変化への抵抗が少ない革新性の高いグループを核にして，変化を浸透させていく組織学習のあり方が示された。

◆「FAと経営管理」(長崎大学　岩田憲明)

　岩田報告は，工場の自動化であるファクトリー・オートメーション（FA）を取り上げ，その技術概要と企業の対応課題を示した。まずFA技術の代表としてNC工作機械，産業用ロボット，CADについて概説した後，FA機器の導入によって業績が向上する場合と悪化する場合，またFA機器を導入せずに業績を向上させる場合と悪化させる場合とを論じ，特に，FAの導入によって成功を収めるには，自社における技術的，社会的，経済的，および長期計画的な4条件の充足が必要であるとした。また，FA機器の導入によって生じる作業者の職務内容の変化（再教育や配置転換など）に言及し，今後のFA化は組立部門への波及や，設計と生産の同期的な自動化へ進展するとした。このようなコンピュータ情報システムが構築されていくと，「作業」の自動化や無人化だけでなく「生産管理」の自動化が進展し，さらには「販売」面にも大きな影響がもたらされると指摘した。

◆「情報技術の進歩と経営管理」(東洋大学　湧田宏昭)

　湧田報告では，情報技術（情報の入力技術と出力技術，情報処理技術，コミュニケーション技術，情報活用技術，情報管理技術などを含む広義のもの）の進歩・発展による経営管理の変革傾向が考察された。すなわち，第1に，階層システム間に柔軟性が保たれるゆえに組織の実態に応じた階層システムを組む時空間的余裕ができること。第2に，情報媒体の混合的な多用方式と多種少量な情報処理の促進によって適合性の高い情報行動が可能となること。第3に，情報システムがグローバルかつローカルなネットワークに発展することで全員参

加的な情報利用へ展開しうること。そして、これら傾向が実現されるためには、情報管理部門の強化と情報利用支援スタッフの育成が必要とされること、情報技術の進歩による主な影響として対話型システムや分散型情報処理システムが発達することが指摘された。

◆「産業技術の新展開と経営管理の課題
　―わが国石油化学工業の成立と展開の過程に沿って―」(立教大学　宮川宗弘)

　宮川報告では、新産業技術の展開をわが国石油化学工業に例をとり、それに関連する企業の対応過程をみることで、産業のたどる一般的なパターンが検証される。ここで扱われる新産業技術は主にエチレンやプロピレン等に関わる石油化学の技術であり、いわゆるME化とは区別されるものである。宮川は、「絶えざる産業技術の開発・展開が企業に活性を与え、競争を伴いつつ新しい方向に産業を発展させることのある一方、新技術の展開(高利潤の獲得)とその普及が利潤の平準化、またそれ以下への低化をきたし、その抑止策として集中・独占＝協調的寡占体制の確立をみる場合」がみられるが、石油化学工業では後者である旨を指摘する。

◆「研究投資前における製品戦略的意思決定
　―研究開発を生産過程の「なか」でとらえた管理体系の考察―」(滋賀大学　森俊治)

　森報告は、産業技術の新展開を企業の研究開発の動向に関わらせて議論する。近時の企業が従来の「特定製品志向型」から「便益志向型」や「便益生産型」へと進化しつつあるとの認識を示したうえで、「研究開発」を製品開発と工程開発とに区分し、前者の「ソフトをも含めた商品」の開発は生産過程の「なか」で把握されると指摘する。そして、企業が便益生産型へ質的に変化したかどうかのメルクマールは「研究投資前における製品戦略的意思決定」が行われているかにあるとし、さらに、便益生産型企業は「リサーチ企業」に発展していくという経営管理の変質を示唆する。

◆「産業技術の新展開と経営管理の諸課題
　―わが国の自動車工業経営を中心として―」(大阪市立大学　橘博)

　橘報告では，わが国自動車工業経営の技術革新について史的な考察がなされる。すなわち，1950〜55年は外国からの技術導入，1955〜60年はプレスや溶接の車体加工関連技術，1960〜65年はボディースタイル・内外装・仕上げ等の技術，1970年以降は緻密な生産管理体制の確立や産業ロボットの導入をふまえ，わが国自動車工業経営を支えてきた中心的要因は，「積極的経営計画，技術革新，『合理化』を中心とする独自的生産方式」の活用と「国内，海外大量販売体制として，きめこまかい車種別のディーラー体制，高度にオートメーション化された情報処理と，それにもとづく経営システムの有機的統一化にもとづいた企業管理システムの設定と運用」にあるとし，なかでも下請企業の管理体制や労働組合の全面的協力が特有の要件をなしていることが指摘される。

◆「システム技術の導入と関係管理動学理論の展開」(札幌大学　横川義雄)

　横川報告は，急速な技術発展（メカトロニクス産業の発展など）に伴い，企業組織における労務管理，生産管理，販売管理などの各システムを合成する技術が新たに形成されつつあり，それに当面する経営管理の課題を示す。すなわち，技術発展による変化は作業や生産工程および製品に対しその固有の部面のみならず代替的・補完的な側面にも影響を与えると共に，環境変化に適応すべく組織にも影響をもたらすところから，それら諸影響を合成的に対応する新しい関係管理の構築が求められるが，それは「調整システムの課題」や「統合化システムの課題」が企業の部門組織や総合的組織の中にどのように位置づけられるかであるとした。

◆「生産のオートメーション化の進展と管理技法および作業労働の特質」
　(中央大学　林正樹)

　林報告では，現代における生産のオートメーションの特徴は，加工・組立などの作業機械と搬送機械とが自動制御機能を持つコンピュータと直接的に結合しているところにあり，また最高度のオートメーション化された生産技

術システムはいわゆる「無人化工場」であるとし，このような事態に対応した経営管理について批判的な考察がなされる。林は，「生産技術システムと経営管理技術システムとは，資本主義的企業の指導原理としての営利＝利潤追求原則によって結合されている」との認識を示し，生産の自動化に対応した組織管理技法は，IEに代表される管理工学的技法やOJTなどの教育訓練法および職務拡大（＝多能工化）およびQCサークルなどの小集団自主管理活動にあるとするが，とくにQCサークル活動は資本主義的企業において，「オートメーションの技術的要請をテコとしながら，直接的には資本回転率の上昇という資本蓄積の要求に応えるものにすぎない」と主張し，またオートメーションのもつ人員削減効果の問題に憂慮を示す。そして，オートメーション化に対応した経営側の労務管理施策が自主性や創造性の重視をいくら標榜しても，自律性の保証のない労働側は依然として警戒心を有したままであると指摘する。

◆「現代技術革新の基本問題」（武蔵大学　貫隆夫）

　貫報告は，進行中のマイクロ・エレクトロニクス（ME）を中核とする技術革新が，社会的に充分な計画性と合目的性をもって行われていないことを認識し，当該技術革新の問題点とその経営管理への影響を考察する。主要な論点は次のようである。①現今のME化は，主に製造技術の革新（多品種生産や加工・組立工程の省力化）に強調が置かれ，資源生成や後処理に関する技術発展が立ち遅れた状態にあるところから，マクロ的に見ると極めて不均衡で跛行的な状況にあること。②ME技術革新は加工・組立の製造部門だけでなく，間接部門のホワイトカラー労働の省力化でもあるところから，深刻な失業可能性が内包されていること。③雇用問題について確固たる見通しのないままMEによる省力化が進行し，その結果生産と消費の不均衡が拡大すること，すなわち生産システムがますます自動化してもその成果を享受する分配システムが自動的に成熟していないこと。④ME化には意思決定にかかわる情報の収集・蓄積・処理・伝達の技術革新として管理技術上の革新が含まれるが，そのようなOA化に対応した労働者のモラール昂揚策が充分ではないこと。⑤低成長による賃上げの困難や昇進機会の減少および高学歴化や価値

観の多様化などによって資本による労働の包摂は次第に困難となるところから，労働の人間化や経営の民主化が一層求められること。⑥これまでの日本企業の有する主要な競争力要因（高生産性や高品質）の基盤をなしてきた人的要因（QCサークル活動等）のウェイトが次第に減少し，かつ生産部門や事務部門に対する開発部門や販売部門の人員構成比が増大するところから，いわゆる日本的経営の基盤が崩れていくであろうこと。

1-2　コメント

　統一論題に対する報告内容は，まず，「産業技術の新展開」としての新技術を特定産業に関わるものとする（宮川報告と橘報告）か，多くの産業や企業経営の全般に関わるもの（他の諸報告）とするかによって異なる。本大会の主旨は後者に属するものであり，当時のME技術がすでに製造現場のみならず新製品（新規事業）の開発や販売面等にも及んでいるところから，その波及効果の深さや広がり（＝ME化の実態・効果）を，どのような「視角」をもって考察するかがポイントとなる。

　これに関連し，企業をどのように「認識」するかで，議論の焦点や結論に異なりが見られる。林報告や貫報告では，企業をいわゆる「資本主義的企業」と認識し，新技術を剰余価値との関係で考察することで，考察の焦点は生産過程に置かれ，新技術の影響が人員削減や経営側の労働者支配などとの関係で論じられている。これに対し，小川報告，岩田報告，湧田報告，森報告，横川報告はやや異なる「認識」を示す（橘報告も含まれよう）。すなわち，企業を単に経済的制度としてではなく「社会経済的な制度（組織）」として認識することで，インベンション（技術発明）としての新技術が社会経済的かつ組織内的に有用なイノベーション（技術革新）へ変換することに関する議論がなされている。すなわち，ME技術はコスト競争力だけでなく，製品競争力等の強化，さらには企業経営全体を効率的に統合するためにも用いられることが示唆される。とはいえ，当時の企業経営の実態を解明したうえでの考察には至っていない。企業経営のあり方について肯定あるいは批判する場合，経験科学としてまずME化における企業経営の実態はどうであるかの調査研究が

必須であり，そうした事実や知見にもとづいた考察が求められるであろう。当時のME化に関する企業経営の詳細かつ体系的な実態調査研究の例として，杉本典之他『情報化への企業戦略：日立の事例研究』（同文舘出版，1990年）と徳永重良他編『FAからCIMへ：日立の事例研究』（同文舘出版，1990年）が挙げられる。

ところで，1980年代のME化は，1990年代ではIT（情報技術：Information Technology）化，21世紀に入るとITC（情報通信技術：Information and Communication Technology）へと名称が変更され，さらに今日ではビッグデータやAI（人口知能）をもとにしたIoT（モノのインターネット：Internet of Things）化へと一層の進展（「第四次産業革命」とも呼ばれる）をみせている。このように時間と共に累積的自己展開を示す技術革新は，産業面のみならず人々の社会生活面にまで大きな影響を与えている。現在および向後の技術革新は人間労働に対し大きな影響を有するものと予想（職種の約半数を占める定型的業務の自動化など）されると同時に，人々の日常生活により多くの利便性（リスクもある）をもたらしていくであろう。これゆえ，技術革新の指数関数的な進展に対応した人間と技術の調和（共存）を図る社会デザイン（技術リスクの回避を含む）が喫緊の研究課題となる。この場合，企業（組織）を単に経済的制度としてではなく社会的制度としても認識したうえで，発展する技術革新の特質とその社会的影響の功罪の見極めが必要である。経営学の射程範囲はかなり限定的であるとはいえ，むしろそれゆえの独自な貢献が期待される。本1982年大会における三戸公委員長の言葉：「あらためて技術とは管理にとって何であり，企業にとって何であるのかを考えなおさねばならぬ。さらには，技術とは労働者にとって何なのか，人間にとって何であり，社会にとって何であるのか，これを根本的に問い直さねばならない」は，今なお新しい。

2 ▶ 第54集
『現代企業の所有と支配』（1984年）
——— 第57回大会（1983年）

1983年大会は関西学院大学の主催で行われ，統一論題は経営学上の基本的テーマというべき「所有と支配」であった。当時，増大化傾向にあった法

人による株式保有(個人持ち株比率の減少)やそれによる経営者支配の可能性などが議論された。大会委員長の吉田和夫は，かつて同大学で1950年に開催された全国大会の統一論題が「戦後の新たな経済再建を前にして，株式会社の問題が徹底的に議論された」とし，今大会についても「時代の背景を異にするとはいえ，新たな激動の時代を前にして，根本的に企業の在り方をも問わんとする学会の姿勢を示したもの」と述べた。以下，7つの統一論題報告の要旨と評者の概括的なコメントを示す。

2-1 報告要旨

◆「株式会社における所有と支配─支配論の方法をめぐって─」
　　(佐賀大学　荒川米一郎)

　荒川報告は，これまでの「株式会社における支配の問題」が「経営者支配論」と「所有者支配論」という相反する立場から論争されてきたが，双方の論点と問題意識には大きなズレが見られるとして，「経営者支配論」批判の4類型(=「大株主支配論」，「株主分散停止論」，「実証的批判」，「金融資本支配論」もしくは「共同支配論」)のもつ問題点，および「所有者支配論」のもつ隘路を指摘する。これに加え，荒川は，「法人所有に立脚した経営者支配論」は「所有構造とは切り離された職能論中心の経営者にならざるをえない。株式会社の支配論は経営者の職能論に留まるべきではない」と批判し，「株式会社を株式会社たらしめている特質をあらためて認識することが必要」であるとし，「生産過程とその成果に対する支配が，資本所有，具体的には，株主相互間の支配・被支配の関係を通じて貫徹する」ゆえに，株式会社における支配問題の議論は資本の所有や機能の一般論として行われるべきではなく，「法人の所有構造の分析」こそが議論の出発点となるべきことを主張した。

◆「わが国企業の株主総会と支配」(一橋大学　平田光弘)

　平田報告は，わが国では経営者支配が優勢といわれていることについて，その真偽を株主総会における議決権行使という観点から考察する。すなわち，平田は，従来の企業支配に関する実証分析のほとんどが企業の支配形態

との関係で議論されることに対し,「それは企業支配の実態に皮相的にしか迫りえない」として,先輩の上田貞次郎,増地庸治郎,平井泰太郎と同様に,「企業の支配者がもつ支配力は株主総会において議決権行使として行使される」ことに着目する。実質的に形骸化・無機能化している株主総会について,総会で付議される議案を実質的に審議する場として事前の「大株主懇談会」や「大株主に対する個別の根回し」の実態をみることが,企業支配に関する実証分析の重要な課題をなすとの考えを示し,関係資料の分析から,上場企業の多くはなんらかの系列的・集団的な結びつきを持ちながら,懇談会や個別接触を頻繁に行っており,業績が悪化している企業を除いてはその実態的傾向は報告的・親睦的な性格の強いものであることを見出す。そして,「依然として経営者と大株主との連合支配ないし共同支配と呼びうるものが見られる」ゆえに,「わが国の企業では経営者支配が優勢であるとする説は成り立ちえないのではなかろうか」と推察する。

◆「機関所有・専門経営者支配の本質」(埼玉大学　小松章)

　小松報告は,「企業が最終的にめざす」ものは「利益の内部留保を通じての自己資本の拡大,いわゆる資本蓄積」にあるという基本認識のもと,わが国の巨大株式会社の支配構造を,生命保険相互会社による株式所有のほか株式会社企業どうしの株式持合いから考察する。小松は,「機関所有の意味を人間主体による所有レベルにまで遡って解明すること」が肝要であるとし,その結果,株式会社どうしの株式持合いについて,①それは相互的にせよ迂回的にせよ「絶対的個人大株主による個別支配から相対的個人大株主層による企業の構造的支配への転換」であり,それは「個人大株主の個別的支配からの専門経営者の解放を意味」し,「究極において支配は構造的に相対的個人大株主層に帰属している」ゆえに,専門経営者による企業経営上の意思は相対的個人株主層の構造的利益(＝自己資本の増大)を代表していること,②専門経営者(＝社内取締役)らによる自社株保有という傾向からして,彼らが相対的個人大株主へ転化していること(＝専門経営者による企業支配),③機関所有の進展に伴う「相対的個人株主層による構造的支配への転換」には,資本家の支配力の相対化(＝支配力の後退)という「資本主義にとって重大な変

化」が内包され,「企業が資本家支配から解放されうるということの認識契機を広く社会に提供」していると主張する。しかし,「企業を資本家支配から解放しうる原動力とは何かということになれば,現段階では,なお現実の動向を注意深く見守ることが必要であると結論せざるをえない」とする。

◆「機関所有と支配―私的所有・社会的所有パラダイムの終焉―」(立教大学　三戸公)

　三戸報告では,現代大企業の所有状況を「個人所有の縮小分散・機関所有の拡大集中」と認識し,機関および機関所有の意味および支配の内容と性格についての考察がなされる。そして,既存の「私的所有―社会所有パラダイム」(=「搾取と抑圧と戦争の資本主義から自由で階級のない平和的な社会主義への革命的な推転の歴史的展望をもつもの」)に代えて,新しい「個人所有―機関所有パラダイム」(=「財産中心的社会から組織中心的社会へ非連続の連続的移行の時代として現代を把握することになるもの」)が主張される。換言すれば,「個人所有中心社会・財産社会(資本主義と一般に言われるが)の内部にそれとは論理をことにする組織社会が胚胎し,それが次第に成長し,社会全体に占める組織社会のウェイトは次第に大きくなって財産社会は漸次的に組織社会に移行してゆく」(傍点評者)という彼自身の歴史認識の表明である。組織社会での「機関」は「特定の目的をもった行為体であり,それは社会的に容認せられ,社会的制約を課せられた存在」である各種「組織体」(=国家,地方自治体,軍隊,学校,病院等,および企業,銀行,年金基金や財団等)をさし,諸個人は「機関に依拠して所得を得,各種の機関の提供する財とサービスをうけて」生活を営む。また,そこにおける「所有主体たる機関」は,利潤追求を行う「個人所有」の場合と異なり,「その機関がもつ特定目的を達成するのに役立てるために所有し,その限りで所有の客体に関与する」とし,利潤の追求は「所有主体としての機関が行うことを社会は許さない。…法的に禁じた」と述べる。それゆえ,「経営者支配の正当性は彼の支配下にある機関のもつ特定の目的を達成し,その機関の社会的責任を果たす意思決定をすること,そのことのなかに存する」との主張がなされる。さらに,現代社会における「支配」(=命令服従関係における自由疎外)問題の解明には,「所有論的アプローチ」では不十分であり,「官僚制的組織体たる機関が抑圧的性格を帯びている」ことを考

究する「組織論的アプローチ」の必要性が強調される。

◆「現代公企業の形態と統制」(立命館大学　玉村博巳)

　玉村報告では，わが国と諸外国における「公的所有の企業＝公企業」の民営化による公企業の量的変化を政府・議会の統制，公企業形態の変化と関連づけながら，わが国の民営化動向における現局面の特徴が指摘される。玉村は，「支配」について，政府・議会による公企業の「統制・規制」と，公企業内部の「管理・経営」の2面から認識し，結論として，①わが国明治期以降の公企業の史的変遷をみると，政府・議会による統制緩和＝「公企業の自主性」を求める傾向にあり，臨調の民営化答申もこの延長線上にあること，②統制緩和＝自主性強化の原因は，第二次世界大戦後の各国における公的所有が競争分野において増大していたことにあり，③各国における規制緩和の程度や形態はその時の経済状況や個別企業の業績によって規定されること，④諸外国に比してわが国の民営化動向は戦後公的所有が大幅に減少しているなかで行われようとしていること，また「管理の民主化（経営参加）が決定的に遅れている状態のままで，公企業の自主性が追求されていること」などを指摘する。

◆「わが国企業税制と資本所有構造」(名古屋市立大学　國村道雄)

　國村報告では，まず，戦後わが国財務市場における自己資本比率の低下，低位安定配当，個人持株比率の減少，法人間の株式持合の増加という4特徴を税制（法人税と所得税）の視点から統合的に分析するためのマクロ・モデルが提案される。このモデルに拠り，①低位安定配当策は租税効果の観点からすれば株主軽視ではなく株主重視の財務行動であること，②昭和36（1961）年に導入された配当軽課制度は民間部門全体の税金を増加させて自己資本充実の妨げとなること，③配当軽課制度のもとでの株式持合は法人税の節約効果をもたずに増税の要因となること，④個人持株比率の減少は貯蓄奨励税制（マル優）と不可分の関係にあること，⑤自己資本比率の低下は個人持株比率の減少および低位安定配当と不可分の関係にあること，などが示される。

◆「大企業における所有と支配―アメリカ株式会社支配論をめぐって―」
（同志社大学　正木久司）

　正木報告は，現代の大企業をめぐる経済的，社会的，政治的研究の前提となすべき「支配」の態様について，アメリカにおける株式会社支配論に関し肯定あるいは批判の諸説（バーリ＝ミーンズ，メイソン，ゴードン，バーリ，ラーナー，スウィージー，ガルブレイス，ハーブレヒト，パットマン委員会，メトカーフ委員会，コッツ，ブランバーグ，ハーマン）の検討を通じて，「機関管理者と会社経営者はともに知的専門家集団として存在し，機関管理者の持株の議決権行使はおおむね会社経営者支持であり，両者は重役兼任制を通じて連携関係にあるのである。そこには一方（大銀行）による他方（大会社）の支配ではなく，互恵主義が貫徹し利益共同体を形成している」ことを指摘する。この利益共同体について，スウィージーが「誰が株式会社を支配しているかという問題の最良の短い答えは，…金融機関を含めた独占資本」にあるとしたことに対し，正木は「金融機関と産業会社の経営者による一体としての経営者支配」であるとした。

2-2　コメント

　まず，統一論題の主旨からはやや逸れた玉村報告と國村報告についてである。前者は，「支配」概念を公企業の規制緩和（＝「経営の自主性」）の視点から捉えたが，政府や議会の事業統制や内的な経営管理のあり様に関する具体的な言及は見られなかった。後者では，わが国財務市場における諸特徴を経営与件とする税制との関係で構築されたモデルによることで，一定のインプリケーションの導出が企図された。

　統一論題の主旨にのっとった他の諸報告では，株式の「機関所有」をめぐる問題が共通的で中心的な考察対象となった。荒川報告では，株式会社は「生産過程とその成果に対する支配が，資本所有，具体的には，株主相互間の支配・被支配の関係を通じて貫徹する」とし，所有構造のいかんによって支配の有り様が決定されるとした。つまり，一口に「機関所有」といっても，その所有構造の有り様によって経営行動に差異があり得ることが示された。

平田報告は，わが国における「大株主懇談会」や「根回し」の実態分析から，経営者と大株主との連合支配ないし共同支配が見られるとして，いわゆる経営者支配の確立には懐疑的な見解を示したが，これは荒川報告の延長線上にあるともいえる。小松報告でも荒川報告との近似性を見出しうるが，「機関所有」における支配は「構造的に相対的個人大株主層に帰属している」と認識し，専門経営者の企業上の意思は彼らの構造的利益を代表すると主張される。しかし，専門経営者による自社株保有状況の動向をもって，彼らが相対的個人大株主に転化しているという判断はやや性急かと思われ，機関所有の進展によって「企業が資本家支配から解放されるということの認識を広く社会に提供する」という希望的観測は，相対的個人株主層の構造的利益が「自己資本の拡大」にあるという自身の基本認識とは矛盾する可能性がある。また三戸報告は，「機関所有の拡大集中」という現況に鑑みて，ピーター・ドラッカーの考え方と同様に，現代を「財産中心的社会から組織中心的社会へと非連続の連続的移行の時代」との認識を示す。そして，組織社会における「機関（＝組織体）」は「社会的に容認せられ，社会的制約を課せられた存在」であるとしていわゆる利潤追求は許されないと論じるが，企業行動の現実とは相容れないものがある。さらに三戸は，株式会社における「支配」を官僚制的組織に特有な「抑圧」との関係でも議論しているが，市場環境のかなり固定的な大企業ではその傾向があるとしても，市場環境が激しく変化している企業や自由開放的な企業文化を有する企業などでは必ずしも妥当しないように思われる。正木報告では，「機関所有」下にある経営者支配では，所有者（特に金融機関）および非所有者（会社経営者）ともに「知的専門家集団」として相互利益共同体が形成されていることが指摘されているが，今日のようにビジネス環境が目まぐるしく変動する状況においては，そのような利益共同体が貫徹されるかどうかはやや疑問である。近時，わが国の企業集団における株式持合い比率の低下や企業集団の垣根を超えた協力関係などはその証左といえるかもしれない。

ところで，米国流の会社制度の導入（2003年・2006年の法改正，および2015年東京証券取引所と金融庁によるコーポレートガバナンスの適用による上場企業での社外取締役の複数選任の義務化等）により，あるいは外国人投資家の増加などにより，

従来考えられていた経営者支配の有り様の変容いかんに関する実態調査にもとづいた議論や考察が要請されるであろう。また，一口に資本主義の企業といっても，その実際的行動において，株主利益を重視する場合(＝自己資本の拡大)もあれば，株主のみならず他の多くのステークホルダーの利益を重視する場合もあることに留意したい。例えば，最近の社会的責任投資(SRI)の動向やムハマド・ユヌスの多次元的資本主義論(特に「社会的企業」論)，ミシェル・アルベールの資本主義対資本主義論，あるいは，原丈人らの公益資本主義論などに見られるように，資本主義といってもその有り様は一次元的ではない。向後は，多様な資本主義的企業の実際的行動に関する議論・考察が必要とされるであろう。

3 ▶ 第55集 『政府と企業』(1985年)

―――――――――――――――――――― 第58回大会(1984年)

1984年大会は拓殖大学(大会委員長：小林末男)で開催され，当時の世界的動向であった「規制緩和」に関する具体的問題として「公企業の改革問題」が取り上げられた。わが国では，1981年「増税なき財政再建」を目指した第二次臨時行政調査会(第二臨調)が発足し，1983年三公社民営化を含む行政改革案が答申され，その答申を実現・監視するための機関として臨時行政改革推進審議会(行革審)が設けられた。統一論題はまさに当時のこのような政治経済情勢下のものであり，9つの報告がなされた。以下，各報告の要旨と評者の概括的なコメントを示す。

3-1　報告要旨

◆「現代の政府による企業の規則」(中央大学　岩尾裕純)

岩尾報告では，「政府による企業の規制…この課題は歴史的に，先進資本主義国，発展途上の諸国，社会主義諸国の範疇にまとめて検討することがのぞましい」としながらも，「第二次戦争後の現段階の資本主義とくに戦後日本の現実に力点をおいた分析」に焦点があてられた。まず岩尾は，「資本主

義体制維持にとっては、国家の介入つまり規制を含む国家の機能が不可欠である」がゆえに、労働基準法の形骸化や独占禁止法の骨抜きなどは巨大企業中心の体制維持が眼目であるとの基本認識のもと、近時の「臨調」行革についてはネガティブな評価を示す。その論拠となるものは、防衛、エネルギー、経済協力、年金については「聖域」とされたという丸山康男（臨調委員）の証言と、「大企業にとって不利となる規制は、…大幅に緩和ないし廃止しようとする。…大企業にとって有利となる規制は、…存続・拡充さらには新設しようとする」という犠我壮一郎の指摘である。岩尾は、この証言と指摘をもとに、「世界資本主義の危機への対応が基盤になっていることを、理解できなくはない。しかしそのばあい、国内の社会体制維持あるいは安定を切りすててもやらねばならないほど、事態は深刻であろうか」と疑問を投げかける。また、経営学的なミクロの課題として「大企業の経営戦略対応の在り方の転換をせまっているかどうかの検討」が必要であるとも論じた。

◆「日本公企業の経営改革─国鉄を中心として─」（青山学院大学　大島國雄）

　大島報告は、まず臨調による公企業の改革方策について概要を述べ、その基本的問題点として4つを指摘した。第1に、「分割・民営化のタテマエは、それによって効率性を高め、公共性を実現するにあるが、そのホンネは高収益の電電と専売を切売りして、財界と政府の利益をはかろうとするにある。…分割・民営化することによって、スト権を付与する点である。そしてそのホンネは、三公社の組合を各公社ごとにそれぞれ分断し、その組織力、活力を破壊しようとするねらいである。…その結果、真の国民の利益は形骸化してしまっている」こと。第2に、「企業性（効率性）のみを重視し…その結果、真の公共性（国民的公共性）を無視ないし軽視」していること。第3に、「国鉄の経営危機がなぜ発生したのかの、真の原因が十分明確にされていないこと」。第4に、「国鉄の労使双方の責任のみを追及することに終わっている」こと。そして、大島は、特に第3の問題点に論及し、経営学の立場から改革のための基本方策として「過去債務の免除によって繰越欠損金を整理したうえで、分割・民営化ではなくして、公社の国からの自主分権化をはかり、特殊会社をふくむ公企業形態の枠のなかで、経営を再建するのが妥当である」

とした。すなわち、「①公企業形態の枠を維持しつつ、②国民の国鉄にたいする批判や要望に耳を傾け、③答申のいう緊急措置（関連部門の分離を除く）に正しくとりくみ、④経営改善計画の抜本的見直しをはかり、⑤公社内に大幅な分権管理組織を確立し、⑥消費者諮問組織や経営参加制度をつくって、組織の民主化をはかり、⑦日本的経営の正しい活用を考え、⑧労使相協力して再建に邁進することが不可欠」であるという「国鉄労使の再建政策」を主張した。

◆「現代アメリカの公企業と規制緩和問題―鉄道国営化問題を中心に―」
　（大阪経済大学　上田慧）

　上田報告は、米国における民営鉄道の公社化をめぐる問題、すなわち「欧州・日本の鉄道問題が国有鉄道の危機＝再編として現れるのに対して、米国のそれは民営・分立の鉄道事業の矛盾・限界」が見られるとして、わが国における分割・民営化動向に向けての教訓を示す。具体的には、主に1970年のペン・セントラル鉄道の倒産を契機に設立された全米鉄道旅客輸送公社（アムトラック）をめぐる問題が議論され、アムトラックの経営目的は「近代的・合理的な全米的公共（都市間）鉄道ネットワーク」の構築にあったが、「混合出資の営利法人型政府関連企業体として組織された」ために、「公益事業としての社会的サービスの再建・向上をという理想を実現するうえで、公社の公私混合（第三セクター）型特殊会社としての『所有・経営』方式が制約となり矛盾を激化させてきた」と述べる。すなわち、アムトラックは「公社所有の拡大、経営改善の相当な努力、100〜200マイル間の『競争』力、連邦補助金依存、政府企業体としての再編、などにより全米的な公共鉄道の再建をすすめてきた」ことで「当初の安上がりの混合出資型政府関連企業体は実質的に破綻した」とし、このことは「十分に確立された全国的鉄道組織」と評価されている日本の国鉄（JNR）の「解体＝分割・民営化のために混合出資・特殊会社方式をもてはやしている日本の臨調路線にたいして二重の意味で批判的な教訓となっている」と論じた。

◆「公益事業における規制緩和の意義」(筑波大学　高柳暁)

　高柳報告は，公益事業分野における規制緩和に関する米国の動向をふまえながら，わが国における動向を示したうえで，わが国の行政改革の狙いは，「民営化，自由化による能率の向上」(「効率化によるコストダウン」)にあると論じる。すなわち，従来は「独占の方が経済的観点からも無駄が少ない」とされてきたが，「最近の技術進歩によって交通や電気通信の公益事業の産業組織の基盤が変化した」ことで，民営化や自由化による効率化が求められるようになったとする。例えば，電気通信分野における技術進歩(マイクロウェーブや光ファイバー)によって，設備コストの低下および市場参入の容易化がそれである。高柳は，規制緩和や自由化によって公共性が冒されるとの批判(不採算部門の切捨てや過当競争による労働条件の悪化，またコスト重視による設備事故の増加など)に対して，アメリカ航空事業の例をもとに，「若干のサービスが失われても，経営は効率化し価格が下がることで国民は大きな便益を受ける」ものと主張する。そして，「競争条件の整った分野は公益事業であっても自由化し，効率化をはかるべきであろう。ただ公共性の見地から供給責任や安全の確保の責任については最小限の規制は加えるのはやむをえない」とし，これに加え，「自由競争で淘汰され，再び規制されない独占企業が生まれるのを防ぐため，独禁法を有効に働かせ，かつ各企業が多少の採算悪化で倒産しないよう経営多角化を推奨する」と述べる。なお，佐々木弘からの規制緩和後の競争状態に関する質問について，「強力な競争会社の新規参入を勧誘する必要がある。新規参入者に対し何らかの補助金を政府が与えることも考えてよかろう」と答えている。

◆「公営企業の管理と私企業の管理
　　―中国国営企業の管理の実態と課題を通じて―」(愛知大学　野崎幸雄)

　野崎報告では，わが国の私企業と中国国営企業との比較研究を通じて，今後における相互の支援や補完が期待された。すなわち，公企業の経営に関し，わが国でも中国でも，「製品販売(鉄道輸送)量について，また質について必ずしも真剣に注意せず，労働意欲向上に基づく労働が十分でなく，資材の浪費があり，設備の利用率が十分でない等々に示される。それらは国家権

力の発動のまずさからくる官僚主義，経済システムのまずさからくる非能率や浪費であり，一口にいって親方日の丸，親方紅旗の実態である」という類似点が指摘され，日本の私企業の管理は，「中国国営企業の官僚主義，非能率，浪費といった問題解決に，一定程度，その方途を示す」とされた。野崎は，中国国営企業のかかえる問題点（「企業は実質的には行政機構の付属物」）を生産管理，労働管理，財務管理の各側面で考察することで，市場メカニズムの役割を認めるものの，中国の計画体制の基本が「総体的に見ると，中国が実行しているのは，計画経済つまり計画的な商品経済であって，完全な市場メカニズムの調節による市場経済ではない」ところから，いまだ試行錯誤の段階にあるとした。

◆「公企業改革の問題点」（大分大学　山本政一）

　山本報告は，「公企業擁護の立場から公企業と競争原理の問題を吟味し，分割・民営化批判を行った上で，公社の改革は原則として，公的所有と公的経営を維持する中で再建をはかり，公共機関としての公共性を機軸としながら，もっと企業性の回復（企業努力）をはかり，採算領域への進出（公的部門の拡大）など弾力的経営が認められるべきであり，管理面，財務面，労務面の改革と，公費負担区分の拡大，そして民主的公平参加による公的規制機関の設置など，公社のあり方を改善することで公社の経営は成り立つものである」と指摘した。すなわち，山本は，「公企業の改革の基礎は公有公営を前提とすべきであって，やたらに分割し民営化することが改革となるものではない」と主張し，特に電電公社や専売公社などの採算部門の民営化は，公的独占から私的独占への移行という意味で「官業の払い下げ」あるいは「公社の民間放出」であると批判した。

◆「中小企業政策の展開と企業構造の変化―近代化政策の理念と問題点―」
　（日本大学　中山金治）

　中山報告では，日本経済の発展に対する中小企業の役割の大きさを認識したうえで，中小企業政策のあり方が論じられた。中山は，日本経済の土台を形成している中小企業に関する国の政策は，「経済の近代化と成長のうちに

二重構造の解消をはかること」にあったとし,「大企業部門を『近代的』とし,中小企業部門を『前近代的』とし,両者の生産力・経済力の両面にわたるギャップ解消が政策的課題とされ,長期にひきつがれるにいたった。この二重構造論的視角が,その後の経済の展開と変化に応じて,『適正規模論』,『中堅企業論』,『ベンチャー・ビジネス論』,『知識集約化論』や,『地域主義・中間技術論』」など,一連の政策理念の展開となった」と述べる。特に,「八〇年代に入るとともに,中小法人の五割以上が欠損法人になっているという現実に対して,なんらの解決の方向を示さずに,現状肯定の理念だけが提起されている」と国の政策を批判する。「なによりも中小企業対策は,中小企業家自身の自主的・民主的な組織化を通じて,大企業との社会的分業のあるべき姿をえがきだすことから出発せねばならない。大企業と中小企業は,支配利用関係でもなく,対立関係でもない。相互補完の関係であるべき」というのが中山の強調点であった。

◆「政府と企業―その現代的課題―」(神戸大学　佐々木弘)
　佐々木報告は,「政府と企業の関係」を狭く限定することなく包括的なテーマと理解し,広い視野から今日的な「新しい問題局面」を指摘するとともに,その問題局面において経営学がなしうる貢献の余地を指摘した。すなわち,地方政府を含め「政府がいかなるサービスをどの程度,いかなるシステムで,どのような負担で供給すべきかが,ここでは問われるわけであるが,経営学がこの解明に寄与すべき領域は,また少なからざるものがあると考える」と言う。例えば,「公」と「私」の間における「多様な中間形態の有効な活用を工夫」することや,政府による企業規制は従来の「経済的規制」だけでなく,近年では「職場内・外における人々の生活の質的向上」を指向する「社会的規制」にまで拡大しているところから,社会的諸規制のパフォーマンスに関わる問題,さらには企業から政府に対する働きかけに関する問題などの解明において,あるいは今日における公社の分割・民営化の動向に関して,経営学は一定の貢献をなしうると,佐々木は主張する。この場合,「たんに一つの学問領域のみでは必ずしも十分分析しきれるものではないことも認めなければならない。隣接諸科学との協力体制の促進と維持」を行うことで,「現

在，あまりにも専門的に分化する方向をたどりつつある経営学研究の方向を…軌道修正させるのにも役立つ」と述べる。

◆「日米欧の産業政策と企業経営」(同志社大学　前川恭一)

　前川報告は，日米欧における「政府と企業」との関係を産業政策からみると，そこには個別的な特徴があるとはいえ，1970年代後半以降の「世界資本主義の構造的危機の深化のもと」で「国家独占的規制の反動的再編成」という主要資本主義国の「共通」面が指摘されるのであり，さらには日本の従来からの「キャッチ・アップ型産業政策と日本的経営の今日的限界」も明らかにされるとした。すなわち，仏をのぞく米・英・独・日では，「新自由主義・マネタリズム，パブリック・エコノミクス，サプライサイド・エコノミクスなどの政策理論が展開され，いずれも緊縮政策が打ちだされ，各国とも共通していえることは，勤労者に過酷な負担」を求めている点にある。そして，国家による「資本減価政策」としてのPAP（積極的産業調整政策）や「国家独占的イノベーション政策」（超LSIやエアバスの開発など）が本質的な共通面をなしていることも指摘する。さらに，日本の従来のキャッチ・アップ型産業政策が具体的なモデルではなくなることで限界に直面して革新的な技術開発に不確実性が高まり企業リスクが増大すると論じ，加えて「日本的経営は過剰蓄積のはけ口を国内の不均衡の是正ではなく，対外進出の強化と軍事化にむけてきている」との認識から，この「最も確かな，利潤率の高い，軍需への傾斜」は「民需産業の競争力を低下」を招くであろうと警告する。

3-2　コメント

　まず，統一論題「政府と企業」をそのまま題名とした佐々木報告に注目しよう。すなわち，佐々木によれば，政府（地方政府を含む）と企業の関係は，「(一)「企業活動に対する規制者としての政府，(二)産業の推進者としての政府，(三)企業家としての政府，(四)計画者としての政府―を内包する」」として，議論にあたり，他の報告と比べてかなり広い視野を示している。のみならず，政府と企業の関係を一方的支配関係ではなく，相互依存的・相互

浸透的な関係で捉えている。このような包括的な認識は，現実の鵺（ぬえ）的な把握ともなりかねないが，事態の歴史的変容の理解には一定の対応力を有するともいえる。この佐々木報告にいくぶん親和的なものに野崎報告と中山報告がある。また，高柳報告では企業効率にかなりの重心が置かれている。これらに対し，岩尾報告，大島報告，上田報告，山本報告，前川報告では政府のあり方にウェイトが置かれている。このような差異は，政府と企業の関係を相対化しうるか，あるいは政府か企業かのいずれか一方を重視するかというスタンスによる。しかし，政府と企業の関係を弾力的に考えることができなければ，歴史的一時点での単なる見解で終わってしまう可能性が大であることに留意されなくてはならない。すなわち，「大きな政府」か「小さな政府」かの二者択一的な議論ではなく，歴史的状況のなかで政府と企業の固有な機能を相互弾力的に考えようとする研究視角が必要であるように思われる。

　なお，今大会の統一論題報告には見られなかったが，経営学固有の課題として，民営化による組織変革プロセスに関する実態的で内面的な考察も必要と思われる。組織の民営化に直面する関係者の対応等の現実的プロセスを解明することは経営学の果たすべきひとつの役割といえる。その参考例として，『日本電信電話公社の民営化プロセスに関する実態調査研究』（科研費総合研究Ａ・研究代表者：原澤芳太郎，1990年3月）が挙げられる。

　ところで，約30年経った今日，当時の民営化とその効果等についての議論や評価を行うことが肝要と思われる。その際，例えば日本国有鉄道の民営化については，そのＪＲ北海道などを除いて概ね良好のように思われるが，2005年4月の福知山線脱線事故（死者107名）の一因をなした自動列車停止装置（ATS）の設置遅れや競争的な過密ダイヤグラムの設定など，民営化によるマイナスの効果も十分考慮されるべきと思われる。日本電信電話公社の民営化については，新生ＮＴＴの競争相手となるべき大手電話会社も発展し，また通信技術の各種革新の促進など市場の活性化や消費者の利便性が増大している点で，好意的に評価することもできる。このように，民営化や規制緩和には一定の功罪があるところから，そのことに関する多面的な議論が要請される。今日，自由主義経済の推進や経済活力の発揮を求めて，規制緩和（最

近では規制撤廃も）は「錦の御旗」の如くであるが，その有効性と随伴的な副作用に関する討議は，当学会の社会的な使命と責任をなすといえる。

第5章 第59回大会〜第61回大会

奥林康司 *OKUBAYASHI Koji*

1 ▸ 第56集
『現代経営学の新動向』(1986年)
――――――――――――――――――――第59回大会(1985年)

1-1 本号の特徴

　本論文集は日本経営学会第59回全国大会の統一論題および自由論題の論文をまとめたものであり，昭和61 (1986) 年9月に出版されている。大会委員長は故岩国守男教授である。

　昭和61 (1986) 年と言えば，高度成長期の初期であり，日本の産業が新しい社会の到来を目指して努力し始めたときである。その新しさを何に求めるか，が経営学研究者たちの共通の問題意識でもあった。このような時代認識を明確に示したのが，西郷幸盛「企業経営の現代的課題と経営学―現代経営学の新動向―」であった。本論文では，企業経営の大きな時代区分を，①明治〜第1次世界大戦，②第2次世界大戦〜1970年代，③1970年代〜今日に至る時期に大きく分け，1970年代はもはや企業経営と経営学の新しいパラダイムの始まりであるとされている。当時は，多くの経営学研究者が日本経済の復興と経営学研究のパラダイム転換を意識し始めており，新しいパラダイムを何に求めるかが，大きな研究課題であった。そこで日本経営学会でも，『現代経営学の新動向』として，新しい動向に注目したのである。

　当時には，伝統的なドイツの経営経済学の流れに対して，アメリカの経営学

あるいは管理論が，怒涛の如くわが国に流れ込み，ドイツの経営経済学，アメリカの管理論あるいは組織論，それらをどのように吸収し批判していくかを考える日本の批判経営学が互いに自己の立場を主張し，同時に批判的に吸収しようとしていたのである。当時はまだ専任講師として経営学の多様な動向に目を奪われていた筆者は，果たしてどのような経営学研究の流れを追跡すればよいかを模索していた段階である。

本号の論文も，当時の時代的動向を反映し，ドイツの経営経済学，アメリカの組織論，批判経営学の9名の論客が経営学研究の新しい動向に注目し，学問的な観点から吟味している。それらの論文を大きく分類すると，①一般システム論への注目，②アメリカの組織論的管理論への注目，③ドイツ経営経済学の新動向への注目，④アメリカのイノベーション論への注目に分類されよう。そこで，それぞれの新動向の流れを具体的に紹介してみよう。

1-2 新動向の特徴と論点

新動向として注目された第1のグループは，一般システム論への注目である。システム論自身は，ドイツであれアメリカであれ，1960年代に注目された理論である。

鈴木幸毅「現代経営学の動向と組織理論——一般システム理論とPopulation Ecology——」では，テイラーの科学的管理法から始まるアメリカの多様な理論の流れを7つに分類して紹介している。そのうち，第4の流れとしての一般システム論，第6の流れとしてのポプレーション・エコロジー・セオリーに注目し，詳しく検討している。

一般システム論は，組織と管理の理論的統合と実践的改善に役立っており，実践的にも大きな影響を与えていると指摘している。他方，ポプレーション・エコロジー・セオリーは，組織と管理のマクロ理論を構築する視座を提供しており，新しい可能性を持つと評価している。しかし，この個体群生体理論では，生物学的に組織が環境に適合する活動は説明できるが，逆に組織が環境に積極的に働きかける活動を十分には説明できないと批判している。企業は自然と社会に積極的に働きかける存在であり，この理論は，企業

の成長・進化の過程を正しく認識していないと考えられている。

システム論に経営学の体系化の可能性を求めたもう一つの報告は，長岡克行「経営学の新動向—システムの形成と維持の探究—」である。経営経済学は，組織と社会システムの形成，維持，変化の諸相と諸条件を研究してきたのである。グーテンベルグ・パラダイムも経営を諸要素の体系とみるシステム論的な発想に基づいている。しかし，システムと環境の関係を考えると，環境はもはやシステムの適応すべき所与のものではなく，企業にとってはシステムの要素を環境の中から自ら作り出す自己組織化の活動が重要になっている。職務再設計，労働の人間化などはこの新しいパラダイムの発展であると考えられる。

新動向として注目される第2のグループは，組織論の発展である。飯野春樹「組織論的管理論の新展開」は長年にわたりC.I.バーナードの理論を研究されてきた故飯野春樹教授の新しい解釈を示すものであった。企業組織は，自律的集団が「入れ子」のようになり，システムを形成したものである。その組織が，環境の中で発展するには，「効率性」，「能率」，さらには「道徳性の充足」が必要になる。組織は一定の性格を持つ社会的存在であり，その組織文化を創造し変革するのが経営者のリーダーシップであると主張している。そこにバーナード理解の新動向が示されている。既にバーナード研究の権威者として活躍をしておられる飯野先生に対し，統一論題のセッション会場から，まだバーナードから学ぶべきものがあるのかという質問に対し，「まだまだバーナードです。」として，その理論の総合性と先見性に注目された飯野先生の回答に会場からは大きな拍手が起こったことを昨日の如く思い出す。

アメリカから洪水の如く流れくる管理の諸理論に，批判経営学の立場から，それらをどのように受け止め，吸収していくべきかを深く考察したのが仲田正機「アメリカ管理論の摂取と批判」であった。ドイツ経営経済学とアメリカ管理論をいかに統合するかはわが国の経営学にとって基本的な課題の一つであった。「骨をドイツから取り，肉をアメリカに求めた」のが日本の伝統的な対応の一つであった。60年代に多くのアメリカ管理論の研究成果が導入されたが，これらを批判的にいかに吸収するかを模索したのが『現代

経営会計講座』に結集したわが国の研究者たちであった。その基本的視点は，現代資本主義企業の所有・支配構造をマルクス的な視点から批判する一方，アメリカ企業の実証的・具体的な研究成果についてはそれを日本の経営学の中にそのまま摂取せざるを得なかった。資本主義企業経営を批判的に分析しながらも，現実の実態分析を研究の中に取り込まざるを得なかったが，そのことは当時の批判経営学の苦悩であり，現実でもあった。

批判経営学の中でも，体制批判だけではなく，むしろ企業経営の現実的分析においても，マルクス主義的な視点と企業経営の現状分析を統合する試みも存在した。篠崎恒夫「コンティンジェンシー理論から労働過程論へ」はアメリカのマルキスト，ブレーバーマンの『労働と独占資本』に注目し，マルキスト的な分析視点を持つ英米の研究に言及している。60年代においては，「ルースカプリング・モデル」や「コンティンジェンシー理論」が先進的組織研究として注目された。組織論とマルキスト的な組織分析の事例としては，ウッドワードやタビストック人間関係研究所の研究成果などが挙げられる。そこでは労働者が働く現場での組織や行動が分析され，アメリカの組織研究とは異なった現実的研究成果が発表されている。いわゆる社会技術システム論はマルクス的視点と組織分析の課題がヨーロッパで融合された成果と言えよう。

新動向として注目された第3のグループはドイツ経営経済学内での新しい動きである。

吉田 修「経営学の新しい動向と労働の人間化の展開」は労働志向的個別経済学をドイツ経営経済学の新しい方向として示した研究である。第2次世界大戦後は，グーテンベルグ・パラダイムがドイツ経営経済学の主流を形成した。しかし60年代の「奇跡の経済成長」が陰りを見せ始めたとき，生産性中心のパラダイムの限界が意識されてきた。そこから①意思決定志向的経営経済学，②新規範主義の経営経済学，③労働志向的個別経済学，④企業モデルと成果分配理論が新しい動向として注目され，労働の人間化も経営経済学の中で取り扱われたのである。

労働志向的個別経済学は，労働する人間の主体的行動に注目し，さらには階層的経営秩序に対する解体の危機を感じるに至っている。ドイツにおいて

は，職場での経営参加，労使共同決定などもこの労働志向的経営経済学の中に含められ，単に職場での仕事の在り方の問題のみならず，経営権への参加を含む職場での経営参加も同じ流れの中で取り扱われている。労働組合の経営参加の諸形態も労働の人間化の中で取り扱われ，経済性の追求を課題とした経営経済学の中に新たな課題を含むことになった。

他方，意思決定志向的経営経済学は，アメリカ管理論における意思決定問題の取扱に関連して，ドイツにおいても経営経済学の研究課題とされるに至った。ただし，ドイツの場合はあくまで科学としての経営経済学の確立が目標であり，意思決定を科学として取り扱うにはどのような科学方法論が必要かを検討せざるを得なかった。鈴木辰治「現代ドイツ経営経済学の一動向―規範的行為科学としての構成主義経営経済学―」はドイツの厳密な科学方法論を踏まえながら，この問題を検討した成果である。

意思決定志向的経営経済学は実践的応用科学である。そこでは，規範・目的設定に関する意思決定も取り扱わざるを得ず，「価値判断」も検討せざるを得なくなる。「理性的対話」を基礎として，合理的価値判断の基礎を提供したのがシュタイマンを中心とするニュールンベルグ・エアランゲ学派の構成主義経営経済学であった。ここでは，理性的対話を通じて，理性的なコンセンサスが形成され，それが客観性の根拠となりうると主張したのである。これにより，意思決定も客観的な科学の分析対象になりうると考えられたのである。

新動向を注目した第4のグループは，アメリカ経営学の流れの中に在る三浦隆之「イノベーションと経営学」である。大量生産方式が第2次世界大戦後の日本に対しても急速に普及し，大量生産―大量消費の物質的に豊かな社会を切り開いた。しかし，アメリカでは，大量生産方式の逆機能である「生産性のジレンマ」の問題が論じられていた。アバナシーのこの概念は新しい製品やサービスを求める消費者からの要請も意識し，経営革新を推進する研究者たちから積極的に試論されたのである。一般に市場が飽和状態になると，規模の経済性は限界に達し，ラディカル・イノベーションが求められてくる。では，規模の経済性を求める生産性の向上と，消費者の新しいニーズに対応した革新の推進は同じ経営の中で両立できるのか，その企業システム

や企業風土はどのようなものか，経営学者の関心を集めたである。本論文では，コントロール型経営からコミットメント型経営への変革が示唆されている。しかし日本においては多品種少量生産を可能にするセル生産方式が開発され，日本国内の革新的な消費者ニーズに生産性を維持しながら対応する生産方式を開発してきた。いずれにしても，イノベーションが経営学の大きな研究課題になるきっかけを提供したのである。

1-3　第56集の現代的意義

　第1のグループが提起した研究課題は，企業が単に環境に受動的に適応して存続しているのではなく，環境に積極的にはたらき掛け，環境自身も変革し，自己の活動の中に取り込んでいることであった。このような企業経営の環境への積極的な働きかけは，企業経営内部の活動としてみれば，第1に，企業の経営戦略として，個々の企業内においても行われている。企業経営の戦略への研究は，その後活発になり，今日に至っている。第2に，企業の他の企業に対する関係としてみると，吸収合併や経営統合，戦略的提携などはその後ますます盛んになり，研究もおこなわれるようになってきている。第3に，企業の社会的責任（CSR）は企業が環境を形成しているステークホルダーとの良好な関係を維持する活動であり，環境への自主的な働きかけの主要な活動となっている。

　このような対環境に対する企業の積極的な働きかけは70年代以降もより活発になっており，経営学の中で具体的に研究されるに至っている。

　第2の研究グループが提起した課題は，組織を単に分業の体系とみるのではなく，そこに働く人々が自然に形成する集団的特性，あるいは価値観があり，それが文化として組織の行動を深く規定しているということであった。1980年代においても組織文化論は多くの経営学者において研究されることになった。組織構造は組織図の変更として容易に見える形で変えることが出来る。しかし，組織図が変わっても，そこで働く人々の価値観や行動様式が変わらない限り，組織の変革を達成できないことはよく認識されるようになった。『揺らぎ』から始まり再凍結に至る組織変革過程は，まさに組織文

化の変革も含めた組織の改革である。この組織文化の重要性と，その組織文化が持つ慣性の強さを組織論の中で研究することになった。

　コーポレート・ガバナンスの諸問題も，単に取締役会や株主総会の組織構造的関係を変革するのみではなく，取締役や監査役の価値観や行動原則までも深めて議論するようになったのは，この組織文化研究の成果であろう。取締役会に中立な第三者を導入することにより，役員会の透明性・公平性を担保できるという論理は，組織文化論の意義を再評価する必要がる。役員自身の内面的な価値観，行動原理までも議論の対象とする必要は，バーナードの「経営者の道徳性」まで遡って議論する必要があろう。

　第3の研究グループが提起した労働の人間化・経営参加の問題は，1980年代のILOの活動まで引き継がれた。大量生産方式における非人間的な労働は，発展途上国に生産拠点を移すことにより，社会の関心を弱めさせた。しかし，中国の経済発展に見るごとく，大量生産・大量消費に見られる諸問題は，開発途上国も含めた社会問題として，グローバルに解決が求められている。企業経営の問題であっても，世界的規模において新しく検討すべき問題になっている。

　第4の研究グループはイノベーションの在り方に経営学者の関心を集めた。わが国では「失われた20年」の中で日本企業の国際的な競争力をいかに回復するかが重要な研究課題となった。大学や研究機関にもイノベーション・センターが開設され，いかにしてイノベーションをもたらすかを研究するに至っている。イノベーションへの研究者レベルでの注目は既に1970年に始まっていたのであるが，イノベーションの停滞を回避することは出来なかった。研究の成果とそれをいかに現実の企業経営に中に普及させるかは相互独立の研究課題かもしれない。しかし互いに協力しながら社会の発展に貢献することがそれぞれの存在意義であろう。

2 ▶ 第57集
『情報化の進展と企業経営』(1987年)

――――――――――――― 第60回大会(1986年)

2-1 本論集の特徴

　本論文集は，日本経営学会第60周年を記念して行われた大会をまとめ，昭和62 (1987) 年9月に大会委員長 故遠藤孝駒澤大学教授により，まとめられたものである。第60周年記念大会であり，故岩尾裕純教授と故片山伍一教授の特別公演が含まれている。

　昭和60年代にはコンピュータが急速に普及し，産業界のみならず研究においてもアンケート調査による実証的な研究が普及した時代である。パソコンなど小型のコンピュータの普及までには至っていなかったが，新しい技術として，それが企業経営にどのような影響を与えるかが，研究者にとっての関心であった。コンピュータは人工頭脳ともいわれ，頭脳の活動を機械化するものととらえられていた。そこから，頭脳を使う企業の意思決定や管理者の役割に大きな影響を与えるものと考えられたのである。

　コンピュータという新技術を使いこなせる産業人を育成するために，大学の中には「経営情報学部」が次々と設立された。タイピストや秘書など事務的な作業はコンピュータに代替され，さらには，管理者の頭脳労働も機械化するものとして，コンピュータの活用が最先端の研究領域になったのである。

　既に工場の中ではコンピュータを機械と結び付け，産業用ロボットが人間の代わりをする方向が進められていた。情報処理のみならず，現場の作業それ自体がもはやロボットに置き換わる時代が来るとその可能性が議論されたのである。この延長上に，人工頭脳であるコンピュータが管理者の意思決定に利用されることにより，管理者の仕事自体が不要になるとか，管理者の役割が大きく変わることが議論されていた。膨大な情報を処理する管理者や経営者は，この大量の情報を迅速に処理し，管理者や経営者の意思決定を支援してもらえる新技術としてコンピュータの可能性に期待したのである。

　コンピュータの企業への活用は，単に敏速で大量の情報を処理することの

みならず，それに伴って，組織の構造や作業の仕方までも変えてしまう可能性を持っていた。コンピュータの利用により，現場作業者の働き方がどのように変わるのかは，当時の労働疎外の議論の中でも世界的に議論され，国内でも多くの論争と実証的な研究がすすめられた。経営学の研究分野の中でも経営情報論が大きな流れを形成し，経営学の一分野としての地位を確立した。このような時代背景の下で，管理のみならず経営全体にどのような影響をコンピュータがもたらしているかを多面的に議論したのが第60回大会という記念すべき大会であった。第2次世界大戦後における情報技術革新の中で，第60回を記念して，経営学の在り方を再検討しようという試みが戦後日本の経営学をリードしてこられた2名の大学者の記念公演である。

故岩尾裕純教授は，日本固有の経営学といわれる批判経営学をリードしてこられ，わが国の経営学に大きな足跡を残された偉大な学者である。その記念公演中のお姿が第57集の中に収められている。常に冷静で，論理を貫いて語りかけられていた岩尾先生の声や立ち振る舞いを昨日のごとく思い出させてくれる。

記念公演の論題は「経営管理の本質―経営戦略と軍事戦略―」である。批判経営学の立場から，経営管理の「本質」を問うことに根本的な研究課題を見出され，「企業の二重性」を深く検討されている。この問題提起は，その後の批判経営学の基本論点となり，わが国の経営学の基本問題の1つにとして引き継がれることになった。

さらに，「経営戦略と軍事戦略の政治性，思想性」を問題にされ，経営戦略論が軍事戦略と深くかかわっている点をカール・フォン・クラウゼウィッツの『戦争論』を引き合いに出いながら深く考察されている。1960年代のアメリカと若者文化に大きな影響を与えたベトナム戦争の歴史的意義にまで言及されている。

同様にして，故片山伍一教授の記念公演は，「経営学と経済学・法学―経済経営学・法経営学への展開―」と題するものである。ここでは，「社会科学のなかにおける経営学」を検討されている。故片山伍一教授の写真を見ながら思い出すのはわが国において経営財務論の先達というイメージであった。しかし既に社会科学のなかで経営学を位置づけるという非常に広い視野

から経営学を検討されていたのである。社会科学のなかで，経営法学と法経営学が相互の作用しながら，「科学」の中で発展する必要を主張しておられる。まさに現代の経営学の発展方向を示唆する慧眼である。

2-2　第57集の論点

　日本経営学会60周年記念大会の統一論題においては「情報化の進展と企業経営」が議論された。そこにおいて議論された論点を，報告の順序とは離れて，筆者なりにまとめてみると，(1)管理の意思決定における情報化の影響，(2)組織デザインへの影響，(3)労働者の熟練への影響，(4)経営の意思決定への影響にまとめることができる。

　まず，管理の意思決定に対する影響については，八鍬幸信「情報システムの可能性と経営意思決定」において，当時の先端的議論が吟味されている。1960年代においては，MIS (Management Information System) がコンピュータを利用した最先端の意思決定手法として議論された。しかし，1970年代になるとDSS (Decision Support System) が開発され，その経営管理に与える影響が検討されることになった。経営の意思決定問題は，「構造的問題」と「半構造的問題」に分けられるが，DSSのばあいには，半構造的意思決定問題にもモデルを適用することにより，経営管理における意思決定にコンピュータが役立つ可能性を示唆したのである。

　小島敏宏「経営情報システムの発展と企業経営」においては，DSSの企業経営への導入により，①事務処理の自動化の進展，②意思決定の向上，③仕事内容の変化と仕事分担の変化，④データベースの重要性の増大，⑤情報システム部門の拡充と役割の変化，がもたらされると主張している。同じ文脈の中で，平田正敏「情報化の進展と企業経営」においては，企業経営の情報化の進展により，①管理者の業務執行は容易化・迅速化される，②高度な人間的な判断が重要になる，③管理者の能力を高める組織開発が重要になる，④ネットワークがさらに進展することなどが指摘されている。

　第2に，企業の組織構造への影響に関しては榊原清則「情報化社会と組織革新―脱成熟化の企業戦略と新しい企業組織」が注目される。日本企業の組

織構造の変化としてネットワーク化が新しい組織戦略の方向と考えられる。しかし，脱成熟化の組織戦略として，わが国においてはなお組織内部の開発が重視され，買収，プロジェクトチーム，などの組織外部へのイノベーションは欧米に比べて低調であることが指摘されている。そこから，日本企業がイノベーションを強化し，世界市場で競争するには，コスト削減を求め海外の生産拠点とのネットワークを強化すると同時に，新規事業の創造に向けて海外の企業とのネットワーク化が必要であると主張している。

他方，岸田民樹「情報化と組織デザイン」においては，組織の内部構造に注目している。岸田教授が情報化の影響として注目しているのは，情報の産業化，産業の情報化，そしてPOSやVANに見られる流通業の情報化である。組織デザインに関連しては，供給を集中するための情報の集中化と需要の多様化に対応するための分権化を進め，その両者をバランスすることが需要である。その具体的形態として，リゾーム組織やマトリックス組織が分析されている。

情報化の第3の論点は，それが労働者に与える影響である。坂本清「情報化と熟練」においては，いわゆるブレーバーマン論争に現れた肉体労働消滅をコンピュータが可能にするかが検討されている。モノの生産は人間の頭脳労働とモノが結びついてできるのであり，人間の頭脳労働は情報を生産するソフトウェア労働者となる。このソフトウェア労働それ自体も客観化されるが，ソフト熟練の本質が，人間の創造的能力にある限り，ソフト熟練の進化には大きな限界がると結論付けている。

情報化の第4の論点は広く経営全体や社会生活への情報化の影響である。井上照幸「わが国における情報通信の進展と『産業・企業』の課題」は企業内部の情報化のみならずわが国の情報通信産業の発展と結び付けて，社会全体の変化に目を向けている。「情報の産業化」と「産業の情報化」が同時に進展する中で，企業間にも格差が生じる結果になっている。さらに，情報化が軍事産業と結びつくことにより，軍事化がさらに進められる。それらが，やがて，国内外の格差の拡大につながってくる。情報化は社会の格差の拡大に寄与しているというのである。

中辻卯一「情報，情報化と企業経営」においても情報化に伴う企業内外の

活動が検討されている。企業内の問題としては，例えばLANの発展は従来の階層的な組織を変える可能性があることが指摘されている。また，企業間ネットワークの在り方が，消費者の行動を変えつつあり，その変化を見守る必要があることが指摘されている。

宮城徹「情報と企業経営の理論的諸問題」では，経済学の取引費用の問題意識を企業経営の情報問題に適用し，理論的に検討している。情報化が取引費用を最小化するのにいかに貢献するかを理論的に考察し，どのような情報が必要かを検討している。経営の諸問題に経済学を適用し，問題を理論的に解明しようとする試みは伝統的に存在するが，情報論と取引費用の考え方を結び付け，取引費用を最小化しようとする試みはユニークである。

2-3 第57集の現代的意義

本論文集の時代的背景は，コンピュータが工場の作業現場だけではなくオフィスにも活用され始め，それが管理者や経営者の仕事や役割に大きな影響を与えるであろうという議論が盛んになった時期であった。それが大学教育にも影響し，最先端でコンピュータを使いこなせる若者を育成するため，コンピュータの操作に習熟し，管理を革新する若者を育成するために経営情報学部が次々に開設された。しかし，2010年代のように各家庭にパソコンがあり，スマホやノート型パソコンで情報を迅速に遣り取りできていない時代においては，キーボードを自由に素早く操作し，新しい情報を提供できる経営情報学部の学生は憧れの的になりえたのである。

しかし，今やノート型パソコンを電話代わりに使い，スマホで目の前の出来事をビデオに撮り友達に迅速に送れる時代には，コンピュータの操作の仕方を大学で教わり，パソコンを操作できることが最先端の技術ではなくなってきた。わが国で最初に経営情報学部が開設された産能大学や，西日本で最初に開設した摂南大学でも，経営情報学部の名称を変更し，経営学部などに変えているのである。

学部名称の変更は学生募集のためと考えてもよいであろう。しかし，一つの学問体系として経営情報学部を開設したという視点からすれば，経営情報

学部はその固有の学問領域を明確にしていなかったと考えざるを得ない。コンピュータの操作やその活用の方向は，むしろ工学部の情報科学のなかで進化を続けている。情報としても単に電波による情報の伝達のみならず，遺伝子情報などの情報を含むまでに至っている。科学研究費の学問分類の中で，総合分野としての情報学は，既に述べた非常に広い範囲の情報を含んでいる。

　経営情報学が経営学の一つの分野あるいは学問分類的には一つの細目として存続するためには学問固有の研究対象と研究方法が求められるであろう。日本学術会議では，経営学を経済学や法学と並び存する学問分野とするために，「経営学の参照基準」を公表した。同様の視点で経営情報学を基礎づけない限り，独立した経営学の一分野として経営情報学を主張することは困難になろう。1960年代と2010年代は，その情報技術においてもその活用の仕方においても大きく異なっている。

　経営学論集第57集における情報の取り扱いは，改めて時代の変化，技術の進歩，新しい技術を取り扱う分析視点の変化を経営学において再検討する良い機会である。

3 ▶ 第58集
『企業経営の国際化と日本企業』(1988年)
──────────────── 第61回大会(1987年)

3-1　第58集の特徴

　本論文集は，昭和62 (1987) 年9月2日〜5日の4日間，龍谷大学で行われた日本経営学会第61回大会の報告を大会委員長　林昭教授によりまとめられたものである。同時に，龍谷大学が翌年創立350周年を迎えるのを記念して招聘されたハーバード大学のトーマス・マクロー，リチャード・ヴィッター両教授のシンポジウムにおける報告も含まれている。

　すでに昭和30年代に日本企業の海外進出は始まっていた。しかし，1985年9月の先進5か国蔵相によるプラザ合意により，円高ドル安の新しい世界経済体制に移行した。横川義雄「日本企業の経営国際化─グローバルな経営戦略の今後をみる─」に示されているごとく，日本企業は，部品の加工から高付加価値複合財の生産と同時に，海外への直接投資，いわゆる現地生産を積極的に進めることになった。新しい段階で日本企業の国際化がすすめられたのである。

　本論文集でも，統一論題は日本企業の国際化を共通のテーマとして集中的に議論した。しかし自由論題においても，植木英雄「日本型経営の国際移植と現地適応─フィリピン，インドネシア日系企業の実態分析─」や佐久間賢「日本企業の国際経営の基礎的条件─在英エレクトロニックス五社の経営実態調査を基にして─」などに見るごとく，日本企業の国際化を取り扱った報告もあり，このテーマに対する関心の高さがうかがわれる。

　日本企業の国際化を論じるとき，その経営学における論点の中心は，20世紀末には海外生産比率が30％に達するであろうと予測される中で，経営の在り方はどのようになるか，現状をいかに変革すべきかということになろう。ただ，日本企業の国際化は広く経済社会全体のなかでの一現象であり，その社会全体の中で捉え直してみる必要もある。井上宏「企業経営の国際化の現状と問題点」では，日本企業の国際化が世界独占資本の下に展開されているところに矛盾の根源があるとされている。特に日本の場合はアメリカに

強く依存しており，アメリカ経済の危機打開のために，その犠牲を強いられているとされている。このような見方も，日本企業の動きを広く世界経済の中で捉え直した時に重要になる見解かもしれない。

　日本企業の国際化を見るとき，日本企業の海外への直接投資がどのようにして進行しているか，その実態調査を踏まえて解明される必要があろう。統一論題の中でも自由論題の中でも日系企業の実態調査の結果が報告されているのはこのような事情を示すものであろう。もう一方の研究課題は，日系企業が海外で経営を行うとき，高度経済成長を支えてきた「日本的経営」がそのままの形で有効性を発揮しうるのか，あるいは日本的経営がどのように変容を遂げて現地で受け入れられるのか，であろう。グローバルに企業経営を行おうとするとき，「内なる国際化」がどのように進行しているのかが大きな研究課題でもある。この二つの観点から統一論題の論点を整理してみよう。

3-2　第58集の論点

　日本企業の国際化の論点の第1は，日本企業が海外でどのような経営を行っているか，日本国内と同じようなやり方で果たして効率を上げているかである。この実態調査を1962年の夏に40社へのアンケートとそのうち8社への聞き取り調査で明らかにしたのが，田島司郎「近代化中国における管理問題—深圳経済特区進出日本企業の場合を中心に—」である。

　アンケート調査の結果によれば，経済特区では従業員の定着率も高く，職場では人間関係を重視し，集団的な意思決定を行い，集団的な責任制が中心である。年功制はないが，QCサークルや提案制度があり，日本的経営スタイルもかなり受け入れられている。ただ，合弁の機関が10年あるいは25年であり，長期安定的な人材育成がしにくく，企業への従業員の愛着が少ないことが明らかにされている。

　特に日本人から見る中国のビジネス慣行としては，①ネポティズム，②価格中心主義，③個人や部門による情報の独占，④形式的な平等主義などが注目される。日本人から見ると，このような中国の文化が異質なものと感じら

れるのであろう。

　日本側の経営者に求められる特徴を見ると，①技術面での専門性，②長期の勤続，③中国側管理者との良い人間関係，④コネやネポティズムを排除する人である。

　一般的に言えば，日本的経営の要素をかなり受け入れているが，中国の歴史や文化に基づく根本的な違いもかなりあることである。

　海外子会社が多くなると，日本の本社と海外子会社がどのような関係で結びつくかが問題になる。中川多喜雄「海外関係会社管理論再考」は海外子会社についても，国内における親会社と子会社の関係を適用して，海外子会社の管理の特徴を明らかにしている。日本企業の海外子会社管理も，国際事業部の段階からグローバル構造段階に移行しつつあると捉えられている。

　日本企業の海外関係会社管理の特徴を文献やヒアリングから見ると次のように言える。米系企業や欧州系企業と比較して，①経営計画が少ない，②問題解決にインフォーマルな手段が使われる，③目的のはっきりしない本社幹部の訪問が多い，④マニュアル化されていないなどである。日本本社へのヒアリングによれば，①システム化が進んでいない，②現場主義が多い，③要員の専門化が強いことであった。システム化，公式化が少ない点において，国内での日本的な特徴が海外でも表れていることである。

　海外関係会社の新しい方向としては，第1に，本社における海外事業部を廃止して，地域統括会社の設立やアメリカ本社の設立の方向である。第2に，外国人社員の採用と全員国際要員化の方向である。第3に，人の国際化と並んで，管理システムも国際的な水準に変化させることである。このように管理システム全体を日本的なものから国際的なレベルの仕組みに変えていくことが求められている。

　では，海外現地生産の普及に伴って，高度成長を支えてきたといわれる日本的経営は有効性を失い，根本的に変わらざるを得ないのであろうか。植村省三「『国際化』の進展と日本的経営の展望」はこの問題を正面から取り上げている。第2次世界大戦以降，日本経済の奇跡的成長を支えてきた日本的経営は，戦後の経済変化の中で崩壊が度々論じられてきた。今や国際化の中で，日本的経営の改革が論じられている。

トヨタとGMの合弁会社で1984年に設立されたNUMMI (New United Motor Manufacturing Inc.) はその典型として取り扱われている。従来の在米日系企業とは異なり，アメリカの産業別労働組合UAWと団体協約を結んで会社を改革し，小型自動車の生産に成功している。職務の幅を大括りにし，野球的な職務編成からチーム作業方式を導入し，QCサークル活動も導入している。不況の中でもできる限りレイオフは行わないようにしている。かなり日本的な作業組織や雇用慣行を実行しているのである。

NUMMIの成功をめぐり日本的経営の評価が分かれているが，アメリカにおいても日本的な作業組織や雇用慣行が成功した事例があることは事実である。植村報告においては，日本的経営は日本の文化に根差したものであり，経営方式は受け入れ国の文化によって，かなり変容するとされている。この「ハイブリッド工場」は安保哲夫教授らの研究グループにより，文化の異なる世界の国々の実態調査で明らかにされている。現地の工場の経営は，日本本国で実施されている日本的経営のやり方がそのまま有効性を発揮できるとは考えにくい。

海外の現地における工場では日本的経営がハイブリッド化されるとしても，海外生産比率が高くなるに伴って日本本社の経営自体も変わりうるのであろうか。林 吉郎「海外生産三〇パーセント時代へ向けての本社の国際化」においては，本社の国際化がどの程度進んでいるかを本社の中間管理職へのインタビューを通じて明らかにしている。本社の国際化を示す指標として6つの質問を用意しているが，1988年当時の状況では，国際化を示す指標に対しては否定的な回答が多かった。日本企業経営全体が国際化することの困難さを実証している。

1980年〜1985年に4回にわたり72社のインタビューを行い，さらに出向日本人経営者200名，現地人管理者100名をインタビューして，20世紀末の日本本社の理想像を次のようにまとめている。

① 現地人経営者から見て尊敬し同一化できるCIと経営理念・組織文化を持っていること。
② 現地を理解し効果的な本社・現地および現地の日本人・現地人のイ

ンターフェースを開発管理できること。
③　新しい技術・経営革新情報を常に供給できること，またそれに付随したトレーニングを行うこと。
④　一方的な命令だけではない柔軟性を持つこと。
⑤　現地と本社の人事交流がTwo-wayで存在し，したがって本社の上位経営管理職に外国人が就いていること。
⑥　経営理念・文化，人間関係で方向付けしながら権限移譲のルールを明示化すること。
⑦　本社企業の所有構造が多国籍化すること。

　これらは，あくまで1980年代の日本本社の理想像である。現実に本社の管理職にインタビューした記録を見ると，これらがすぐに実現されていない現実が語られている。しかし，海外生産30％時代には，これらの諸条件を実現することにより，海外のだれの目から見ても「魅力のある企業」として評価される必要がある。
　日本企業の国際化の第2の論点は，日本企業が現地生産を行うことにより，本社をふくむ日本企業自体が国際水準に近づくこと，いわゆる「内なる国際化」である。
　吉原英樹「現地人社長と内なる国際化―多国籍化の新パラダイム―」では，伝統的な国際化であるワンウェー・モデルから新パラダイムへの移行の条件が示されている。
　伝統的な多国籍化の発想は次のようなものであった。

①　経営資源は日本の親企業から海外拠点に一方的に移転されるのみである。
②　海外拠点の役割は，親企業が決めた戦略を事項するのみである。
③　海外拠点は親企業に全面的に依存している。
④　海外拠点の主要なポストは日本人が占めている。

　しかし，今や企業活動が国際化し，国際化の優位性を活用する時代に入る

と，新しいパラダイムに移行し，発想の転換を図る必要が出てくる。その発想の転換を促進する具体的条件として次のようなものが挙げられる。

① 海外拠点のトップに現地人を起用する。
② 海外拠点のミドル・マネジメントに現地人を活用する。
③ 研究開発の海外拠点を作る。

さらに日本の親企業のグローバル志向を強めるためには次の具体的条件が必要になる。

① トップ・マネジメントのグローバル志向を強める。
② 本社スタッフ（企画，人事，経理など）のグローバル志向を強める。
③ 日本の親会社に外国人を入れる。

このような具体的な対策をとることによって，「仕方なしの多国籍化」から「優位性を求めての多国籍化」にパラダイム・シフトすることになる。

既述の2つの論点は，1980年代の日本企業が現地生産を積極的に進める場合にどのような問題があるかに焦点を当てて統一論題報告を整理したものである。しかし，日本企業の国際化という課題を広く考えれば，これ以外にも多くの論点が存在する。坂本恒夫「企業集団財務の国際的展開と部分的変容―国際金融証券市場の重層化と分割化」は財務の面から日本企業の国際化を検討したものであり，日本の企業集団の影響が国際金融市場に与える影響を論じている。

藤井光男「戦間期日本繊維産業の朝鮮進出とその経営―源流としての日本多国籍企業」は植民地化政策の下で海外生産拠点を海外に求めた日本企業を多国籍化の源流とみなしてその産業の実態や経営の現実を歴史的文献を駆使しながら説明している。広い視野から学問的に国際化を検討する場合には不可欠な論点であろう。

3-3　第58集の現代的意義

　第58集は1980年代の日本企業の国際化の経営課題を明らかにしたものである。1960年頃より日本企業の国際化が始まってから20年後の諸課題である。その後30年ほどが経過した2010年代にはさらに新しいパラダイムが必要になっている。日本は人口減少社会に入り，経済の市場はもはや海外を求めざるを得ない状況に追い込まれている。従業員100名前後の中小企業であっても，存続のためにはグローバルな市場で競争せざるを得なくなってきている。市場をInternationalと見るのではなくGlobalとみて，対策を考える時代に入っている。観光地であってもインバウンドに見るごとく外国人のお客さんを相手に顧客に対応せざるを得なくなっている。まさに第2のパラダイム転換が必要である。

　他方，大学では海外に積極的に出て行こうとする若者が少ないという嘆きをよく耳にする。グローバル市場で競争せざるを得ない時代において，グローバルにものを考える若者の育成が一層重要になっている。企業に就職をする学生であれば，経営学それ自体がもはやグローバル市場を前提とした知識を提供する必要がある。経営学と国際経営学が区別しがたくなってくるであろう。そのうえで文化圏に対応した個別の知識が説明されることになる。

　経営学や国際経営学の知識は，「光陰矢のごとく」流れていく。しかし，学問として経営学を考えるとき，より普遍的な，不易な知識も必要である。経営学の知識も不易流行を区別しながら次の世代に伝えていく必要があろう。

第 6 章　第62回大会〜第64回大会

仲田正機　*NAKATA Masaki*

1 ▸ 第59集
『産業構造の転換と企業経営』(1989年)
———— 第62回大会(1988年)

1-1　本集のねらいと構成

　本集の序において，第62回大会委員長の篠崎恒夫は，「今大会では，『産業構造の転換と企業経営』の統一論題のもと，『産業構造の転換と企業戦略』『産業構造の転換と地域産業』の二つのサブテーマが設けられ，…報告と討論を戴いた」と述べている。

　そこで問われるのは，鉄鋼・造船重機械・石油化学コンビナート中心の産業構造(いわゆる重厚長大型産業)からME技術革新に牽引された軽薄短小型産業構造への転換や円高・ドル安を定着させた1985年9月のG5プラザ合意等によって主導された国際通貨・金融改革の影響下で急展開を遂げた「産業構造転換」の意義を如何に理解するか，そして，それと企業戦略の関係性，または地域産業の関連性をどのように把握するかであろう。それゆえ，ここでは，①産業構造の転換を如何に捉えているか，②その具体的事象をどのような内容で提示しているか，③それが企業の構造や経営の戦略的方針，または地域産業に対して，どのように係わっていると分析しているか，という三点に絞って各報告を考察したい。統一論題の報告者，および報告論題(論文タイトル)は次のとおりであった。はじめの3名は，米国および英国における動

向をとりあげ，あとの5名は日本における動向をとりあげている。この5名のうち，最後の2名は産業構造の転換と地域産業の関連について分析している。

 井村進哉（小樽商科大学）「アメリカにおける金融構造の転換と金融機関経営―金融の証券化の潮流に焦点を当てて―」
 林倬史（福岡大学）「イギリスにおける多国籍企業のプレゼンスと産業構造」
 林昇一（中央大学）「サービス経済化と企業戦略」
 岡本博公（同志社大学）「産業構造の転換と企業構造」
 西郷幸盛（中京大学）「産業構造の転換と企業経営―日本型リストラクチアリングを中心として―」
 寺本義也（明治学院大学）「産業社会の成熟化とネットワーク戦略の展開」
 水津雄三（阪南大学）「地域における『産業構造転換』基本問題―テクノポリス構想，テレトピア構想，リゾート構想と『地域活性化』政策―」
 藤田正一（弘前大学）「後進地方の産業構造転換と誘致企業・地場産業―青森県の場合を中心として―」

1-2　各報告の考察

◆ 井村進哉の報告

 井村の設定した課題は，1970年代〜80年代に著しい変化を見せていたアメリカの金融領域における「証券化」現象であり，そこに見られる「金融構造の転換と金融機関経営」である。当時，金融業全体に及ぶ「構造変化」のうち，最も注目を浴びていたのが，「金融の証券化」現象である。これは，預金金融機関の「預金―貸付」という金融仲介業そのものが，「証券の発行，取引」形態に転換することを意味する。

 「金融の証券化」自体は，広義には「間接金融から直接金融へ」の変化を表す用語でもあり，鉄鋼業や鉄道業の巨大企業の資金調達面での証券化（株式・社債市場の成立），政府の軍事費調達における証券化＝戦時国債発行（政府

債市場の成立)等々の問題・現象を指す表現でもあった。井村は，この証券化問題を住宅金融(モーゲイジ)市場における「証券化」に焦点を合わせて分析する。すなわち，1970年代〜80年代には，主としてローカルな預金―貸付の金融機関(預金貸付組合，相互銀行，信用組合等。以下ではスリフトという)によって担われてきた住宅金融市場において，インフレと高金利政策の下で，一種の持分権を表示する政府系の住宅都市開発機関等が保証するパス・スルー証書が，金融機関(スリフト等)によって発行され，それを年金基金や投資信託などの機関投資家を含む多種多様な投資家が売買することによって，住宅金融の「証券化」の潮流が拡大してきたのである。

これが，金融機関経営にどのような影響を及ぼしたか。この点について，井村は次のとおり結ぶ。すなわち，「こうした金融の証券化は，…インフレと高金利の激化の中で顕在化した金融機関の財務上のミスマッチへの対応であり，…資本比率の改善をとりあえずはもたらすが，新たな要因を含むリスクを分散させ，顕在化させることにもなるのである。」(13〜14頁)と。

◆林倬史の報告

この報告において，林倬史は英国の産業構造および再生産・蓄積様式にたいして，在英外資系多国籍企業(以下，MNEsと略)が展開する国際経営戦略が，いかなるインパクトを及ぼすのかを問うている。言い換えると，先進資本主義国の英国では，製造業主要部門において雇用および純産出額に占める外資系企業MNEsの占有度(プレゼンス)が20％を超えているが，このことが英国現地民族系資本の国際競争力を活性化せしめるか，それとも低下させるのかを解明しようと試みている。

まず，英国における貿易パフォーマンスを業種・品目別に見ると，輸入シェアーの伸び率は，MNEsのプレゼンスに比例している。つまり，その業種・品目においてMNEsのプレゼンスが高ければ高いほど，輸入シェアーの伸び率も大きい。つぎに，MNEsのプレゼンスが最も高い自動車(および同部品)部門を詳細に見ると，企業内国際分業を推進するMNEsによる企業内輸入が英国乗用車(および部品)市場に占めるシェアーは，1974年の1％から1984年22％へと急上昇し，部品の現地調達比率の著しい低下を招き，英国

の貿易パフォーマンスを悪化させてきた。つまり，英国の貿易パフォーマンスの悪化は全社的な開発コスト削減をめざすMNEsの国際ロジスティック戦略の展開によって加速されてきたのである。この間，英国乗用車市場は拡大を遂げたにもかかわらず，(当時の)自動車製造業の国有企業BL(ブリティッシュ・レイランド社)は，量産企業として限界的な地位に追いやられたのである。

これらの動向の分析から，林は次のとおり結論づけている。「つまり，先進資本主義国の産業諸部門といえども，…MNEsのグローバルな統合化政策に直接的に組み込まれることによって，固有の再生産基盤と技術開発力を構造的に衰退せしめられうる…」(23頁)。

◆林昇一の報告

この報告は，サービス経済化と企業戦略との関係を基軸にして，産業構造の転換と企業経営の関係を問うものとなっている。

今日は，モノ飽和時代のつぎの経済として，サービス経済が求められている。これを別の角度から見れば，情報通信技術の革新に伴う様々なソフト・サービスの開発と普及の時代でもある。すなわち，「繊維，製鉄の飽和産業や家電，自動車の成熟産業などから，この成長事業分野〔多様な情報サービス事業分野〕に参入する企業は後を絶たない。」「〔今日では〕上場会社の業績上位にサービス関連企業の進出がめざましくなってきている」(26頁)。ここに，産業構造の転換と企業戦略の関係が凝縮的に表現されている。

それが典型的に示されたのは，1970年代の「産業調整期」の米国においてであった。すなわち，企業戦略として製品事業のポートフォリオ戦略が採用されて，結果的に産業構造が調整された。これを基礎に1980年代の米国企業の経営戦略は，「相互主義戦略に移った。」すなわち，単独企業の同業種内の個別経営戦略ではなく，情報技術革新を媒介とする異業種の企業との相互主義的な経営戦略である。日米におけるその典型は，米国サウスランド社とイトーヨーカ堂との間で交わされた知的所有権の売買契約に基づき生まれたセブンイレブン・ジャパン(SEJ)の事例である。

それは，基本的には自社所有ではない「外部資源」としての店舗と戦略本

部の分離，およびそれらの間の相互主義戦略によって急成長がもたらされたことを示すものであった。

◆ **岡本博公の報告**

　岡本によれば，1980年代に進行していた産業構造の変化は，「重層的な構造転換」である。すなわち，それは，①経済のサービス化・情報化の進展，②第二次産業（おもに製造業）と第三次産業の内部における業種による「停滞」と「拡大」の「二極分化」の進行，③グローバリゼーションの展開による「一国レベルを超えた新たな産業構造の枠組」の構築を含む構造転換である。報告の課題は，このような「産業構造の転換が進展するなかで，…企業構造がどのように変貌しているかを追跡し，その意味を考える」（35頁）ことである。

　産業構造の転換により，「とりわけ厳しい状況に直面した…企業は，いわゆるリストラクチュアリング＝事業構造の転換を余儀なくされる」（36頁）。この「方向を典型的に追っているのは鉄鋼業巨大企業」のリストラクチュアリングの事例に見られる（37頁）。そこに見られる特徴を整理すると，第一に，製鉄事業の「本業の再活性化」＝生産単位レベルにおける固定費の削減・規模縮小の進行と，製鉄事業レベルにおける製品の高級化・高付加価値化の追求，表面処理鋼板分野への傾斜であった。その結果，各社の品種構成は近似化してきた。第二の特徴は，情報関連事業やエレクトロニクス事業等の新規事業への多角化＝多事業統合企業への転換である。これらの新規事業を「子会社の設立や提携・共同投資・資本参加・買収によって企業化を図って」，「新しい企業グループを生み出し」「複合経営」を展開している。こうして，鉄鋼業巨大企業は「多事業統合体に転化」したのである（38～39頁）。

　岡本は，競争構造の変容について，次のとおり論及している。すなわち，鉄鋼業巨大企業の本業分野での同質性とグループ企業の事業構成の近似性は強まり，他方で「複合経営」の強み，言い換えると，「シナジー効果をいかに生み出すかの競争を展開させることになる」（40頁）と。

◆ 西郷幸盛の報告

　この報告の特徴は,「日本型リストラクチアリング」〔原文のまま〕を中心に産業構造の転換と企業経営の関係性を考察している点に求められる。まず,西郷は「産業構造の転換」が意味するものを確定する作業からはじめる。約(つづ)めて言えば,それは「現在先進工業諸国」で「…進行している『ME革命』を核とする…『第三次産業革命』」の「波動」を指すようだ。西郷によれば,「『ME革命』は新産業部門を誕生させたことよりもむしろ,…既存の産業を全面的に急速に変革しているところにある。」(48頁)。

　そこで,この産業の全面的な変革と企業経営の関係は如何なるところに求められるか。この点について,西郷はつぎのとおり述べる。「ここでは企業と企業間関係が重要であり,イノベーション,情報,ネットワーキング,が,…分析のためのキーワードとなっているのである。…第三次革命期は〔企業と企業間関係における〕多様化,分散化,ネットワーク化と戦略の時代なのである。」(50頁)。

　そのうえで,経済企画庁や通産省の各種文献資料,経済同友会『企業白書』や『日経ビジネス』の事例研究を参考にして,西郷は「日本企業のリストラ」の特徴を暫定的にではあるが,次の諸点に見ている。すなわち,「(1) 本業中心主義,(2) 子会社による多角化,(3) シナジーの重視,(4) R&Dの重視,(5) 全面撤退はなく部分転換,…省略…(9) 国内市場の見直し」(53頁)である。

◆ 寺本義也の報告

　寺本によれば,「産業構造の転換は,…既存の企業の事業構造の転換を通じて実現されてきた」が,今では,そこに「従来とは異なる局面がみられる。〔それは〕新技術・新市場の開発,新規事業の創造,国際競争力の強化を目指した『企業間の戦略的ネットワーク化』の動きである。」(56頁)。寺本報告は,この企業間ネットワーク化の背景,特質を解明し,それを通じて,企業間のイノベーションないし知識創造という「新しい理論的なパラダイムを構築する…」(56頁)ことを目指す。

　1980年代以降の日本経済においては,「…需要の細分化・多様化・高度化

現象，もの離れ，情報化，サービス化の進展」など，「産業の成熟化」が「様々の分野で様々のかたちをとって進みつつある。」(57頁)。これは，企業における「事業の成熟化」と「組織の成熟化」を伴っている。これら二つは，通常は「平行して進展する」が，「企業が事業の成熟化から脱却して，新たな成長プロセスに乗せるためには，新規事業の開発を進める一方，他方で既存事業の再活性化を図らねばならない。これが事業構造の再構築〔リストラクチャリング〔原文のまま〕〕である。」(59頁)。

寺本によれば，リストラクチャリングは，それに要する時間軸の短縮，グローバル展開に伴う「地域別本社制」の導入等の空間軸の変化，企業グループや下請け制等の企業間関係（関係軸）の見直しを迫っており，こられの要請に対応できる「企業間ネットワーク戦略の果たす役割は，極めて大きい」(61～65頁)。「企業間ネットワークは，…〔リストラ時代の〕産業(事業)構造の転換を実現するプロセス」(65頁)でもある。

◆ 水津雄三ならびに藤田正一の報告

両者は，第62回大会委員長・篠崎恒夫の唱える「産業構造の転換と地域産業」のサブテーマを真正面から考究している。すなわち，水津は種々様々の地域開発構想・計画をつぶさに分析して，「現在，日本列島を駆けめぐっている地域・地域経済の『活性化構想・計画』の基本的性格は，かの悪名高い『日本列島改造計画』の今日版ということができる。」(75頁)と論断しているし，藤田は「…青森県の誘致企業の振興と地場産業の振興を…考察し」，これら二つの振興は「…それほど成果を得ていなのが現状である」(89頁)と結論づけている。いずれの報告も，現代経営研究における重要な論点を掘り起こした，貴重な報告ではあるが，私は専攻分野が異なる点も考慮して，ここでは，これ以上の論及を避けたいと思う。

1-3　今日的な意義(到達点と課題など)

大会委員長によって提起された研究課題は，各報告者によってほぼ余すところ無く論述されたと評価できる。しかし，残された課題が少なくとも二つ

はある。一つは，流通業に関する構造転換と企業経営の関連が論じられていない点である。例えば，小売業における各業種の店舗大型化の経営学的な意義や，それが卸売業の大変貌をもたらした点の経営学的な考察と評価もなされていない。これらに関する論究は，今後に残された課題である。

いま一つは，この時期には1985年のG5プラザ合意を契機に「バブル経済」に陥り経営の重心が見失われた点に係わる。株式や不動産への投資が異常に拡大し，日経平均株価は1989年の大納会で3万8,915円という史上最高値をつけ，また，首都圏マンション価格はサラリーマンの世帯平均年収の8倍にまで高騰した。この間，企業は本業の営業利益より営業外収益に追い回され，本業経営が衰弱化した。この点の解明も残された課題である。

2 ▶ 第60集 『日本的経営の再検討』(1990年)

第63回大会(1989年)

2-1 本集のねらいと構成

本集の序において，第63回大会委員長の片山伍一は，「いまの日本的経営の『普遍性』と『特殊性』を検証し，90年代を展望する時期に到来していると考えられる。そこで本大会では，この問題を，特に，(1)日本国内企業の新動向，(2)日本の海外進出企業の実状，そして(3)外国企業によるその受容という観点からの考察をお願いした」と述べている。

このように，本大会では国際化・グローバル化時代における「日本的経営」の普遍性と特殊性を検討し，内外におけるその具体的な存在形態とその諸特徴を明確にしたうえで，それぞれの発展動向の到達点や課題を解明することが目指された。統一論題の報告者，および報告論題(論文タイトル)は次のとおりであった。

青山茂樹(静岡大学)「日本企業の海外現地生産の展開と『日本的経営』」
佐藤義信(名古屋大学)「グループ戦略と現地生産の展開」
衣笠洋輔(神奈川大学)「日本企業の成長戦略の基本的特質と『成長メカ

ニズム』―日本企業の国際化戦略に焦点を合わせて―」
　宗像正幸 (神戸大学)「日本企業における生産方式の展開方向について」
　安室憲一 (神戸商科大学)「企業グローバリゼーションにともなう日本的経営の再構築―国際人事管理の視点から―」
　正木久司 (同志社大学)「日本的経営財務論―企業の資金調達構造をめぐって―」
　岩田龍子 (国際大学)「経営システムの型と機能―文化的要因の位置づけ再検討―」
　原田実 (九州大学)「『日本的経営』と労使関係の現実」

2-2　各報告の考察

◆ 青山茂樹の報告

　青山の報告は，1985年9月のG5以降の急激な円高のもとで，本格化した日本企業の多国籍企業化に伴う「日本的経営」の「移転・移植 (適用) ないし現地化 (適応) という問題」(3頁) について，米国と英国の自動車産業と電機産業への「現地化」を素材にして「生産現場の問題を中心に検討」(5頁) している。

　その際，青山は「日本的経営」を「高品質・低価格の製品を実現する経営システム」として捉え，それは次の3要素から成り立つと分析している。「第一は，…日本的生産方式や日本的TQCなど，…工場内生産管理システムと外注・下請管理システム」であり，「第二は，…終身雇用・年功制」であり，「第三は，…企業主導型・協調的労使関係である。」(4頁)。これらの各システムが，米国と英国の生産現場でどのように，またどの程度まで，「移転・移植」されたかについて，青山は丁寧に検討を重ねた (5〜12頁) うえで，「日本的経営」の移転・移植に関して，次のとおり結んでいる。

　すなわち，「…日本的生産管理システムの面では，職務区分の単純化やジョブ・フレキシビリティなどに…かなり導入が進み一定の成果もあがっているが，日本的雇用慣行や企業主導的・協調的労使関係の面ではその移転・移植はかなりの困難に直面している。」(13頁) と。

◆ 佐藤義信の報告

　この報告は，北米に現地化が集中する自動車工業の事例研究により，メーカー（北米進出5社）および部品メーカー（北米進出70社）へのアンケート調査やインタビュー調査（1988年10月〜1989年4月）に基づき，北米における自動車企業のグループ戦略と現地生産の展開を分析した成果である。調査項目は，メーカーに関しては操業開始期，進出形態，生産能力，立地条件等におよび，部品メーカーに関しては年次別・部品別，地域別，系列の範囲，進出形態等にわたる。

　ここではメーカーの「進出形態」，および日系部品メーカーの「系列の範囲」と「進出形態」に絞って見ておきたい。メーカー5社（本田，日産，トヨタ，マツダ，三菱）は，すべてが単独進出であり（例外的に，トヨタとGMとの合弁が一社見られる），日系部品メーカー（142社）のうち，48％がメーカー系列の部品メーカーであり，「現地におけるグループ内製化」は高くなっている（23頁）。これに対応してか，部品メーカーの進出形態も，1986年以降，日系現地子会社との合弁形態のケースが圧倒的に増えた（25頁）。

　これらの分析から，佐藤は次のとおり結んでいる。すなわち，「自動車メーカーの国際化は近年著しい進展をみせ，北米でも現地生産を積極的に展開し，グローバルな生産拠点間ネットワークへと転換しつつある。」（28頁）と。

◆ 衣笠洋輔の報告

　衣笠報告の特徴は，日本企業の成長戦略の全体像を解明するにあたって，「高成長を実現した〔当該企業の〕取扱製品について考察」した点である。その際，衣笠は，まず，米国企業であれ，日本企業であれ，それぞれの国で「自主開発，製品化，市場導入して世界的に普及させた製品」を「〔何処どこに〕PLC (Product Life Cycle) の起点をもつ製品」と呼び，つぎに「この製品」の生産立地が別の国の企業に移っていく場面を「生産立地転換のサイクル・モデル」と呼んでいる。

　この二つの概念を使って分析すると，「日本企業の高成長を支えてきた製品の大多数が」「…『米国にPLCの起点をもつ製品』である」（29頁）ことに

なり，これらの多数の製品は日本国内の企業において「7つのボックス」を持つ「生産立地転換のサイクル・モデル」(31頁) を描いていると理解できる。衣笠は，前の現象に関連づけて「日本企業の成長戦略の基本的特質」を求め，後の現象に係わらせて「日本企業の成長メカニズム」を規定している (31頁)。

この「成長メカニズム」は，企業環境の構造変化により，今日では「内在的限界」を露呈させており，「成長戦略の抜本的変革を迫られ，…ている。」(44頁)。衣笠は，この成長戦略の変革を「日本企業の国際化戦略の新展開」と題して，「全般的国際化の進展」，「自主開発体制の強化」，「複数本社制への道程」に求め論及している (44～48頁)。

◆ 宗像正幸の報告

この報告は，「…〔本大会の〕テーマに，生産方式の側面から接近する際問題となる論点を整理，検討し，今後解明すべき課題を示すことを目的」として，①「日本的製造技術」や「日本的生産システム」の基本特性，②ME化，FA化の進展，「新技術」による生産方式の変化，③「生産の柔軟化・弾力化」傾向の「理論的把握とかかわる問題」を取り上げている。これらについて，宗像は理論的な諸問題を詳細に議論し，論点整理を行い，今後の研究課題を提示している。

まず，「日本的製造技術」は，単位工場，個別企業の枠を超え，「協力工場体制」，「専属下請体制」，および「系列制」において，広義の「日本的生産システム」として実現されている。これらの「特性実現を可能にし」たのは，「わが国資本主義の…『二重構造』，そこから派生する…企業間の階層構造の存在であろう」(53頁)。

つぎに，「新技術普及の生産方式，…への影響，その傾向と論理を見ると」，①製品集約化と自動化，FMS化の促進，②ME化に対応して品質・精度要因の比重の高度化，③生産現場での保安要員，プログラム要因の増大傾向，④生産現場における徹底した「情報化」と「数値制御化」の動向などを解明することが，「今後の課題となろう」(55～57頁)。

さいごに，「不明確性を残す一つのポイントは，生産の『柔軟性・弾力性』それ自体の意義をめぐる問題である。」(57頁)。言い換えると，「多種少量生

産化」，「多品種少量生産方式」，「変種変量生産」，「弾力的オートメーション」，「…等で表現されている事態の理論的解明の課題」について，宗像は3点にわたる「分析課題を示して，本稿を結びとする。」（同上）と論及している。この3点の分析課題についての論及は，ここでは割愛する。

◆ 安室憲一の報告

安室の目的は，「日本企業のグローバル戦略の結果として経営内部にどのような変化が生まれつつあるかを，『日本的経営の再構築』という角度から分析する」ことである。その際，安室は経営内部の「変化の過程」が「ヒトをめぐる問題」である点についても「提起したい。」（60頁）と述べている。研究の方法として，グローバル戦略を展開する電機・電子機器会社A社，および片寄りを防ぐために，同業他社や他業種他社も含め，国際人事部門の上級スタッフを中心にインタビュー調査（1986年10月から89年5月までの3年間）を行い，ケース・スタディーによって「一つの会社の意思決定プロセスを綿密にトレースする方法」がとられた。

これらのケース・スタディーの結果は，本集では「グローバル戦略にともなう経営秩序の混乱」および「日本的経営の再構築」として纏められている。綿密なトレースをすべて記述することは不可能であるが，前の事項に係わり，部課長レベルの給与水準が先進国の日系企業では日本人と現地人とでは日本人が低いという「逆格差」が発見されたこと（62頁），後の事項では「職務評価」や「国際社員資格制度」等の実施により「日本的な人事慣行は大きく変わる」ことが示されている（66頁）。

「結び」において，安室は経営の「変革推進者としての国際人事部長の役割は重要である。ミドルは…解決の方向を示唆することによってトップの意識改革を促す。」「日本的経営の再構築は，ミドルの現場からの発想・提案と，トップのリーダーシップが相乗効果をもつような形で進行している。」（67〜68頁）と述べている。

◆ 正木久司の報告

この報告は，「日本企業の財務的特徴は間接金融優位の財務構造といわれ，

つまりは『借金経営』であった。」(70頁)点に着目している。そこで，正木は「この間接金融体制をまず明らかにし，次いで今日，資本市場の成熟化とともにその体制が変容しつつある事態を見ていく」(71頁)のである。

正木によれば，戦後復興の時期・高度成長期をつうじて，主たる資金供給ルートが「日本銀行→銀行→企業，長期信用銀行→企業」の形で整備されたので，「未成熟な資本市場から無理をして〔株式発行により〕資金を動員するよりも，間接金融方式の方が機動的かつ効率的に資本が集まったのである。」(73頁)。これを加速したのが，高度成長期における六大企業集団の「主力銀行を機軸とする融資集中構造」(75頁)の確立であった。

しかし，「昭和四〇年代から主力銀行中心の企業集団金融に変化が見られ」，その変化は「集団内の総合商社…による商社金融〔の拡大〕とともに，資本市場の成熟化」を促した。また，この時期には証券市場に対する政府支援，海外からの金融自由化の圧力，日米構造協議等により，資本市場における「企業集団金融のもつ閉鎖性を一定度〔原文のまま〕克服することになる。」(同上)。こうして，昭和50年代は「直接金融」への転換が促進され，「自己資本充実を意図したエクイティー・ファイナンスを心掛け…。したがって，直接金融が次第に高まる方向が十分に示唆される」(76〜77頁)時期となった。

「結語」において，正木は「資本市場の成熟化」の進行を認めつつも，個人投資家の多数動員と起債市場の活性化・国際化による「資本市場の成熟度」の高度化を期待している。

◆ 岩田龍子の報告

岩田の報告は，「経営システムの型(基本構造の型)とその機能がどのように係わっているかという問題」と「この型および機能は，その社会の文化とどのように係わっているかという問題」について検討している。

まず，型と機能の関係について，岩田は「ある時代に…機能した経営システムの一つの型が，時代の変化とともにその順機能が低下し，逆機能が高まるという事実」に着眼して，これら二つを直結させて考えるのは誤りであると言う(82頁)。つまり，経営体が大きな変化に直面すると，順機能を高めら

れるように「経営システムの再構築が急速に進み，経営システムの新しい型が現れる。」(85頁)。ここで，「順機能を高める」とは，その新しい型が「組織の活力」を高め，「組織の活性化」を引き出すことを意味する(86頁)。

つぎに岩田が問題にしたいのは，「組織の活力」や「組織の活性化」は，「環境要因」や従業員の意識・価値観などの「文化的要因」によっても規定されるが，その際，「組織のあり方が従業員の意識に適合しすぎると，従業員にとっての組織の『居住性』は高まるが，組織の活力は落ちる」(87頁)という点である。この点に鑑み，岩田は「いまだひとつの仮説」にすぎないが，「引き離し仮説」(87頁)を提唱している。それは，従業員意識と組織活力の対応関係に着目した，未だ検証されていない仮説である。

さいごに，岩田が主張したい点は，日本の経営者は「日本型の経営システムを発展させつつ，その構造…と従業員の意識の理解に立って，さまざまの工夫を加えることによって，組織の活力を引き出すことに成功してきた」(89頁)こと，つまり「日本的経営」によって成功したのではなく，「日本的経営」の「活性化に成功した」(90頁)ことである。

◆ 原田実の報告

この報告は，福岡県地方労働委員会の公益委員として活動された，1978年以来，10余年にわたり体験された「日本的経営のかなり根深い特徴」，すなわち「…年功序列制が，労働委員会の命令や斡旋案の中の判断基準として定着し，保存・再生産されている…現実」について検討された成果である(91〜92頁)。

原田は，不当労働行為に関して，昭和62年度(1987年4月〜1988年3月)の取扱件数，和解内容(解雇事件，断交拒否事件，支配介入事件)，これらの審査状況，およびそれらへの労使別不服状況推移に関する資料を使って全体的な動向を分析している。そのうえで，次の二つの問題を取上げて，日本的経営の今後の動向と問題点に論及している。

まず一つは，人事管理と賃金制度に係わる不利益取扱の申立の増加である。これは，人事考課制度や職能資格制度の導入に伴い，組合活動家への考査査定を低くして，多額の賃金差別を行った「不利益取扱」事件が増えてき

たことにも関連する。この種の事件に関して労働委員会が救済命令を出す場合の考え方は、組合役員その人の「入社時の経歴ないし学歴、年齢、勤続および入社後に担当した職務等を勘案して、…その間に得べかりし賃金との差額を支払えということになる。」(97頁)。ここには年功制の適用が垣間見える。もう一つは、労使関係における複数組合または並存組合の問題である。この問題は、労基法違反に問われる組合間差別禁止、不利益取扱、支配介入として申立がなされる件数を増加させてきた。とくに、JR関係の不採用、JR各社内での配転・出向等に係わる申立が殺到している。組合間差別の問題は、「今後困難な課題となる」(99頁)。ここには、「日本的労使慣行が従来のまま存続するとは誰も考えていない」状況が生まれている(100頁)。

2-3　今日的な意義(到達点と課題など)

　本集の各報告は、1980年代後半の国際化・グローバル化を踏まえ、経営の人事・労務、生産、財務、文化の諸側面から「日本的経営の再検討」を行い、展望と課題を鮮明に描いた、貴重な成果と言える。これらの諸成果の統合的な継承と新展開が今後の課題となる。

3 ▶ 第61集
　　『九〇年代の経営戦略』(1991年)

――――――――――――――――――――― 第64回大会(1990年)

3-1　本集のねらいと構成

　本集の序において、第64回大会委員長の島袋嘉昌は「…ボーダレスにしてグローバルな企業環境を考慮して」「『九〇年代の経営戦略―生産・流通・消費の革新を考えて―』を統一論題」のテーマに採択したと述べている。そこで本大会は、生産・流通・消費の革新が、どのように90年代の経営戦略に係わってくるか、を問うことになる。1980年代～90年代における経営戦略の概念は、「中長期的な方針」を指す点では、それまでの「経営方針」(ビジネス・ポリシー)と同じであるが、それが「技術発展や市場構造変化に適応

する全社的な組織変革」を含む「適応と変革」を指す点では大きく異なる。また、経営戦略の目的も「経済的能率」の最大化から国際化・グローバル化の展開に伴い「競争優位性の確保」や「組織能力の向上」等に変化してきた。これらも意識しつつ各報告を考察してみたい。

大会の統一論題の報告者、および報告論題(論文タイトル)は次のとおりであった。日本企業ないし産業の中長期的な発展方向について論究する論文が大部分を占めるが、小林論文は米国の研究動向にも論及しているし、最後の村松論文は、米国のM&Aに焦点を合わせたものである。

 林倬史(立教大学)「日本企業の技術開発力」
 高桑宗右ヱ門(東洋大学)「経営戦略情報システムにおけるFA/CIMと生産管理のアプローチ」
 赤岡功(京都大学)「エレガント・カンパニーにむかって」
 田村剛(明治学院大学)「労働市場の構造変化と九〇年代の企業の対応」
 小林俊治(早稲田大学)「九〇年代における経営戦略の展開と企業倫理」
 植村省三(大阪市立大学)「経営戦略・組織革新と日本的経営」
 今尾雅博(三重大学)「わが国自動車産業における九〇年代の戦略的マーケティング」
 宮平進(沖縄国際大学)「国際化時代における地場産業の経営戦略」
 村松司叙(成蹊大学)「九〇年代におけるM&Aの展望」

3-2 各報告の考察

◆林倬史の報告

この報告では、①日本製造業企業の「技術開発力」に関する評価、②日本企業の「製品開発力の強化がなにをベースに成立しているか」の解明、③「日本型生産システムの国際的優位性をどのように評価するか」が問われている。

まず、①日本製造業企業の「技術開発力」について、林は米国における特許取得件数企業別ランキングの分析から、1960年代〜80年代を通じて、米国企業のシェアーが低落してきたのに対して、日本企業の「シェアーの突出

した上昇傾向」(5頁)が見られる点に注目している。つぎに，②日本企業の製品開発力の優位性のベースを，林は設備投資，研究開発費，および研究開発者数に示される「研究開発基盤」の「強化」と，企業内・企業間における関連諸部門間の技術者移動の「柔軟な職務編成構造」に基づく「技術ネットワークの確立」(9頁)による「新規製品の開発とそのサイクルの短縮化」(同上)に求めている。さいごに，③日本型生産システムの国際的優位性について，フォードとトヨタの生産システムを比較検討したうえで，林は次のとおり述べている。すなわち，トヨタに代表される「日本型生産システムは，…，多能工制をベースとした職務・労働編成の柔軟性がME機器の導入という外的条件によっていっそうその有効性を獲得した」(11頁)と。

　これらの諸点から結論を引き出して，林は「特殊日本的社会システムを基盤とした日本製造業企業の技術開発力の質的高度化が，パックス・アメリカーナの生産力上の一基盤であったフォード的生産システムの歴史的破産を現実のものとしつつあるように思われることである。」(14頁)と結んでいる。

◆ **高桑宗右ヱ門の報告**

　高桑報告の特徴は，近年の「高度先端技術」が生産活動ばかりでなく，オフィス・オートメーション等の経営管理面にも及び，「…経営管理組織が総合的に体系化されてくると，生産活動だけを単独で考慮するのではなく，購買─製造(狭義の生産)─在庫─販売─流通という包括的なシステムのなかに生産活動を位置づけることが必要である」(15頁)点に着目していることである。

　そこで高桑は，産業用ロボットやNC工作機械等のFA(ファクトリー・オートメーション)や，コンピュータによる統合的製造システムを指すCIMについて，詳細に考察したうえで，「生産管理問題へのアプローチ」を進めていく。FAとCIMに関する工学的側面に関しては，ここでは割愛するが，高桑はFAとCIMが「リードタイム短縮，コスト短縮，品質向上」効果をもたらし，「国際的規模の生産システムを構築するため」の「重要な経営課題」となっていることにふれている(16～20頁)。

　高桑は，FAとCIMが「かんばんシステム」のいっそうの改善への応用可

能性を有する点や，「国際分業生産」における，「調達―生産―輸送―販売の一連の複雑な国際的物流システム」への適用可能性にも論及して「結言」としている（22～23頁）。

◆ 赤岡功の報告

この報告で赤岡が問うのは，「日本の企業は，今後も当分の間は，経済的に高い成果をあげそうであるが，これから特に考えなければならないのは，企業と社会との関係であり，従業員への対応である。」（26頁）。言い換えれば，赤岡が強調するのは，90年代の経営戦略として「…これからの経営において重要なのは，経済的成果を高めるとともに，労働の人間化そして社会への貢献なのである。」（同上）。

赤岡は，経済性の高低を縦軸にとり，人間性の高低を横軸にとって，マトリックス分析を行い，経済性は高いが，人間性が低い企業を，「エコノミック・アニマル」的企業と呼び，人間性を重視するが，経済性が低い企業を「ロマンチスト・カンパニー」と呼ぶ。そして，赤岡によれば経済性も高く，人間性も高い企業を「エレガント・カンパニー」（27頁）と呼ぶとすれば，「日本の企業も一部先進的企業は，…この〔「エレガント・カンパニー」の〕方向に進みつつある」（同上）。この点について「企業の最近の変化」を，赤岡は「企業の文化活動」，「ニュー・オフィス運動・公園工場」，「ゆとり・遊び心」の諸側面から分析・評価したうえで，さらに「ワーキング・ライフ」における「ゆとり」尺度を越えた「人間性基準」定着の重要性について力説している（28～34頁）。

「むすび」において，赤岡は近年「エレガント・カンパニーの方向にむかって進んでいる企業もあるといえる。しかし，現在，企業がとりわけ関心を寄せているのは，①…企業の社会的貢献，②…オフィス環境の快適化…，③…『ゆとり』に関するもの」であり，「残された問題も多いことに注意が必要である」（34～35頁）と結んでいる。

◆ 田村剛の報告

この報告は，1990年代における労働市場の構造変化を予測し，それに対

応するために「企業の人事戦略はどのような課題に直面するするのか」(36頁)という問題について考察している。その際，田村は労働市場の構造変化を「労働供給の変化」と「労働需要の規定要因」の動向から分析し，供給側の変化として「高齢化」，「女子化」，および「労働者意識の変化」をあげ，今後における労働需要の規定要因として「ME技術革新」，「サービス経済化」，および「国際化」をあげている。

田村は，これらの「変化」と「規定要因」を詳細に検討したうえ，これらの諸要因が「結合して，労働市場は一部流動化の傾向をみせ，企業内労働市場の外延化が生じている。」(40頁)ことに着目している。ここで，労働市場の流動化とは「就業形態の多様化」(正社員，出向社員，派遣労働者，パートタイマー，契約社員等々)，「中途採用の増加」，および「企業内労働市場の外延化」(「子会社」への出向・転籍や企業国際化による「海外拠点への派遣」，「外国関連企業からの研修生受入れ」等)の動向を指している。

このような動向に「対応」するために，1990年代における企業の人事・労務戦略には，つぎのよう課題が生じていると，田村は論述を結んでいる。すなわち，「終身雇用制」や「年功制」の「具体的管理法」を修正しつつ，「多元的あるいは複線的雇用管理が必要…となる。」(43頁)と。

◆ 小林俊治の報告

小林の冒頭の言葉によれば，「本報告の目的は，一九九〇年代のアメリカおよび日本の企業が直面するであろう経営戦略と企業倫理のダイナミックな相互作用を『企業と社会』…の枠組で分析することである。」(46頁)。その際，「『経営戦略』とは，民間企業の将来の展望であり，それに基づく企業の基本的意思決定とその遂行をさす」(同上)のであるが，小林報告の「分析枠組の中心は，企業倫理的視座である。企業倫理は，企業行動の正邪，善悪の判断」であり，「企業の社会的責任や社会的感応性は，…企業倫理性を判断する要因の一部である。」(同上)と位置づけられている。

小林は，経営戦略と企業倫理の「相互作用」を消費者，投資家，従業員，およびトップ・マネジメントという「主要ステイクホルダーの行動変容を通じて検討」(47頁)してみると，近年，「経営戦略のどのプロセスにおいても，

企業倫理への配慮がこれまで以上に重要であることを指摘」(50頁)できると述べている。そのうえで，小林は「倫理理論の体系」を「大きくは義務論と目的論に分類」し，それをさらに詳細に「カント主義，法実証主義，宗教遵守主義，実存主義に分類」(51頁)して現実との突合せで検討を加え，「日米などのように成熟した先進資本主義経済体制では，その勃興期と違い，義務論的倫理がより重要視されてきていること」(52頁)に論及している。

「結論としては，九〇年代の経営戦略においては，益々，『倫理的熟慮』が必要であり，鋭敏な倫理的センスの持主が企業のマネジメント機能をはたさねばならぬことを指摘したい。」(54頁)と，小林は結んでいる。

◆ 植村省三の報告

植村報告における「問題の設定」は，1980年代の後半から進んでいる経営戦略・組織革新の展開が日本的経営を「崩壊」に向かわせるかどうか，に置かれている。

植村は，日本的経営の特徴を「集団的経営」ないし「集団志向的経営」に求め，「それは要するに集団による組織の構成，集団による組織運営，集団による組織行動である。」(57頁)という。植村は，これらの特性を有する「日本的経営が…容易に『崩壊』へすすむことはないと考えている」(58頁)。

他方で，経営戦略と組織革新についてみると，「…現在，日本企業で追求されつつある組織革新の新しい方向，『戦略適合型組織』」は，「具体的には『社内ベンチャー』，『ホロン型組織』，あるいは分社経営などの形で展開されている」(60〜61頁)。植村によれば，「これらの新しい組織構造の共通の特徴」を分析すると，それらの「基本的な概念，キーワードは，集団および集団活動である。」(61頁)。つまり，日本的経営は生きている。

植村は「このようにみてくると，…日本的経営の『崩壊』はありえない」(63頁)と論断し，そのうえで「戦略形成集団を統括する」「トップ・マネジメントの役割・機能」を中心に「残された若干の問題」について論及している(64〜65頁)。

◆今尾雅博の報告，宮平進の報告，および村松司叙の報告

　今尾は，戦略的マーケティングの諸理論を丹念に検討したうえで，日本自動車産業の各社における90年代の戦略的マーケティングの動向について「競争地位マトリックスの枠組み」（75頁）を用いて11社を個別に分析・評価し，つぎのとおり述べている。すなわち，「九〇年代で最も興味深い焦点の一つは，ニッチャー三社の競争である。本田は日本一『良い会社』であるが，…国内販売では停滞気味である。…三菱は，高級車（ディアマンテ）路線があたり，善戦している。マツダは…五系列政策が功を奏し，第三位に浮上した。」（76頁）と。これらの分析と評価の当否について，ここでは問わないが，現時点の到達点から見れば，別途，再検討と見直しが必要であろう。

　宮平は，国際化時代における沖縄の地場産業の経営戦略について，官主導の「沖縄振興開発計画」のなかでは「地場産業振興開発」の「基本的方向」が政府財政に強く依存して企画されてきた点や，地盤産業の主体である企業を抜きに進められてきた点を批判的に検討し，つぎのとおり論述している。すなわち，「沖縄の地場産業を担う個別企業の戦略的中軸になるものは参入すべき製品―市場構造戦略であり，差別化戦略，マーケット・シェアー拡大戦略，市場細分化戦略等の競争戦略をあげることができる…」（85頁）と。宮平報告は，市場構造変化に適応するためには，地場産業の担い手である個別企業の戦略の確立が必要なことに着眼した点で評価できる。

　村松報告は，1990年代の米国における「…フリー・キャッシュ・フローとM&A〔戦略〕との相関関係をマクロ的にとらえようとする」（88頁）ものである。村松は，金融資産への投資行動を規定する種々様々の要因について検討したうえで，1990年代におけるM&A活動は「全体としては堅調さを持続しつつ推移するものと予想される」として，その根拠としてつぎの三点を列挙している。すなわち，それは，「①…国際的産業リストラが進む中で，大きな戦略的メリットをもつM&A戦略の…役割は拡大され…。」，「②…米国の産業が競争優位性を取り戻すため…には，これまで以上にM&Aのもつメリット面が強調され…。」，そして「③八〇年代においてはM&Aサービスのインフラが向上し…」，「専門家集団のみならず，一般投資家も多くの経験を積み，…M&A取引の何たるか…」についての「学習曲線の上り坂の

部分に九〇年代は当たろう。」(96頁)という三点である。ここで，直ぐに問題になるは，フリー・キャッシュ・フローとM&A戦略の相関関係は，確かに1980年代のLBO盛行の時代には該当するであろうが，今日から振り返れば，1990年代における企業国際化・グローバル化のいっそうの展開に伴う事業の「選択と集中」のリストラ時代の戦略的M&Aに対しても，そのまま適用できるのであろうか。これらの点については，現時点に立った再検討が必要となろう。

3-3　今日的な意義(到達点と課題など)

　本集は，第64回大会委員長の島袋嘉昌が提起した論点，すなわち「生産・流通・消費の革新を考えて」「九〇年代の経営戦略」を検討するという論点について，種々のアプローチがなされた。もっとも，この論点を私なりに解釈すると，消費・流通の革新からそれに適応するための生産や企業の経営戦略を捉え，また従業員・労働者の生活面の変革から人事・労務の経営戦略を見ることに通じるのであり，より一般化すれば市場構造の変化を供給側の変化(したがって，企業側の技術変化)からだけでなく，需要側の変化(消費・流通変革)からも分析することを意味する。このような観点に立って，本集に示された諸成果を受け止めれば，各報告者の専門分野の成果の個々の到達点を改めて確認できるとともに，すでに指摘したように，現時点では，いくつかの再検討が必要な課題も残されている。

第 7 章 | 第65回大会〜第67回大会

宗像正幸 MUNAKATA Masayuki

本稿では，論集第62集「世界経済構造の変動と企業経営の課題」，第63集「新しい企業・経営像と経営学」，第64集「世界の中の日本企業」の統一論題が収録される。

1 ▶ 第62集
『世界経済構造の変動と企業経営の課題』(1992年)
第65回大会(1991年)

第62集「世界経済構造の変動と企業経営の課題」では，1.「社会主義体制の変動と企業経営」，2.「EC統合と企業経営」，3.「グローバリゼーションと企業経営」という3つのサブテーマにしたがった7論文が掲載されている。

1-1 サブテーマ1：社会主義体制の変動と企業経営

第1のサブテーマでは，大島國雄「ソ連経済・経営改革の新方向」と井手啓二「市場経済化・所有制度変革と合理的経営主体の形成」が提示される。

◆ 大島論文

大島論文では，まず1985年以後のゴルバチョフ経済改革の骨子が，連邦最高会議決定の「国民経済安定化と市場経済移行の基本方向(1990/10)」にいたるまで紹介される。ソ連経済の危機的状態の最終段階で実施された「経

済安定化と市場経済移行」への経済改革は，市場経済の有効性は経験的に立証され，そこに選択の余地はないという認識を基礎にしている。そして「経済の安定化」に関しては，貨幣流通の余剰分の吸収による正常化と先進資本主義国からの援助等による財政と貨幣流通の健全化が，また「市場経済形成」に関しては，国家管理の排除，民営化による競争の発展，土地改革と農工コンプレックス，農業企業，協同組合，株式会社などあらゆる経営形態を駆使した市場関係形成，等の措置が取られるものとされている。

　このゴルバチョフ改革において強調されるのは，この過程を「社会主義の資本主義への移行」ととらえるのは妥当ではない，という点である。そこで追求されているのは社会主義型の市場経済であり，市場への移行は社会主義的選択と矛盾せず，それは企業の自主性・権限拡大，私企業の導入などの導入を含む新しいタイプの社会主義をめざすものであり，従来の「民主主義的中央集権制」による狭義の社会主義から広義のそれである「社会民主主義」への接近と位置づけられる。この路線は世界経済と有機的につながる国際的開放路線であり，そこに日ソ関係の平和的発展を期待できる展望をみている。

◆ 井手論文

　井手論文では，まず筆者の社会主義の現状に関する事実認識が示される。即ち社会主義は工業化には成功したが，社会の近代化，民主化は成功せず，東欧，ソ連の社会主義は崩壊・解体過程にある，一党制下で改革，開放路線をとった中国，ベトナムなどアジアの社会主義では崩壊・解体ははじまっていないが，行政管理型社会主義の維持は困難で市場メカニズムの導入は不可避，とみるものである。

　東欧三国では，私的所有なしでの市場メカニズムは機能しないという考え方が強く，その中核にある国有企業の改革は私有・私営化が基本方針となっている。しかし誰を新たな所有・経済主体に想定するかについては方針が分かれ，ハンガリーでは外国人による購入がまず想定され，ポーランド，チェコスロバキアでは国内の私人への売却，無償分配が想定されている。しかし後者の場合現実の遂行は多くの困難を伴っている。

他方中国では，1979年以来の「多種所有制・多種経営制」の推進によって国民経済の活性化にはかなりの成果が見られる。しかしそれは非国有セクターが牽引するもので，国有セクターの改革，活性化はあまり前進していない。伝統的国有企業の改革は，①企業自主権，経済責任制拡大，②利改税の実施，経営メカニズム改善，③経営請負制推進，改善の3段階を経ているが，いずれも行政計画化方式の枠内での改革にとどまり基本的変化はみられない。むしろ経営自主権の拡大が，政企分離，党政分離が不十分のまま実施されることによって，地域ごとの閉鎖的経済や，新旧二重体制の併存などがのこっている。

1-2　サブテーマ2：EC統合と企業経営

EC統合とかかわる第2セクションでは仏，独，英の状況に関する論考が収録されている。

◆藤本論文

藤本光夫「EC統合とフランス企業の経営戦略」では，その力点は80年代後半におけるフランス公私企業の戦略展開のフォローと特徴提示におかれる。まず指摘されるのが，1984年以後のフランス企業のM&Aの急激な増加であり，M&A増大の理由として，EC統合の現実における進展開始，フランスの独占禁止政策策の穏やかさ，ミッテラン政権のM&A積極的支援への政策転換，などが指摘される。

ついでこの展開と関係する戦略の内容が，フランスで経済的重要性の高い公企業と私企業別に紹介される。公企業では，私的企業と共存し，自動車，鉄鋼，銀行，保険など高成長部門で激しい競争を繰り返す「競争的公企業」が主に取り上げられる。こうした企業では，1990年以降はフランス企業のリーダーシップによる業界支配的地位獲得という基本方針下で，ルノーによるボルボの資本提携を契機に，国有企業の外国企業への資本譲渡，資本参加の自由，国家持ち株比率引き下げの措置など規制緩和策がとられ，今後ECレベルでの戦略的提携に拍車がかかることが展望されている。

またフランスの支配的な私企業グループには,「民営化金融・産業グループ」と「同族的性格の強い企業集団があるが, いずれもM&Aへの制約が少なく, 大胆な展開が可能であり, 1986年以降のM&A, リストラの主役となっている。筆者はフランス企業がこのように公私を含めこの動きで主導的役割を果たそうとしているのは, ある意味でフランス企業のこれまでのM&Aへの乗り遅れ, フランス経済の脆弱性の反映とみているが, こうしたM&AがECの政治的統合の進行と共に, 公権力的保護をより多く受け, ヨーロッパ全域に根を張ったユーロ企業集団となり, ユーロ多国籍企業化の形成が進むとしている。

◆ 丑山論文
　丑山優「ドイツ銀行・ダイムラーベンツの経営戦略とEC統合」では, ドイツの株式会社と銀行の制度的特徴を踏まえ, ダイムラーコンツェルンの戦略動向がその活動と表裏一体の関係にあるドイツ銀行との関係分析を介して描写される。
　ドイツの銀行と株式会社の関係については, 1980年代の全株式会社株式の銀行の保有割合はほぼ10％で, トップのドイツ銀行はその半数を所有する。個人による株式所有は20％になるが, ドイツの株式会社法は寄託議決権制度を認めており, 個人株式の銀行への株式議決権寄託が一般に行われるので, ドイツ銀行と資本関係にある会社の株主総会では, 議決権の60〜80％はドイツ銀行により行使される。ドイツ銀行の株主構成で31万に上る株主の98％が個人株主で, その限りでは典型的な株式分散化会社であるが, 株主数の61.9％は一般従業員・年金生活者で, 会社にとって「好ましい」安定株主である。外国籍を含む機関株主,「持ち合い」企業では,「友好的な投資家」との企業間連合の形成意図が維持されている。その背景には株主の分散が株主の発言権の分散にならず, 寄託議決権制度を利用する支配銀行を介した「発言権」の1カ所への集中する仕組みがある。
　ドイツ銀行の実態・戦略と表裏一体にあるダイムラーベンツ・グループの資本所有構造と戦略に関しては, ダイムラーベンツ社の主要株主は, ドイツ銀行（28％）とメルセデス持ち株会（25％）一般株主（22％）などで, その構

成は殆どベンツの関係会社と一般従業員からなり，その大半の議決権はドイツ銀行により行使され，監査役会議長は常にドイツ銀行が占有している。1980年代以降の同社の戦略は自動車以外への経営多角化で，ドイツ国内では複合的ハイテクコンツエルンが形成され，EC統合に向けた業再編成が進んでいる。ドイツ統合後の90年代には，旧東独地区の新規投資，新工場建設の計画が進み，旧東独地区の産業地図の塗替えと国境を越える企業合併・連携の進行が展望される。

◆金子論文

金子昭「EC統合とイギリスでの企業経営」では，日本からの企業進出が最も多いイギリスでの状況と，進出企業の経営上の課題，留意点が取り上げられている。

日本企業の現地進出，現地生産はイギリスの官民に総じて歓迎されており，イギリス政府も誘致に積極的である。イギリスの労働者の高質性と勤勉性，EC域内での相対的低賃金水準，労働争議の少なさ，税制などの優遇措置，進出擁護措置などが指摘される。そして現実に，日本企業が失業率の高い経済停滞地域に進出し雇用創造に貢献し，さらに現地生産品の輸出を通じ，特に自動車部門の貿易収支の改善に貢献しているとされる。

しかし，1990〜1991年に起こった日産のイギリス総代理店との係争事件が示すように，日本企業の現地生産の拡大・普及に伴い，日本企業の留意すべき課題もまた明確になり，増大している。この係争事件では，日産と代理店との関係や方策が，開始期（1960年）から1990年まで，事業規模の拡大，変質にかかわらず不変であったことが指摘され，経営体質改善への両者の努力欠如が指摘されている。

また日本企業の英国進出において，英国の労働者は概して日本の管理者の，差別的でない態度，情報提供，教育に好意的であるが，英国人管理者にとってはこの志向が彼らの職務権威の侵害と受け取られることが指摘され，イギリス的経営法との調整，現地管理者の教育が課題として残るとされる。さらに英国での現地生産が英国経済の活性化と雇用拡大に貢献するように見えても，進出地域以外への悪影響の危険は常に存在する。このような状況下

で，EC委員会や大陸各国の政治状況への注意の必要性が強調されている。

1-3　サブテーマ3：グローバリゼーションと企業経営

◆ 西田論文

　日本企業のグローバル化に関する第一報告は西田耕三「日本企業グローバル化の諸段階―序論」である。西田論文は日本企業のグローバル化に，企業経営主体が意識する会社像，その意味での「CI」から接近する。その理解は，事業活動のグローバル化が進むに応じ，企業主体が意識する会社像の，端的には「我が社は日本企業だ」とみる段階から「我が社はグローバル企業だ」とみる段階への転化が必要とするものである。

　まず企業のグローバル化段階が，①海外進出に至らずCIも「日本的CI」である「純日本企業」，②海外進出をしたがCIは「日本的CI」のままである「アクション・グローバル日本企業」，③CIもアクションも「世界的」となる「世界企業」，に区別される。そして進展の変化が，さらに企業目的の推移，および組織の推移の視点からも把握される。前者では企業の発展目的の次元に関し，海外法人の発展目的が企業の日本部分の発展の手段に留まっているか否かで区別される。組織の視点では，海外法人の企業組織上の位置づけが，企業の機能組織に属するか，各国別事業組織に属するか，で識別される。その上で，海外法人それ自体の進化の段階が，その組織の長の意識・行動の「自在性」の観点から区分される。それは，当該海外法人がその日本部分の手段にすぎない「幼少期」から，海外法人が自在性の要求を持ち始める「青年期」を経て，自立の能力を持つ「成人期」に至る段階である。そしてこうしたCI選択にあたって，海外法人を手段として見るか，その生長を支援する態度で接するか，の二つの選択があるが，後者のビジョンを選択する場合には，CIの変革を早期に実施し，その際「わが社の発展」という視点とともに，「世界への貢献」，「世界からの支持」という観点の保持が肝要であるとしている。

◆ 大西論文

　大西論文では,「日本企業のグローバリゼーション」の内実の解明が,海外直接投資と海外進出の特徴,限界,問題点の検討をつうじて行われる。

　まず日本企業の海外進出の国際的位置づけに関して,投資規模の点で,日本が世界のトップに立ったといわれるのは単年度直接投資額に限ってのことで,投資残高でも支援体制についても,アメリカにははるかにおよばないこと,半導体メモリー,日本的生産システムなどを基盤にした日本の国際展開は基本的にはアメリカの世界支配の枠組みの中で推移していること,また行動規範の点でも,日本企業の80年代後半の海外直接投資は,行動に不明朗性と反社会性を内包していた証券,金融,不動産業によって牽引されており,国際的に是認されない面があったことが指摘される。その反面,日本企業のグローバル化は着実に高度化しており,それは投資単位の拡充,現地化の進展,海外の活動範囲の拡張の3動向で確認されるとしている。

　またグローバリゼーションの進展に伴って,対外直接投資の不均衡,マイノリティへの対処不足等の批判が存在しており,国際社会で市民権をうるための企業像の追求活動が日本企業でも盛んになっている。しかしよく指摘されるのは,日本は国際貢献以前に,基本的国際ルールを遵守していない,という点である。標準的労働条件を定めた70年前のILO1号条約を批准していないことがその例にあがる。さらに,危機管理体制整備にむけた日本企業,政府の行動が,開発途上国には威圧的になり,多国籍企業間の国際的連携活動が,産業の成熟化とともに防御的性格を強め,現地国の企業の活性化,労働者の福祉の向上からそれる傾向も存在する。日本企業のグローバリゼーションは,世界に豊かな労働を含む民需依存経済の意義と可能性を示すものでなければならないことが主張されている。

2 ▶ 第63集
『新しい企業・経営像と経営学』(1993年)

―――― 第66回大会(1992年)

「論集第63集」では,「新しい企業・経営像と経営学」というテーマの下,成長の限界が見えてきた日本企業を主たる対象に,好業績の基礎にあった経

営システムの再評価と，企業経営のあり方の社会的観点からの見直し問題が，1.「企業戦略と社会」，2.「『日本的経営』の普遍性と特殊性」という2本の柱で試みられている。それは大会委員長による「基調報告」と，企業戦略の社会的次元からの再検討とかかわる第1セクションの4論考，日本企業の経営システム，生産システムの評価とかかわる第2セクションの4論考からなっている。

　基調報告，木元進一郎「新しい企業・経営像」では，現在の，「激動と混迷」の企業環境下での企業行動の基本的特徴は「弾力化」にあるとし，日本の大企業が好業績を上げた背景には，特に労働環境の「そこなしの弾力化」を可能にした，80年代中頃以降の労働諸法の制定・改正による「戦後労働制の総決算」がある，と主張される。またその間に達成された日本経済の膨大な資本蓄積は，資源浪費，環境破壊，国内生産力空洞化，若年労働力の供給減など労働力衰退を伴っていること，日本企業の国際競争力要因とされる「日本的経営方式」も，それを受け入れた海外諸国で労働条件改善の阻止要因になっていること，などが指摘される。そしてこの状況を打開する「新しい企業像・経営像」への転換を妨げているのは，生活・労働条件，環境要件を資本蓄積の従属変数とみるわが国企業や財界の態度にあり，この局面を打開し企業行動に「働くものの論理」，「生活者の論理」の裏付けを与える方向へと，本大会の議論が深められることへの希望が表明される。

2-1　サブテーマ1：企業戦略と社会

　サブテーマ1「企業戦略と社会」では，河野昭三「競争戦略と経営倫理」，寺東寛治「企業連合の戦略哲学―『協調と交流』のアライアンス効果―」，西門正巳「企業戦略と経営倫理」，田代義範「変動する時代の経営―変わりゆく価値の中で」，の4論考が収録されている。

◆ 河野論文

　河野論文では論者「競争戦略」の理解が示される。企業と社会は相互依存・相互作用の関係にあり，その媒介的機能を果たすのが企業の行為主体的な経

営活動（マネジメント）で，「経営戦略」はマネジメント機能の中の動態的側面を強調し，社会に対する個別企業の係わり方を企業固有の「利己的立場」から表明する，とするものである。

　この基礎認識に基づき，企業間のサバイバル・ゲームを支配する「比較優位の原則」の下，企業の営利性と社会性の関係調整の問題が，この原則実現の主要な方途であり，個別企業の「内面的指導原理」となる「持続的なコスト低減力」の今日的実現形態，トヨタカンバン方式，QCサークル運動，などに見られる「モダン・フォーディズム」の経営活動と，それに伴い発生してくる「社会的費用」との関係に引きつけて把握され議論される。その際強調されるのは，このような結果を招く経営活動は，私有財産制と自由主義経済体制下での，個別営利の追求という企業経営上の「倫理的活動」に他ならないことであり，如何に熾烈に展開されてもそれは一定の普遍的正当性をもつことである。この認識を基礎に「社会的費用の増大」への対応は，公共統制，行政措置などの「他律的」な施策よりも，「自律的」方策が推奨される。この主張は，自由主義経済の主唱者アダム・スミスの理論的原点に，自由競争社会の根底には人間の「利己心」とともに「同感」が存在していた（「道徳感情論」）という認識があったことに裏付けられており，スミスの「神の見えざる手」の実質は，この2つの要因の行為的主体の内面で統一状態を意味する「同感的利己心」に他ならない，とする。このような自由主義社会の基本形成原理に回帰するとき，問題解決のカギは，「製造コスト低減主義」と並存しうる「社会的コスト低減主義」実現にあり，この両方向のトレードオフ的関係止揚に向けた新たな行為準則は，従業員や消費者の同感を得て企業の「戦略的倫理」になり，当該企業の競争的存続に貢献するのである。

◆ 寺東論文

　寺東論文では自己の存在価値，企業アイデンティティは，特に他者との生存的関係，即ち他者との戦略的提携の中で創造され，自己確認されるという命題の下で，企業の社会性の議論が展開される。

　企業連合の意義内容，要件に関しては，（1）複数の戦略主体の協力関係の形成とかかわり，協調の秩序，行動の規制などへの了解が求められ，経済的

合理主義の次元をこえた政治的次元の意味をもち，企業連合は本質的に政治経営を基調とする，(2)企業相互間の関係が密になり，相互依存性が高まるほど，摩擦，対立の危険も高まるので，企業連合では既存の生存権の相互調整に留まらず，新たな生存的利益の形成，配分への互恵的協調関係の創造が求められる，(3)互恵的協調関係形成の基礎は相互信頼にあり，グローバル時代においてはとくにそれを醸成する精神的，倫理的，社会的な次元を含む共存，協調の理念が求められること，などが指摘されている。

　こうした戦略的連携のナショナリズムの壁をこえる国際的制度革命の時代に求められる経営哲学は，普遍的にはまず「自社を中心に，他社が周りを回ってくれる」という「天動説的企業観」から，「自分が生きるのは，他者に生かされているから」，「他者を生かすことが，自分を生かす」という「地動説的企業観」への転換と，それによる企業利己主義からの脱却が不可欠である。それはさらに企業の生産者を消費者と分断する「企業王国」思考から脱皮し，企業の生産者と消費者，さらにはコミュニティの一体性を理解できる「総合的生活者」の価値観へと高める必要があるが，このような動きの進行においても企業連合は貴重な土台としての役割を担うことが主張される。

◆ 西門論文

　西門論文では，資本主義企業の公式論理による「正常」な実践様式と日本社会におけるその一定の実践様式との対比，それによる日本資本主義と株式会社の特殊性の摘出が試みられ，その是正の方途が模索される。

　まず資本主義企業は利潤獲得を目的とする組織で，経済的な極大利潤の追求に企業経営の社会的役割と責任がある，とする企業論理が提示される。だが企業は経営戦略を必要としており，そのやりようで企業経営の有り様は大きく変化する。現代の株式会社では，通常は経営者に各期間の利潤の平均以上の維持，その成果の株主，労働者への適正配分が要請され，その多寡で能力，適否が判断される。ところが日本企業では，経営者の志向は事業の拡大，市場の発展にあり，利益は正統な分配より内部留保による設備拡大，市場の拡大に向けられ，この結果「豊かな企業」と「豊かでない個人」といういびつな仕組みの社会が作り出された，とする。こうした日本の経済と企業

の経済成長は世界的水準に達しているが，地球規模の社会，環境問題を生み出し，大幅な見直しが要請されている。

この見直しの内容は，利益優先の競争戦略志向から，社会的視野をもった適度の経済成長のための企業戦略への重点の移行にある。しかし本来利潤を目的とする組織に社会性を求め，その組み込みを個々の企業の自発的努力にゆだねることには無理があり，経済と企業のシステム自体の原点での構造変革が示される。株式会社の組織運営の原点への復帰，株主総会，取締役会，監査役の役割の明確化，政策決定，業務執行，監査の完全な形での三権分立の確保，社会の公器としての外部チェック機能，情報公開の充実，が提案されている。それと共に経営主体の側には，企業運営の責任の行政への安易な依存，自己責任の他への転嫁体質からの脱却をふくむ，自力による問題打開，主体的努力が求められている。

◆田代論文

田代論文では，日本企業の度を超えた会社中心主義の下で問われる企業の社会的責任の多層な意味が，価値観の変遷との関連で把握され，展望される。

自由主義経済では，価値の主内容は，自由，責任，生産性で捉えられ，特に機会の自由が個人の責任と結びついて仕事の倫理に包摂され，生産性は，経済の場でのその目的達成の指標とされる。だが独占企業の時代には社会的・経済的・政治的矛盾が生じ，伝統的価値へのアンチ・テーゼ・批判として，個人の尊厳，コミュニティ，公正という社会的な価値が浸透してくる。公正の要求は，すべてのものが公平に参加し公平に利益をうるような社会の組織化と関係し，独占化による矛盾や格差が増大するほど，公正への要請は高まる。

企業はこうした中で社会的責任を負うが，重要なのはそれに広義，狭義があることである。広義には経営者が職務上引き受ける責任をさし，狭義には「生活の質」確保のために必要な基準を満たしていく経営者の自律的責任をさす。資本主義の自由競争段階では，商法・民法その他の法律の枠内でのびのびと企業活動が展開できた。第一次的責任の内容は，株主，従業員，顧

客，供給者など企業関係者への信義誠実の原則に基づく職務履行になる。しかし資本主義の発展と諸問題の発生と共に，工場法，労働法，独占禁止法などが制定され，その範囲が拡大する。第二次的責任は地域社会や自然環境に対する責任で，経済社会の発展と共に大気汚染・水質汚濁等が起こり，環境法等による，制約が生じる。第三次的責任としては，社会一般に対する身障者の一定比率での雇用義務などが想定される。

　ここで強調されるのは，「広義の社会的責任」は，社会における潤滑油としての必要最低ルールに過ぎず，さらに「狭義の社会的責任」としての「生活の質」の確保要請が付加されることである。狭義の「社会的責任」の履行には，当該必要措置の法律による最低基準を越える「倫理基準」が，「生活の質」の充足のために求められ，今後の企業においては，経営戦略の基礎にこの意味の「経営倫理」がおかれることが要請されるのである。

2-2　サブテーマ2：「日本的経営」の普遍性と特殊性

　本論集の第2テーマには，平尾武久「現代アメリカ自動車産業における労務管理と労使関係―GM諸工場の『チーム包括協約』を中心として―」，林正樹「『日本的経営』の国際移転における普遍性と特殊性」，山田基成「日本的生産システムの特性と変容」，山下高之「資本主義的企業としての『日本的経営』―その特殊性―」が収録されている。

◆ 平尾論文

　平尾論文では，「日本的経営」の特性問題を，「国際移転」とかかわる労務管理，労使関係視点から検討する事例として，米GM工場の「日本化」動向を象徴する「チーム包括協約」による「チーム・システム」の展開が把握される。

　1980年代以降のアメリカの労使関係は，それまでの「労使の暗黙の合意」時代から，労働条件の切り下げが進む「譲歩交渉」の時代となり，UAWは「バッファー依存型生産システムからの離脱」に積極的協力の立場をとるに至る。自動車産業ではこの流れの中で，QWL運動が見直されるようになる。

GMはUAWの合意をいち早く取り付け，80年代後半QWLの実施を経営方策の基本に据え，生産性向上につながるJIT方式導入によるシステム変革，「重圧による管理」(MBS)が推進される。その延長線上で，GM－トヨタ合弁のNUMMIの成功，GMサターン社のチーム方式導入協約をうけ，1987年のGM－UAWの協約交渉でチーム方式の全面支持，UAWのフルパートナー化が明確となり，これを契機にGM工場のローカルレベルでの「チーム包括協約」の締結が進む。

「チーム包括協約」の内容には，JITを前提とした，職務分類の削減，先任権の修正，多能工化級奨励加給等が含まれている。GMの労働者は，経営側の「分断戦法」への不安とQWLへのひそかな期待のもとで，このMBS志向の「チーム・システム」を受容する。

本稿ではこのような導入経過で実現した「チーム・システム」の運用の多様な実態とその問題点が指摘され，最後に，「バッファー依存型生産システム」の克服に踏み切ったUAWは，労働者の権利を守るための団体交渉機能の有効性を自ら損ねる結果をまねいており，89年以降は「日本化戦略」に反発を強めるニューディレクション派がUAW内部で影響力を増し，職制のコントロールを規制する運動を強化しつつある動向が示されている。

◆林論文

林論文では「日本的経営」の「普遍性」と「特殊性」問題への理論的接近が，移転対象の階層性の認識と明確化，および移転条件の分析を介して行われる。

まず「経営」の概念が，①企業，ないし企業行動，②企業行動の遂行のための，手段，道具としての制度，技法，③経営における社会的文化的特質，に分類される。そして国際移転の対象へのなりやすさの観点から，「日本的経営」に引きつけて三者の階層性を考えると，「日本的経営」の第1層は工場レベルの管理の組織と制度，技法になり，第2層は経営目標，戦略などで表現される企業の特徴となり，第3層は日本資本主義の経済・社会構造から，天皇制・企業第一主義・経営家族主義，などと言われる経営の特質である。

こうしたカテゴリー分類へのこだわりは，従来の「日本的経営」の研究では，経営の特徴の一体性が過度に強調され，その一部，とくに管理制度の異なる社会，文化への移転，利用の可能性，分離的部分的活用の実態把握が十分でないとみる論者の認識による。このため本稿の後半では，報告者によるフランス自動車産業・企業による「日本的管理制度」導入（＝国際移転）の調査事例の一端が紹介される。フランスで焦眉の課題となっていた生産システムの合理化，そのためのFA生産技術体系とそれに対応する工場レベルでの，JIT導入，多能工化などを含む生産，労務，購買などの「管理制度」の導入・利用の実態が示される。こうした実態把握を通じ，結論として確認されるのは，「日本的経営」の「管理制度」の国際移転は，その課題，目的の共通性が存続する時間・期間において，社会的文化的コンテキストに相違のある場合でも，限定的部分的には可能となること，しかしこの次元の国際移転の部分的可能性の確認は，「日本的経営」それ自体の普遍性の証明にはならない，とするものである。

◆山田論文

　山田論文では，「日本的生産システム」の独自性は企業内外に継続的技術変化を創出するシステム構築に求められ，日本製造業の国際的競争力の源泉は生産システムの中にシステム自体の漸進的改善をビルトインしている点にあるとされる。日本企業は改善目標を品質・コスト・納期の無限の向上におき，製造現場から外部組織まで広く取り組んできたが，その内容は，生産システムそれ自体とその中での変化創出メカニズムの両者で変容している。この変容把握を通じて生産システムの独自性維持の状況がチェックされ，また漸進的技術変化を維持するシステム内容から，その普遍性と特殊性が判断される。日本企業の経営環境の最大の変化要因はグローバル化で，日本企業の海外進出と生産システムの現地移転，外国企業による日本的生産システム導入の試み，その経験と現地での批評，日本固有の事情に基づく国内生産システムの変貌などにより，従来の生産システムは世界との多様な相互作用の中で改変を迫られる。その際新たな生産システムの模索・構築に際して導入が求められる理念は，地球全体から地域社会，企業の構成員からその家族ま

で，秩序ある調和の下で競争を維持できる共生の理念にあるとされる。

　このグローバル化と共生をめざす生産システム改変の動きは，日本国内の改変と海外移転という局面別で，また工場・企業内と外部組織別にメカトロ技術による製造作業の自動化とその改善活動への影響から親企業と，一次，二次以下下請企業の関係変容，現地企業におけるQCサークルまで，具体的に示されている。

　日本企業は，結論的には，環境の変化を取り込みつつ，漸進的技術変化のメカニズムを一層拡大・強化する方向に努力を継続していて，この意味の日本の生産システム特性は普遍的であるといえる。また世界の生産システムとしては，海外企業の導入実績から見て，コンセプトの普遍性は認められるが，現実の導入の体制・仕組みは部分的に異なるものとなり，その意味で特殊性をもつとされる。

◆山下論文

　山下論文では「資本主義的企業」としての「日本的経営」の特殊性は高利潤取得にあり，それはわが国大企業労働者の雇用と賃金の特徴，低賃金労働の支配と利用機構に基因し，「日本的経営」の「現実」は，終身雇用と年功賃金，日本的低賃金労働の支配機構，企業別労働組合，の三領域に示される，とする。

　終身雇用と年功賃金では，新規学卒者の定年までの長期雇用と学歴別単身者初任給の年功に応じた賃金上昇という仕組みが，現実の従業員構成が，勤続年数が長くなると員数が減少するピラミッド型になることに示されるように，新規雇用者の定年までの雇用と年功賃金取得が予定・保証されていないこと，人事考課を媒介に，労働者相互間の競争，労働強化により，企業への強い帰属意識をもつ労働者層以外は，「自発的」な企業外への退職を誘う制度になっていること，が指摘される。

　大企業の年功賃金では，欧米の標準家族構成を与件とした「標準賃金」と異なり，初任給は標準賃金を下回る単身賃金にすぎず，年功賃金が「標準的生計費」の水準に達するまで低賃金は続き，大半の正規従業者はこれ以下に留まる。さらに「日本的経営」は，これ以外に多数の臨時工，社外工などの

不安定雇用労働者，下請制中小零細企業労働者，パートタイマーなど多様な低賃金雇用者を包括利用することが指摘される。

　第三の企業別組合に関しては，終身雇用を与件とする職場では，長期的雇用によって育成・選別され，仲間間競争に生き残った帰属意識の強い基幹労働者を中心に，幅広い熟練と柔軟性をもつ職務構造が形成され，ここから「職務秩序」を担う「職場集団」が生起する。この職場組織は労働組合以前に成立している職制の影響力の強い「集団」であり，この組織が，企業の労働運動を労使協調主義に導き，企業別労働組合を定着させる。

　日本的生産システム，柔軟な職務構造，JIT，QC，小集団活動は，「日本的経営」という日本独自の低賃金労働利用機構を基礎としておりその国際移転はあり得ない，とされる。

3 ▶ 第64集
『世界の中の日本企業』(1994年)

——————— 第67回大会(1993年)

　論集第64集は「世界の中の日本企業」を統一テーマとしている。そこには，1.「日本企業の国際貢献」，2.「日本的企業システムの検討課題」，3.「日本型生産システムの有効性と限界」という3つサブテーマのもとで，それぞれ3論考が収録されている。

3-1　サブテーマ1：日本企業の国際貢献

　第1サブテーマには，安室憲一「地球環境と国際経営」，井沢良智「日本企業と国際共生」，鈴木幸毅「日本企業の国際貢献」の3論考が包摂される。

◆ 安室論文

　安室論文では，工業化による地球環境破壊傾向の中で，無限の成長，物質的豊かさの追求，科学技術による永続的繁栄という近代経済の価値前提が，有限な生態系に受け入れられなかったとされる。日本の独自の問題は，地球の限界に基因する構造的限界から量的成長が困難になると，日本経済も日本

的経営も機能不全に陥ることで，日本の難しい事情は，経営者，官僚，政治家が本質的に成長論者であり，21世紀の地球環境への経済成長の過負荷を考えようとしないことである，としている。

我々の世代がこの事態を前に人類の永続に責任を負うとするなら，再生可能な資源の範囲内で経済生活を営む「持続可能な経済成長」以外に途はないこととなる。地球環境の保護は全人類共通の価値であり，それは善悪の判断の問題で，「倫理学」の問題となることが主張される。この論理から特に「環境倫理学」の生成要因と論点が，(1) 生物すべてにおよぶ自然の生存権，(2) 世代間相互責任を志向する世代間倫理，(3) 地球の生態系の閉鎖性から個人の勝手な行動を排除する，地球中心主義，の3点で提示される。

そして事態の深刻さが認識され，工業社会以前の人々にはあったが「生活の知恵」や「大地の掟」の生態学的意味が問われ，生命共同体としての地球環境との共存を目指さない行為は悪として断罪するほど環境倫理はラジカル化する。このコンテキストで生起するポストモダンの日本的経営は，成長主義からの決別，環境倫理の復活と実践，知性による価値創造を拠り所に再構築されるべきとし，皮相的環境主義」と区別される本来の「深層エコロジー」に立脚する国際的次元でのエコロジカル・マネジメントの可能性が言及される。

◆ 井沢論文

井沢論文では，国際的な相互依存，互恵，共生の視点を大事にし，長期均衡につながる国際経済体制の確立，成果の偏在という不均衡状態からの転換に，日本企業国際活動のあり方を見ている。論者の描く企業の国際的な共生の理念は，(1) 貧困からの脱出と豊かな生活の実現への寄与，(2) 環境問題を含む平和経済構築への主導力の発揮，(3) 現地の人に生きがいを与える経営のやり方の展開，の3方向において示される。

現実の国際企業活動への評価は，貢献と批判が混在するものであるが，そのプラスとマイナスについて，ここでは次のような議論が展開されている。

まず，日本企業の技術は，経営管理のノウハウ，経営者の力量といった広義の技術的概念を含め余り問題はなく，現場に密着した製造技術，管理技

術，技能重視体制の意義を国際的に広めた実績と貢献は高い。また技術を慈しみ時間をかけて内部化をはかる日本の姿勢は技能の重要性を世界に覚醒させる功績がある。反面技術の成文化，マニュアル化は改善すべき課題として指摘される。第二に技術とは逆に，現地化に伴うヒトの管理，育成，登用などの人の管理では相対的な立ち後れが指摘されている。現地人との間のトラブルについては日本方式の機械的適用，現地事情の無知，現地人の処遇の差別など，「日本的経営」に内在する閉鎖的体質からの脱皮，意識改革の必要性が指摘されている。そして第四企業の対社会的活動に関しては，その立ち後れ，懸隔の大きさが言われている。特に財団の寄付，フィランソロピー，各種ボランティア活動は，欧米企業，団体では当然の社会的機能として定着しており，日本企業の活動の底の浅さ，不備が指摘されている。

　最後に国際貢献点検に当たって最終的に問われるのは価値観や生き甲斐の問題で，それは日本国内における日本企業のあり方とかかわっていることが指摘されている。

◆ 鈴木論文

　鈴木論文では，「日本企業の国際貢献」が，海外進出する日本企業の関与，その責任，その遂行としての国際貢献のあり方の問題として把握され，そのためのアプローチの方法を中心に議論が展開される。まず強調されるのは，日本企業の社会的影響力を顧慮しない海外活動が深刻な影響を引き起こし，それが自らの活動への脅威になる事態の下で，この問題の因果連鎖性を指摘する「企業―環境アプローチ」の意義であり，この視角から日本企業の国際的責任と国際貢献が把握される。

　日本の場合，70年代以降国際的独占体になった多国籍企業は進出国の経済発展段階や経済統合の地域を顧慮せずに動する傾向があり，低開発国で重大な結果を引き起こしている。

多国籍企業の経済力の弊害を規制する動きは，国連主導の多国籍企業行動の包括的統制を目指す国際的基準作成などに見られ，道徳的な国際的同意として一定の規制効果を持つ。報告者は，日本企業の進出先国，特に低開発国の利害を視野に入れた，国際貢献の一つの経済学的把握の枠組を提示して

いる。それは把握すべき要点を，(1) 進出企業の状況，(2) 進出国の期待，(3) 進出企業の事情，(4) 進出国の状況，の4項目で把握し，「国際貢献」は，その「結果」として把握する。進出企業の状況と進出国の期待，進出企業の事象と進出国の状況は，相互に関係し，この2組の関係から，日本企業の海外進出に伴う低開発国への貢献は，企業の利害から直接的には行われず，企業進出の派生効果（技術移転），あるいは付随的結果（経済成長・社会発展）として現れる，とされる。この意味での国際貢献は市場原理に伴う国際貢献の現実で，進出国での社会貢献や環境貢献は間接的に問題にされているにすぎない，とみられる。こうした現実の下で，報告者は更に企業と環境に関する政治的視座からの接近も試みるが結果は消極的で，日本企業の海外進出における結果としての貢献から社会責任としての貢献への展開は未だ実現されていないとしている。

3-2　サブテーマ2：日本的企業システムの検討課題

「世界の中の日本企業」の第2テーマ「日本的企業システムの検討課題」では，伊藤宣生「日本的コーポレート・ガバナンスの問題点―経営者監視システムの欠陥」，櫻井克彦「企業の社会的責任の今日的展開と日本企業の閉鎖性」，影山僖一「経営環境変化と日本企業再生の条件：内外経営環境との調和と問題点」，の3論文が掲載されている。

◆ 伊藤論文

　伊藤論文では，バブル崩壊の中，わが国大企業の閉鎖性が内外で議論の的となり，日本的コーポレート・ガバナンスの問題点としてわが国の「経営者監視システムの欠陥」が取り上げられる事情が示され，この問題の解決の道の提示が試みられる。
「株主総会の形骸化」に関しては，わが国大企業で安定株主らが経営者を大株主の地位に就け支配力を掌握させているのは事実だが，株主総会の意思決定が株式の多数決原理に基づいていることに変わりはなく，株主総会の形骸化は表面的なもので制度・原理自体の現実不適合性を示すものではない，と

する。また安定株主による株式所有,特に株式相互持合の問題点は,原理的には法人所有の是非の問題であり,法人による株式所有を禁止する明確な論拠が見いだされない限り,その正当性は否定できず,株式多数決原理が無機能化しているのではない,ゆえに株式総会の実質機能の形骸化とはいえないとされる。

こうした諸機関の検討結果から,経営者監視システムの欠陥是正の方途は,新たな企業形態の制度化ではなく,まず既存の会社機関,すなわち株主総会,取締役会,監査役会の活性化にあるとされる。だがこの方向での是正策は,経営者による人事権維持などで成果をあげていない。打開の途はまず経営者の倫理教育の強化にあり,さらに株主代表訴訟やわが国企業の特性を生かす従業員によるカウンター・パワーの育成が主張されている。

◆ 櫻井論文

櫻井論文では「日本企業の閉鎖性」が取り上げられ,企業ないし経営者の社会的責任という視点から検討される。まず企業の社会的責任の意味が,企業維持責任,市場関連責任,派生的責任,社会問題対応責任の4次元・種別でとらえられ,その全体が総合的責任としての企業の社会的責任と把握される。そして日本企業の今日の社会的責任の焦点は企業の国際化,多国籍化にあり,進出先への技術移転,現地人登用,現地供給者からの購買などが期待され,同時に地球環境問題への対処,教育・医療・福祉への取り組み,芸術・文化支援のような新たな責任問題も生じている。その際問題は,こうした責任への対応の不適切性が企業の閉鎖性と結びつけられていることで,外国企業の購買からの締出し,競争からの排除,資源の大量消費,大量の廃棄物輩出,などがその例になる。

しかし論者は,日本の企業システムの閉鎖性には企業的および社会経済的な合理性や,社会文化的な必然性も存在しており,企業の社会的責任を果たす上で閉鎖性の維持,強化が必要な場合もあり,企業の社会的責任遂行の観点からみて,その閉鎖性の全面的見直しは必ずしも必要ではないとする。むしろ現代の企業は,所有者の道具としての伝統的企業段階を脱し,多様な関係者のための利益追求の機関へと制度化されており,制度としての企業の維

持自体が企業責任の一つになっており，この次元の企業の社会的責任の遂行には，競争市場での行動と並んで，多くの関係者間の相互的関係もまた必要で，そこにはある意味での閉鎖性の要因が求められる，とみる。したがって今求められるのは，企業のシステムの再構築よりも，多様な利害関係者の協働，協力をはかり，閉鎖性の批判に積極的に対応する「共生」の理念の積極的確立であり，そのために何より必要なのは経営者の再教育であることが主張されている。

◆影山論文

　影山論文では，工業社会における日本の企業組織の果たした役割，貢献度が点検され，特に企業組織の自己変革能力，組織変革の方法が探求される。

　まず70年代後半以降の日本製造業の資本生産性上昇，在庫削減，原料転換による経費節約，相対的少額の研究開発など，効率的資本支出が確認され，わが国企業の高い効率達成が評価される。その達成主体に関しては，資本・資本家よりは，経営者・経営戦略・労働者，生産要素の外部からの提供者の増大が指摘される。この経済効率の源泉の変化からみて，労働者，消費者，系列企業の経営の意思決定への参加強化が主張され，現在の企業システム転換への貢献の可能性が指摘される。また近代社会をもたらした自動車産業の意義とモータリゼーションの役割の功罪の議論が示される。現代工業の効率性の基盤となる大量生産方式を定着させた自動車産業と産業全体にその効果を浸透させたモータリゼーションの積極的役割が評価されると共に，モータリゼーションの引き起こした産業不均等発展の諸問題，車の普及と関係する新たな人権抑圧，環境汚染，交通問題など，人間社会への多大のコストの同時発生が指摘され，繁栄の代償の大きさが強調される。

　日本産業と日本企業の現代的課題では，経済発展志向の経済政策と企業行動の結果，消費者，生活者の立場の軽視，抑圧傾向と，企業システムに彼らの利益が強く反映する機構導入の必要性が指摘される。またより広い視点からは，人間の生活環境との調和，国際経済との協調という分野での日本企業の行動の問題性が強調され，国民の福祉と外国政府の要求に即応するミクロ次元の新システム形成の必要性が指摘される。結論的には，今や全社会的な

活動を担うに至った企業組織の運営を専門経営者に委ねるのは危険であり，労働者，消費者関連の生産要素の極的な参加が求められるが，その際にはわが国民主的変革の際の外圧の強さと自己変革能力の弱さが想起されるべし，とする。

3-3　サブテーマ3：日本型生産システムの有効性と限界

　本論集の第3セクションには「日本型生産システムの有効性と限界」とかかわる論考が納められている。それは鈴木良始「日本型生産システムの有効性と問題」，安井恒則「日本型生産方式における労働と管理―小集団活動の日英比較による日本的特質の一考察―」，高橋由明「日本の企業・経営・生産システムの有効性と問題点―市場，最高管理組織，作業組織，賃金，労働組合等の日独比較―」，の3論文である。

◆鈴木論文

　鈴木論文では，「日本型生産システム」（JPSと略称）の概念内容の正確な把握がその有効性と限界の評価にまず必要であるとし，その理由として，「在庫，作りすぎムダ」と，「手持ちのムダ」のような作業者の作業余裕との間での「ムダ」の意味の識別の必要性を指摘する。そしてこの視点からJPSはJIT生産システム（JITと略記）と日本的労働編成の総合システムと把握される。その際JITは，工程間緩衝在庫削減により，加工組立型大量生産工程の長大な工程連鎖を通じて，生産の淀みない流れを造り出す手法，技術，労働のあり方のシステム化と把握される。JITはこのシステム特性実現のため，日本的な労働編成の特質，直接作業労働者の作業スパンの水平的な一定の広がり（多能工）などを要求するので，JPSは日本的労働編成を含むJITということになる。

　またJPSの優劣を，熟練の復興，作業自律性など，ポスト・フォーディズムの脈略で論ずる意味はなく，労働に関しては，伝統的大量生産に比しJPSの労働がシステムとして必然的に，より過酷，劣悪になるか，が問われるべきとする。それはJPSの有効性，あるいは普遍性の認知が日本の現場の現実

である高密度労働と分離可能かに関わるからだとする。

最後にこの視点でJITシステムと日本的労働編成の特性問題が検討される。JITに関しては，そのシステム特性への作用は特に工程間緩衝在庫の縮減にあり，バファー・ストックの少なさ，工程関連の緊密さが作業自律性を弱め，作業方法・作業テンポ遵守の圧力，その上に品質安定性と設備信頼性圧力が加わることが確認される。同時に，この高工程関連性と作業自律性弱化の関係は固定してはいず，作業余裕率，人のバファーは変わりうるが，この変動があってもJITのシステム特性自体は保持される，とする。また日本的労働編成に関しては，チーム制組織の集団圧力，「改善」と「省力化」の結合による作業密度上昇，「多能工」と作業密度の問題，が取り上げられる。そしてその分析を通じて，JISにおける労働過程は，過酷な高密度・高圧作業と不可避的に結びつくのではなく，多様な労使関係の文脈により多様な形で普及する，という展望が示される。

◆安井論文

安井論文では，「日本型生産方式における労働と管理」の日本的特質の解明が，「小集団活動」の英国における導入・実践の対比を介して試みられている。

論者は，日本企業の生産方式の特徴は，製造慣行，作業慣行，雇用慣行の三側面から捉えられ，小集団活動はこのうち，多能工，チームワークなどとともに作業慣行の側面における特徴を意味し，JITやリーン生産などに代表される製造慣行や，終身雇用，年功別賃金，企業別労働組合に表現される雇用慣行とともに，相互依存，相互予定の関係にある，とする。そして小集団活動自体の意義が，生産管理の構造上の位置と歴史的役割の側面から捉えられる。前者に関しては，作業者が管理の担い手になり管理の目標設定に参加するという意味のみでなく，その活動の範囲が品質から，歩留，能率，生産性，納期，安全性などに拡大し，その全体の管理に転化していることが指摘される。また歴史的には50年代後半以降鉄鋼，自動車等の競争力強化のためアメリカから導入された体系的管理方式が，管理部門の専門化，標準管理の徹底を通じ，作業者への強制力を強め，作業者の創造力，労働意欲を著し

く損ねた事態が指摘される。小集団活動はこうした標準的管理方式よる問題と限界打破の切り札として，経営者側のイニシアティブで，標準管理の補完として導入定着されたことが強調される。

　こうした特徴を担った小集団活動1980年代に「日本化」の一環として英国企業に導入される。しかしその動向は80年代初期に踏み切った英国企業での一社あたり労働者参加比率は，3〜5％に留まっているとされ，大規模メーカーの大半が小集団活動を実施し，「全員参加」が原則の日本との相違が指摘される。報告者は小集団活動という作業慣行のその背景にある雇用慣行と分離した移転の困難性を指摘するのである。

◆ 高橋論文

　高橋論文では「日本の企業・経営・生産システム」の「有効性と問題点」が，体制，制度，組織などについてのドイツとの比較において論じられる。

(1) 国家体制：
　　ドイツも日本も市民革命を経験せず，真の意味での個人の確立をみないまま，第二次世界大戦後集権国家体制をとった。ドイツは「社会的国家」を志向し，自由主義ながら社会に対し個人の無制約な自由は認めない体制をとり，日本は国家主権と個人の人権の関係を曖昧にしたまま，秩序規制と恣意的自由の混在する中を浮動している。

(2) 市場経済：
　　「社会的市場経済」体制下60年以後の適切な経済成長，完全雇用，物価安定，国際収支均衡の同時実現を志向するドイツの経済政策と，日本の50年代以降一貫した製品輸出拡大戦略が対比される。ドイツでは輸入全体の50％を製品輸出するのに，日本は20％と極端に少なく，「花形・輸出産業育成型市場経済」志向に変化がない。

(3) トップマネジメント：
　　日本は英米と同様取締役会による一層制，ドイツは監査役会と取締役会の二層制。ドイツの監査役会は労働者代表が半数で資本の社会

的チェック機能は，強い。日本の取締役会は企業集団，大株主の発言力が強く，企業外からのチェックは弱い。

(4) 作業組織：

作業組織における現場作業者のメンテ，プログラミング担当機能はドイツより多く機動性に富む。また賃金制度は日本は職能資格制度を基礎としており異なった仕事の分担等の柔軟性がある。ドイツでは賃金水準は職務価値によって規定され，管理者と作業者の作業分担等の融通性に欠く。西側の経営者は作業員の自ら考え組織化する能力を信用していないが，KAIZEN，チームワークの実践を通じ，この能力の利用方法の探索に踏み出している。しかし，労働組合はこの動きに神経質になっている。

(5) 自動車下請企業：

日本の下請企業の親企業への依存度は，次第に低下傾向にあるがまだ絶対的には高い。ドイツでは部品供給は市場間取引から階層化への動きが見られるが，サプライヤーの独立性は高い。

(6) 労働組合の政策：

企業別組合と産業別組合の相違。そこにも市場原理と組織原理の作用の強弱が認められる。

第 8 章 第68回大会〜第70回大会

小松 章 KOMATSU Akira

1 ▶ 第65集
『現代企業と社会』(1995年)
第68回大会(1994年)

1-1 テーマの背景

　第68回大会は，1994年に山梨学院大学で開催された。大会委員長は，高橋敏夫同大教授。本大会の報告要旨は，『経営学論集第65集』(1995年)に収められている。統一論題は，プログラム委員会によって設定された「現代企業と社会」であり，サブテーマとして「地域振興と企業経営」および「企業倫理と経営行動」という2つの柱が掲げられた。

　80年代後半には政府が音頭をとって地方創生事業が進められ成果が期待されたものの，92年にバブル経済が破綻すると，地方経済は深刻な不況に陥った。折しも，大会開催地は首都圏を離れた山梨県甲府市。統一論題のサブテーマの一つに地域振興が取り上げられた背景には，大会がせっかくの地方開催である以上，意味を持たせて地域振興の問題を真剣に考えようという熱い思いがプログラム委員会にあったことは容易に推測が付く。地域振興のセッションは，プログラムでは4名が報告する予定であったが，急病によるキャンセルが発生した由で3名となり，論集への収録も3報告となっている。

　一方，サブテーマに掲げられたもう一つの実質テーマは，経営倫理であ

る。筆者が大学で経営学を学び始めた頃は、「倫理」は価値判断を含むがゆえに社会科学には馴染まない、社会科学の対象ではないと言われていた。そのような時代を思い起こすと、たとえサブテーマとしてではあっても、経営学会の統一論題に倫理というキーワードが掲げられたことは画期的といってよい。経営倫理に関しては4本の報告が収録されている。

以下では、本大会の統一論題の概要を読者に客観的に伝えるべく、すべての報告を報告順に従って簡潔に整理・要約し、そのうえで筆者の目から見た今日的評価を加えることにする。

1-2　全報告の整理と要約

◆ 地域振興と企業経営

初めに「地域振興と企業経営」に関する3報告がなされた。第1の三浦康彦の報告「地域振興と企業経営—地域産業の構造変化と中小企業の投資行動」は、地域振興の過程における公共投資と企業自体の投資行動の関係を、テクノポリスに指定された甲府地域の諸企業を事例に考察している。三浦はおおむね次のように問題提起する。(1)企業の投資行動が活発化すると産業構造の変化を促進し地域の経済成長を高める。(2)しかし、企業間格差が生じると、地場産業や中小零細企業の中に、企業努力というより「自家」の資産への投資や「家業維持」のために企業の転廃業の条件づくりを模索する動きが始まる。(3)そのため企業経営面での行政依存が強まり、行政の非効率施策という悪循環が生じる。(4)これが積極的に企業化、経営拡大を図ろうとする上向き志向の企業に負の作用をもたらし、産業組織の運営と活性化にとって障害要因となる。こうした現実的な問題に対して、三浦は、いまや業種や地域を超えた多様かつ広範なネットワークの構築が可能になっているのであるから、あきらめて転廃業を考えるような下向き型の小規模企業に対しては、伝統的な経営シーズを活用する可能性を認識させ、経営行動を起こす自信回復のための「共同事業」や「共同施策」を行政が提供・支援する必要がある、と結んでいる。

第2の吉田孟史の報告「企業者活動と地域振興—ネットワーク化された学

習とインキュベーター」は，地域振興における企業者活動の重要性に着目している。具体的には，企業者活動が新規ドメインの参入者として現われ，地域経済に刺激を与えることによってさらなる企業者活動が連鎖反応として起こることが重要だという。吉田は，この連鎖の中で特に重要な要素は企業者の学習であるとして，それを支援する仕組みとしてのインキュベーターを取り上げるのである。インキュベーターはテナント企業に大きな貢献を果たすことが期待されるが，しかし誕生したばかりの日本のそれは経営指導や研修制度の確立，調査研究あるいは他者の成果の収集・蓄積等の点で十分とは言えない。そう批判して吉田は，インキュベーターが，テナント企業の学習プロセスと成果からネットワーク化された学習理論を作り上げ，公表し，関係者の共有財産として保存することが望まれる，としている。

　第3の眞野脩の報告「地域振興と企業経営―北海道開発に対する一見解―」は，北海道については国が専門の担当大臣を置き開発事業を推進しながら，ここ十数年間，容易に住民の所得水準が全国平均との差を縮めることができないばかりか，「逆に広がる危険性を見せている」として，その原因と対策を，主に企業経営の面から論じている。眞野は，格差を生んだ原因を地理的条件，制度的条件（国家政策），主体的条件の3つに分けて分析した後，活性化への模索を論じる。整理すると，地場企業経営者の意識改善，異業種間の情報交流や研究機関との協力促進によるベンチャー企業を生みやすい環境整備，自治体による地域振興政策，中央政府による平等な競争条件の整備となる。なかでも眞野が期待するのは，地域振興を担う地場のリーダーの育成である。

　以上，地域振興に関する3報告は，視点・論点はそれぞれ異なるものがあるが，いずれも情報通信技術の進展を踏まえて，ネットワークの活用や異業種交流に何らかの形で言及している点は注目に値する。また三浦と眞野の報告は，地方の立場からの問題提起を兼ねた内容となっており，地方大会の趣旨にふさわしい「現場からの報告」であったといえるだろう。

◆ 企業倫理と経営行動

「企業倫理と経営行動」に関する報告の第1は，飯冨順久「企業行動と経営

倫理―環境問題への対応―」である。飯冨は「1994年の時点で企業倫理を取り上げるべき必要性は，地球規模での環境問題である」と述べたうえで，3つの点を論じる。(1) 日本企業における不祥事の例を見ると財務的に優良とみなされる企業で反社会的事件が少なからず見られるが，理由は日本型経営における共同体の論理すなわち共存共栄を優先するあまりの姿勢にある。罪の意識のないことが特徴である。(2) 90年代初めに見られた商法，証取法，独禁法などの改正や環境基本法の制定などの法規制によって，企業は外部の評価に耐えうる行動が必要となる。ただし，環境法に対応して企業は組織編成を整備しつつあるが，実態として監査部の監査内容に倫理や社会的責任が必ずしも含まれておらず不十分。(3) 企業は法規制や外部からのインパクトに対して行動を変えていくであろうが，倫理的評価の内容は，企業の行動基準に法律の遵守や社会一般の道徳規範が設定されているかどうか，そして環境倫理，環境監査に対する項目が整備されているかどうかを見ることとなる。飯冨は，結びとして，企業には新しい価値体系の創造が要請されていること，さらにこれからの企業行動は地球規模の公正や消費者との共生の上に成り立つことの2点を強調している。

倫理関連の報告の第2は，吉原英樹「企業倫理の実証分析」である。企業倫理を「企業が行うべきこと（および行ってはならないこと）を示す原理原則」と定義する吉原は，一つには企業の不祥事は企業倫理に問題があることから，二つにはアメリカではすでに企業倫理に関する教育と研究が進んでいることから，日本でも企業倫理の教育と研究を進める必要性があると説く。その上で自身は，日本企業計323社に対するアンケート調査の結果を本報告で紹介している。その内容項目は，(1) 経営者・管理者の倫理観，(2) 倫理的問題の意思決定基準，(3) 企業の倫理水準である。分析結果の中に次のような指摘があることが注目される。日本企業の経営者・管理者は，「なんらかの理由で自分の倫理観（義務論）とちがう倫理観にもとづいて意思決定をしなければならない場合に，会社の利益，上司の命令，慣例などを基準にする」。この点については，後にふれる。

倫理関連の報告の第3は，真船洋之助「環境倫理と経営の環境保全行動」である。真船は，哲学者ハンス・ヨーナス（H. Jonas）の未来責任原則すなわ

ち「環境破壊や資源枯渇の問題の加害者は現代世代であり，被害者は未来世代である」という言葉を紹介し，この倫理観なしに環境問題を考えることはできないとする。その上で，ドイツで研究が進んでいる「市場志向の環境マネジメント論」や「攻めの環境マネジメント論」に言及し，経営学は従来の枠組みを拡張し，あるいは新しい分野を開拓する必要があるとする。一方，企業自身もその目的の中に環境保全を位置づけるエコ・コントロール手段を構築することが必要であると主張する。

　倫理関連の報告の第4は，中村瑞穂「企業倫理への経営学的接近」である。企業倫理に対する社会的関心の高まりはアメリカにおいてさえ，20年足らず前のことであり，ここ10数年の教育研究における発展は驚異的であるという。その発展過程を詳細に分析するのが，中村報告の目的である。それによれば，企業倫理の研究は主に二つの方向から取り組まれた。一つは，道徳哲学ないし倫理学の理論や分析手法を現実の具体的諸問題に適用する応用倫理学の一つとしてであり，「企業倫理学」と呼ばれる。もう一つは，現代の巨大株式会社における実態を社会との間の緊張関係に注目して分析する経営学的研究としてであり，「企業と社会」の名称で呼ばれる。いずれの立場にとっても，ステークホルダー概念が重要な意味を持つことになった。また，企業倫理の実現を客観的に保証し，組織的に遂行することを「企業倫理の制度化」というが，中村は，個別企業による制度化だけでは不十分であるとして，エプスタインが「政府規制」「業界自主規制」「個別企業倫理」の3者を重視していることを紹介する。

　以上，経営倫理に関する4報告は，同じ経営倫理を対象にしているが，視点や方法を異にしている。飫冨報告と真船報告は，環境問題への取り組みが現時点での経営倫理の重要課題であるという認識から，企業の環境保護活動を主に論じている。吉原報告は，企業不祥事を念頭に経営者・管理者の倫理を取り上げ，アンケート調査の結果を報告している。中村報告は，学説研究の視点から，経営倫理の成立過程を明らかにしている。

1-3 今日の視点から

　第68回大会の統一論題「現代企業と社会」の意図は，サブテーマに掲げられた「地域振興と企業経営」および「企業倫理と経営行動」という2つの柱に明示的に表現されているといってよい。同大会は1994年の開催であるから，すでに20年以上が経過している。しかし，この2つのテーマは，この先再び統一論題に掲げたとしても，いささかの古さも感じさせないテーマであることにむしろ驚く。ただし，逆に言えば，それは今の日本が，相変わらず「地域振興」の問題を取り上げなければならないほど地域問題が深刻化しているということであり，また相変わらず「経営倫理」の問題を取り上げなければならないほど，企業から不正の風土が消え去っていないということでもある。

　地域振興について言えば，三浦報告が言及した甲府テクノポリスのその後はどうであろうか。眞野報告で主題となった北海道経済はどうであろうか。折しも，本原稿を執筆している2016年に北海道新幹線が開通を見た。津軽海峡で隔てられた本州との交通ルートを確保し北海道の振興に資することを目的に，当初から新幹線を通す予定で建設された青函トンネルは，開通した時（1987年）には航空輸送が主流となっていたこともあって，在来線での供用開始となった。以来30年近く，北海道にとっては悲願とも言うべき新幹線の開通であるが，起死回生策となるのであろうか。現状は，東京への一極集中が進み，北海道に限らず地方と東京との格差は広がるばかりである。地震国である日本にとって，世界に類を見ない政治・経済・文化のそして人口の東京への一極集中構造は最大の国家リスクであり，東日本大震災以後，防災視点から一段と危険の解消の必要性が叫ばれているにもかかわらず，現実は逆に悪化の一途をたどっているようにしか見えない。産業および人口の適正な再配置による地方の活性化と地域振興は，ひとり過疎化した地方のためだけでなく，日本の国家レベルの緊急課題であることを肝に銘じたい。

　経営倫理についても，事態はいっこうに改善されているようには思われない。飯冨報告が言及したように，法規制が進み，法律遵守は「コンプライアンス」の名の下に論じられるようになった。「コーポレート・ガバナンス」

の議論も活発化している。しかし，名だたる大企業において，不祥事が次から次へと起こるのはなぜであろうか。今日の風潮として，不祥事が起こると「ガバナンスの欠如」が指摘されるが，筆者によればそれは誤りである。ガバナンスは，もともと株式会社経営が株主志向であって良いのか，それともステークホルダーの全体つまりは広く社会のためにあるべきかという議論を本質とするのであり，不祥事を防ぐ問題とは全く別次元のテーマなのである。

　経営倫理もガバナンスも，ステークホルダーというキーワードを共有するのであるが，経営倫理の発展過程を分析した中村報告からも，倫理問題がガバナンスとは別次元の問題であることが読みとれる。不祥事は，ガバナンスではなく，まさに経営倫理そのものの問題なのであり，真の解決は規制より教育に求められる。飫冨が企業の不祥事について，原因は「日本型経営における共同体の論理すなわち共存共栄を優先するあまりの姿勢にある。罪の意識のないことが特徴」と述べ，吉原が，実証研究を通じて，日本の経営者・管理者は，自己と異なる倫理判断を強いられた場合，「会社の利益，上司の命令，慣例などを基準にする」と導いているが，両者は共に同じ「日本的体質」を指摘している。不祥事は規制だけで解決できる問題ではない。倫理教育の確立が不可欠である。

　また，大会報告では，環境問題が倫理問題に内包されて論じられた。今日では，環境問題は，問題の重要性に鑑み，独立に論じられるようになった。真船は，環境問題に対しては，経営学が「従来の枠組みを拡張し，あるいは新しい分野を開拓する必要がある」と訴えているが，経営学は環境問題をもはや倫理的に守るべき控えめな対象としてではなく，社会的責任として積極的に取り組むべき優先課題として位置づけるようになった。問題が深刻化したこともあるが，経営学の認識が前進したことも確かである。

2 ▶ 第66集
『日本企業再構築の基本問題』(1996年)
──────────── 第69回大会(1995年)

2-1 テーマの背景

　第69回大会は，1995年に大阪経済大学で開催された。大会委員長は田渕進同大教授。本大会の報告要旨は，『経営学論集第66集』(1996年)に収められている。統一論題は，プログラム委員会によって設定された「日本企業再構築の基本問題」であり，サブテーマとして「経営指導原理の再構築」「企業システムの再構築」「国際化戦略の再構築」の3つの柱が掲げられた。このような統一論題が設定された背景には，日本企業に「再構築」を迫りつつあった当時の経済状況のほかに，1995年という年が日本の「戦後50年」という節目の年に当たっていた歴史も考慮されていたことが，田渕大会委員長による「序」からうかがわれる。

　しかし，また同年1月17日には阪神淡路大震災が発生した。安全を疑うことのなかった交通インフラの無残な崩壊や，都市型地震の被災状況がメディアを通じて報じられ，活断層，インターネット，ボランティアというキーワードが日常語と化すきっかけとなった。統一論題とは別であるから詳しくは言及しないが，大会プログラムに「阪神・淡路大震災と企業の危機管理」と題するワークショップ(奥林康司座長)が設けられ，真剣な討議がなされたことを，筆者は鮮明に記憶している。

　統一論題報告をサブテーマごとに見ると，各テーマとも3名による報告がなされ，計9本が論集に収録されている。以下では，本大会の統一論題の概要を読者に客観的に伝えるべく，すべての報告を報告順に従って簡潔に整理・要約し，そのうえで筆者の目から見た今日的評価を加えることにする。

2-2　全報告の整理と要約

◆ 経営指導原理の再構築

　「経営指導原理の再構築」に関する第1報告は，谷本寛治「日本型企業社会

の再構築―企業と社会の新たな関係―」である。谷本によれば，企業活動を理解するに当たっては，市場の競争ゲームの中で収益性・効率性を図る存在という発想を超え，企業が経済的機能だけでなく社会的・政治的機能をも担っていることも合わせて総体的に理解する必要がある。市民との関係については，今日の市民による企業への働きかけはかつての住民運動型とは異なるから，企業も市民活動とどのような協力関係を持てるか考えることが，企業の社会貢献において重要である。特に企業はNPOと連携していくべきであり，企業とNPOが相互に特性を活かしあって協力することが必要である。アメリカではNPOによる企業の社会関連活動へのモニター・評価が定着している。こう述べた後，谷本は阪神大震災において企業が果たした緊急救援活動にふれ，今後，企業とNPOとの協力関係が重要な課題になるとしている。

続く第2報告は，十川廣國「企業の活性化とトップ・マネジメント」である。十川は，厳しい環境変化に直面する今日，企業は組織の体質の変更を伴うような戦略的行動をとることが必要と提起する。競争優位を目指すためにリストラクチャリング，リエンジニアリングが検討されているが，コスト削減を主題とする限り，企業の再活性化や長期的な維持発展は難しい。特に人員削減を伴う方策は，逆方向に作用する。必要なことは絶えず新しい戦略を創造する能力であり，それこそが競争優位の実現につながる。しかるに，事業部制を基本とする多くの日本企業では，トップの方針が徹底しない傾向にある。ここに十川は，トップのより強力なリーダーシップの必要性を説くのである。経営トップに要請されるのは，将来の方向を的確に指示しうる企業家精神の発揮，戦略的な組織的学習ができる組織風土の構築，組織構成員が創造的に行動しうる組織の構築であるとする。

第3の報告は，塩次喜代明「経営学研究の地平―経営指導原理の再構築をめざして―」である。塩次の問題意識は，経営学，とりわけ実証研究志向の強い経営戦略研究を対象に，それが現実を説明する有効な理論を開発しているかを問うところにある。塩次は，日本の経営学研究が学説研究に偏ってきた点を強く批判し，実証研究の必要性を強調する。そして，アメリカにおける実証研究の発展を紹介した後，日本に目を転じ，日本経営学会の『論集』

に収められた諸報告を対象に，実証研究の数量的少なさとデータを公表資料に依存する質的問題とを指摘したうえで，「経営指導原理としての経営戦略研究」をめざして研究の方法論そのものから問い直していくことが必要と結んでいる。

以上の3報告は「経営指導原理の再構築」というサブテーマのもとに位置づけられた報告ではあるが，谷本報告と十川報告には「経営指導原理」という言葉は一切登場しない。塩次報告では，言葉こそ使われているが，報告の趣旨は実質的に「経営戦略研究の指導原理」が述べられている。「経営指導原理」の意味は，各報告者の自由な理解に任されていて，定義の共有はなされていない。

◆ 企業システムの再構築

第2のサブテーマ「企業システムの再構築」に関する第1報告は，重本直利「職場内人間関係の変容と情報システム化―管理の情報化の展開と論理に関わって―」である。企業システムの再構築はリストラという言葉によって表されるが，現実には中間管理職等の解雇が進められており，日本企業の負の側面と変化の側面を浮かび上がらせている。こう述べたうえ，重本は，負の側面とは「職場内人間関係の変容とコミュニティーの解体」であり，変化の側面とは「情報システム化」であるという。重本によれば，情報やコンピュータはすぐれて管理手段として位置づけられる。したがって，情報システム化は，組織の精神構造（統合性）に個々人の意識（個別性）を一体化させることによって，集団主義・帰属意識を新たな内容で効率的に機能させる。その意味で情報システム化は，特殊日本的性格を内包していると結ぶ。

このセッションの第2報告は，大滝精一「日本企業の組織能力の再構築―中堅企業のビジネス・システム構築能力をめぐって―」である。大滝報告は，日本経済の再生の一翼を担うと予想される中堅企業の革新能力がどのように再構築されているかを事例研究に基づいて論じることを目的としている。その場合，大滝が重視するのは，(1) 競争優位の源泉となるコア・コンピタンスやダイナミック・ケイパビリティーといった組織能力，(2) 企業者活動，(3) 価値を生み出すのに必要な経営資源とそれを組織化する仕組み，あるい

は顧客満足に必要な活動の連鎖としてのビジネス・システム，という3つの視点である。結びとして，「ビジネス・システム構築のラーニング・モデル」が提示されている。

第3の報告は，植竹晃久「企業の統治システムの再構築」である。植竹報告の目的は「企業の経営システムの再構築に当たって，その前提となる企業の統治システムに着目し」，課題を考察することである。植竹によれば，これまでのガバナンス論では，株主による一元的な支配と統治を正当化する見地と，諸ステークホルダーによる多元的な支配と統治を主張する見地が認められるが，今日の視点からすれば株主のみの見地では不十分である。かといって諸ステークホルダーを並列的に列挙し，資本主義の所有の地位・役割を軽視する見地も正当でない。そう述べて，植竹は一国の企業統治のあり方は，その国の長い歴史を通じて形成されてきた諸条件に規定されるとする。そして，日本の場合には，市場志向への変化を強めつつも，法人間の株式持ち合いやメインバンクによるモニタリング，行政指導などが特徴としてあったため，にわかにアングロ・アメリカ型へ移行するとは考えにくいと予測する。

以上の3報告が「企業システムの再構築」というサブテーマのもとに位置づけられた報告である。「企業システム」の概念については，報告者の自由な理解に任されていて，定義の共有はなされていない。

◆ 国際化戦略の再構築

さて，第3のサブテーマ「国際化戦略の再構築」に関する第1報告は，夏目啓二「日米情報技術企業の国際化戦略の再構築」である。報告の目的は「日米の情報技術企業を垂直統合型企業と専業型企業とに区別し，それぞれの国際化戦略の再構築の特徴を明らかにする。そしてその交際化戦略が日米のコンピュータ貿易にいかなる影響を及ぼしているのかを考察する」ことである。夏目によれば，アメリカの情報技術企業は垂直統合型と専業型を問わず，開発施設を世界規模で展開し，部品や周辺機器を海外調達に依存したため，アメリカのコンピュータ貿易収支の大幅な構造赤字を作りだした。一方，日本企業の強みはハードウェアの生産技術にあったが，OSはアメリカに依存し

てきた。急速な円高の進行は，ハードの生産と輸出に重点を置いたこれまでの日本企業に国際化戦略の見直しを迫っているとする。

国際化セッションの第2報告は，丸山惠也「日本企業のリストラとアジア戦略」である。丸山報告の目的は「日本企業のアジア戦略の具体的展開を国際分業の特質解明という視点から，自動車産業を中心に検討」することである。結論として，丸山は次のようにいう。日本企業の国際競争力の優位性をなす日本的生産システムは国内の産業集積基盤に深く根を下ろし，これをJIT (Just in Time) システムで効率的に組織化し成立した。この国内の産業集積基盤をそっくりアジア地域に拡大することは困難である。したがって，JITをアジアに展開する現状は，空洞化を招く恐れがある。アジア戦略が国内産業基盤を空洞化させることなく，また移転システムがその国の人々と共生できるあり方を求めていくことが日本企業の責務である，と丸山は結ぶ。

第3の報告は，林吉郎「アナログ経営のメタデジタル化：新しい国際化戦略の考え方」である。林は，わが国では対外直接投資が増大しているにもかかわらず，異文化コミュニケーションが進展していないと問題提起する。海外現地法人においては，昇格した現地トップと日本人トップがともに計画を練り，戦略をすり合わせて問題解決を図るフェーズ3の段階に達することが望まれるが，多くの企業がこの段階に進めないでいる。その理由を林は，規則や明示的な政策に代えて風土や社風，暗示的な統制によってコミュニケーションする日本人のアナログ志向に求める。アナログ志向は，未来を過去の延長と考えるが，過去を共有しない外国人とは，未来を過去から切り離して考えるデジタル思考が必要である。林が提起する有効な手段は，少数の戦略的グループを選抜し集中的な訓練を通じてアナ・デジ両志向を備えた調整能力のある人材チームを作ることである。

以上が，「国際化戦略の再構築」のもとになされた3報告である。

2-3　今日の視点から

本大会で設定された統一論題は「日本企業再構築の基本問題」であり，その下にサブテーマとして「経営指導原理の再構築」「企業システムの再構築」

「国際化戦略の再構築」の3つの柱が掲げられている。重点が置かれたキーワードは，「再構築」であり，再構築すべき対象として，「経営指導原理」「企業システム」「国際化」の3つがあげられたわけであるが，「経営指導原理」と「企業システム」は，分かったようで分からない，あいまいな概念である。報告者の間にも，共通の理解があったようには感じられない。各人があいまいな概念にとらわれることなく，自由な解釈の下に，みずから必要と考える再構築を思い思いに論じた感がある。厳密に定義すれば報告者を縛ることになるから，あいまいさはサブテーマの設定に当たってのプログラム委員会の深謀遠慮であったのかもしれないが，結果として第1と第2の柱は並行して設けた意味が分かりにくかったと言わざるを得ない。

個々の報告について言えば，谷本が主張した企業の社会貢献は，今日かなり進んできたといえるだろう。奇しくも大会は阪神淡路大震災の起こった年の開催であったが，その後の東日本大震災時には，多くの企業が自発的に被災者・被災地の救援・支援活動に協力した。環境問題への取り組みも進んでいる。

しかし，一方で，十川や重本が言及した人員削減を内容とする再構築がリストラの名のもとに今日でも見られることは，深刻な事態である。大滝は，中堅企業に日本の活性化を期待してモデル提示を行ったのであるが，多くの従業員を雇用する大企業が姿勢を創造的方向へ改めない限り，事態の深刻さは解消しない。現実に目を向けると，日本企業のコーポレート・ガバナンスはアメリカ型へと急速に移行した。植竹は，一国の企業統治のあり方はその国の歴史を通じて形成された諸条件に規定されるとし，日本は市場志向への変化を強めつつもにわかにアメリカ型へ移行するとは考えにくいと予測したが，実際には不祥事が起こるたびに，問題の本質は「倫理」にあるにもかかわらず「ガバナンスの欠如」という誤った認識のもとに，解決がアメリカ型の中に求められて（アメリカ型の下でも不祥事は起こっているのだが），日本のガバナンス構造はアメリカ型へ急速に移行してしまった感がある。株主重視を本質とするガバナンス構造の下では，業績が悪化した場合の従業員の地位は不安定にならざるを得ない。

ガバナンス面に限らず，国際化の進展はとどまるところを知らない。コン

ピュータ産業界の競争構造も，夏目報告が描いた当時の様相とは様変わりした。丸山は自動車産業を中心にアジア戦略の展開を論じて国内産業の空洞化の回避を訴えたが，当時は考えられなかった国家間の政治問題も経営に影を落とすようになっている。中国や韓国との経済関係は今や政治関係が揺らげば一気に冷え込みかねない不安定リスクを抱えている。林の報告は，国際コミュニケーションの重要性を説いたものであるが，これは内なる国際化の問題としても心しておきたい。

塩次の報告は，実質的には経営戦略論の研究姿勢に批判を呈したもので，テーマに対しては異質であるが，日本の経営学の研究動向を経営学会の大会記録ともいうべき『経営学論集』によって探った点は特記しておきたい。一般に，研究の成果は著作物に結実することになるが，若手研究者を含めた学界の研究活動の全体動向は当該の学会活動に反映される。日本経営学会の歴史は『経営学論集』を振り返れば分かるのである。本書もまさに未来の経営学徒のために過去の大会記録である『論集』の中身を分かりやすく整理し伝える目的をもって編集されていることを自覚して，記述を閉じることにする。

3 ▶ 第67集 『現代経営学の課題』(1997年)

第70回大会(1996年)

3-1 テーマの背景

第70回大会は，1996年に一橋大学で開催された。大会委員長は田島壯幸同大教授。本大会の報告要旨は，『経営学論集第67集』(1997年)に収められている。統一論題は，プログラム委員会によって設定された「現代経営学の課題」であり，サブテーマとして「経営学の再構築─新しいあり方を求めて」「企業活動と市民生活」「企業活動と規制」の3つの柱が掲げられた。

本大会は70回という節目の周年に当たるため，開会式が設けられて，統一論題の趣旨説明を兼ねた二神恭一プログラム委員会委員長による基調報告「日本経営学会第70回大会と現代経営学の課題」がなされた。この基調報告

の内容は『論集』に収録されているので，本大会のテーマ設定の背景事情については正確に知ることができる。それによると，「統一論題『現代経営学の課題』にはこの節目に日本経営学会の長い歴史をふまえながらも，現況のなかで経営学のあり様を議論しようという主催校，理事会，大会プログラム委員会の意図が込められている」という。そして，第1のサブテーマ「経営学の再構築―新しいあり方を求めて」については，「経営学の回顧と展望を念頭に置きつつ，現在の状況下での経営学のあり方ならびにアイデンティティを問う議論をすることがねらいである」とされる。第2のサブテーマ「企業活動と市民社会」については，「とくに市民ないし市民生活という表現を用い，主体的な生活者としての人間と企業活動とのかかわりを，今日の状況のなかで議論するという意図を込めた」という。第3の「企業活動と規制」については，「昨今の規制緩和の動きのなかで，経営学としての議論をする必要があるからである」とされる。第3のサブテーマは，必ずしも学会の周年記念に関係なく，当時の時代背景を強く反映した時事的課題であったといえる。

なお，本大会では，過去の10周年ごとの記念大会に倣って，統一論題報告とは別に，3名の記念講演が設けられた。列記すれば以下の通りである。

（1）田島壯幸「企業と社会」
（2）Eduard Gaugler "Recent Trends in Human Resource Management in Unified Germany"
（3）海道進「日本的経営学の展開―個別資本説を中心として―」

これらの記念講演も『論集』に収められているので，本来ならここで内容を紹介すべきなのかもしれないが，「日本経営学会90周年記念事業」の一環として，本書の刊行に先立って学会のホームページに「周年記念講演集成サイト」が設置され，50周年，60周年，80周年時の記念講演と合わせて，全文が掲載・公開された。インターネット上で誰でも容易にアクセスできるようになったので，記念講演については内容紹介を割愛することにする。

以下では，本大会の「統一論題」に的を絞ってその概容を読者に客観的に

伝えるべく，計8名の報告を報告順に従って簡潔に整理・要約し，そのうえで筆者の目から見た今日的評価を加えることにする。

3-2　全報告の整理と要約

◆ 経営学の再構築―新しいあり方を求めて

　第1のサブテーマ「経営学の再構築―新しいあり方を求めて」に関しては3名による報告がなされた。第1の報告は，金井壽宏「有能感，自己決定，フロー経験と自己実現―これまでの経営学のモティベーション理論を超えて―」である。金井は，現代経営学を再構築するための課題はいくつかあるとしたうえで，自分の関心分野であるモティベーション論を取り上げる。既存のモティベーション論では，現実の問題を解決できなくなっているとして，金井は，有効なコンセプトを古典や基礎学問分野から探し出してモティベーション論に取り入れたり，モティベーション論を超える地平に立つことが必要であるとする。

　このサブテーマに関する第2の報告は，貫隆夫「情報資本主義時代の経営学」である。貫は，現代の経済システムの変化の様相を示すキーワードは「グローバリゼーション」と「情報化」であると指摘し，しかもグローバリゼーションは情報化の結果であると位置づける。この情報化が経営に対して及ぼす影響に注目し，それに経営学がどう対応すべきかという点が貫報告の主題である。それによれば，情報が基幹商品となり競争力の源泉となるに伴い，次のような変化が生じる。(1) 労働時間の管理より創造性の管理が重要となる。(2) アイディアや企画に従って資本が動く。(3) 知的所有権は開発に成功した企業のみに付与されるため共同開発のための戦略的同盟など新たな企業間関係が構築される。(4) 情報商品は共有性を有するため排他性が弱く，また陳腐化が早いので，企業は絶えず新しい情報・知識を産出する必要がある。(5) ネットワークによりグローバルな規模で電子情報空間が形成され，人類に新たな相互関係が生まれる。これらの結果，企業経営にとっては陳腐化の早い市場への即応性と従業員の創造性を高めることが課題となる。それに対応して経営学も，経営行動と社会的・長期的合理性との整合性を認識し

ていく必要がある。貫はこれをマクロ経営学の構築の必要性と呼んでいる。

　第3の報告は，川端久夫「近代組織論の再構築」である。近代組織論は日本では長いこと「バーナード・サイモン理論」として認識されてきたが，川端はサイモンがバーナードの理論を継承したことを認めつつも，二人の理論を一体扱いすることを疑問視する。川端によれば，二人の理論を複合体としてパラダイム化したのは馬場敬治による営為であり，これが日本独自の理解を形成した。しかし，理論として見た内容はバーナードよりサイモンの方が緻密であり，近代組織論はバーナードの濃度を低めサイモンの濃度を高めることが必要である。はたして近年の研究では，そのような方向性が見られ，日本独自のバーナード・サイモン理論は解体し再構築の方向にあると，川端は結んでいる。

◆ 企業活動と市民生活

　第2のサブテーマ「企業活動と市民生活」に関しては2名による報告がなされた。その第1は，渡辺峻「雇用管理の複線化と職業生活―企業活動の市民生活に対するインパクトの一断面―」である。渡辺によれば，人事・労務・雇用の管理システムは，近年，画一的・一元的な形態から「緩やかな個人主義」を前提にした多様化・柔軟化した個人別の能力主義的な管理へと着実に移行している。多様な人材を多様な形態・条件で採用・処遇するこうした「複線型の雇用管理」が個々人の職業生活に及ぼすインパクトには2つの側面がある。一つは，個々人の格差を広げ労組機能を弱める可能性を有するという一面であるが，同時に自主的で自立した個人を育成するという一面を有し，そこで生み出された多数派が社会的自覚や民主主義的意識と結合すれば，個々人の成長発展を促進する契機が生まれる。それゆえ，労組が力を再生し個人が社会化して連帯すれば，企業・社会・家庭のあり方も生活者の立場に立ったものに変化する可能性を持つ。労組や個々人の主体性に大きな期待を込めた条件付きの可能性ではあるが，渡辺は「展望」を示すのである。

　「企業活動と市民生活」に関する第2の報告は，村田和彦「企業活動と市民生活」である。村田報告は，まさにサブテーマをそのまま正面から受けとめ自己の報告テーマとしている。村田は，市民概念を「自己の生活を主体的・

自律的に営む人間」と理解したうえで，資本主義下では市民の消費生活や生産生活は，企業によって画一化の方向へ誘導され，主体的判断や生活を営むための熟練を喪失すると述べる。そのうえで，村田は，市民の消費行為の中にも快適性，利便性を求めて自己の生活労働を外部化する性向がある以上，それが企業の活動を助長させる側面があるとして，「市民自身も商品の取捨選択に関して内省しなければならない」と訴える。

◆ 企業活動と規制

　第3のサブテーマは時事的な課題である「企業活動と規制」であり，3名による報告がなされた。その第1は，桜井徹「規制緩和の日独比較―運輸業を中心として―」である。1980年代後半以降，公益事業，金融・流通，労働などの広範な分野で，公的規制の緩和政策が議論され実施されつつある。桜井によれば，この規制緩和策の背景には，公的規制を経済的規制と社会的規制とに分け，前者については原則的に廃止し後者についても自己責任原則を前提として必要最小限にするという「公的規制の2分論」の考え方がある。この2分論について，桜井はトラック事業を例に日独の比較を試みるのである。結論として，日独共に，「経済規制の緩和」は予想通り競争激化（中小企業の倒産）をもたらしているが，「社会的規制の緩和」は効果的に実現されているとはいえない。また，日本では輸送効率の低下が見られる一方，独では環境保護を目的とする自動車交通の抑制策が採用されつつある，とそれぞれの事情を紹介している。

　規制緩和に関する第2の報告は，上田慧「『規制緩和』と規制改革―ネットワーク論の視点から―」である。上田は，規制緩和が(1)新たな寡占化・系列化をもたらす傾向はないか，(2)逆に細かい行政指導や政省令が必要とされるパラドックスを生じないか，(3)現実に格差が大きい企業間に「公正かつ自由な競争秩序」を保証するシステムが与えられているか，を検証する必要があるとする。上田の見るところ，現在の規制緩和論は大企業の系列強化，多角的市場支配と寡占化を促進する点で，企業間の競争条件を悪化させている。規制緩和は，現代企業の新たな経営戦略と関連し，雇用面の規制緩和もそれに対応している。そのような中で，オープン・ネットワークが新し

い取引形態を生みつつある。規制緩和による系列化や寡占化の中で，ネットワークによる自立的経営の競争領域を狭めることがあってはならないと，上田は訴える。

第3の報告は，菊池敏夫「企業行動と政府規制―自律的経営システムの条件の探求―」である。菊池報告の目的は，「企業行動に対する政府規制を検討し企業の経営管理における自律性を確立するための条件を検討すること」である。菊池があげる第1の条件は，企業内の意思決定の価値前提の中に倫理的価値を導入し，それを成文化ないし制度化すること。第2の条件は，コンプライアンス機能の確立であり，制度化された価値基準が管理活動および業務レベルで実行されているか否かについて監視・監査する部門が設置され機能していることである。仮に自律性が喪失すれば，規制によらざるを得ない。規制はすべて緩和・廃止すべきではなく，どの領域からはずし，次の規制領域はどこかが政策的に検討されなければならない。それを決めるのも実は企業の自己規制力であると，菊池は結論する。

3-3　今日の視点から

第70回の記念大会ということで，テーマも「現代経営学の課題」とオーソドックスなものとなった。もっとも，このテーマも厳密に検討するならば，現代における経営学自体の方法論的内省を問うているようにも解釈できるし，現代の経営学が取り上げるべき現実の企業経営上の問題は何かを問うているようにも解釈できる。果たして，サブテーマとして掲げられた3本の柱を見ると，「経営学の再構築―新しいあり方を求めて」は前者の解釈に即して導かれたテーマであり，「企業活動と市民生活」および「企業活動と規制」は，後者の解釈に即して導かれたテーマであるといえる。

第1のサブテーマに掲げられた「経営学の再構築―新しいあり方を求めて」という表現が，既存の経営学に対する反省もしくは批判の表明であることは明白である。このサブテーマの目的は「現在の状況下での経営学のあり方ならびにアイデンティティを問う議論をすることがねらいである」とされた。貫報告は全体的視点から，金井報告と川端報告は専攻分野に特化した各

論的視点から，再構築を論じているが，このセッションが経営学のアイデンティティを問う議論に発展したかどうかは疑問である。プログラム委員会委員長の基調報告には，「多元性，多様性あるいは個別性は現代経営学の特色であって，それがすっきりした姿になるとは思えない。統合化のための有効なプログラムは目下存在していないようにみえる」という指摘がある。総合科学の様相を呈して，いわば何でも有りの方向へ発展したのが経営学の現実である。このサブテーマに期待されたのは，経営学の統合化への道筋の提示であったのかも知れないが，それはこのセッションでは果たされず，そして20年を経たいまでも，なお果たされていないといわなければならない。当時に比較して，経営学における何でも有りの様相は一段と度を増している。総合科学化したと言えば聞こえはよいが，それは経営学が学問としての統合性，アイデンティティを喪失し分解したということに等しい。現代経営学の社会科学としてのアイデンティティはいったいどこにあるのだろうか。

　第2のサブテーマ「企業活動と市民生活」と第3のサブテーマ「企業活動と規制」は，いずれも現代経営学が取り上げるべき現実の企業経営上の課題として掲げられたものである。ただし，「規制」の問題は，当時急速に進められることになった規制緩和政策を直接の念頭に置いているが，「企業活動と市民生活」という抽象性を帯びたテーマは，時事問題というより周年記念の大会であることを意識して「企業（資本主義）と人間」の問題をじっくり考え直そうという構想の下に設定された現実問題かと思われる。渡辺報告は従業員・労働者という「生活者」の，村田報告は従業員や消費者という「市民」の主体性の復興を期待しているが，現実に事態はそのような期待された方向へ進んだのであろうか。表向きの労働環境の改善や消費者保護の制度化は確かに見られるが，過労死や産地・賞味期限の偽装表示などがなくならないのはなぜであろうか。市民が主体性を持ちうるための社会的教育プログラムが必要であろう。

　規制緩和の動きを背景にした第3のサブテーマは，現実性の高い報告となった。日本の場合，政府による産業界への規制・介入は明治政府があらゆる分野にわたって「世話」を焼いたことに始まる。福沢諭吉や渋沢栄一は政府規制に強く反対し，その弊害に警鐘を鳴らしたが，政府の世話焼き姿勢は

変わることなく，結果として産業界の自己責任感覚を削ぎ「お上」への依存体質を強めることになった。お上が決めたことに従っておけば，苦境に陥った時にもお上が補助金や免税阻止などを発動して救済してくれるという「甘え」の精神構造が，平成の時代まで継続してきたのである。

ミクロ的には，既存の業界秩序に挑戦する革新的な企業家が競争条件の公正を求めて規制の廃止を訴え，孤軍奮闘した末に成果を上げるという個別事例は見られた。しかし，マクロの動きとして規制緩和を日本政府に迫ることになったのは，内発要因ではなく，上田報告が指摘するように日米構造協議をはじめとする「外圧」であり，グローバリゼーションの波であった。外国資本との競争から実質的に保護されていた大企業の対抗策は，基本的にM&Aによる再編であり，一方，中小企業は過酷な荒波にもまれることになった。桜井報告にあるように，規制緩和の結果の一つは中小企業の倒産の増加である。上田報告は，規制緩和に伴う総合的な状況と検討すべき問題点を整理して描写している。規制の緩和や廃止といっても，それは競争を野放しにするということではなく，あくまでも倫理や節度を踏まえたうえでの自由競争を意味する。倫理や節度が保たれなければ，新規の規制もやむを得ない。この点を強調したのが菊池報告である。

3報告ともに，規制緩和に批判的もしくは慎重な論調になっているが，それは政府規制を残せ，継続せよということではなく，無責任な緩和への批判であることに注意する必要がある。規制によって誘導されてきた既存の競争風土が，規制廃止によって公正な秩序を回復できなければ，かえって状況は混乱し，歪みを増す恐れがある。野生動物を飼い慣らしてしまった後で，動物愛護に反するからと飼育をいきなり止めて野生に放すことには，無条件に賛成できないのと同じである。

大きな流れとしてみれば，規制緩和は基本的に進みつつあり，企業には自己責任原則が問われるようになった。それでも許認可権は政府・官界の特権の一つであり，政府・官界が組織の自己保全を図るために特権に固執するという面がないではない。2020年東京オリンピック・パラリンピックの招致決定後に新国立競技場の設計変更を行ったり，豊洲市場の完成を目前にして安全性を理由に開場を延期したりと，国や東京都に見られる失態は，「公」

すなわち政府や地方自治体が巨額の税金をいかに無責任に無駄遣いしているかを，嫌というほど示している。競争にさらされることのない「公」に規制の権利を委ねる危うさを考えると，公的規制は極力最小限にとどめるべきである。そして，そのためには産業界があらためて自己責任と倫理を確立することが必要である。

　最後に，学会の周年記念との関わりでいえば，筆者は第50回大会には一会員として出席し記念講演を印象深く聞いた。20年後の，本章で紹介した第70回大会時には，学会事務局付きの幹事をしており開催校の一員でもあったから，在外研究中のアメリカから一時帰国して裏方を務めた。それからさらに20年後の第90回大会では，まさに本書を通じて記念事業の手伝いをしている。一経営学徒として，経営学会に支えられてきたことを感謝しつつ本章を閉じることにする。

第 9 章 　第71回大会〜第73回大会

森本三男　MORIMOTO Mitsuo

1 ▶ 第68集
『環境変化と企業経営』(1998年)

———————————————————————— 第71回大会(1997年)

1-1　統一論題とサブテーマの設定趣旨

　第71回大会(1997)は,「環境変化と企業経営」を統一論題として関西大学で開催された。この統一論題は,「地球環境と企業経営」,「アジアの発展と企業経営」および「情報化・国際化と企業経営」の三つのサブテーマに細分された。このような論題とサブテーマの設定は,学会が21世紀を目前にした当時の企業環境が大きく変化しつつあると認識し,「環境変化」の主要問題領域を,地球環境(生態系の汚染・破壊,資源枯渇等),アジアの発展(事業環境としての東アジアの重要化),情報化と国際化(経済社会環境の変革趨勢)にあるとし,それらへの企業,特に日本企業の対応が喫緊の課題であると判断したからにほかならない。

1-2　サブテーマ「地球環境と企業経営」に関する報告

　経営学における環境問題が高度経済成長の負の随伴現象である公害問題(地球環境＝生態系の汚染・破壊)に始まったのは歴史的事実であるが,その後のこの問題への対処は,一方では企業による環境管理の充実(内部的対応)に展

開し，他方では企業のあり方と責任の議論(外部的対応)に発展していった。

　このサブテーマの3報告のうち，石山伍夫(日本大学)の「企業における環境管理システム―その機能と構造―」は，内部的対応の報告であり，各種の国際的・国内的規制に対応しつつ，企業の持続的発展のために環境管理を整備・充実すべき諸策とその問題点を論じている。これに対し青山茂樹(静岡大学)の報告「地球環境問題と企業の社会的責任」は，外部的対応の報告であり，日本企業の環境管理の立ち遅れの根本原因は，環境マインドの低さにあるとし，これを是正するには，社会的な規制と監視が不可欠であるとする。

　これら両報告は，それぞれ重要な論点を内包しているが，統一論題の「企業経営」の視点からすると，石山報告は，環境管理の充実が企業の持続的発展にいかに寄与するかの論理構築は背後に押しやられ，その積極的効果が自明の前提とされている。他方の青山報告は，「企業マインド」の内容とその効果には論及が見られず，企業を客観的存在としてその対外的影響を鳥瞰図的に批判するにとどまり，対外的責任に対する経営の主体的行為の経営学的議論が欠落しているうらみがある。

　対内・対外両側面を踏まえたのは，中丸寛信(甲南大学)の報告「企業における環境管理の現状と今後の課題」であった。そこではまず持続可能社会に向けた企業の役割と責任を論じ，環境管理の現状をPDCAの実践(管理サイクル)として把握し，その態様の多様性と限界を考察している。実践の多様性の根底には，環境対応の思想(青山報告のいう環境マインド)の混乱があるとし，その内容を技術中心主義と自然中心主義に大別し，両者をさらに2分して4者に整理したうえで，当時の実践状況は①から②へと移行しつつあるとした。

　　a．技術中心主義：人間の英知による技術進歩が問題を解決する。
　　　①　技術楽観主義(豊饒主義者cornucopians)：人間の能力と技術進歩は無限であり，市場メカニズムによるそれらの活用によって地球環境問題は解決できる。
　　　②　調和型開発主義(環境管理者environmental managers)：適切な環境管

理の下で開発と環境保全を両立させるべきであり，またそうすることは可能である。
b．自然中心主義：自然の摂理に逆らってはならない。
③ 地域社会主義（自己信頼者 soft technologists）：適正技術とローカル資源による小規模開発を是とし，この方向に行動すべきである。
④ ガイア主義（Gaiaism, deep ecologists）：自然生態系の保全，持続可能性原則を絶対視し，これをすべての人間活動の規範とすべきである。

報告は，②～④の思想に関連して，地球環境の持続可能性（sustainability）を実現する行動指針として，資源の利用基準の提唱，例えば資源利用速度を資源再生速度以下に落とす等があるが，これら基準を含め，現行の環境管理に関する外的規制と内的諸策では，環境問題が解決するとは思えない，と結んでいる。

中丸報告は，統一論題に正対したが，内外諸説を取り込んで独自の有効で説得力のある経営原理の確立を目前にして終わった感が深い。これは報告者の論究不足ではなく，当時の実践の蓄積も理念の整理から確立への展開も不十分な状況，それらを反映した理論研究の未成熟と課題を示していると見るべきであろう。

以上の3報告は，環境適応の見地からすれば，それぞれ内部的適応，外部的適応，および適応の原理を問題にしているが，当時の日本の企業と経営学が地球環境問題について何をどのように考えて実践していたかを示している。その後，日本はともかくも地球環境問題を克服し，途上国の同種問題に知識・経験・技術を提供するまでに発展するが，そこに至る苦闘の思索と実践の経過をこれらの報告にうかがうことができる。

1-3　サブテーマ「アジアの発展と企業経営」に関する報告

この当時，アジア特に東アジアでは，日本の高度経済成長に触発されてまず韓国・台湾を先頭にNIESが急速に工業化を推進して先進国を急追し，中

国は鄧小平の「南巡講話」を契機として経済の改革開放に向けて市場経済化を開始していた。こうした中で日本の経営学は，日本企業の国内生産・輸出依存の戦略と体質の変革，海外進出やそれに伴う「空洞化」問題の研究に追われていた。

徳永善昭（亜細亜大学）の報告「地域市場の発展とリージョナル・マネジメント―地域統括会社の役割から―」は，アジアを急速に成長しつつあるリージョナル・マーケットないしエマージング・マーケットと認識し，それに対応する戦略として，現地に進出した生産・販売の子会社を調整する地域統括会社の必要性と役割を論じた。すなわち，これまでの国内市場と海外市場の区分に対応する親会社（本社）と子会社（現地）の2層構造に加えて，中間に地域市場とそのための地域統括会社を介在させた3層構造を提唱する。その地域統括会社の役割は，地域子会社の①持株，②調整・支援，③戦略中枢の3機能にすべきであるとし，その細目と現状を日系先進企業の現地実態調査によって検証している。

徳永報告の中間的統括という指摘は，その後の日本企業の国際展開に照合すると，基本的に妥当であった。ただし，中間的統括は，業種によって地域別統括（例，自動車，金融）と製品別統括（例，電機）に分化・進展し，戦略と組織の適合理論が構築されていく。徳永報告は，このような実践と理論の展開に先鞭をつけた意義をもっている。

佐藤義信（愛知学院大学）の報告「東南アジアにおけるグループ戦略の新展開―トヨタ自動車のケースを用いて―」は，東南アジア自動車市場の実態とそれへの適応を，トヨタ自動車について分析し，「日本，台湾と中国におけるグローバル型企業の国際分業について」と題する劉仁杰（台湾・東海大学）の報告は，工業化段階の異なる国・地域間の企業間・企業内分業が，垂直分業から水平分業に推移することを，日台と日中にまたがって事業展開している日本企業の事例により検証している。佐藤報告は，「グループ経営」の細目を強調しているが，統一論題報告としては，現地グループの細目よりも日本の本社や事業との関係を含めた経営構造の解明に注力すべきであった。また，劉報告の事例分析そのものは，その後の日中台の経済的・政治的パワーの変化を考えると一般化に難があるが，報告が提起したグローバル化による

国際分業の変化ないしそのあり方という命題は，重要な指摘である。同時に，国際化の背後につきまとう負の側面としてカントリーリスクを見逃すべきではない。

以上の3報告は，日本企業の東アジア進出がまだ初期の試行錯誤段階にあることを示しているが，その後の展開の課題を予示した点に意義が認められる。

1-4 サブテーマ「情報化・国際化と企業経営」に関する報告

このサブテーマの前段の情報化・国際化は，変容する企業環境の世界的な基本潮流を示すものであり，その広範な含意をどのように規定するかが，報告の視点と内容を，つまり経営学的意義を決定的に左右することになった。

情報化・国際化を広角的視座でしかも歴史的に理解すべきであるとしたのは，齋藤貞之（北九州大学）の報告「ドラッカー知識社会論について―現代経営学の課題―」である。ドラッカーは，現代を産業社会から離脱してそれと「断絶」する時代であるとし，このようなポスト資本主義時代の中核概念は「知識（knowledge）」にある，とした。報告はこのような知識社会論に依拠しつつ，現代経営学の課題を探究する。知識は有用性（utility）をもたらし，財を生み出す一つの資源とみなされるから，それは「行動にとって有効な情報」「成果に焦点が当てられた情報」である。こうした知識の利用は，まず肉体的仕事（work）への組織的・目的的適用として体系化されたが（科学的管理），知識社会では知識の「知識それ自体」への体系的・目的的適用が必要になる。既存知識を目的的・組織的に適用して最善の成果を上げるかを見出す知識，これこそが「マネジメント」に他ならない。したがって現代経営学の課題は，「知識適用の革新」すなわち「マネジメント革新」であり，それは必然的に既存知識の適用の破壊を内包した創造的破壊すなわちイノベーションになる。かくて，イノベーションこそが最重要かつ喫緊の経営の研究と実践の課題である，と結論する。

齋藤報告は，サブテーマの情報化と企業経営について大局的視点から学説的に論議しているが，知識・情報には本質的に国境がないということであろ

うか，国際化については全く言及がなかった。この点で対照的に，知識の仕事への適用の次元では国際的に相違があることを検証しようとしているのは，篠崎恒夫（小樽商科大学）の報告「ジャパナイゼーション・ボルボ軌跡・トヨタ実験」である。

篠崎報告は，トヨタ生産方式（lean production system）とボルボ社による一連の自動車生産改革を交織させつつ，両者を共通面と異質面から分析し，両方式を融合する可能性を模索した。両方式は，危機意識をもって環境変化を受け止め，情報，特に理念の共有に基づく独自の全社的革新を推進した点で共通している。しかし結局のところ，両者の融合は不可能と結論した。それぞれの置かれた状況，とりわけ社会・文化の基盤が相違していたからである。ただし，日本側は労働の人間化に多くを学び，スウェーデン側は製品開発，供給業者との長期的協力関係，規律重視のQCについて多くを学習したという。

サブテーマに即していえば，篠崎報告は，知識の移転である情報化には障壁がないが知識の適用としての国際化には制約がある，という重要な示唆を与えている。

太田進一（同志社大学）の報告「情報ネットワーク化と企業経営―外注化，世界化，協調化，仮想化を中心に―」は，サブテーマに正対して経営レベルで問題を考察している。まず当面の環境変化の量的・質的様相を，大競争化・情報網化，双方向化に集約する。大競争化（メガコンペティション）は，鎖国的ブロック経済が世界経済に組み込まれつつある状況をいう。情報網化は，LAN（企業内）からINTERNET，INTRANETへの展開であり，VAN（付加価値情報網）の可能性の拡大である。これらは，従来の下請けのような一方向性（支配と従属）の関係に代えて，双利共生型の関係を基礎にする。これらの環境変化の様相に情報化と国際化というサブテーマを重ねると，外注化，世界化，協調化，仮想化という経営課題が浮上する。外注化の徹底はアウトソーシングになり，情報化とあいまって世界中から即時に必要かつ最善の資源を調達することを可能にし，ファブレス製造業のような経営モデルが成立する。外注化の本質は専門性の相互提供であり，その範囲はグローバルである。このような情報網で結合された相互依存性の高い企業集団が共存を全う

するには，戦略的提携（アライアンス）以上に濃密な相互信頼の協調を維持しなければならない。そこでのコソーシングが一層高い付加価値を生み出すように機能する様相は，「ヴァーチャル・コーポレーション」と呼ぶ仮想化である。その実態は，図面も模型も使用せずネットワーク上で多数の企業が国際的に連携しつつ，巨大航空機を生産している例によって感得できよう。なお以上のような展開は，組織変革（権限委譲，職務拡大，チーム制等），人事改革（採用や教育訓練の刷新，処遇の見直し等）など，経営全般のイノベーションとあいまって初めて可能になる，と報告は付言している。

　太田（進一）報告は，全体として，その後の企業経営の変容の基軸を的確に予示したばかりでなく，経営学の各分野における研究課題を情報化や国際化の環境変化の趨勢に目配りしながら提示した点で，その意義は大きい。齋藤報告が経営学の現代的課題を一言でイノベーションとして集約したことに重ね合わせれば，それを企業内外の領域における具体的な理論的・実践的課題として示した点に，太田（進一）報告の真価を認めるべきである。

1-5　第71回大会統一論題報告の経営学的意義

　経営学における環境問題は，地球環境問題から企業環境全体の体系的認識へと展開し，企業環境は物的・経済的・社会的・技術的などの下位環境を内包し，外部環境と内部環境から構成される一つの3次元システムとして理論化され，そうした環境の中で行動する企業は，内外環境，特に外部環境の変化に適応することが最終的経営課題であるとされるようになった。統一論題の問題意識は，このような企業環境論を前提とし，そこから環境変化とそれへの適応の重要問題領域として，三つのサブテーマを設定したと理解できる。

　三つのサブテーマに関する9報告を通観すると，21世紀を迎える企業経営の問題すなわち経営学の中心課題が，内部環境の合目的的整備（内部管理）から外部環境の変化への適応（戦略経営）に移行していることが明示的か暗黙裡にうかがわれる。これは，ほぼ20世紀と共に始まった経営学の展開が，科学的管理による現場管理から内部管理の体系化・総合化を経て，経営活動全

般の戦略的行動の次元へと拡充してきた経緯からすれば，当然の成り行きであった。論者によっては，この傾向に情報化と国際化の趨勢を加えて，今や経営学の課題は戦略経営から知識経営へ，内部効率指向から外部環境適応指向へと推移しつつあるとしている。こうした広義の環境適応のための企業システムと経営戦略のあり方が21世紀を迎える経営課題になることを，この大会は示したのである。

2 ▶ 第69集
『21世紀の企業経営』(1999年)

────── 第72回大会（1998年）

2-1　統一論題とサブテーマの設定趣旨

　第72回大会（1998）は，「21世紀の企業経営」を統一論題として，札幌大学で開催された。大会プログラムの趣旨説明によれば，21世紀を目前に控え，企業経営の諸問題に思いを馳せる好機として，現状認識と将来展望に通例より長いタイムスパンを取り，将来展望にやや力点を置いた議論を行いたい。そのために，この論題を「新時代の企業システム」および「アジアと日本」の二つのサブテーマに具体化する。前者では，営利企業の位置づけ，戦略的提携，組織と労働のあり方，企業統治等，報告者の視点から21世紀の企業システムないし経営システムを論じてもらう。後者では，グローバリゼーションの中で重要度を高めているアジア諸国との相互依存関係を展望し，異文化環境と経営等，量的発展と質的転換の両側面を考察してもらいたい。これらを通じて，「経営学が21世紀の学として存続するために我々は何をなすべきか？」を問いかけるのが統一論題の趣旨である，としている。

2-2　サブテーマ「新時代の企業システム」に関する報告

　4人が報告したが，統一論題の21世紀という長い時間幅の中で「新時代」をいかに認識し，「企業システム」という経営学の基本概念をどのように定義するかにより，報告の性格と内容が多様化すると予想された。

太田肇(滋賀大学)の報告「ワークスタイルの変化と組織の革新」は，人間が組織に関与する姿勢，換言すれば組織に対する個人の指向，より具体的には個人の働き方ないしキャリア形成のスタイルが変化しつつあることに新時代の特質を求め，その変化に対応した組織の革新が企業に求められるとする。新時代の人間像は，既にプロフェッショナルと呼ばれる職種に典型的に見られるもので，「仕事人モデル」と呼んで普遍化することができる。こうした人間モデルに対応する組織としては，先行研究にある「有機的組織」を超えて「インフラ型組織」がふさわしいと提唱する。

　太田(肇)報告は，論題設定の趣旨に例示された近未来の組織と労働の問題についての報告であり，その限りにおいて有意であるが，結論的鍵概念「インフラ型」の理論的裏付けと内容が明示されず，組織一般論を超えた企業システムとしての検討が判然としない。

　岡本博公(同志社大学)の「生産システム・事業システム・企業システムの展開」と題する報告は，企業を生産・販売・購買のシステムとサプライ・チェーンに即して定義し，それを21世紀型事業システムとして構築するには，現場活動単位・事業単位・企業の3層構造，および戦略的提携・アウトソーシング・ヴァーチャルコーポレーションといった外部関係，の内外二つの視点を加味して，「統合的システム」として把握する必要がある，とする。

　岡本報告を組み立てている個別の内容には既に論じられたものが大半であり，経営学的に興味を引くのは，統合的システムの「統合的」の21世紀的含意である。残念ながら，この点を深耕した形跡は乏しい。前節の太田(進一)報告のように，新時代の趨勢を情報化や国際化に求め，それらに対応する経営の視点を設定するような展開が望まれた。

　「21世紀の日本企業の課題」と題する厚東偉介(早稲田大学)の報告もまた，サブテーマへの真っ向からの取り組みである。企業は「多重的合成システム」であり，その多重性の源泉である経済的・社会的・文化的・政治的・法的・技術的・エコ的等の要請に応えなければならない。加えて，日本企業の場合には，日本的特質に起因する課題も抱えている。これらに日本企業の当面している国際化，情報化，人間化等の時代的要請を加味して，報告は，具体的に広範・多岐な「課題のリスト」を提示した上で，日本企業にはそれらを成

し遂げる組織能力があるし，それが「現在もあることを認識すべきである」としている。

　厚東報告の示すステークホルダー・アプローチによる企業システムの概念は，明確でしかも精緻である。その企業システムの当面の課題は，具体的であるが羅列的例示の観がぬぐえず，課題を遂行する「組織能力」については，その存在の確信は是とするが，課題遂行の統合的推進力としての経営理論的論考を深める必要があるのではないか。

　小松章（一橋大学）の報告「コーポレート・ヘゲモニー―Neoinstitutionalism の立場から―」は，サブテーマを強く意識し，新時代の企業システムの本質と課題を考察した。日本では，日本型企業システムは崩壊し，アメリカ型を追随する法改正やグローバリゼーションもあって，新古典派経済学ないし new institutionalism の企業観が流布している。それは合理的人間像と市場原理を理論的拠り所とし，株主の所有・支配・統治，企業価値最大化を行動原理とする企業システムである。だがアメリカにさえ，こうした見解への批判がある。その中に，自由意思主体人間観，制約と競争により経済制度は進化するとの二元論を基礎とした制度学派の流れが，1960年代以降にプラグマティズムと結合して neoinstitutionalism と自称するようになった学派がある。これは，日本語訳では同じ「新制度学派」になるが，上記の new institutionalism とは全く別のものである。その neoinstitutionalism の論者 W.M. Dugger は，帝国型コングロマリットを典型とする巨大企業が支配する現代経済では，グローバリゼーションが要請する規制緩和とは正反対の，コーポレート・ヘゲモニーに対する規制と民主化のための諸制度が必要，と主張している。

　学説紹介の形を取った小松報告は，サブテーマ「新時代の企業システム」に関連して，二つの重要な課題を提起している。第1は，コーポレート・ヘゲモニーを強調する企業システム論は，経営学がほぼ共有する Berle=Means 以来の制度学派的企業観，さらにはその展開と見なされるステークホルダー・アプローチとどのように関連するのか。修正か，発展か，代替か，それとも全く異質の企業観か，という理論的課題である。第2は，アメリカ型企業システムをひたすら追随している日本の法制度改変とそれに拘束されて

いる日本企業の現実に，経営学の立場からいかなる改革を訴えるべきか，という実践的課題である。

2-3 サブテーマ「アジアと日本」に関する報告

　アジアがサブテーマに登場するのは2年続きである。日本とアジア諸国との関係の急展開が背景にあるが，3人の報告はこの点をどう認識したであろうか。

　汪志平(札幌大学)の報告「中国における私営企業の行動様式」は，改革開放初期，つまり1980年前後から1990年代前半の中国の私営零細企業の実態と動向を描写している。文化大革命によって圧殺された私営零細企業は，改革開放によって経済の重要部分として復活されたが，中国経済での比重は小さく，育成策は消極的で，その後の発展の足取りは重いという。だがこの報告には，日中関係への言及は皆無である。情報の乏しい改革開放前後の中国の私営零細企業に関する知識としての意義はあるが，既に郷鎮企業の躍進，国有企業改革，股份(株)制等の研究が相次いでいた中では，端役にスポットの観がある。

　佐護譽(九州産業大学)の報告「韓国労使関係の現状と展望」は，韓国の労使関係について，法制・制度・慣行の変遷を通観しつつ，その特色と課題を明らかにしている。しかし，統一論題に即した21世紀への展望，サブテーマに即した日本との関係，特に日韓経済交流に伴う相互作用の積極・消極面については言及がなく，韓国の事情説明に留まっている。

　佐護報告に先立つ国際化の初期，中小企業を含む日本企業の一部は，主として低労務費を求めてNIES韓国に進出したが，過去の日韓関係の特殊事情に影響された，他国には見られない政治色の強い過激な労使紛争の事例が少なからず発生した。政治と経営，国際化とカントリーリスク，リスクマネジメント等の課題を含むこの教訓は，日本企業のアジア進出問題に留まらず，国際経営論に大きな影響を与えると思われる上に，若干の事例研究が既に存在するにもかかわらず，なぜ全く取り上げられなかったのであろうか。

　大石芳裕(明治大学)の「在アジア日系企業における国際ロジスティックス

戦略の展望―タイ自動車企業の課題―」と題する報告は，タイ通貨バーツの暴落(1997)に当面した在タイ日系自動車関連企業が経営危機に陥った際に，いかなる適応行動を取ったか，そこから得られた教訓は何か，その経過と対応を詳細に分析している。

　為替相場の変動，特にその激変は，国際化した企業の経営に重大な影響を及ぼし，時には死活問題になる。この問題は，国内だけで完結している企業には発生しない国際化に伴うしかも今後頻発する可能性の大きな経営問題である。国際化時代，この問題を詳細に析出した大石報告の意義は大きい。だが率直に言えば，統一論題報告としては，せっかくの貴重な教訓を特定の産業・企業の問題に局限して矮小化するのではなく，国際化企業一般に適用可能な経営理論構築の方向に展開して，より大きな意義を持たせてほしかった。

　具体的に指摘しよう。報告が提示した知見の中に，通貨変動の影響を同国の複数の産業がどのように受けたかを示すデータがある。それは，調達と販売を2軸とし，各軸を国内（現地）と国外（母国）としたマトリックスである。それによれば，国外調達・国内販売戦略を取る輸送用機械（自動車を含む）産業は，絶不調に陥った。これに対し，国内調達・国外販売戦略を取る繊維・食料品産業は，現地通貨安が追い風となって好調になった。また国内調達・国内販売戦略の化学産業はやや不良であったが，国外調達・国外販売戦略の電気・電子機械産業はやや良であったという。この知見は，為替変動という一つの環境要因の変化が，産業により，さらには個別企業ごとに異なる結果をもたらすことを示している。統一論題報告としては，このような現象を理論化すべきであったのではないか。経営戦略論には，資金の流れの推移に対応した製品ポートフォリオの理論が存在するが，国際化に対応して為替変動を資金の流れに組み込んだ戦略理論は，少なくともこの段階では未開拓である。

　「アジア」関連サブテーマは前年に続き2年目となったが，アジアと日本の関係についての論究に乏しく，この点に限れば前年の大会に上乗せする成果はなかった。そうした中で，為替問題を戦略論に取り組む手掛かりが提示されたことは，国際化がますます進展すると想定される21世紀の経営学の展

開に，意義ある一石であったとしたい。

2-4　第72回大会統一論題報告の経営学的意義

「21世紀の企業経営」という統一論題は，過去約1世紀の歴史を持つ経営学の世紀末の課題としては，重すぎたかもしれない。そのせいか報告者は，統一論題はそれとして横に置き，目前の具体性の高いサブテーマそのものについてはそれなりに取り組み，その限りで経営学研究の前進に寄与する相応の成果を残した観が強い。

　第1のサブテーマ「新時代の企業システム」について，21世紀の企業経営問題の検討に役立ちそうないくつかの新しい命題の提示が見られたが，その説明に注力することに追われたせいか，これまでの企業システム論とのつながりへの配慮が弱く，経営学特に企業論の新世紀を目指す展開という要請からは，さらに掘り下げる論点を提示する出発点の役割に留まったと感じさせた。

　第2のサブテーマ「アジアと日本」について，上述したように「アジア」はその重要性から2年連続のテーマとされたが，統一論題はもとより，前年の報告やこの1年間の現実の急速な展開と変容は殆ど報告に反映されず，アジア関連の経営学研究の進展への寄与が薄かったと言わざるをえない。欲を言えば，アジアと日本の関係を基礎にしたスケールの大きな本格的経営研究，例えば同時期に発表されているChen, Min (1995) *Asian Management System: Chinese, Japanese and Korean Styles of Business*, Routredgeのような成果（同書は日中韓の企業を儒教の視点から考察している）の出現が，アジアの中で経営学研究の先達である日本の学界から出て欲しかった。この大会後，アジア特に中国と日本の関係について個別細目の研究は急速に積み上がったものの，当面する問題の実証研究が多く，経営の深奥に肉迫する理論的成果は乏しいと言わざるを得ないのが実情である。

3 ▶ 第70集
『新しい世紀と企業経営の変革』(2000年)

—— 第73回大会(1999年)

3-1 統一論題とサブテーマの設定趣旨

　同志社大学で開催された第73回大会 (1999) は，「新しい世紀と企業経営の変革」を統一論題とし，「グローバル・スタンダードと企業経営の変革」，「規制をめぐる諸問題と企業経営の変革」および「経営者の役割と企業経営の変革」の3本をサブテーマとして設定した。大会プログラムによれば，21世紀を目前にした世界は，グローバリゼーションと組織離れの大きなうねりの中にある。企業はこうしたうねりに対応する変革を要請されている。グローバリゼーションは，国境を越えた経営活動のルールや慣行の形成と，それらへの適合がなければ成立しない。組織離れは，市場と企業の関係や企業間関係から組織と個人の関係に及ぶ広い問題を含んでいる。企業の変革はまた，規制という視点から再検討する必要がある。さらにまた経営学としては，変革を推進する中心主体としての経営者の役割を，改めて考える必要がある。以上が統一論題とサブテーマの設定趣旨であるとされた。

3-2 サブテーマ「グローバル・スタンダードと企業経営の変革」に関する報告

　経営の国際化の規範としてグローバル・スタンダード (以下「国際標準」) の重みが急速に高まった中，このテーマについて3人が報告した。
　中原秀登 (千葉大学) は「研究開発者のグローバル・マネジメント—日本，英国，韓国，インドの国際比較を通して—」と題し，これら4国の企業が国際化の進む研究開発をどのように管理しているのかを比較し，日本企業の課題を明らかにしようとした。比較の知見は，研究者の国際移動が原因となって，研究体制，研究の自由度，研究者の採用・処遇等について共通化が見られたことであった。この知見はある程度予想されたものであったが，「共通化」が国際標準と呼べるほどの規制力を持つのかは明らかにされず，より大きな問題点は，研究開発の国際化が，統一論題の求める企業経営の変革，例

えば研究開発費の巨額化が企業間の提携や連合を促す，といった問題にいかに関わるのかへの踏み込んだ論考が見られなかったことである。

「部品事業部門の分社化とGIS連合—GM社を事例として—」と題する井上昭一（関西大学）報告は，内作率の高かったGM社が部品事業部を分社化して，モジュール・サプライヤーないしシステム・サプライヤーとした変革と，同じく同社が合従連衡の一環として日本のいすゞおよびスズキとのGIS連合を形成した，GM社の二つの生き残り戦略の狙いと効果を分析している。結果として，分社化は選択と集中を，連合は相互の弱点補強を，それぞれ狙いとしていると結論した。

GM社による生き残り戦略の有効性について，井上報告の検証は弱い。分社化については，先行成功事例であるトヨタと日本電装（現デンソー）との比較があっても良かったのではないか。GIS連合の相互の弱点補完という狙いは当然として，スズキは比較的早期に離脱してVWとの提携を組んだり解消したりし，いすゞとの共同開発は解消し，代わってホンダと提携するなど，離合集散の激しい展開となった。最大の問題は，結果はともかくとして，GMが二つの改革をどのような一貫した理念と論理で展開したのか，そしてそれらが国際標準とどのように関わるのかの戦略論的考察に及んでいないことである。

寺本義也（北陸先端科学技術大学院大学）の報告「経営のグローバル・スタンダードとグループ経営の変革」は，サブテーマに正面から取り組んだ。まず国際標準という英語は存在しないとし，このサブテーマを展開するには，ルール（rule）とスタイル（style）の組み合わせにより経営を理解しなければならず，変革の最重要課題はグループ経営にある，とする。ルールは強制力のある規範であり，サブテーマからすれば国際的な標準・条約・協定等がこれに該当するが，企業はそれらに順応しなければならない。スタイルは，特定の歴史・文化・社会の中で企業が主体的に選択する経営の実相であり，統治・戦略・組織・管理制度等がこれに該当する。そうすると，変化するルールの制約下でいかにスタイルを形成するかの解明が，統一論題に応えることになる。その基盤は20世紀には単体経営であったが，21世紀のそれはグループ連結経営にならざるを得ない。経済のグローバル化に伴う持株会社解

禁・国際会計基準（連結・開示等）・環境基準のような国際標準など各種のルールの変化と，競争の激化に伴う合従連衡の必要から，M&A，経営統合，戦略的アライアンスのような，従来の単体経営を超えるスタイルへの変革が避けられなくなるからである。グループ連結経営にとっての革新の必要は，①全体を方向づける「グループ経営戦略」の明確化，②戦略実現のための「経営システム」の強化，③全体を効果的に統治する「グループ企業統治」の3点である。スタイルの定義から，日本のグループ経営はアメリカのスタイルを無批判に取り入れるのではなく，主体的・能動的な選択でなければならず，そうした選択による革新が存続と発展を可能にする，と結んでいる。

　寺本報告は，新世紀への経営の基本動向を単体経営からグループ経営への移行，と大胆にしかも適切に要約し展望しただけでなく，グループ経営の視点から，経営学の全領域にまたがる問題提起を行っている。すなわち，1990年代に入って，日本では，企業統治，企業間関係，持株会社解禁，国際戦略，連結時価会計等が個別に華々しく論議され始めたのであるが，それらを経営スタイルという独自の視点から体系的に整序した試みは説得力があり，21世紀企業の姿として提示しただけでなく，法曹・産業経済界の無節操なアメリカン・スタイル追随に対する経営学からの批判として，大きな意義を有すると言える。

3-3　サブテーマ「規制をめぐる諸問題と企業経営の変革」に関する報告

　国際化は参入の自由を要請し，日本でも「持株会社解禁」（1997）「金融ビッグ・バン」（1998）等の規制緩和が行われた。このテーマでは，3人が報告した。

　坂野友昭（早稲田大学）は「米国・金融自由化とファイナンス・カンパニーの戦略」と題し，世界の金融市場の一つの中心である米国での金融自由化と，それを受けた金融企業の「戦略転換」を詳細に報告した。

　これまでの日本の経営学は，事実上，製造業を研究対象とし，金融業は無視に近い扱いであった。それは金融業が強い法規制と（当時の大蔵省の）濃密な行政指導により，横並びの画一的行動を余儀なくされて「経営」不在の状

況にあり，研究の関心を呼ばなかったためである。金融業の研究は，実務・業務の内容に関する商学的研究か，金融経済論や証券経済論のような経済学的研究に委ねられていた。こうした事情のため，この坂野報告自体は，殆どの日本経営学会会員にとって消化不良で，問題提起以上には受け取られなかったように思われる。だがその故にこそ，規制緩和となれば，金融・銀行業の企業も競争に直面する当事者として，革新すべき経営問題を多数抱えていたはずである。このような視点からすれば，坂野報告の経営学的意義は，単に新研究分野開拓の先駆である以上に刺激的である。事実，21世紀に入り，銀行に関して経営学各分野の研究成果を援用した本格的な銀行経営論の展開が顕著に開花し，更に各種事業の経営論を促すようになるのである。

中野裕治(熊本学園大学)の「規制緩和と組織の境界」と題する報告は，規制の組織論的意義を組織の本質の視点から考察しようとした。すなわち，規制緩和の理論的含意を規模・範囲・連結の各経済の角度から検討し，「緩やかな結合」において経済の創造性が高まる点が規制緩和の本質であること，しかしそこでも何らかの管理が必要であり，それには参加主体の自発性を前提とした自己管理状況がふさわしいこと，そこでの協働は伸縮自在の外延的拡大可能性を許容することにより，組織の境界は重要性を喪失する。かくて規制緩和は，組織と市場を対極とする軸で言えば，中間組織を市場寄りに改革することになる。こうした規制緩和には，「安全ネット」が必要との主張があるが，それは「市場主義的社会主義」であるとして報告はこれを批判し，それに代わる自身の「自己管理能力必要論」は，「市場主義的資本主義」もしくは「組織主義希釈論」であるとしている。

中野報告のような，規制緩和の本質を理論的に突き詰めた議論は，経営学では希少であり，その意味で極めて有意義である。20世紀末の経営学には，loose coupling，あいまい経営学，ごみ箱モデル等の一見奇抜な新規命題が相次いで主張されてくるのであるが，その一端を規制緩和という極めて現実的な問題と結びつけたところに，「組織希釈論」の独自の境地がある。だがそれを「企業経営の変革」という統一論題の投げかけた課題に結びつけて具体化することが，21世紀の経営学の課題として学会に求められることになる。

玉村博巳(立命館大学)の報告「持ち株会社解禁と日本型企業経営」は，問

題意識の身近さ，および理論と実践の双方に関連しているとの2点から，統一論題報告として興味を感じさせた。日本では，第2次大戦後，財閥解体・経済民主化のためとして禁止されてきた(純粋)持株会社が，この大会直前の1997年に解禁された。報告は，そのことが日本的経営，特に3種の神器論・株式持ち合い・企業系列・企業統治等にどのように影響したかを事例に言及しつつ考察し，今後どのように推移するかを展望している。その結論として，日本では従来から存在してきた事業持株会社の有効性は再認識されるであろうが，純粋持株会社はなじまないであろうとした。

しかし，このような玉村報告の推論は，その後の現実の展開とは整合しない。その後の日本で目立つのは，在来の財閥型企業系列に拘泥せず，中野報告の指摘するルースカップリングの長所を追求する「○○ホールディングス」のような持株会社の急速な普及である。この現実の根底には，1業1社・単体経営のワンセット主義を組織原理とする企業グループ(その典型は財閥)の復元と棲み分けでは，グローバル化する競争市場の激動する状況に対応できなくなり，過去の経緯に拘泥しない合従連衡により，生き残りを図らねばならなくなった厳しい状況がある。この状況下では，持株会社の下に従来のスタイルのままの個別企業が単にぶら下がっていることを許容しない。持株会社を頂点とするグループが一つの競争組織として戦略的に機能する経営体，寺本報告のいうグループ経営となるよう，一体となって変革に努めなければならない。そこでの最大の課題は，新しい企業文化すなわち新しい(日本型)経営スタイルの創造であり，そのことの理論化が経営学の課題になる。

3-4　サブテーマ「経営者の役割と企業経営の変革」に関する報告

企業における変革の中心は経営者であるが，新しい世紀の経営者はいかにあるべきか。これについては3名の報告があった。

石井耕(北海学園大学)の「戦略的変革と経営者」と題する報告は，経営者の役割を，環境変化に対応して競争優位性を確保するために，戦略転換と組織変革を同時的に遂行することとし，それを戦略的変革と呼ぶ。このような戦略的変革にとって留意すべき点は，遅かれ早かれ生起する経営者の交代と

変革の持続との関連である。経営者の交代による変革の断絶は，好ましくないからである。経営者の交代には，後継経営者への円滑な継承を重視する「リレープロセス」と，変革推進主体である経営者の資質を重視して複数の有力候補者を競わせる「競馬プロセス」があるが，結論は，「一意的な解が存在するわけではなく，多くの事例を積み上げる他にこの問題の研究アプローチはない」とした。

石井報告は，経営者の交代と戦略の継続との関連に注目し，独自の整理をしたものの，実証研究の積み上げにまつとの結論は物足りず，例えば提示した各種「プロセス」の長短得失を整理し，実例に即して検証を加えながら適用条件を鮮明にする，などの踏み込みがあって然るべきではなかったか。言及はないが，企業統治との関連も重要である。

佐久間信夫（創価大学）の報告「日本型企業システムと経営者」は，経営者と各種ステークホルダーとの関係について，日本には欧米に見られない様相が多々あることに注目する。株式の相互保有，議決権の相互付与，従業員持株会，取引先持株会，顧客持株制，企業内労働組合，企業寄りの行政指導，政官業の鉄の三角形等々がそれである。それらを全体として日本型経営と呼ぶ。高度経済成長期には，それは企業の存続・成長に大いに寄与した。その効果の最たるものは，経営者支持機能であり，経営者はこのシステムに支えられて，強力に成長戦略を推進することができた。だがバブル崩壊以後，その逆機能が顕著になった。それは，独善的無責任体制である。そこで必要な変革は，企業システムの再定義であり，具体的には，ステークホルダーとの間の対等互恵で緊張した利害関係の構築である。

20世紀末の日本では，報告者を含む多くの論者により，企業統治（corporate governance）の改革が盛んに論じられていた。佐久間報告は，問題意識の点でそれに連動していると思われるが，この報告の特色は，株主主権論（会社は株主のもの）を基底とする企業統治改革論に対し，株主を内包しつつもステークホルダー・アプローチを基底としていることである。経済学や法学の企業観では，株主主権論が支配的であるが，国際的に経営学ではステークホルダー・アプローチが少なくとも優勢である。佐久間報告がこの点をどれだけ意識していたかは判然としないが，この相違は，企業システムを論じる

場合には決定的である。報告は，伝統を守りながら伝統の変革の基本図を画いた点で，地に着いた実践理論との評価を受けるに値しよう。

「管理の論理，時間および経営者の役割」と題する対木隆英（成蹊大学）の報告は，経営者の役割を「管理」とし，「時間」の資源性と非資源性という視点から，時間が管理において占める重要性に注目しつつ，経営者の役割を再考している。時間は，「その経過範囲を前提に，どのように分割し，割り当て，どのように利用するかを主体的に決定できる」点で，資源的性質を有するが，「目的達成との関連で，主体的，選択的に収集，獲得することができない」から，資源そのものとは言い難い。資源の秩序的結合体である組織について，時間の資源的性質を最大限に発揮しながら，資源の合成力すなわち組織力を極大化することが管理の課題である。その場合，時間の資源的性質の最大限発揮とは，時間の短縮化，節約，高密度利用，タイミング調整等を言う。21世紀は組織環境の変化率が上昇するから，速度ないしスピード化が基本課題となるが，いたずらなスピードアップは，組織内外にコンフリクトを生み，拙速となる。組織には，適正速度がある。適正速度の発見・持続とタイミングを基本とし，変革により課題克服のリーダーシップを発揮するのが，経営者の役割である。

対木報告は，時間という要因に注目し，時間の資源性と非資源性を指摘しつつ，時間と変革の関係に新しい視点を提出し，経営者の役割論に新境地を開拓している。その主張の核ともいうべき「適正速度」という考え方は，かつて人間関係論が組織変革についてその重要性を指摘した「変化の度合い (rate of change)」を発展したものと理解することができよう。発展とする理由は，人間関係論が組織変化に際して組織構成員の社会的・心理的均衡の安定を重視する部分均衡の視点に立っていたのに対し，対木報告のいう適正速度は，企業の変革という全体的な存続・成長からの主張であることによる。いずれにせよこの報告は，サブテーマ「経営者の役割と企業経営の変革」の根底にある4次元的要因を抉り出し，企業環境の4次元的構造を示唆している点に，その意義を認めるべきである。

3-5 第73回大会統一論題報告の経営学的意義

　第73回大会の三つのサブテーマの後段は，すべて主題を受けて「企業経営の変革」とされていたから，「新しい世紀」において企業経営に変革を求める主要因は国際標準（の制約）と規制（緩和）であり，変革の主役は経営者と想定され，これらについて経営学の課題と展開が問われたと理解できる。

　国際標準は，経済のグローバル化によって急速に重みを増した経営者の意思決定を制約する価値前提であり，規制緩和は同じグローバル化がもたらした経営者の裁量機会の拡大である。経営者は自己の置かれている事実前提にこれらの制約，裁量機会，リスク，さらに空間と時間の要因を加味しながら変革を決定し，推進する。その際，空間の要因に文化的差異のあることを忘れてはならない。こうした決定はすなわち，寺本報告のいう経営スタイルの選択と創造であり，日本企業の場合には，アメリカン・スタイルの追随ではない，そして在来の日本型経営の単なる延長でもないものの創造，すなわち経営スタイルのイノベーションである。それはまさに，新世紀の経営学の最大の研究課題である。

4 ▶ 三大会統一論題報告の総括
　　　── 21世紀を迎える経営学の課題と展開

　三つの大会の統一論題は，現状認識から21世紀の経営学を展望する課題を内包している。

　20世紀末の世界は，「脱産業社会」（D. Bell）とされる過去からの断絶と，進行する「新しい波」（A. Tofler）に洗われていた。報告で援用されたP.F. Druckerは，それらを「断絶の時代」と「知識社会」と表現し，大会のサブテーマは進行する新しい波を情報化・国際化に集約した。日本（日本経営学）について言えば，過去からの断絶は，バブル崩壊による高度経済成長の終焉（日本型経営論のゆらぎ，企業不祥事の多発等），ソ連の崩壊による冷戦の終結（批判経営学の閉塞），アジアの発展（企業進出，国内産業再編）などであり，進行する経営の国際化（増える国際標準，規制緩和と門戸開放等）や情報化（グローバル化，ネットワーク化，知識経営等）は，不確定要因すなわち経営の機会とリスクの増大で

ある。しかし，高度成長の余韻に浸る日本経済全体は，こうした事態推移への素早く適切な適応に至らず，後に「空白の20年」と呼ばれる迷走の時期にずるずると入り込んで行きつつあった。

　日本経営学会は，このような状況の中で，前向きに課題を検討する姿勢を取り，進行する不確定要因を解明しつつ，21世紀の企業経営像を統一論題として設定した。3大会26報告の中から，21世紀の企業とまでは言えないものの「新しい企業」とその経営課題について報告内容を大筋で集約すると，個別企業の単独自律経営（その原理は収益性）を基本的経営スタイルとする時代は終焉し，企業連合体（coalition）と総称できる業務・技術・資本の提携，ヴァーチャル・コーポレーション，事業・経営の統合，M&A等，合従連衡の戦略を基礎にした多様で柔軟な複合的協働経営（その原理は相利共生）に移行するとの認識である。

　以上の認識は，そのまま21世紀を迎える経営学の体系と内容に反映されるべきということになる。企業連合体の複合的協働経営は，提携のようなゆるい（loose）複合的協働から，持株会社による経営統合のような中間状態を経て，M&Aによる堅い複合的協働に至る多様な選択肢（寺本報告の言う経営スタイル）を持つ。それは単独自律経営を超えた経営スタイルであり，在来の日本型経営でもアメリカ型の株主主権経営でもない，企業連合体でありながら一つの経営体として機能する組織でなければならない。それは目的と戦略を情報共有しながら，しかも信頼と共生の理念を紐帯として各参加企業の個性を尊重する，国境を越えた連合体である。この点で，企業文化の統合に難の多い，堅い経営スタイルは新時代に適合せず，持ち株会社による経営統合のようなより柔軟な経営スタイルが多用されよう。

　このような研究対象の核心部分の変化を大胆に総括すれば，経営学は「個別企業」研究の学から「経営体」研究の学へ進化させるべき，ということになる。

参考文献

日本経営学会編(1998)『環境変化と企業経営【経営学論集68】』千倉書房。
――――(1999)『21世紀の企業経営【経営学論集69】』千倉書房。
――――(2000)『新しい世紀と企業経営の変革【経営学論集70】』千倉書房。
山本安次郎(1977)『日本経営学五十年―回顧と展望―』東洋経済新報社。

第10章 第74回大会〜第76回大会

植竹晃久 UETAKE Teruhisa

1 ▸ 第71集
『経営学の新世紀：経営学100年の回顧と展望』(2001年)
――――――――――――――――――― 第74回大会(2000年)

1-1 統一論題の趣旨

　本論集は2000年9月に横浜市立大学で開催された日本経営学会第74回大会（大会委員長：齊藤毅憲）での統一論題および自由論題の報告論文をまとめたものである。この大会は20世紀最後の大会であり，その意味で20世紀における経営学の発展の軌跡を回顧するとともに，来るべき新世紀の経営学の発展を展望するという節目となる大会であった。

　プログラム委員長の百田義治は統一論題の趣旨を次のように述べている。「21世紀という経営学の新世紀を迎えるにあたり，新しい時代の経営学をさらに実り多きものとするためにも，20世紀最後の大会であるこの機会に，わが国における経営学の発展を責務とする日本経営学会として，経営学100年の歴史を回顧し，その課題を明確化し共有することは極めて重要です。統一論題『経営学の新世紀：経営学100年の回顧と展望』の趣旨はこの点にあります」と（『経営学論集　第71集』，3頁）。

　統一論題の報告者と報告テーマは以下のとおりである。

　（1）加藤勝康「『人間協働の学』としての経営学の誕生とその展開―C.I.

　　　　Barnard, *The Functions of the Executive* の論理構造—」
- (2) 丹沢安治「経営学：協調と競争の共存」
- (3) 吉田修「20世紀とドイツ経営学，その軌跡と課題」
- (4) 片岡信之「日本における経営学の軌跡と課題」
- (5) 林正樹「日本的経営論の変遷と日本経営学の展望」
- (6) 三戸公「戦後50年，日本の経営学を生きて」
- (7) 下川浩一「日本的生産システムの移転と変容—グローバル時代の新パラダイムに向けて—」
- (8) 加藤志津子「社会主義企業経営の教訓—産業民主主義との関連において—」

　このほかに，論集には30本の「自由論題」論文と2本の「ワークショップ」報告が収められているが，ここでは統一論題に絞って，それぞれ若干の検討を加えていくこととしたい。

1-2　統一論題の報告

　20世紀の経営学の発展，特に組織論分野の発展に多大な貢献をしてきた人物として誰よりもまずチェスター・バーナードをあげることに多くの異論はないであろう。統一論題の第1報告者の加藤勝康によれば，バーナードの理論は，それまでの「企業の学」の経営学ではなく，「人間協働の学」としての経営学の誕生を意味する。すなわち，バーナードこそが多様な協働システムにおける1類型である「企業の学」から，「人間協働の学」としての経営学への地平を切り開いたと評価している。そして，彼の方法論的基礎は，1930年代のハーバード大学におけるヘンダーソン（L.J. Henderson）を中心とする科学者集団によって共有された科学方法論に求められるとしている。

　こうした方法論に基づいて構想されたバーナード理論の概念的な枠組みは構造概念と動態概念に分類される。前者に属する主要概念には「個人」，「協働システム」，「公式組織」，「非公式組織」，「複合組織」といった諸概念が含まれ，また後者に属する概念には「自由意思」，「協働」，「伝達」，「権威」，「意

思決定過程」,「動的均衡」,「管理責任」といった, それぞれバーナード組織論に特徴的な諸概念が含まれるとしている。

ところで, アメリカにおける経営学（管理論・組織論）の発展は, かのテイラー (Taylor, F.W.) の「科学的管理法」をもって成立し, 次いで, いわばそのアンチ・テーゼとして登場した「人間関係論」が展開され, そしてこの両者を統合する形で上述のバーナードの組織論やサイモン (H.A. Simon) の意思決定論等によって近代経営学が確立されるところとなったとされる。そして, 今日では, 様々な論者によって, 環境適合論や戦略的経営論が論じられるようになってきているといってよい。

こうしたアメリカにおける経営学の発展を科学方法論の視点から整理しようと試みたものが第2報告者の丹沢安治である（同『第71集』, 14頁以下）。丹沢は, ラカトッシュ (Lakatos, I.) の科学的研究プログラムの方法論に依拠しつつ, アメリカ経営学の発展の軌跡を位置付けている。まず, テイラーの科学的管理法の理論的構想についていえば,「心理仮定」としては金銭的極大化が, また「状況仮定」としては課業管理システムが想定されていて, そのもとで生産性の向上を図っていくことが企図されている。その背景にある形而上学的前提は方法論的個人主義であり, 意思決定の際の合理性であるとされる。

これに対して, ホーソン実験以来の「人間関係論」の理論構造では,「心理仮定」としては社会的コンタクトの最大化が想定され, また「状況仮定」としては非公式組織の社会規範が想定されているとし, そして社会規範そのものの形成は自生的であり, 科学的管理法のようにデザインの結果ではないとしている。そして, 形而上学的前提は方法論的集団主義が推測されている。

次に, 効率的デザインを課題とする科学的管理法と非公式組織をなどの社会的存在としての人間に注目した人間関係論とを統合したといわれるバーナードの組織論について言えば, バーナードの体系が協働体系と公式組織という2つの組織現象を納める枠組みを持っていて, このうち前者についてオープンシステム観を持つことで自生的な社会規範を含む人間関係論的な説明の構造を取り入れ, 公式組織を抽象する段階で, 合理的にデザインされた

組織を考えるというように，2つのタイプの協調がみられるとしている。

なお，現代の経営戦略論にも，こうした合理的デザインと自生的なプロセスという2つの方向性があるという。そして，この両者に共通なのは協調する側面であるが，協調下においても当事者間の利得の分配をめぐる競争は行われることから，結論的に協調と競争の共存が本質であるとしている。

経営学の発展過程における上述の合理主義思考と人間性思考との相互発展のプロセスはドイツの経営学（経営経済学）においてもみとめられる。この間の事情を，吉田修は「生産性中心思考」と「人間中心思考」の経営経済学として展開している。ドイツ経営経済学における巨匠シュマーレンバッハに端を発する流れとかのニックリッシュに端を発する流れがそれである。

第1次大戦後に新たにスタートしたワイマール体制は市場経済の復興と企業経営の再建を急務としており，そこでのスローガンは，一方における「産業の合理化と生産性の向上」と，他方における「経済の民主化と労使協調」であった。経営経済学において前者の課題はシュマーレンバッハによって，また後者の課題はニックリッシュによって展開される。

生産性の向上に関して，シュマーレンバッハが具体的に展開したのは操業度と総費用との関連に関する費用論である。その理論的成果は，グーテンベルクによって受け継がれ，大成されることになったことが指摘されている。50年代から70年代におけるグーテンベルクの生産性パラダイムの展開がそれである。

他方，ニックリッシュは企業を「人間の共同体」として捉え，それは企業者と労働者からなる協働の組織であるとし，そして労働者と企業者との共同決定のシステムがなければならないとしている。ドイツでは，1919年に制定された「ワイマール憲法」において労・資が同等の権利をもって賃金や労働条件の取り決めに当たる旨が規定され，翌20年には「経営協議会法」が制定されている。

こうして，EU体制の確立や今後のさらなるグローバル化が進むなかで，これまでの1世紀をかけて構築されてきたドイツの企業体制がどのような変容を示すことになるのか，またその中で，経営経済学の諸系譜がどのような軌跡を描くことになるのかが今後の大きな課題であるとしている。

以上のアメリカとドイツに関する研究報告とともに，日本における経営学の発展と日本的経営論の展開に関する報告がなされている。片岡信之，林正樹，三戸公，下川浩一による各報告がそれである。

　片岡信之の指摘によれば，日本においては，江戸期の商業や商人に対応した商人学や商業学の段階から，明治期以降に経済の中心が工業や企業に移行するのにともなって商事経営学や工業経営学志向がみられるようになり，さらに大正期に入ると，それまで管理論的色彩のなかった商事経営学等に管理論的要素が付加されるようになってきたという。そして，主たる研究対象も商店や商業現場の活動から工場や生産現場の管理活動に移ってきたことが指摘されている（同『第71集』，35頁以下）。この間，ドイツの経営経済学の影響もあって，日本の経営学が，大正の後半期に，アメリカ経営管理論，ドイツ経営経済学の両方からの影響を受けつつ形を整えてくることとなったとしている。大正15（1926）年の日本経営学会の設立は，その動きを象徴するものである。

　他方，昭和初期になって，中西寅雄「経営経済学」の出版を出発点として「第3の理論類型」として後に批判的経営学と呼ばれる理論類型が生まれた。経営現象を本質論的かつ批判的に究明していこうとするこの立場は日本に固有のもので，中西以外にも，馬場克三，古林喜樂，北川宗藏ほかの系譜に属する人々もいた。

　戦後においては，アメリカ経営管理論や専門経営者論の移入や紹介が活発になる。人間関係論，バーナード，サイモン，さらにはバーリー・ミーンズ，ゴードン等の所説が次々と紹介された。この間，ドイツ経営経済学の理論類型は戦前に持っていたような影響力を失いつつあったことが指摘されている。他方，先に言及した批判的経営学にあっては，個別資本説では捨象されていた組織，管理等の要因をどのようにして分析対象に載せ，アメリカ流の管理論をどう批判していくべきかということが多くの論者を巻き込んで論じられた。

　日本経済が高度経済成長の時期に入ると，アメリカ的経営管理論系が多様な展開を見せるのに対応して日本での経営管理論類型も多様化してきたこと，またドイツ経営経済学の理論類型も一枚岩ではなく，アメリカの影響が

みられるようになったこと，そして批判的経営学も，方法論的な違いなどから，個別資本説，上部構造説，企業経済学説等，いくつかの異なった傾向が併存し，相互間で論争がなされたことが指摘されている。

以上，紹介してきたように，日本の経営学が異なる3つの理論類型の併存と緊張関係の中で発展してきたとし，諸学者がそれらを「経営学」という1つの名称のもとに包括し，総合化しようと努力してきた点に日本における経営学の独自的特徴がみられるとしている。

片岡が日本における経営学の発展を学史的に論じているのに対して，次の林正樹は日本的経営論について論じている（同『第71集』，44頁以下）。

林は，これまでの日本的経営論を四つの研究潮流に分類して，その変化をたどることから作業を始めている。第1の研究潮流は文化論的・社会学的研究で，日本社会の論理を反映する終身雇用制度等の日本的雇用慣行や集団主義に基づく経営家族主義等を含む。いわゆる日本的経営という場合，とくにこうした研究の流れを指していることが多いのであるが，それは日本の経営の組織原理を特徴的に捉えているとはいえ，企業の資本主義的営利原則との関連についてはほとんど言及されない点に問題を残しているとしている。

以上の研究潮流に加えて，林はさらに3つの研究潮流について論じている。すなわち，第2の潮流としての「日本的経営の国際性の研究—『普遍性論』と『特殊性論』—」，第3の潮流としての「日本型経営論—その限界論と改革論—」，そして第4の潮流としての「個別管理分野の一般理論化」がそれである。それぞれの内容の委細については省略せざるを得ないが，それぞれの貢献分については評価するものの，そのいずれもが「実証的研究と理論的研究の相互媒介的研究としての日本的経営の一般理論」とはなりえていないとしている。それらを総合的な一般理論に統合していくには，そのための原理が必要であるとしている。それは，企業の収益性であり，今日のもとでは，企業を取り巻く利害関係者の利害によって調整される「調整された収益性原理」であるとしている。

以上の諸論文のほかに，統一論題の報告をまとめたものとして3つの論文が収められている。紙幅の都合で，ここではそれぞれ簡単に言及するにとどめておきたい。1つは三戸公によるもので，半世紀以上にわたる三戸自身

の問題関心の推移と経営観の変化についてまとめたものである（同『第71集』，54頁以下）。各所で示唆深い指摘がなされており，戦後の日本における経営学の展開を知る上で参考になる。

　次に，下川浩一は，主に自動車産業を例にとって日本的生産システムの移転問題について論じている（同『第71集』，62頁以下）。ジャストインタイム生産方式，TQC活動，系列サプライヤーシステム等の日本的生産システムが日本の自動車産業の競争力を象徴するものとして位置づけられることは周知の通りである。こうした生産方式は欧米の自動車メーカーによって学習されて移転されていった。彼らは，折からのIT革命を活用して日本的生産システムを可能な限りデーターベース化して導入し，またサプライヤーの絞り込みと関係強化を図った。ここでは，欧米メーカーが日本的生産システムの「暗黙知」の部分を可能な限り「形式知」化し，IT技術を活用したデータの蓄積とシステム分析によって生産システムの再構築を図ってきたといえる。

　こうした分析を踏まえて，下川はグローバル時代に向けての新たな生産システムを展望している。マスプロ生産から変種変量生産システムへの移行，開発・調達・生産の全体を貫くリーンパラダイムの構築，ハイテク・IT志向の一層の強まり，徹底した顧客志向のバリューチェーンの構築，等々がそれである。

　アメリカやドイツ等の資本主義国の経営学の研究とともに，社会主義企業の経営についても多くの研究がなされてきている。その代表的論者の一人である加藤志津子は，ソ連・東欧の社会主義の崩壊を受けて，社会主義企業経営の教訓について論じている（同『第71集』，75頁以下）。そこでは，1987年に制定された「国有企業法」によって国有企業は経済的に自立した自主管理企業と規定され，既存の国有企業体制が大きく変更されることとなったこと，しかしその実態はゴルバチョフ政権の期待通りには機能しなかったこと，そしてその原因として，①市場インフラが未形成であったこと，②ソ連型社会主義経済に特徴的な重層的パターナリズムの伝統が存在していたこと，③労働者が市場的効率性の感覚を有していなかったこと，④経済状況が急速に悪化していったことの4点が指摘されている。

　ソ連解体後のロシアでは急進的な市場経済化政策が実施され，ともかくも

ロシアは市場経済になったと言われた。たが，資本主義的な労使関係に近いものがロシアで形成されたかというと，そうでもないという。上述の4つの要因が今度は資本主義的な労使関係の成立を阻んでいるということ，すなわちソ連企業の伝統的諸要素があらゆる産業民主主義的傾向の発現を阻止しているとし，こうした点を教訓として重く受け止めるべきであるとしている。

1-3 まとめと展望

　以上において検討してきたように，アメリカとドイツにおいて経営学が成立して100年間，経営学は大きく発展してきており，その扱う領域は広範多岐にわたるようになってきているが，こうした傾向は今後とも続いていくと思われる。そうした諸領域の研究成果を経営学という独立の科学分野でいかに統合的に理解していくかが問われてくる。

　グローバル化の進展とIT化，また少子高齢化社会の到来のもと，日本の経営（日本的経営）と日本の経営学が今後の過程でどのような展開を遂げていくかを引き続き検討していく必要があろう。

2 ▸ 第72集　『21世紀経営学の課題と展望』(2002年)

―――― 第75回大会(2001年)

2-1 統一論題の趣旨

　本論集は2001年9月6日から9日まで桃山学院大学で開催された日本経営学会第75回全国大会（大会委員長：片岡信之）での統一論題の報告をまとめたものである。

　本大会のプログラム委員長の渡辺峻は統一論題の趣旨を次のように述べている。「このたびの第75回大会の統一論題は，21世紀最初の大会であることも勘案し，これまでの研究成果を踏まえつつも，21世紀の社会・企業・人間行動の明るい未来を展望し，それを切り開くために，『21世紀経営学の課題と展望』と設定しました。そしてサブテーマ①『社会環境の転換期におけ

る経営学の課題・展望』では，情報社会化・ボーダレスエコノミー化・地球環境問題の深刻化・少子高齢化の到来などの社会環境変化のもとでの経営学の課題と展望を議論しました。また，サブテーマ②『経営構造の変貌と経営学の課題・展望』では，事業－企業(結合)形態の変貌，組織構造の変貌，非営利組織の発展，コーポレートガバナンス，経営倫理などの近年の議論・動向が，経営学体系にもたらすインパクトを議論しました。これらのサブテーマのそれぞれにおいて，(1)新しい環境や近年の諸議論の中で，経営学にいま何が課題として突き付けられているのか，(2)その課題に対して，経営学はどう受け止め，何が出来るのか，(3)そのような課題を遂行していく過程で経営学はどのように変わっていくべきか，などについての議論をしました」(『経営学論集　第72集』，3頁)。

2-2　統一論題の報告

◆ サブテーマ1の報告

「サブテーマ1」として以下の5本の論文が収められている。

(1) 櫻井克彦「社会環境の転換期における経営学研究の展望と課題―企業経営とステークホルダー・アプローチ―」
(2) 風間信隆「グローバリゼーションの進展と生産システムの革新―ドイツ自動車産業の軌跡―」
(3) 井沢良智「21世紀の転換期に何を課題とし，どう取り組むか」
(4) 島田達巳「経営学における情報技術問題の変遷と展望」
(5) 鈴木幸毅「『循環型社会』と環境経営学」

櫻井克彦は経営学研究の新たな展開の一つである「企業と社会」論に焦点を合わせて，企業ないし経営者の社会的責任論を基点に，ステークホルダー・アプローチによって経営行動を研究しようとする流れの存在とその意義について論じている。ステークホルダー志向の経営論の特質として，従来見過ごされがちであった諸要素(企業の社会性・公共性・倫理性や社会的責任など)

の意義に着目して経営技法を構築していこうとする点で、従来型の株主指向的な考え方と対照的であるとしている。

次に、風間信隆はドイツの大手自動車メーカーを例に1990年代以降の経営のグローバル化戦略を辿ることによって、21世紀の経営学の課題と展望を行うとしている。ドイツのビッグスリー（フォルクスワーゲン、BMW、メルセデス・ベンツの3社）はクロスボーダー型の合併・買収をも活用したマルチ・ブランド化戦略で製品ラインの幅を広げ、同時に海外現地生産を本格化してきた。その際、1990年代に新設された海外生産拠点は、いわゆるドイツ的生産システムの移植ではなく、むしろ新しい生産システムの実験工場として位置づけられるとしている。

ドイツメーカーの従来の生産合理化は産業用ロボットやFMS（フレキシブル生産システム）といったME自動化技術の導入を中心としていたが、1990年代に入ると、生産性の向上は「技術進歩」よりも「組織進歩」により達成されるべきであるという考え方から、全面的に「リーン生産方式」が導入されるようになったこと、また、従来の統合型からモジュラー型のアーキテクチャーへの転換の努力がなされてきたことが指摘されている。

最後に、21世紀の生産システムと経営学の課題として、①経済性・社会性・人間性・エコロジーの調和を目指す生産システムの実現、企業と各種ステークホルダーとの「共生」関係の実現という観点から生産システムの在り方を検討すること、②たえざる技術革新と高度技能に裏打ちされた生産システムの高度化を図っていくこと、③各国固有の生産システムがどのように変貌を遂げていくのか、という生産システムの国際比較の検討を行っていくことの3点が指摘されている。

国際経営論の視点から「21世紀の転換期に何を課題とし、どう取り組むか」と問題を投げかけているのは、井沢良智である（同『第72集』、30頁以下）。近年、日本企業のグローバル化の進展が顕著であるが、そこでの問題点して、こうしたグローバル化が進出先国の格差拡大や貧困の増大を促すのではないかという反グローバリズムの機運が出てきている。こうした問いかけにどう応えていくかが課題となる。

もう1つの問題は、グローバル化が国内空洞化を促すのではないかという

ことである。国内拠点の閉鎖や縮小が従業員，系列企業，地域住民等に与える影響は深刻である。こうした空洞化の進展にどう対応していくかが問題である。こうした問題に対しては，1つには，研究・開発投資を柱に技術革新を遂行し，国内拠点を再生・高度化していくこと，もう1つは日本の海外への対外投資と海外から日本への対内投資の著しい不均衡を是正することであるとし，そのためには，日本企業の人的資源管理の特異性など，海外企業の日本への進出の阻害要因を除去していくことが急務であるとしている。

次に，島田達巳は経営学における情報技術問題について論じている（同『第72集』，43頁以下）。そこでの主題は情報技術の発展と経営（組織・戦略）との関係についてである。島田によれば，情報システムの歴史は①「汎用（コンピュータ）機の時代」，②「PC（パソコン）の時代」，③「インターネットの時代」の三つに区分することができる。このうち，インターネットの時代には，コンピュータがコミュニケーターに変わり，世界のコンピュータが共通の規約で結ばれて情報技術の利用が組織間や外部取引に急速に拡大した。それらは，研究開発設計，資材調達，生産のすべてのビジネスプロセスに用いられるようになっただけではなく，流通にも大きな影響を与え始めているとしている。

近年，経営学においても，情報化やグローバル化の問題とともに，地球環境の保全の問題が重要なテーマとなっているが，鈴木幸毅は「循環型社会」の観点からこの問題を考察している（同『第72集』，56頁以下）。そこでの主題は，20世紀社会を支配した物質主義的な科学技術文明に支えられた経済至上主義の問題性を明らかにし，次いで21世紀資本主義を「環境資本主義」と捉えて，21世紀経営学として環境経営学を構想しようとする意欲的なものである。

経済・社会の様々な部面において循環型社会の実現に向けて様々な動向・傾向が見られるようになった。「環境正義」を顕現する環境効率革命の先に見える資本主義が資本主義の21世紀形態としての環境資本主義（ecological capitalism）と解される。循環型社会は，自然環境 Ecology，人間環境 Ethics，社会経済 Economy がともに共存するような社会（3E社会）であると解される。そして，環境資本主義のもとでこのような循環型社会の実現を目指す方向で

の経営学が環境経営学である。

3E社会での課題は，資本による全生産過程を「自然との共生」という観点からいかに計画的にコントロールしていくかにある。企業の責任ある行動原則のもとに人間・社会系，経済・産業系，自然・生態系の3者がともに実現されるものとしての新しい営利原則であるSustainable Profitの概念が提起されている。

◆「サブテーマ2」の報告

上述の「サブテーマ1」が主に企業環境の変化についての報告であったのに対して，「サブテーマ2」は，そうした環境変化に対応した経営構造の変化について論じたものであるといえる。以下の6本の論文が収められている。

(1) 谷本寛治「市場社会の変化と新しい企業システム」
(2) 菊澤研宗「新世紀の企業統治原理―絶対的主権ドクトリンから相対的主権ドクトリンへ―」
(3) 高橋伸夫「ビジネスモデル特許とマーケティング」
(4) 坂下昭宣「日本企業の戦略・組織・人事の動向」
(5) 西澤昭夫「『大学発ベンチャー企業』支援策とInnovation Clusterの形成―わが国における産学官連携の可能性―」
(6) 林倬史「競争構造の変貌と経営学の課題―日本企業の経営戦略上の課題―」

谷本寛治は，市場社会において求められる新しい企業システムについて考察している（同『第72集』，74頁以下）。先ず，市場社会において広がりつつある変化として以下の5点を指摘している。第1にステークホルダーへの責任の要請で，経営者には株主のみならず他のステークホルダーを考慮したマネジメントのあり方が求められるようになったこと，第2に社会的責任投資の急成長で，社会的に責任ある活動が投資決定に際しても評価されるようになったこと，第3にグリーン・コンシューマリズムの広がりで，消費者は企業の社会的責任に関心を持ち，それを踏まえて消費決定をするようにな

りつつあるということ，第4に企業のコミュニティーへの関与で，コミュニティーの問題への積極的な役割が期待されるようになったこと，そして第5に社会的評価基準で，社会的に責任ある企業を評価する仕組みが広がりつつあることである。

　近年，企業活動を評価する基準も多様化しており，経済的基準のみならず，社会的な基準もその重要性を増している。こうして，効率的な生産活動のベースに社会的公正性・社会的責任を組み込んでいくシステムが作られつつあり，そうした規範が組み込まれた市場社会の中に新しい企業スタイルが求められていることが指摘されている。

　次に，菊澤研宗は企業統治問題を取り上げている（同『第72集』，88頁以下）。この問題には①企業統治の主権問題（株主主権か，従業員主権か，それともステークホルダー主権かなど），②企業統治の目的（企業行動の正当性を問うのか，それとも効率性を高めるのかなど）および③企業統治の方法問題（市場メカニズムによるのか，それとも組織メカニズムによるのかなど）が含まれるが，本論は主に①の主権問題を取り上げている。結論的に言うと，特定の主体に絶対的な主権を与えるような絶対的主権ドクトリンに基づく企業統治は有効ではなく，状況によって異なる主体が主権を行使して企業統治する相対的主体ドクトリンに基づく企業統治が有効であるということである。

　限定合理的な社会では，特定の主体に絶対的主権を与えると，社会的には非効率であっても個別主体にとっては合理的になるという不条理が発生する。菊澤はこの間の事情を株主主権，従業員主権および債権者主権のそれぞれについて検討し，限定合理的な世界では誰が絶対的主権を持ったとしても，非効率的な企業統治に導かれる可能性があるとしている。そして，利害対立する主体をあえて並存させ，状況によって主権を行使させる相対的主権論にもとづく企業統治が有効であるとしている。

　統一論題の「サブテーマ2」の3番目の報告は，高橋伸夫の「ビジネスモデル特許とマーケティング」である（同『第72集』，101頁以下）。高橋は特許を柱に置いたビジネスのあり方，特に「マーケティング」の重要性について考察を進め，ビジネスモデル特許の持っている意味について検討を加えている。ここでは，米国での技術移転の状況やReimersの技術移転機関のモデ

ル（『マーケティング・モデル』：技術を製品開発などに利用できそうな企業を探し出してきてライセンス契約を結ぶマーケティング活動を行う）が紹介されている。ここで，高橋が強調している点は，特許を本当にビジネスとして考えるのであれば，ライセンシー候補を一生懸命探して，ロイヤルティー収入を見込めると判断した発明だけを特許にすべきであるということである。

次の論題は坂下昭宣による「日本企業の戦略・組織・人事の動向」についてである（同『第72集』，113頁以下）。21世を迎えての経営環境の変化とそれに対する戦略的対応として，製品市場の成熟化や長期不況に対しては，企業ドメインの再構築やダウンサイジングを迫られる。また，規制緩和と競争の激化に対しては，事業機会の多様化に対応した成長戦略の再編を迫られる。さらに，経済活動の国際化によっても，状況に応じて標準化戦略なり，あるいは逆に差別化戦略をとることを迫られる。

こうした戦略の変革に対応して，次には組織変革が断行される。例えば，多様な事業機会をタイムリーにとらえるための「社内ベンチャー」や「カンパニー制」，「社内公募制」といった組織変革などがそれである。そして，こうした組織変革が，次には人事変革をもたらすという。ここでは，経営環境の変化に対する適用はまず戦略の変革というかたちをとり，次に戦略変革に対応するために組織変革というかたちをとる。そして，最後に組織変革に対応するために人事変革というかたちをとるということが示されている。

次に，西澤昭夫は「大学発ベンチャー企業」に対する支援政策について論じている（同『第72集』，121頁以下）。大学発のベンチャーに対しては，経営経験の乏しい研究者に対して，大学は研究者が一定の企業要件を満たすまで支援する必要がある。だが，それだけでは不十分で，西澤によれば，研究大学の周囲に産業集積としての「イノベーション・クラスター」の形成が必要であると指摘している。

我が国において「大学発ベンチャー企業」支援策が効果を持ち，研究大学を中心に産業集積化して地域経済の活性化をはかっていくためには，ベンチャー企業の特徴に即した産学官の連携によるイノベーション・クラスターの形成が不可欠であるということである。

最後に，林倬史は，新たな世紀を迎えての競争構造の変貌と日本企業の

戦略的課題として，5つの課題について論じている（同『第72集』，134頁以下）。第1の課題は「参入の脅威と差別化」であり，新技術・新製品のタイムリーな開発による他社製品との差別化とそれに対する知的所有権の確保が重要になる。第2の課題は，「製品のライフサイクルの短縮化と参入障壁」で，新製品の早期開発を図るとともに，潜在参入企業に対しては参入障壁の構築と強化が必要となるということである。

次いで，戦略的課題の第3は「ビジネスモデルの創出とバーチャル・インテグレーション」で，IT時代においてはビジネスプロセスにおける内外の経営資源の再編と統合を図る方向にシフトして来ているということである。第4の戦略的課題は，「企業内技術移転のネットワーク化と海外への製品移管」で，日本からの1方向的な技術移転形態から，次第にアジア主要拠点を巻き込んだネットワーク型技術移転形態へと移行してきているということである。

第5の戦略的課題は，「研究開発負担の増大と研究開発活動の国際化」で，必要とされることは一方で基本特許を次々と生み出す独自の研究開発システムの構築と，他方での巨額化した研究開発費を回収するグローバルなロイヤルティー回収ネットワークの確立ということである。

2-3　まとめと展望

サブテーマ1では21世紀における社会環境の転換を促す要因として多くの論者はグローバル化の進展と情報革新，それに地球環境の保全の問題を取り上げている。なお，今回は取り上げられてはいないが，少子高齢化社会の到来が企業・経営に及ぼすインパクトも重要な要因であろう。今後の検討に俟ちたい。

これらの要因は，前の世紀とは異なった対応を企業に要請する。そうした環境変化に対する企業の組織構造や戦略上の課題はサブテーマ2で考察されている。そこでは，「企業と社会」との調和や循環型社会の構築，またネットワーク型の組織編成等への転換の方向が示されている。経営学が今後取り組むべき重要な課題が提起されていて，収穫が多かったといえる。

3 ▸ 第73集
『IT革命と企業経営』(2003年)

―――――――――――――――――― 第76回大会(2002年)

3-1　統一論題の趣旨

　日本経営学会第76回大会は2002年9月に明治大学で開催された（大会委員長：高橋俊夫）。統一論題は「IT革命と企業経営」で，プログラム委員長の百田義治はその趣旨を次のように述べている。「現代のIT革命が—その影の部分を含めて—経営学の理論的パラダイムや現実の企業経営に及ぼす影響を根源的に問い直す必要性とその意義は，新世紀を迎えてますます大きく，『新しい時代の経営学』の構築に不可避なテーマです」（『経営学論集　第73集』，3頁以下）。

　この統一論題のもとに，3つのサブテーマが設定されている。サブテーマ1の「ITビジネスの現状と課題」では，ITビジネスの創出の問題やアメリカIT不況の本質，EMSビジネスの現状と課題が取り上げられている。サブテーマ2の「IT革命と企業システムの変革」では，ネットワーク型経営やモジュール化，ITによるプロセスイノベーションの変化等の問題が扱われている。そして，サブテーマ3の「IT革命と労働・社会生活の変容」では，ITによる労働環境の変化その社会的影響等が検討されている。本大会の統一論題での活発な論議を通して，IT革命に対応した新しい経営学の構築が期待されている。

3-2　統一論題の報告

◆ サブテーマ1：ITビジネスの現状と課題

　ここでは，以下の3つの報告がなされている。

(1) 藁谷友紀「産業・ビジネスの『創出』の実態とその意味についての検討―経済・企業の基本モデルに従って―」
(2) 夏目啓二「IT不況とコーポレート・アメリカ」

(3) 川上義明「今日における EMS ビジネスの展開」

藁谷友紀は, IT化の実態と方向を2つの観点, すなわち, 企業自身の観点と市場システムの観点から論じている (同『第73集』, 5頁以下)。市場システムの観点は市場経済システムを表し,「基本モデル1」と称される。ここでは, IT化の影響がIT産業の拡大のみならず, 関連する他産業の在り方をも変化させてきていることが指摘されている。

次に, 企業活動それ自身の分析は, 機能の側面から企業活動をとらえる「基本モデル2」によってなされる。IT化がもたらす企業活動それ自身についての分析で, ここでは①生産・調達・販売といった基本機能における影響と, ②資金・組織・人的資源管理・戦略における影響がそれぞれ検討され, いずれの部面でもIT化の影響が大きいことが示されている。

IT化がもたらした特筆すべき点として, ①経済全体の拡大と資本の深化, ②ネットの外部的拡大による生産・販売・調達の連鎖化, ③情報化の集合は「インテリジェンス」の集合となるべきこと, 等が挙げられている。

IT化による変化生成のメカニズムと方向性に関しては,「自己組織化のアルゴリズム」を示す「基本モデル3」によって評価がなされている。それにより, 新しいIT環境のもとで, 従前のシステムとその活動はあらためて最適性を求めて淘汰の道をたどり, 新結合が遂行されて, 新しい形態と構造が示されることになる。

次に, 夏目啓二は, 第1に, アメリカにおけるIT革命の進展がなぜ景気拡大を破綻させ, IT不況を招いたかについて考察し, また第2に, IT不況とアメリカの資本主義体制の仕組みを象徴する「コーポレート・アメリカ」との関連と問題点を明らかにすることを課題として論じている (同『第73集』, 18頁以下)。

1990年代のアメリカは新自由主義的な規制緩和と市場主義を掲げ, 折からのIT革命による通信事業に内外の投機的資金が流れ込んで, いわゆるITバブルを招いた。電気通信各社は通信需要を超えた過剰な設備投資を行った結果, やがてバブルは崩壊し, 多くの企業が倒産するに至った。2001年末におけるエネルギー複合体のエンロン社, また, 翌年7月の長距離通信大手

のワールドコム社の経営破綻はまさに象徴的である。

　こうした破綻を招いた要因として，ベンチャー・キャピタルや株式の新規公開など，アメリカに特徴的な金融制度や国際的な投機資本のアメリカへの流入があり，これらがIT事業への過剰投資を促進した点を挙げることができる。それとともに，IT不況を招いた要因として「コーポレート・アメリカの利益連鎖」が指摘される。ストック・オプションを得て高い株価の維持を図るために不正経理さえ行う経営者，それを見逃し，アドバイスする外部監査法人，IT企業の株式の発行と引き受けや企業合併を仲介する投資銀行と証券アナリスト等は，IT株式ブームの中で利害が一致した。まさに，コーポレート・アメリカの利益連鎖である。夏目によれば，こうした利益連鎖こそがバブルを発生させ，また崩壊を招いて不況を長引かせる原因であった。

　「サブテーマ1」の3番目の報告は，川上義明のEMSビジネスについての分析である（同『第73集』，31頁以下）。EMS（Electronics Manufacturing Service）は電子機器の製造受託サービスを表す。IT機器企業は製品開発やソフトウェア開発に経営資源を集中して競争上の優位性を得ようとして，製品の製造はEMS企業にアウトソーシングする傾向が強まっている。受託企業は顧客企業（ブランドメーカー）との情報の共有を図りつつ，大量生産による部品コストの削減を実現することができる。

　当初はブランドメーカーの下請け企業的存在にとどまっていたEMS企業は，必要な部品を自ら調達し，組み立てて検査まで行うようになってきている（これは，『ボックス・ビルド』と呼ばれる）。また，エンド・ユーザーに完成品を直接出荷することもなされるという。

　このように，今日，多くの日本企業が国内外の生産拠点をEMS企業に売却し，製品をアウトソーシングするようになってきているのである。

◆ サブテーマ2：IT革命と企業システムの変革

　ここでは以下の3つの報告がなされている。

　　(1) 竹野忠弘「デジタル化経営とモジュール化戦略—IT革命と製造システムの転換—」

(2) 平本健太「情報システムと競争優位―日本企業を対象とする実証研究―」
(3) 遠山曉「ITによる今日的なプロセスイノベーション」

　最初の報告において，竹野忠弘は，IT化によって商品開発や工程設計が同期化され，企業組織内及び企業間の階層的管理が緩和されるようになり，従来の階層的・権威主義的な大規模組織に代わって，企業家的人材や機能的小集団を軸としたフラットな組織が志向されるようになる点を指摘している（同『第73集』，49頁以下）。また，IT化による市場構造の変化に対応して，製品のモジュール化ビジネス・モデルが提起されている。1990年代半ばから，欧米の自動車メーカーによるモジュール化部品調達が図られてきたが，日本でも，複数個に分かれていた部品を結合ないし統合することで1つの部品ユニットに集約し，受注ないし納入するタイプのモジュール化が図られていることが指摘されている。そして，部品モジュール化に対応して，最終組み立てライン設計や工場の形状も変わる。従来の工程が連続するライン生産による「工場」から，より短いラインや工程が併存する「作業場」方式へと転換していくという。
　なお，部品調達のモジュール化によって，アセンブラー内部の人員削減，部品の統廃合による部品企業の統廃合と新規サプライヤーの参入，大手メーカーを頂点とした従来の重層的な企業間関係の再編，部品製造企業の経営体質の転換等が進行しつつあることが指摘されている。
　次に，平本健太は，実証研究を通して，企業が情報システムを活用して競争優位を実現するプロセスを明らかにすることを目的として検討を行っている（同『第73集』，63頁以下）。調査は東証上場企業（第1部および第2部）174社について行われた。分析の方法は3つの仮説を設定して，それを検証するために，情報システムの有効性を被説明変数とし，「インフォメーション・システム」，「外部環境」，「技術」，「競争戦略」，「組織特性」を説明変数とする重回帰分析によってなされた。検証されるべき仮説は次のとおりである。

　仮説1：情報システム，戦略，組織の整合性が高いほど，情報システム

の有効性は高い。
仮説2：情報インフラが全社的に整備されているほど，情報システムの有効性は高い。
仮説3：外部環境，技術，戦略志向性，組織特性は，情報システムの有効性に影響を与える。

　分析の立ち入ったプロセスについては，ここでは省かざるを得ないが，分析の結果は，「仮説1」は支持され，「仮説2」と「仮説3」は部分的に支持されるということであった。平本も指摘しているように，本研究の貢献は，これまで一般論的に言われてきた「情報システム，戦略および組織の整合性こそが，情報システムの成果を規定する要因である」という仮説的命題を実証データを用いて検証したこと，また戦略志向性や組織特性も情報システムの成果に影響を与えることを明らかにしたことにある。

　次に，遠山曉は，今日のビジネス革新においては製品・サービスそのものよりも，それらを顧客に提供するためのビジネスプロセスが重視されるようになってきているとの認識のもとに，ITによる今日的なプロセスイノベーションについて論じている（同『第73集』，77頁以下）。

　遠山によれば，今日的なプロセスイノベーションの在り方として，2つの視点が提起されている。1つは関係性重視のプロセスイノベーションという視点であり，もう1つは「ハブ＆スポーク」のプロセスの発想という視点である。前者は，提供者側と顧客との相互のコラボレーション，さらにはサプライヤーや仲介業者との間，また企業内の製造や配送センターとの間での関係性を重視する必要があるということである。また，後者について言えば，ビジネスプロセスは線形的順序ではなく，顧客を起点とするハブやスポークの関係に見立てられるということである。

　最後に，ビジネスのプロセスイノベーションは，顧客との強い信頼のもとでの関係性の醸成，顧客の「関係性の自己管理」の実現，バックエンドの支援・管理機能とコアプロセスへの転換と両者の連携などが鍵になり，これによって持続的競争優位が生まれると結論付けている。

◆ サブテーマ３：IT革命と労働・社会生活の変容

ここでは以下の3つの報告がなされている。

(1) 村田潔「ITによる労働環境の変化とその社会的影響―情報倫理的アプローチ―」
(2) 野口宏「産業社会とIT社会―歴史的に見たIT革命―」
(3) 貫隆夫「IT革命の希望と不安―希望としての競争力，不安としての格差と孤立―」

　村田潔は，企業のIT導入に伴う労働環境の変化と，そこにおける倫理的，社会的問題点，そしてそれが今日の企業経営にどのようなリスクをもたらすかについて検討している（同『第73集』，99頁以下）。ITベースの労働環境における倫理的論点として，①ITに携わる労働者はITのイノベーションが短いサイクルで行われ，新しいスキルを常に身につけていかなければならないという圧力を受け続け，ストレスが強いということ，②職場に導入されるモニタリングツールは知的財産を保護するには有用であるが，他方では職場におけるストレスをさらに増大させることにもなること，③ITの導入によって，仕事の内容ややり方が変化し，既存の職種の人員が縮小されるために失業が生じることがあるということ，④IT導入による仕事の変化により，熟練するための意欲を起こさせなくさせてしまうこと（「デスキリング」），労働者のQOL (QUALITY OF LIFE) を低下させる可能性があるということ，⑤遠隔地で仕事を行うこと（「テレワーキング」）により，職場というコミュニティーが喪失してしまうことからくる様々な問題点があること等が指摘されている。

　野口宏は，IT革命を歴史的な視点から検討している（同『第73集』，112頁以下）。壮大な構想の下に，「企業情報化の発展段階」，「産業革命とIT革命」「システムとネットワークの比較とその経済的意味」等を一覧表形式で表示しており，明快である。

　こうしたIT革命の進行する下では，労働の組織形態はシステム型分業からネットワーク型分業への移行がなされる点が指摘される。システムは不可分の統一体として1つの全体に統合されているのに対して，インターネット

は内と外の区別がなく，インターネット上には多くのコンピュータが組織や時空間の壁を超えて互いに連係動作をしていることが特徴的である。

このほか，労働の社会的機能が「量的な豊かさ」の生産から「質的な豊かさ」の創造へと変化してくること，労働生活の流動性が増し，短期雇用や契約社員化のような不安定な身分となるリスクがあることなどが指摘される。こうした中で，経営学にいま求められているのは経営パラダイムの転換期にふさわしい新たな領域と新たな方法とを大胆に開拓することであるとしている。

最後に，貫隆夫は，IT革命がもたらす「希望と不安」について論じている（同『第73集』，127頁以下）。IT革命の「希望」は，ITの導入によって人間が知的欲求の充足を享受できるようになるのではないかということであり，またその「不安」は雇用機会の減少が失業をもたらし，またそこで置き去りにされた環境問題等で生存基盤を失うのではないかということである。

次に，IT自動化にともなう「熟練の移転」と「関係の移転」とが区別されて論じられる。前者は，熟練の機械への移転であり，それにより，職種間並びに労働者間の熟練格差は増大することが指摘される。後者の「関係の移転」とは，IT化によって人と人との直接的接触の必要性も節約され，接触を通じて醸成される精神的交流，仲間意識，連帯感といった人と人との心情的関係は失われてくる。「熟練の移転」がもたらすものは「労働の単純化」であり，「関係の移転」がもたらすものは「労働の孤立化」であるとしている。

最後に，IT革命時代における経営者は新たな知の創造に向けて知識労働に方向性を与え，知識創造を活性化するという課題を担う存在であるということが指摘されている。至言であろう。

3-3 まとめと展望

今日，IT革命の進展により，産業や企業の在り方，さらには経済の仕組みや社会生活の態様は大きく変貌してきている。新たな産業が創出されるとともに，企業間の取引や連携の形態も以前とは様変わりして来ている。ただし，貫の報告にもみられるように，それは私たちに「希望」をもたらすとともに，不安をも伴う。

2002年に本大会の報告がなされてすでに十有余年が経過してきている。今では、これまでのITという表現に代わってAI（人工知能）という言葉が多用されるようになってきているやに見える。こうしたITやAIの進展をどのように受け止め、また対応していくべきかは、現在でもなお我々経営学徒に課せられた課題であり続けていると言ってよいであろう。

第11章 第77回大会〜第79回大会

林 正樹 HAYASHI Masaki

1 ▶ 第74集
『グローバリゼーションと現代企業経営』（2004年）
――――――――――――――――――――― 第77回大会（2003年）

1-1 問題意識と時代背景

　第77回大会は2003年，愛知学院大学において開催された。統一論題のテーマは「グローバリゼーションと現代企業経営」，サブテーマは①「グローバリゼーションと経営学の課題」および②「グローバル経営の新展開」である。この頃，ロシア・中国に代表される旧社会主義諸国の市場経済への参加からほぼ10年が経過し，「グローバリゼーション」は，情報通信技術の発展・普及と生態系など地球環境破壊およびアジア金融危機に見られた世界経済・金融市場の再編成を伴いながら，「あたかも企業社会を席巻したかのような感さえ抱かせる」（水原凞大会プログラム委員長「統一論題趣旨」）様相を見せていた。

　もちろん，グローバリゼーションとは市場経済化や情報通信技術の世界規模の展開に限定されるわけではないが，その領域と規模は，われわれの生活に関連するあらゆる物事・事象（ヒト・モノ・カネ・情報・文化等々）の地球規模での移動・交流・相互作用，創成となって，まさに有史以来の規模と速度で展開している。

　われわれ経営学研究者は，ともすれば企業経営がグローバリゼーションを推進・促進・拡大するという視点なり前提で考えがちであるが，もっと俯瞰

して，グローバリゼーションが「企業社会を席巻した（している）」という視点も常に持つ必要がある。多国籍企業中心の企業経営を問い直すことができるからである。かかる複眼的視点で「グローバリゼーションと現代企業経営」という統一論題が設定され，サブテーマとして①「グローバリゼーションと経営学の課題」および②「グローバル経営の新展開」の2本を設けて，「新しい時代における学会，企業界のとるべき姿勢を検討した」という。企業経営は，「グローバリゼーション」という得体の知れない大波のまっただ中に身を置きつつも，自らの力だけではどうにもならないという状況で，しかも大波の中に沈没しないように主体性を持って生き抜いていかなければならないという時代状況を的確に捉えたテーマ設定であったと考える。

　サブテーマ①「グローバリゼーションと経営学の課題」では，グローバリゼーションの進展が経営学に如何なる課題を提起するのか，またその課題に対して経営学はパラダイムの転換をはじめとして如何に応えるのか，等の議論を通して経営学の新しい挑戦の方向性を検討するとした。サブテーマ②「グローバル経営の新展開」においては，世界市場環境に直面した企業が目下の急務として競争優位を得るために如何に企業活動を調整し統合するかという課題を議論している。

1-2　統一論題の報告内容と討論者コメント

◆【サブテーマ1：グローバリゼーションと経営学の課題】

　報告「東アジアのグローバリゼーションと経営学の課題―共生の道：東アジア経済・通貨圏と経営管理方式の移転―」高橋由明（中央大学）は，1970年代以降における東アジア諸国の著しい経済成長とそこにおける日本企業が果たした役割を歴史的に述べた上で，アジア通貨危機（1997年）の後，アジア諸国（企業）は国際取引の支払手段としてドルのみに依存する危うさを実感し，現在ではドル，円，ユーロを一定比率で保持する通貨バスケット方式を採用することになった経緯を整理する。2国間通貨スワップが確立している現状を踏まえて1997年のような通貨危機の回避を確実にするためにも，今後はアジア債券市場，アジア諸国の共通通貨圏の創設が重要になっていると

する。また，企業はその経営管理方式を他国に一方的・強制的に導入するのではなく，各国および地域諸国の伝統的文化の多様性を尊重することが重要であるとし，そのためには，グローバル・スタンダードは一つではなく，アメリカン・スタンダード，ヨーロピアン・スタンダードが「認められるように」，アジアン・スタンダードを「創り上げるべき」だとする。

報告「多国籍企業の理論と人間行動の公準」洞口治夫（法政大学）は，従来の多国籍企業論（ハイマー，ダニング，チャンドラー，ポーターなど）は人間行動の公準である「意思決定の事前における『意図』の形成過程の理解に基づく説明を欠いている」と批判する。取引コスト理論を始めとする従来の多国籍企業論は海外直接投資，海外子会社の運営，経営戦略など多国籍企業の行動を事後のデータに基づく推定によって理解し説明を行ってきた。しかし，多国籍企業の経営戦略などの行動を理解するためには事後のデータに基づく推測だけでは不十分であり，企業（経営者）はどのような「意図」を持っていたのか，その「意図」は意思決定にどのように反映されたのかを合わせて理解することが不可欠である。この欠点を克服するためには，多国籍企業の意思決定における経営者の事前の「意図」について，その形成過程それ自体にアプローチすることが必要であり，それは多国籍企業論だけではなく，経営戦略論や経営組織論など経営学研究の課題であるとする。

報告「グローバリゼーションとメイド・イン・ジャパン」吉田敬一（駒澤大学）は，80年代までの日本経済は国内に生産拠点を置く系列型生産分業システムの高度化によって成長したが，90年代以降グローバル化が急激に進み世界最適地生産の段階になると，日本固有の系列システムの破壊と崩壊が進み，親企業と系列企業を含む国民経済との利害が一致しない傾向が強くなった。経営学の新たな課題は，この利害の不一致を克服する方途を探求し，次の諸点を包含する理論体系を構築することであると主張する。①労働条件の国際標準からの乖離の批判的考察，②空洞化・リストラに対するローカル・ルールの構築，③日本型の「労働の人間化」の再吟味，④企業間取引関係の批判的考察，⑤文化型産業を支援するローカル・ルールの確立，など。

上記3つの報告に対して，討論者の澤野雅彦（九州国際大学）は，近年の日本はグローバリゼーションの進展が国境の障壁を低くする圧力となり，時

価会計導入やBIS規制さらには業績主義賃金の導入などグローバル・スタンダードに適応する動きが見られるとし，その結果，不良債権の拡大，企業業績の低迷，失業率の増大，さらには社会不安まで引き起こしているとした。その上で，3報告が期せずして「文化」をキーワードとしてあげているのは，世界の標準化が文化の多様性と対立するからであろうが，日本企業が目指すべき道筋を考える場合，日本は歴史的に（海外の）技術・商品を文化適合的に作りかえることによって産業を育成してきたという（歴史文化的）視点が重要であると指摘した。

　もう一人の討論者である藤沢武史（関西学院大学）は，3つの報告に対して，①本学会は過去にも「企業経営の国際化」を統一論題としているが，今回は「（従来の国際化と区別して）真にグローバルという次元でどのような研究成果が提示されているか」，②「他の学問領域での視点と区別されるような独自の経営学的な視点が貫かれているか」，を問うコメントを行った。

◆【サブテーマ2：グローバル経営の新展開】

　報告「グローバル化と企業競争力の構築―新経営パラダイムの形成に関連して―」竹田志郎（日本大学）は，1990年代以降，多国籍企業のグローバル化が進展して，企業競争力の構造に次のような「新しい様相」が見られるという。すなわち，価格競争が非価格競争を前提とする市場競争として展開され，標準化戦略が差別化戦略を前提として形成されるという，一見相対立する様相（特殊性）が生じている。また，企業間提携も戦略上優位な条件確保のための「協調」関係といえども，競争関係の変形にすぎない。こうした「対立する特殊性」を持つ企業戦略が構築されているのは，携帯電話，CD，パソコン，自動車部品等の業種であり，そこでは多国籍企業が従来の規模・範囲・連結の経済性に加え，「全世界にわたる当該産業部門」での「業界標準化の経済性」（「少量生産」に対するアンチテーゼとしての「大量生産」）を志向するという新しい経営パラダイムを生み出しつつあるからだ，と分析する。

　報告「モノづくりのマネジメント再考―グローバルニッチの探究と事業モデルの再構築―」山田基成（名古屋大学）は，20世紀には成功をおさめた日本のモノづくり事業モデルが，①2001年のIT不況によりエレクトロニクス産

業が機能不全に陥ったこと，②「世界の工場」の地位が日本から中国へ移ったことに加え，世界の勝ち組であるグローバル企業の集積地である中国を相手に日本国内で日本企業のみの力でモノづくりを継続するのは大きな困難があり，国内の中小企業工場の集積地が弱体化し，安価な海外製品の流入とデフレ経済の進行でデフレ・スパイラルに陥っていると分析した。その上で，かかるグローバル競争下においては総合家電メーカーのフルライン製品戦略よりも製品を構成する部品やユニットのニッチ製品や技術分野に資源を集中するグローバルニッチ分野に資源を集中する戦略が企業規模に関係なく普遍的に通用すると主張した。

報告「タイの多国籍企業CP社の栄光と挫折」中川多喜雄（東北大学）は，1980年代の初頭から第三世界の多国籍企業が議論されたことがあったが，現在では日本以外のアジア諸国（韓国，フィリピン，中国，台湾，シンガポール等）の企業の重要性が高まり国際化の例が増加している点に注目する。そのなかでも，アグロ・ビジネスを中心に全世界に250以上の関係会社を持つタイを代表するCP（Charoen Pokphand）社の成長・発展の特徴は，全社的な経営計画よりも「管理や業務レベル」の「（事業の）商機」と「（人脈の）関係」を重要視することにあり，その点が中国のハイアール社の経営計画重視の経営と異なると主張する。

上記3つの報告に対して，コメンテーターである牛丸元（北海学園大学）は次のように議論した。①竹田報告は，業界標準化戦略にとってコア・コンピタンスの個性化が不可欠であり，個性化には強力な組織文化による成員の共通認識が不可欠であると指摘したが，強力な組織文化の形成はグローバル化に伴う変化と負の関係にある。この点の解決策が今後の課題であるとした。②山田報告は，ポジショニング・スクールと資源ベースモデルとの融合を図った戦略策定モデルを提示したが，戦略策定における創発性の検討が今後の課題だとした。③中川報告は，前の2つの報告が戦略的側面からの検討であるのに対して，組織的側面からのケース・スタディーであるが，サブテーマの「新展開」については明確ではないとした。

もう一人のコメンテーターである夏目啓二（龍谷大学）は，次のように指摘した。①竹田報告は新しい経営パラダイムとして「標準化の経済性を追求す

る経営」を提起したことは重要な貢献だと評価したうえで,「標準化の経済性」について，各産業，作業工程，生産方式，製品・商品ごとの「標準化」の概念と関連付けて具体化する必要があるとした。②山田報告は，日本のモノづくりの危機感があるなかでグローバルニッチ企業の探求と新しい事業モデルを提示したことを評価したうえで,「グローバル経営の新展開」の意味を明示する必要があるとした。③中川報告は，新興工業国における多国籍企業を対象としている点，また，華僑企業であるCP社の戦略を説明する独自の分析枠組み（「商機」と「関係」）を提起した点を貴重な貢献だとしたうえで，華僑企業のアジア企業の中での位置付けを深めるべきだとした。

1-3 報告の歴史的意義

　企業経営にとってグローバリゼーションとは，国内 (national) 企業から海外市場に製造・販売子会社を設立して国際 (international) 企業に成長し，さらに海外子会社を増大させた多国籍 (multinational) 企業を経て，海外に研究開発機能や地域統括機能を有するグローバル企業へと発展するという考え方が主流であったが，1980年代末にマルチ・ドメスティック企業やマルチ・リージョナル企業さらには超国籍 (transnational) 企業という概念の方がより実態に近いという考え方が現れた（C. A. バートレット，S. ゴシャール）。この考え方は社会主義経済圏の崩壊後，「資本主義の多様性」論とも相俟って，いわゆる資本主義の収斂化論に一線を画する位置を築いた。

　高橋報告は経営管理方式のアジアン・スタンダードを「創るべき」との主張も反収斂化論の一つだと思われる。しかし，アジア諸国の中では，企業の規模や発展経路や段階が異なり文化も一様ではないので，「経営管理方式のアジアン・スタンダード」の中身ははっきりしない。「グローバル化時代において重要なことは，異文化間での相互理解・学習である」ならば，むしろ，資本主義の収斂化論に対するのと同様に，「経営管理方式のスタンダード化」に対して，「異なる経営管理方式間での相互理解・学習」の中身を具体的に展開することもできたのではないか。

　洞口報告は，多国籍企業のある特定の意思決定がどのような意図をもって

行われたかを解明するために，現在最も多用されている方法が定量的研究であるが，それはあくまでも「事後のデータに基づく推定」による理解であるから，「意図」の形成過程それ自体にアプローチする方法が必要だと主張する。特定の意思決定が「どのような意図をもって行われたか」を解明することの必要性と重要性が多国籍企業の理論研究を通して明らかにされた。その方法も，歴史研究（八代充史他『能力主義管理研究会オーラルヒストリー：日本的人事管理の基盤形成』2010，他）では，すでにオーラルヒストリーという方法の有効性が確認されているので，限界性も含めて経営学研究の方法論としても注目する意義がある。

90年代以降グローバル化が急激に進み世界最適地生産の段階になると，日本固有の系列システムの破壊と崩壊も急速に進み，親企業と系列企業を含む国民経済との利害対立が顕著になったとする吉田の報告は特別に目新しいものではない。しかし，「（地域生活文化を体現する）文化型産業」支援の提言はメイド・イン・ジャパンの「支援」とか「復権」というナショナリズムの視点から出されてはいるが，グローバリゼーションの正と負の次元を克服（止揚）する意図なり方向性を主張する問題提起として受け止めたい（必要性と可能性を感じる）。

山田報告は，2001年のIT不況でエレクトロニクス産業が機能不全に陥り，「世界の工場」の地位が日本から中国へ移った状況でのグローバル競争においては，日本のモノづくり事業モデルは従来の総合家電メーカーのフルライン製品戦略よりも製品を構成する部品やユニットのニッチ製品や技術分野に資源を集中するグローバルニッチ分野に資源を集中する戦略が企業規模に関係なく普遍的に通用すると主張した。しかし，「企業規模に関係なく普遍的に通用する」と確認できただろうか。竹田の「業界標準化の経済性」概念は，コア・コンピタンス概念との相違と関連性が明確ではないのが残念である。山田報告も竹田報告もアメリカ経営学の戦略論に沿ったものとして評価されるのに対して，中川報告はタイの華僑企業であるCP社の戦略を「商機」と「関係」という経営パラダイムの特徴を，アメリカン・モデルの全社的経営計画を採用するハイアール社との対比によって明確にした点に注目したい。

2000年代の前半に，多くの日本企業が世界中の産業・市場で，アメリカ

企業，ヨーロッパ企業，韓国企業，中国企業，等々との厳しい競争と同時に協力関係を展開している中で，今後，この地球上で人々が求めるものは何なのか，そのためにはどのような事業モデルが必要なのか，提供者側の論理だけでになく，受容者側の論理との適合性を考える，という視点が必要である。1980年代までの自らの競争力を進化させて，新しい経営パラダイムを生み出していく，そのような経営パラダイム，産業別の事業モデルとは，どのようなものであるべきかという議論が，今大会で，ようやく始まったということであろう。

2 ▶ 第75集 『日本企業再生の課題』(2005年)
―――― 第78回大会(2004年)

2-1 問題意識と時代背景

　第78回大会は2004年，早稲田大学において開催された。統一論題のテーマは「日本企業再生の課題」で，その趣旨は，90年代後半以降，特にアジア諸国企業の追い上げ，未曾有のデフレーションなどにより，かつてない苦境に直面している日本企業がいかに対応しようとしているのか，またいかなる課題を果たすべきなのかを，学問的に究明し，この難局から脱出する方法を探求し，提示することにあるとしている。8年前の第69回大会(1995年)においても今回とかなり重なるテーマ(「日本企業再構築の基本問題」)を統一論題としているが，「当時と較べ，企業を取り巻く環境は大きく変貌し，企業も，またそれを研究する経営学も大きな変化を経験してきている」からであるとした。

　また，「日本企業再生の課題」を究明するために，サブテーマを3本設定している。すなわち，サブテーマ①「コーポレート・ガバナンスの再構築」では，英米型の「委員会等設置会社」制度の選択を可能にするなどの商法改正(2002年決定，2003年4月施行)が行われた時流の中で，コーポレート・ガバナンスの再構築を手がかりに日本企業再生の方向と課題を追及する。サブテーマ②「人材の育成と活用」では，企業の再生にとっては人材の育成・活

用やそのための理論と戦略は必要不可欠であるが，日本企業の強さの源泉と言われた雇用・人事・賃金システムの改革は如何にあるべきなのか，改革の問題点と方向を議論する。サブテーマ③「新事業創造とイノベーション」では，日本企業の再生に必須の新事業の創造とイノベーションについて検討する際に，伝統的な「日本的企業文化」の変革をも視野に入れて議論したい（小林俊治大会プログラム委員長），とした。

　2004年の統一論題とサブテーマの設定は日本企業にとって国内・海外市場共に生き残りの正念場とも言うべき未曾有の長期間の低迷の時代に相応しいものであったと言えよう。

2-2　統一論題の報告内容と討論者コメント

◆【サブテーマ１：コーポレート・ガバナンスの再構築】

　報告「日本企業とガバナンス改革」勝部伸夫（熊本学園大学）は，わが国でガバナンス問題が大きく取り上げられるようになったのはバブル経済が崩壊した90年代に入ってからであり，①企業不祥事の噴出，②企業業績の低迷，③株主の不満等々が直接的な理由であるが，それらの問題点は戦後日本型企業システムの負の部分であり，ガバナンス論議は日本的経営の在り方と日本的経営論を問うものであるという。また，株式の所有構造（2003年）は従来の大株主である都市銀行や企業の持ち合い株比率が87年の調査以来最低の7.2％（株式数）に低下し，信託銀行や外国人による持株比率が上昇したが，この変化は日本企業が経営者支配である点についてはなんらの変化ももたらさなかったとし，さらに，数度の商法改正によって委員会等設置会社の選択導入を可能にし，執行役員制度・社外取締役や社外監査役の増員で経営者に対する監視・牽制するシステムを作るなど，アメリカ型コーポレート・ガバナンスへの移行に道を開いたが，その実効性は「改革への刺激になった」という程度に過ぎなかった。大事なのは，「会社を誰のためにどう動かすか」という視点であり，「日本企業の再生のためには，経営者はその社会的性格を真に認識して人々の支持や共感が得られるような行動をする以外にはない」とする。

報告「企業倫理の観点から見たコーポレート・ガバナンスの意義と限界―倫理的組織風土の構築を目指して―」中野千秋（麗澤大学）は，コーポレート・ガバナンスを企業倫理の観点から検討するために，①「株主重視のガバナンス」＋「コンプライアンス型の企業倫理」の型と，②「会社良心に基づくガバナンス」＋「価値共有型の企業倫理」の型という2通りの組み合わせを提示し，ガバナンスと倫理の適合関係を考察する。そして，①の組み合わせは，「株主の権利を中心に据えて法的基準を根拠にする点」で論理的に一貫性＝適合関係があり，②の組み合わせは，「企業の良心」ないし「倫理的価値」を基軸に「その組織的体現を目指すという点」で論理的に一貫性＝適合関係がある。したがって，2つの「ガバナンスの型と企業倫理の型」は，それぞれのセットで一貫性のあるマネジメント体制を構築する努力を積み重ねていけば，「それなりの成果を期待することができる」とする。そのうえで，「日本の社会風土との適合性，経営戦略やマネジメント・プロセスとの統合の可能性，従業員の主体的関与への期待といった観点」から，報告者自らは②に与するとした。

　報告「制度の進化の観点から見た企業再生―現代の企業の進化とスーパーモジュラー分析―」渡部直樹（慶應義塾大学）は，企業の強さは経営活動と経営制度の各要素間の補完性に求められるという観点から，1980年代の日本企業はその独特な各制度（人的資源ポリシー・生産方式・所有と経営・企業戦略）が強い補完性（＝スーパーモジュラー性）を持っていたが，バブル崩壊後の90年代は金融・労働・消費市場の停滞と経済のIT化とグローバル化によって各制度間の補完性が弱まったために競争力を急速に失ったとする。多くの日本企業が生き残りのために終身雇用制・年功制・系列取引を見直したり，アメリカ型のコーポレート・ガバナンス形態を導入する企業も出るなど，多くの企業が制度改革に取り組んだが，既存の制度と新しい改革が強い補完性を発揮することはできなかったとする。さらに，渡部は，トプキス他の「スーパーモジュール性」，ラングロアの「消えゆく手」，ケーパビリティと企業境界論などの概念や理論に基づく「スーパーモジュラー分析」の観点から，企業再生の事例として日産自動車株式会社を取り上げ，同社がどのような改革を行って，「新しいスーパーモジュール性」を得ようとしているのかを分析，

検討している。

上記3つの報告に対して、コメンテーターである仲田正機（立命館大学）は、コーポレート・ガバナンス問題の核心が「企業を方向付け、統制する諸規範（システムや手法を含む）」にあるとし、1991年の英国の「キャドベリー委員会報告」→94年の米国法律協会の「コーポレート・ガバナンスの原則：分析と勧告」→98年の日本コーポレート・ガバナンス・フォーラムの（英米型のガバナンスとの混合を志向した）「最終報告」が、2002年の商法改正につながる一連の流れがあると指摘した。その上で、次のようにコメントした。①勝部報告の論点提示には納得できるが、今日的な改革課題を具体的に示して欲しい。②中野報告に対しては、A.バーリ「会社良心論」を立論の基礎に置くことの現代的意義を問いたい。③渡部報告に対しては、制度の進化・補完性の現代的特徴を提示して欲しいと述べた。

◆【サブテーマ2：人材の育成と活用】

報告「『選別』から『適応』へ―HRMのパラダイム転換―」太田肇（同志社大学）は、日本企業の人的資源管理システムが伝統的な年功序列主義から能力主義に変化し、さらに90年代の初めからは成果主義へと大きく変化してきているが、成果主義を導入した企業の評価制度に問題があるために、「従業員の満足度やモチベーションの向上という、制度導入の目的が達成できていない」ところが「大きな問題」だとする。具体的な解決策は、報酬や昇進などの評価基準を現行の「組織の論理に基づいて個人を選別し序列付ける」「選別主義」を、①「市場や顧客、社会への適応の度合い」によって評価する「適応主義」に代えること、また、②人材育成に必要な能力開発も「顧客や市場、社会に対する個人の適応力」を高めるために、「個人の潜在的な能力の発掘を支援する」ことを重視する「適応主義」に移行することとした。

報告「フラット型組織における人的資源管理」奥林康司（神戸大学）は、アメリカが1980年代の後半から90年代に金融改革とIT革命で「新経済」を成長させ、世界市場で日本企業に激しい競争を挑んできたが、日本企業はバブル経済崩壊の混乱の中にあり、抜本的な改革をなしえなかった。21世紀に入った今、日本企業は「人材の育成と活用の面」を中心に、「生産システム、

組織構造，企業文化，経営戦略などの諸要素との整合性を保った変革（＝日本的経営のパラダイム・シフト）」を行うためには，何をどう改革するべきかについて考察している。具体的には，組織構造がピラミッド型からフラット型に変化し資格等級制度が「管理職昇進モチベーション」としての機能を失った以上，経営環境の変化に敏速に対応するためには社員の自立性を前提とする人的資源管理制度の導入や，全員一律の教育訓練から社員の自立的選択に任せる研修制度への移行，および報酬は企業業績への貢献に基づく成果主義の導入，などが必要となる。また，管理職昇進が会社内で唯一最高の価値ではなくなった現在，多様な生き方が可能になり社会的にも評価される。さらに，コーポレート・ユニバーシティーの導入や企業と大学・大学院のコラボレーションも産業社会全体の知的水準向上という視点から好ましい方向だ，とする。

報告「知力人材の開発―革新的創造力の開発を中心として―」川端大二（愛知学泉大学）は，世界大競争時代である21世紀の初頭，日本企業が大苦戦を強いられてきたのは，バブル経済に狂奔し，国際的な環境変化によるパラダイム変化に対応できなかったことと，コア・コンピタンスの創造や戦略的優位の確保が不十分だったからであり，これらは従来の日本的経営下において創造や戦略をになう人材が育っていなかった「つけ」であるとする。必要なことは，①世界大競争の中で，企業ごとの才覚によって競争力を確保することであり，②従来の日本的経営下における「改善・改良的創造」を超える「前人未踏の独創」と「（新たな価値を創造する）革新的創造」を実現することである。そのためには，革新的人材育成の阻害要因である終身雇用や年功序列・集団主義を排して，思考のパラダイムを変え，発想のポテンシャルを高める方法，創造的成果を高く評価する人事への転換が必要であるとする。

上記3つの報告に対して，コメンテーターである佐野陽子（嘉悦大学）は，選別主義から適応主義への改革，組織がピラミッド型からフラット型に代わり変化への適応や敏速な自立的決定が望まれること，階層別研修やOJTは日本的経営の負の遺産であり革新的創造に向かわなければならないとする議論にに共通性が強く，その方向性には異論がないとする。もう1人の討論者である林伸二（青山学院大学）は，選別主義から適応主義への転換と太田は言

うが企業は従来も両者の統合化を図る努力をしてきたし，今後もしていくのではないか，また，人材育成のパラダイム・シフトが必要と奥林は言うが，「育成者－教育情報（プログラム）－被育成者」という基本枠組み（パラダイム）は変わらないのではないかと質した。

◆【サブテーマ3：新事業創造とイノベーション】

報告「戦略と組織のダイナミック・インタラクション―日本企業の創発戦略に関する理論的考察―」沼上幹（一橋大学）は次のように報告した。「戦略が組織を決める」（戦略→組織）というアメリカ経営学会の戦略論（多数派）では，「戦略を策定する主体は1人（ないし数人）」，「実行する多くの人々はそれに従って行動する」ものと想定されているので，相互作用のプロセスを経て戦略を考えること自体が避けるべきことであり，創発戦略は定義的に非合理であると認識されている。これに対して，「戦略は組織に従う」（組織→戦略）と強調する研究者は「現場に近いミドル・マネジメントが相互にアイデアを提供しあいながら経営戦略を生み出していく方が，優れた戦略の創造につながりやすい」と考えるので，創発戦略を重視する傾向が強い。1990年頃までの日本では「日本企業はミドルの相互作用を通じた創発戦略によって成功してきた」という認識が一般的であったが，バブル崩壊以降は，「創発戦略が戦略乖離（ドリフト）し，企業業績にマイナスの機能をもたらしている」という認識が徐々に強くなってきた。それゆえ，沼上は，「（当初の）意図された戦略」が「望ましくない方向へドリフトする」ことは「好ましくない」こととして片付けるのではなく，「戦略が先か，組織が先か」という本質論と並んで「戦略ドリフト」に関する研究を戦略論研究の中に位置づけ，深めることが必要だと主張する。「戦略ドリフト」に関する研究は，経営戦略の策定を極めて少数の人間に委ねることに潜む決定的な危険性を避けるためにも必要である。また，「戦略ドリフト」の研究によって「近年の日本企業の業績低迷に関する研究の手がかり」を示せるとする。

報告「産業モジュール化が競争優位に与える影響―戦略グループ論の再検討―」根来龍之（早稲田大学）は，産業のモジュール化が進む中で，資源ベース戦略論の命題（「独自資源による模倣障壁の存在が持続的競争優位を決める」）の妥

当性について,「インターネット接続サービス」ビジネス (ISP) を事例に検討している。結論として, 産業モジュール化は「産業内で取引の対象となる事業ユニット」の組み合わせがいくつか可能となり, オープンに取引できるので, 独自資源の役割 (したがって, 資源ベース戦略論の命題の妥当性) は弱まり,「(事業形態決定論は完全には成立しないが,) 事業形態の違いが競争力を優先的に制約する」,「事業形態のドミナント制約論」が成立する可能性があるとする。

報告「生命科学の事業化手段としてのスタートアップ」藤原孝男 (豊橋技術科学大学) は, 画期的なバイオ新薬は資金的な制約などで大企業に有利にもかかわらず, 米国では近年, むしろ制約の大きいスタートアップ企業が先駆的に開発しているが, 日本では, 事業化を図るバイオ医薬系スタートアップ数・IPO 数が少ない。日本で, 大学発医薬系スタートアップ企業が少ない理由として, 日本的経営の知識・発想の中で「現場の日常的改善ノウハウの蓄積」は行うが, バイオ医薬系スタートアップのような投資金額・成功確率で高リスクの長期的研究開発プロジェクトに関する合理的な評価・管理手法の欠如が考えられるとし, 今後, 自動車・液晶等のハードウェア・ソフトウェアだけでなく, バイオ産業のような技術革新には,「IP 評価方法, リスクプロジェクトの管理手法, 及び飛躍に関する感度が必要」と説く。

2-3　報告の歴史的意義

日本経済は, 1991 年 2 月, 金融自由化によるバブル景気が崩壊し, 従来の景気循環的不況と重なって「複合不況」に陥った。まさに,「失われた 10 年」とも言われる長期不況の始まりであり, 2001 年の米国発の IT バブル崩壊にも巻き込まれてしまい, 後には「失われた 20 年」とも言われた。さらに, この事態が日本企業の「未曾有の苦境」とされる背景には, 欧米諸国の金融バブル崩壊と化石燃料中心の工業発展の行き詰まり, 自然環境破壊の拡大, 雇用問題の深刻化があり, GDP 世界第 2 位の先進工業国である日本の企業としても最先端の科学技術を利用した高付加価値を追及する競争の激化に直面する一方, 従来からの工業発展途上諸国に加えて社会主義計画経済から市場経済化に移行した国々の企業を始めとして, アジア NIEs (韓国, 台湾,

香港，シンガポール）やBRICs（ブリックス）諸国・地域の企業が急速に成長するなか，日本企業は低価格競争に巻き込まれていった。

「日本企業再生の課題」という統一論題の設定は，勝部も言うとおり，①企業不祥事の噴出，②企業業績の低迷，③株主の不満等々を直接的な理由としつつも，大きくは戦後日本型企業システムの負の部分としての日本的経営（論）を問うものであった。中野は，ガバナンスと企業倫理の組み合わせを類型化し，それぞれが論理一貫性を持つのでそれ自体としては優劣はつけがたいが，「社会風土との適合性，経営戦略やマネジメント・プロセスとの統合の可能性，従業員の主体的関与への期待」から選択すると明確にした。渡部は，日本企業再生の分析理論としてトプキスやラングロアなど欧米流の分析理論を用いて，分析事例にゴーンが率いる日産自動車を選んでいる。企業再生のためなら収益性志向経営が許されるということであろうか。

サブテーマ②「人材の育成と活用」では，太田は「選別」から「適応」へというテーマでHRMの根本的な改革が必要だと主張したかったのであろうが，それが従来のHRMの枠の中の議論とどう違うのかとなると，なかなか難しい。奥林は，HRM理論に基づいて年功主義のピラミッド型組織からフラット型組織にシフトすれば社員の自立性を最大限に活用することができるとし，川端は，革新的人材育成の阻害要因である終身雇用や年功序列・集団主義を排して，思考のパラダイムを変え発想のポテンシャルを高める方法，創造的成果を高く評価する人事への転換が必要であるとするが，「転換は，言うは易く，行うは難し」。未曾有の苦境の中でも事業を成長させている企業は存在する。そういう企業は，人材の「育成と活用」の分野で，日本の良い面を継承・発展させているのではないのか。

サブテーマ③「新事業創造とイノベーション」では，沼上が戦略論の本質論議として「戦略の乖離に関する研究」の必要性を提起したことは高く評価される。戦略論の研究領域を超える企業経営論全般の研究課題と言えよう。根来の「産業モジュール化が競争優位に与える影響」報告は戦略論研究として，また，藤原の「生命科学の事業化手段としてのスタートアップ」報告はイノベーションの研究として，引き続き注目していきたい。

3 ▸ 第76集
『日本型経営の動向と課題』(2006年)
第79回大会(2005年)

3-1 問題意識と時代背景

　第79回大会は2005年,九州大学において開催された。統一論題のテーマは「日本型経営の動向と課題」とされ,その趣旨は,次のように述べられている。「かつて日本的経営が世界において,その卓越性を評価され,脚光を浴びた時代があった。しかし,その後の情報化,国際化の時代を迎えて後れをとった日本企業が,今やIT化,グローバリゼーションの急速な波に呑み込まれ,極めて厳しい状況に追い込まれるに至っている。経済環境の世界的変革の時代を迎え,さらには企業倫理やコーポレート・ガバナンスの再構築といった社会的要請に応えるべく,日本企業は従来の日本的経営を見直し,それを脱皮する必要性を余儀なくされている」(プログラム委員会)。

　だが,日本企業が世界の製造業を席巻した時代は終わったとは言え,市場から退場するしかなくなったわけではない。確かに,日本企業が直面する課題は多く,大きく,重い。IT化とグローバリゼーションの利用と応用,成長第一主義から持続的成長への転換,先進工業国と開発途上国との格差の縮小,地球環境問題への取り組み,雇用・生活問題の改善等々の,社会的課題に,日本企業は如何に応えて行くべきか。それを一言で言えば,「従来の日本的経営を見直し,それを脱皮する」ということであろう。

　統一論題の議論を深めるために,次の3本のサブテーマが設定されている。サブテーマ①「変革期における経営学の理論的,方法論的課題」においては,経済的・社会的変革の時代が経営学に如何なる課題を提起するか,またその課題に経営学は如何に応えるのか,を検討する。サブテーマ②「日本型経営の新動向―現場からの発信―」においては,実務界から「企業管理の新しい動向と課題の報告」を受けて,最新の「日本型経営」といわれるものについて検討する。サブテーマ③「日本型経営の実態分析」においては,近年の形を変えつつある日本企業独特の新しい挑戦の実態を分析する。

3-2　統一論題の報告内容と討論者コメント

◆【サブテーマ1：変革期における経営学の理論的,方法論的課題】

　報告「経営学と経営者育成―『経営教育学派』の認知向上―」辻村宏和（中部大学）は，「経営教育」研究を「単なる経営学の一部ではなく学派として位置付けん」として次のように述べる。「経営教育学は，経営学のあり方を常に『経営者育成』目的から問い直し，『経営研究』というよりも『経営学研究』と呼ぶのがふさわしい方法論である」。すなわち，現在の「ポピュラーな経営理論」は経営教育を軽視していることを明らかにすると同時にこれを「経営者育成」目的から批判し，「目の位置を経営者と同じくする経営学（＝「一人称経営学」）」の重要性を強調する。具体的には，まず，「ポピュラーな経営理論」は，①「理論で問題解決」できるという「幻想性」を有し，②「成功要因分析」も帰納的推論ゆえに実践性に乏しい，という批判がそれぞれ15項目と4項目ずつ開陳される。その上で，「一人称経営学」の方法論的探求として，「経営者（≠経営学者）の主客同一性」，「経営学者の経営者ポジション」，「内省法→『一人称経営学』」を開陳し，「『経営学者が経営者ポジションで経営を論ずる』次元は，唯一，『経営学者が大学経営を論ずる』ところで顕在化する」と主張した。

　報告「グローバル化と日本経営研究の課題―ナショナリズムを超えて―」長谷川治清（同志社大学）は，先ず，主要資本主義国における経営研究が経営実践の要請に応える人間の認識として発展してきたことを確認する。第2に，「経営研究の固有の矛盾」（経営の論理と社会の論理の矛盾と，経営学の科学性と倫理性の矛盾。それぞれ，時代と共に変化・発展する）を止揚するところに，新しい研究課題と新しい研究方法の可能性を見いだす。第3に，経営研究だけでなく全ての学問が取り組まなければならない人類に共通の研究課題を探求し，経営研究との関わりを解明したい，とする。上記の「経営研究の固有の矛盾」とは，①企業の雇用合理化と社会の失業増大，企業の海外進出と国内の空洞化，グローバル企業による世界制覇と環境問題・貧困化，などの矛盾であり，主要な経営理論の多くはこれらの社会問題を解決する論理を欠くか，機能的視点から利潤追求の手段として利用するにとどまる。②企業の利

潤を高める目的で発展してきた機能的・実践的な経営研究は，今や，「ニューリベラリズムを活用した巨大企業の利潤追求パラダイム」となり，市民社会の持続的な発展に必要な，社会性，長期性の配慮を消失しており，人間の倫理が介入する余地がない。

企業がいかに市民社会の問題を経営理念に包摂し，この矛盾を止揚した経営を実践するか，また，経営研究者がこの課題をいかに理論的に発展させるかが，新しい研究領域である。21世紀に入り日本的経営の賛美は問題点指摘へと変わったが，企業社会が生み出した人類共通の問題・課題を解決するには，日本の再生を願う「ナショナルな機能論を乗り越える必要がある」と主張する。

報告「支配，統治，経営―企業についての三つの概念―」伊丹敬之（一橋大学）は次のように報告した。企業統治論は，経営者を直接対象とする企業への牽制行為についての議論であり，①牽制の主体に誰がなるべきかという主体論と，②どのようなメカニズムで牽制できるかというメカニズム論（経営者の意思決定に対する影響メカニズムと経営者の任免メカニズム）とからなる。（1）多くの論者が議論抜きに「牽制の主体は株主」としているが，企業の経営者を牽制する主体はその企業の主権者である。企業という経済組織体は，「カネの結合体でもあり，ヒトの結合体でもある」ので，企業の主権者は「逃げない資本」を提供している株主と，「逃げない労働」を提供しているコア従業員だから，企業のさまざまなステークホルダーの中で，企業統治主権の資格があるのは，株主とコア従業員だけである。（2）株主と従業員との間の主権配分の在り方は，①「株主と従業員のどちらが主権をより多く持つ方が経済効率性が高くなるか」を考えれば，「企業の実態を熟知し，コミットしているコア従業員たちの知恵とエネルギー」に軍配が上がるのは明らかであり，②「権力の正当性」については，（「所有による権力の正当性感覚」を持つアングロサクソンの世界では株主だけが企業統治の権力を持つことになるが，）日本やドイツなどでに「企業を経済共同体とみなし，共同体のために汗を流していることを権力の正当性の根拠とする感覚」が生まれ，「企業の中心になっている従業員たちも企業の統治権力を分かち持つのが当たり前」である。（3）会社法は企業への資金提供者の間での権利義務関係を定めた法律に過ぎない。われわ

れは，企業はヒトの結合体でもあるという二面性をきちんと考え，会社法の本質的欠陥をも議論できるような，「(企業の主権者による) 企業統治の議論枠組み」を持つ必要がある，と。

◆【サブテーマ２：日本型経営の新動向―現場からの発信―】

　報告「環境激変下におけるこれからの旅行業経営」舩山龍二((株)ジェイティービー代表取締役会長)は，会社の歴史と業界を取り巻く環境変化の激しさと旅行業の経営特性について，終戦後以降と高度経済成長を経て成熟市場になり国際化が進みインターネット化の時代に入るという時代の劇的変化に経営的に対応してきた結果として，「高賃金・高福利から低コスト経営」に変わってきたと述べた。2000年代の戦略のポイントは「多様化したマーケットに正対していく，アメーバー的にマーケットに対応できる組織に変えていく」とともに，地域性と専門性を持ったソリューション事業を追求し，それらの事業を束ねるのが持株会社JTBホールディングスである，と結んだ。

　報告「日本的経営の課題と新しい動き―『国鉄改革』『りそな再生』から学ぶ経営改革の方向―」細谷英二((株)りそなホールディングス取締役兼代表執行役会長)は，国鉄の分割民営化の実務からJR東日本の経営者(CFO，4年後から副社長)を経て，2003年からりそな銀行会長に就任という経験に基づいて，「コストの見直しによる効率経営が経営の基本」であると同時に「会社内部の論理を排除し，世の中の目線で考え行動する」「心の改革」企業文化の変革を急ぐとした。その上で，日本的経営の課題として，市場のグローバル化への迅速な対応，後継者の育成・人選，コーポレート・ガバナンスの強化，新ビジネスモデルの構築，イノベーションの人材育成の重要性を指摘した。

　報告「電力自由化時代における『電力経営』の現状について―TQM(経営品質向上)による企業風土改革―」松尾新吾(九州電力(株)代表取締役社長)は，電力事業の公益性(＝地域のライフライン)の確保やCO_2対策などの環境対策の重要性および2000年からの電力事業の自由化への対応という課題を示し，具体的な対策として「九電版TQM」(＝製品や価格，サービスの質及び業務プロセスの質)を導入し，顧客重視・社員重視で，社会との調和を目指して全員参加で，2001・2002年が導入期，2003・2004年が推進期として取り組んでい

る。その成果は2004年度で8億6,000万円（想定効果金額）をあげており、電力料金の値下げ（TQM導入前の1986年比で33％）を実現した。今後の留意点は、「組織の成長を実現するのは最終的には社員。社員が活き活きと働き、能力が最大限発揮できる企業風土の実現」であると述べた。

報告「IBMのコーポレート・ガバナンス」北城恪太郎（日本アイ・ビー・エム（株）代表取締役会長）は、日本の会社は経営者を選ぶ仕組みに問題があり、「経営問題が起きたときにそれを解決できるように機能するようにはなっていない」とし、コーポレート・ガバナンスの日米比較という視点から、米国IBM本社のコーポレート・ガバナンスの実態を具体的に紹介した。たとえば、①アメリカは委員会組織と取締役が機能するように、男女・人種・国籍・市場の多様性を配慮して構成する、②監査委員会は年5回開催して、内部統制の仕組みが動いているかを監視し、従業員はビジネス・コンダクト・ガイドラインに基づいて行動するよう厳しくチェックされる、③次の取締役候補の選任について、米国企業も従来はCEOが影響力を行使してきたが、サーベンス・オクスレイ法の施行後は「社外取締役を中心とした取締役会が決める方向で動いている」、など。最後に、IBMのCSRについて触れ、「企業経営者は持続的に株主の価値を高める責任があるが、多様なステークホルダーのニーズに対応しなければ、持続的な企業価値を高めることはできない」と結んだ。

以上4つの報告に対して、討論者の片岡信之（桃山学院大学）は次のようにコメントした。グローバル化、情報革命、産業構造転換、市場の変化等々の経営環境激変の中で、かつてのモデルの改良程度ではもはや有効な経営たり得ないという経営者の切迫感が伝わってくる報告であった。顧客価値創造を求めて大胆な選択と集中をはかり、コア・コンピタンスの明確化、周辺機能のアウトソーシングと戦略的提携、戦略的M&Aという方向性と手法は、現在では日本企業の普通の現象になり、株主価値重視のアメリカ的経営理念の影響が看取される、と。

◆【サブテーマ3：日本型経営の実態分析】

報告「賃金管理からみた日本的経営―その動向と問題―」晴山俊雄（石巻

専修大学)は、「わが国賃金管理に問題を限定し、それを手がかりにしながら、日本的経営に接近し、そこから日本的経営の全体像に迫ろうとし、その転換の意義」を問う。かつてのスローガン「生活給から職務給へ」は自然と消え「年功主義から能力主義へ」、近年では「成果主義へ」(の転換)がスローガンとなっているが、「賃金改革は単なる賃金技術の問題ではなく、むしろ社会システムともいうべき問題を提起する」、「賃金の意義は、単に労働の対価という意義を超えて、社会関係の表現である」、「年功賃金は、市場賃金の論理＝契約の論理を超えた世界にある」、「日本の賃金は組織への参加が一定の職務を担当する契約型での参加ではなく、所属という型での参加であることに対応した賃金である」、「(従来年功賃金と特徴付けられてきた)所属型賃金の本質的意義は全人的参加にあり、それは従業員に対し無制限に、無限定的に、身を尽くし心を尽くし努めることを要求する賃金であり、極めて厳しい貢献が要求されている」、と論じた。また、日経連の『新時代の日本的経営』に対して、「21世紀を見据えた人事戦略」として、横断的労働市場の育成と人材流動化、雇用ポートフォリオ、職能・業績に基づく人事・賃金管理をキーワードとして出されているが、「欧米型とは異なる独自の経営思想と、それに基づく雇用と賃金管理が展開されているであろうか」と疑問を提示した。

報告「バブル崩壊後における日本的生産システムの特質とその課題―セル生産方式を中心として―」那須野公人(作新学院大学)は、先ず、①日本的経営は、第1次石油危機を契機に、日本的雇用慣行から日本的生産方式(＝トヨタ生産方式)へとその関心が移行した。②トヨタ生産方式は1990年代後半からエレクトロニクス産業にも波及し、現在では「セル生産方式」として進化した。21世紀の今では、セル生産方式が日本的生産システムを代表する形態として広く普及しており、ベルトコンベアはほとんど見られなくなった。③生産システムは、技法としての有効性の面と地域性・社会性との二面がある。前者の有効性の面では、IT化の時代には消費者の多様なニーズに素早く対応する必要があるので、モジュール部品の活用の面でもセル生産方式が有効になる。後者の地域性・社会性の面では、「わが国では規制力の弱い企業内組合等の特質のために、(経営工学IEでは当然の『余裕率』さえ『ムダ』として排除され)『効率』が最優先で追及されるのに対して、ボルボ生産方式を生み

出したスウェーデンでは，高い労働組織率と極めて低い失業率のために，経営者が『労働の人間化』を強く意識せざるを得ない」という相異なる結果になると分析する。また，セル生産方式には「作業の強制進行性からの解放」や「仕事の単調化の減少」によって「労働の人間化」を促進する側面があり，海外でも，中国やベトナムなどの途上国だけではなく，21世紀に入り，フランス，ドイツなどでもかなり広く展開されはじめたという。日本企業の中でも，「新人を『あおる』ことで生産性向上を狙う」企業もあれば，「手待ちのムダの削減をあきらめる」というケースや「ものづくりの国内回帰」を宣言して「単純作業はロボットに移管して，人間は付加価値を生む仕事に集中する」という企業もあるなど，セル生産方式が「労働の人間化」の方向に進むかどうかは経営者の取り組み方次第であると報告した。

　報告「デジタル家電産業と日本的ビジネスモデルの追求」鈴木良始（同志社大学）は，「過去20年間，世界のPC産業にはいわゆる水平分業型産業構造が定着し」，「これと対照的なビジネスモデルをとる日本の電機企業は製品企画・開発・設計，完成品製造，基幹部材製造を企業内に統合する垂直型統合ビジネスモデルをとり，PC製品では強みを発揮できなかった」。理由は，PC産業は「PC製品と基幹部材が高度に規格化・標準化され，（日本企業は）製品技術の差異化では競争優位を築くことが難しく低コスト戦略に対抗できなかった」からである。しかし，「家電産業がPC産業に一気に収斂するとみる」のは「単純に過ぎる」という。その理由は，デジタル家電産業の場合は，①「量産立ち上げの速度がシェアと利益を確保する鍵となり，新製品開発と供給面の時間軸に勝る企業はシェアを高めてブランド力を形成する好循環を実現することができるので，同一製品分野で多数の国内企業が長期に並びあう状況は終焉に向かうであろう」し，また，②国際市場における技術輸出とアジア企業による模倣生産によるコモディティー化による「国際的な低価格圧力という面」では，「世界同時立ち上げによる世界市場シェアの先行的確保」によって，開発費用の早期回収と利益確保に効果的であり，世界市場の先占が水平分業のコスト競争力を殺ぎ，逆に垂直統合することでコスト競争力と世界的なブランド力の向上に導く」からである (p.125)。さらに，デジタル家電産業の技術状況は，製品技術，要素技術ともに流動的であり，通信

との融合や製品機能の融合と拡充が不断に追及される状況にあるので，要素技術を融合したインテグラルな製品開発には関連要素技術を保有する組織相互間のコミュニケーション効率が重要であり，その優越可能性が高いのは統合型企業であると論じた。

以上3つの報告に対して，討論者の池内秀己（九州産業大学）は，それぞれの要点を示した後，晴山報告が日本的経営論の観点から，「労働力の対価という欧米の契約型賃金に対して日本の賃金は所属型賃金である」とする点について，「直接的には賃金の問題を扱いながらも，欧米との比較のもとで日本的経営の性格・特徴を問う意義を持つものと評価する一方で，「契約と所属の観点から日本的経営を論じた」のは，三戸公（『会社ってなんだ―日本人が一生すごす「家」』）であると指摘した上で，「近年の雇用の流動化と成果主義の導入は日本的経営の変容・崩壊と論じられる」が，「従来の日本型能力主義と一線を画するものとはいえない」とした。

もう一人の討論者である黒田兼一（明治大学）は，那須野報告について，トヨタ生産方式を進化させたセル生産方式は，ベルトコンベアの撤去という形ではボルボ生産システムの労働の人間化と類似性を持つが，経営環境によっては人間化を捨てて効率性を一層強化する方式として利用される二面性を持っており，どちらの面を拡大・強化するかが「新しい生産システム」としての試金石であると指摘した。

3-3 報告の歴史的意義

日本型（的）経営を論じる際に，まず最初に取り上げられるのが日本の労務管理であり，労務慣行である。晴山報告とそれに対する討論者池内のコメントを合成すれば，「現代の企業社会のキーワードは，業績主義，成果主義」であり，「賃金・給与管理の大転換」が強調されているが，従来，終身雇用的な処遇を受けてきたのは，大企業の大卒男子の一部に過ぎないし，社員従業員と非社員従業員の多就業形態により柔軟な雇用調整を行ってきたのが日本的経営である。その意味で，近年の動向は必ずしも日本的経営の変容ではないし，成果主義も従来の日本型能力主義と一線を画するものとは言えな

い。敢えて付言すれば,「所属型賃金」とは異なる「長期育成型賃金」の可能性を労働市場や賃金水準の議論とともに展開していく必要がある。

　日本型(的)経営を論じる際に，必ず注目されるのが「世界の自動車産業を変える」と言われた「トヨタ生産方式」に代表される日本的生産システムである。那須野報告の歴史的意義は，①「セル生産方式」が「トヨタ生産方式」の「進化形態」であることを解明したことと，②セル生産方式は生産性を向上させるうえで人間工学的に必要な「余裕率」さえも排除する側面を持つとともに，「作業の強制進行性からの解放」や「仕事の単調化の減少」による「労働の人間化」を促進する可能性を持つことを指摘したことにある。

　鈴木報告は，日本型(的)経営の議論は，経営労務や生産システムを議論の主な対象とするものから，さらに経営戦略や組織構造を含む日本型ビジネスモデルをめぐる議論に発展してきたことを示している。だが，鈴木の貢献は，それ以上に，世界のPC産業が米国型水平分業型産業構造に支配される一方で，デジタル家電の製品企画・開発・設計，完成品製造，基幹部材製造を企業内に統合する日本企業(垂直型統合ビジネスモデル)がグローバル市場の中で優位な地位を確保できていることを実証的に示し，グローバル市場における経営モデルの多様性とその存続可能性を明らかにしたことである。その歴史的意義は大きい。

　最後に，日本型(的)経営という概念は，従来は日本の企業にかなり多く，一般的に確認できる静態的特徴として理解されてきたが，グローバル・スタンダードという名のアメリカ型経営モデルや低コスト至上主義型の経営モデルとのグローバル市場での競争が避けられない今日では，コーポレート・ガバナンスや企業倫理，経営戦略や生産・労働などのマネジメント・プロセス，従業員の主体的関与への期待，長期雇用型労働市場，等々の日本型(的)経営モデルの中のグローバル競争に通用する，優れた部分をどれだけ多く，強く，創出・育成し，適合的に統合しているかという動態的特徴として理解されるようになって行くであろうと思われる。

第12章 第80回大会〜第82回大会

齊藤毅憲 SAITO Takenori

1 ▸ 第77集
『新時代の企業行動―継続と変化―』(2007年)
──────────────────── 第80回大会（2006年）

1-1 問題意識の設定

　80回という節目の大会は，2006年に慶應義塾大学三田キャンパスで行われた。統一論題のテーマは，「新時代の企業行動―継続と変化―」である。外部環境が激変する状況が21世紀に入っても続いており，むしろはげしいものになっている。このようななかで，企業マネジメントのあり方が問われている。

　大会委員長となった開催校の十川廣國によると，「不連続に変化する外部環境の中，存続させるべきマネジメントと変化させていかなければならないマネジメントの峻別が求められている」としているが，文中の，不連続に変化する外部環境は外部環境の激変を意味し，存続させるべきマネジメントがテーマのサブタイトルにある「継続」，そして，変化させていかなければならないマネジメントが「変化」に対応している。

　十川は大会委員長であるとともに，プログラム委員長も兼ねており，その立場からも，統一論題の要旨を書いている。グローバル化の大きなうねりのなかで，企業はきびしい環境に置かれている。しかし，企業収益の面からみると，二極分化が進行し，企業の主体的な努力という視点から考えると，収

益をあげている企業は新製品や新事業開発に注入しているとする。

この注入のために，企業は，「日本型として評価されてきたマネジメント・スタイルの見直し，つまりその継続と変化を図らなければならない状況に直面している」という。そして，企業の競争優位の構築にあたっては，働く人びとの創造性を発揮させ，経営資源のユニークな活用ができるような組織能力の構築が求められることになる。

以上のように，第80回大会は，激動下の日本企業の行動を，マネジメントの継続と変化の観点で明らかにすることを目標としている。

1-2 統一論題報告の主な内容

統一論題のもとに，3本のサブテーマが設定されている。

① 企業行動研究の新潮流
② 継続と変化のマネジメント
③ 企業行動のダイナミズム

このなかで，①では，企業行動をめぐる近年の理論研究の進展から，変革期のマネジメント研究の課題と回答を見つけだすことをテーマとしている。そして，②では，産業界で活躍している経営者の思考から，日本企業のマネジメントの継続と変化を明らかにすることを目指している。さらに，③においては，日本企業の行動の継続と変化を，実証的な研究によって検討する。

◆ 企業行動研究の新潮流

3つのサブテーマのうち①では，百田義治（駒澤大学）の「企業社会責任（CSR）論と経営学の基本問題——労働・人権の問題を中心として——」（討論者・櫻井克彦（中京大学）），水谷内徹也（富山大学）の「インテグリティ主導の企業行動と経営者の課題」（討論者・谷本寛治（一橋大学）），山崎敏夫（立命館大学）の「経営学の再構築と企業行動研究の新展開——「批判的経営学」から「科学的経営学」へ——」（討論者・貫隆夫（大東文化大学））の報告が行われ，司会者

は佐々木恒男（青森公立大学）と齋藤貞之（北九州市立大学）が担当した。

百田は、現代的なテーマである「CSR論」に、企業行動研究の新しいウェーブを感じている。日欧米におけるCSR論の現代的な特徴を確認し、しかし、わが国では、企業倫理の確立やガバナンス・システムの構築が最大の課題として重視され、米欧で見られてきた労働・人権問題が、現代のCSRの底流にあるという認識が共有されてこなかったとしている。

そのうえで、わが国では、長時間労働、過労死、男女差別、非正規労働の増大、派遣労働の拡大など、労働・人権問題が深刻化しており、この問題への対応こそが、CSRの実践においてもっとも優先されると主張する。そして、このような労働・人権問題の改善の方途と実効化を検討することが、現代経営学の基本問題とされる。

水谷内は、自身の長年の研究成果である「インテグリティ（高潔性）」、という倫理的価値に導かれたマネジメントの実践こそが重要であるとしている。インテグリティ主導のマネジメントをつくりあげるには、企業内部において、企業倫理プログラムの策定と実践を意味する企業倫理の制度化が必要であり、他方、外部に対しては、ステイクホルダーの期待やニーズに対応できる「企業倫理の社会感応化」の推進が求められる。

もっとも、インテグリティ主導のマネジメント・システムを構築しても、企業行動の最大の担い手である経営者の倫理的態度の本気度が大切になる。もしも経営者が非倫理的であれば、インテグリティ主導のマネジメントは推進できないので、「倫理的経営者」になるように、倫理観の向上を図らなければならないと主張する。

山崎は、批判的経営学の立場で多くの成果を生みだしてきたが、それに関する新たな発展を意図した報告を行った。まず、現代の経営学研究が、マネジメント現象を個別部分的に検討するピースワーク的研究に終始していると批判する。そのうえで、企業のマネジメントを個別企業の観点からだけでなく、産業、国民経済の変化との関連性のなかで検討し、それを通じて、現代経済社会の科学的解明を図ることを重視する。この客観的な認識科学的研究が「科学的経営学」になると主張する。

そして、企業行動研究の新潮流に関しては、1990年代以降の資本主義の

変容に伴うグローバル段階の巨大企業の構造や，基本的な特徴である，ⓐ日本企業におけるリストラクチャリングの遅れ，ⓑ企業（グループ）内の購買や開発を含めた世界最適生産力構成によるマネジメント展開，企業提携の多様化・複雑化の進展，ⓒ企業変革としての統合（内部化）と非統合（提携やネットワーク化）の関係性など，の検討が必要であるとした。

◆ 継続と変化のマネジメント

②のサブテーマでは，浦上浩（リョービ株式会社代表取締役社長）の「変化の時代の不変のマネジメント」，永山治（中外製薬株式会社代表取締役社長）の「技術力をベースにしたグローバルな戦略的アライアンス」，福山義人（株式会社CSKホールディングス代表取締役社長）の「組織的成長へ向けた持株会社経営」，の報告が行われた。討論者は置かず，菊池敏夫（中央学院大学）と今口忠政（慶應義塾大学）が司会を担当した。

浦上は二世経営者であるが，マネジメントには「変革」と「継続」の両面があると主張した。そして，自社の経験をふまえて，変革については，「積極果敢」の方針のもとに，事業構造と収益構造の変革，企業体質の変革，企業イメージ・知名度の向上などに努めてきたと述べている。また，継続については，経営理念の共有化，社内外におけるコミュニケーションの重視，自社に適合したマネジメントの追求，などがあるとした。

永山は，スイスの製薬メーカー・ロシュと戦略的アライアンスを行った中外製薬の事例を取り上げ，この提携によって，同社のマネジメントの基盤が強化されたことを明らかにしている。医薬品の業界ではグローバル化が進展しており，欧米では大型M&Aが行われ，日本企業の国際競争力の向上が問題視されてきた。そのようななかで，バイオや抗体医薬品に強みをもつ中外製薬は，ロシュとのWin-Winの提携によって，変化のマネジメントを実践してきたという。

福山は，企業は，外部の環境変化に適切に対応するだけでなく，企業内部の変化にも対応することの重要性を主張した。環境適応の結果として，企業は成長し，多くの関係会社や子会社をもつグローバル企業に成長するようになる。しかし，このような成長を支えてきたカリスマ性のある創業者が死去

したCSKが，この難局をどのように克服しようとしてきたかを明らかにしている。創業者依存で成長してきた企業がグループ経営の戦略を見直し，純粋持株会社化していく過程は，企業内部の変化への対応を示している。

◆ 企業行動のダイナミズム

　③のサブテーマには，原拓志（神戸大学）の「日本の製薬企業におけるイノベーション」（討論者・池島政広（亜細亜大学）），藤本雅彦（東北大学）の「日本企業の環境適応と組織の柔軟性——家電製造企業の組織と人材マネジメントの事例研究——」（討論者・奥林康司（摂南大学）），岡本大輔（慶應義塾大学）の「企業の社会性——企業評価の立場から考える収益性・成長性と社会性の関係——」（討論者・水尾順一（駿河台大学）），の報告があった。司会者は，石井耕（北海学園大学）と太田進一（同志社大学）の2人である。

　原の製薬会社に関する研究は国際的にも知られているが，グローバル化以前の日本の製薬企業のイノベーションに関する研究を検討した結果，製薬企業の内部における社会的プロセスや組織内プロセスについては解明されてこなかったという。日本の製薬企業は「修飾的イノベーション」に集中しており，革新的な「パラダイム的イノベーション」が非常に少ないとし，コンセンサスの重視，相互依存性の高さ，集団主義，重複的かつ頻繁なコミュニケーション，情報や知識の共有化といった「強結合志向性」が，社会的プロセスの特徴になってきたと主張する。そして，この特徴は，パラダイム的イノベーションに対しては抑制的に作用する。

　1990年代以降の，模倣的な新薬開発の抑制と画期的新薬開発の促進という政府の方針転換や，グローバル化の進展のなかで，日本の製薬企業のイノベーション行動も変容しているが，必ずしも早いスピードでは変わっていないという。

　藤本は，それまでの研究成果をふまえて，日本の代表的家電メーカーを事例にして，その環境適応のメカニズムを解明し，1990年代以降のデジタル技術の革新のなかで適応行動を変えてきたことを示唆した。分析のフレームワークとなる日本企業の適応モデルの原型は，分権的な計画と調整の統合を重視する「分権的情報管理」に対して，正規従業員を対象にした長期的な

キャリア形成志向の「集中的人事管理」と，非正規従業員を中心とする人事権を各階層レベルに分権化した外部労働市場志向の「分権的人事管理」が混在する，柔軟かつ複雑なモデルであったと主張する。

しかし，90年代以降のデジタル技術の革新のなかで，凋落傾向にあった事例企業は，製品別事業部制の解体，ドメイン分社体制への移行ほか，組織のフラット化とウェブ化，情報ネットワークシステムの再構築，大規模な雇用改革によって，V字回復を実現している。そこで見えてきたのは，ひとつは，トップ・マネジメントによる集権的情報管理と，現場におけるエンパワーメントにもとづく「分権的情報管理」の共存であり，もうひとつは，一部の幹部人材を対象とした「集中的人事管理」と，大半の一般の正規従業員や非正規従業員を対象とした「分権的人事管理」の共存であるとしている。

岡本は，長年企業評価論にかかわる研究を行っており，さらに，伝統的企業評価論をつくってきた高収益性と高成長性という財務業績基準に，「高社会性」という基準を加えるという意欲的な研究に発展させた。とはいえ，この分野の実証研究が進展してこなかった理由は，社会性の「超長期的」な性質にあるという。CSR活動はすぐに具体的な成果をもたらさないので，長期にわたる観測を必要とし，短期的な性質をもつ収益性や中長期性の成長性とは異なっている。

もうひとつの理由は，研究方法上の問題であり，多くの研究は線型性を仮定してきたが，非線型性が保証されていない両者の関係では，ニューラルネットワーク (Artificial Neural Networks) を用いた分析が有効であると主張した。ニューラルネットワークとは，人間の脳の神経細胞の情報処理モデルをコンピュータ上で実現させようという試みであり，それによると，社会性は10年後の収益性・成長性に対してプラスの効果が確認されたという。

1-3 総括的な評価

『経営学論集』(第77集) のなかに，討論者，司会者のコメントが書かれているので，それとは別に総括的な評価を行いたい。

サブテーマ①では，労働・人権中心のCSR論 (百田)，インテグリティ主

導の倫理的マネジメント論(水谷内)，グローバル段階の巨大企業の構造分析(山崎)に，企業行動研究の新潮流，つまり研究の変化をとらえたいというそれぞれの主張には，納得できるものがあった。しかしながら，研究の方向性や出発点をさし示すという意味で確かに有益ではあったものの，さらなる議論の展開がなく，若干のもの足りなさを感じたのも正直なところである。

つぎのサブテーマ②の3名の経営者による報告は，自社分析を行ったものであり，それぞれ構造改革，戦略的アライアンス，グループ経営，という変化の側面に関する明解な説明であった。また，浦上は，統一論題にある「継続と変化」の両面を議論している。

最後のサブテーマ③は，日本企業の行動についての実証的研究であり，内容的には製薬(医薬品)産業のイノベーション(原)，家電メーカーの事例研究(藤本)，CSRの視点を導入した新たな企業評価論の展開(岡本)であり，それぞれが，しっかりとしたフレームワークのもとで議論と主張を具体的に展開したと評価してよい。

全体的にみると，十川が指摘した，存続させるべきものと変化させていかなければならないものの峻別が，どのくらいうまく行われたかについては，不満が残った。不連続に変化する外部環境のなかでは，どうしても変化の分析のほうに力点がおかれてしまうのは仕方がないことであるが，それとともに継続の側面を明確にできないのであれば，両者のマネジメントの峻別は困難になるからである。

この変化と継続は，日本型マネジメント・スタイルの見直しの明確化にもつながるので，なおさらのことである。もっとも，変化の動きを懸命にとらえようとした報告者の貢献については，多としたい。

2 ▶ 第78集 『企業経営の革新と21世紀社会』(2008年)
──────────────── 第81回大会(2007年)

2-1 問題意識の設定

第81回大会は，2007年に追手門学院大学で開催された。統一論題のテー

マは,「企業経営の革新と21世紀社会」である。大会委員長である開催校の西岡健夫が,「企業内外の環境が激変,多様化する状況を分析し,企業と社会の関係を見据えて企業経営の革新に関し,理論的かつ実証的に研究することが重要」としているように,環境変化のなかの企業と社会の関係を検討するための大会となった。

プログラム委員長の廣瀬幹好によると,経済活動のグローバル化という1990年代半ば以降の環境は,市場原理の浸透が日本の経済社会に大きな影響を及ぼしたという。したがって,その前の10年間は,日本型経営とそれを支える日本社会の変化の10年であったとする。そして,この激変のときを経て,日本経済には「再生」が見え始めてきたのである。

もっとも,「市場原理の浸透は株主価値重視の経営を促し,企業の経営を活発化する一方で,企業価値の名のもとに拝金主義を助長する傾向を生み出すとともに,企業倫理の問題を重要な課題として浮上させた」という認識も示している。また,グローバル化の進展のもとで成果主義の導入が進み,改正高年齢者雇用安定法(2006年4月)による,年齢に関係なく働ける環境づくりがスタートするなかで,日本型経営の強みであった企業社会も多様化しているとしている。

以上のように,81回大会は,企業内外の環境激変・多様化の分析を前提に,企業と社会の関係を見据えた企業経営の革新を,理論的かつ実証的に検討し,議論する場となった。

2-2 統一論題報告の主な内容

統一論題のもとに,3本のサブテーマが設定されている。

① 新しい企業価値の探求
② 新しい社会貢献の模索
③ 企業社会の多様性の探求

このなかで,①では,主に企業価値に関する現代的な議論を通じて,真の

企業価値とはなにかを検討することを目指している。そして，②の企業の社会貢献をめぐっては，産業界で活躍している経営者との議論を通じて，問題の掘り下げを意図している。さらに，③においては，実証研究にもとづいて，実態の理論的な解明を行い，日本型経営の変容と企業社会の多様性を明らかにしようとしている。

◆ 新しい企業価値の探求

サブテーマ①では，遠藤雄二（九州大学）の「企業における人間らしい働き方と21世紀社会」（討論者・森田雅也（関西大学）），櫻井克彦（中京大学）の「現代企業と企業価値」（討論者・西岡健夫（追手門学院大学）），三戸浩（横浜国立大学）の「「新しい」「企業価値」とは」（討論者・小松章（一橋大学）），の報告が行われ，司会者は佐々木恒男（青森公立大学）と齋藤貞之（北九州市立大学）が担当した。

遠藤は，働き方をめぐるものである。「労働の人間化」に関連する人間らしい働き方を提案する前提として，マルクスの『資本論』にもとづき，労働の意味や本質を明らかにする。つづいて，日本企業において人間らしい働き方を実現するためには，なによりも働きすぎの解消が大切であるという観点から，過労死（KAROSHI）の根絶と労働時間の短縮が最優先され，そして，サービス残業の根絶も主張している。

さらに，人間らしい働き方ができる日本社会を実現するには，「社会からの強制」を背景にした新しい経営理念の作成と，新しい経営者の登場，新しい政権の創出，企業主義的な労働組合からの脱却，会社人間的な自己主義からの脱皮が必要になるという。そして，経営学者はそのための研究力を高め，新しい経営者，新しい労働者，新しい労働組合をつくる教育実践を行うべきであると主張する。

櫻井は，企業と社会や企業体制などの分野で成果をあげてきたが，現代の企業とは，大規模な株式会社企業のことであり，それは，社会的存在として制度化され，制度的企業になっているという。そして，制度的企業も「社会的企業」から「社会経済的企業」のステージに到達し，さらに「高次社会的企業」のステージに向かっていると主張する。

高次社会的企業は，グローバル化やIT革命，環境問題の顕在化以前の，

株主，経営者，従業員を主なステイクホルダーと考える社会的企業の「世界版」であり，社会的企業や社会経済的企業よりも，高次にして広範な社会貢献が求められている。

他方で，「企業価値」を企業もしくは経営者の根本目標や指導原理と規定し，高次社会的企業の企業価値は，より多元化し国際化したステイクホルダーの多様な期待に応えることで，企業の存続を可能にすることを根本目標としている。要するに，利益の獲得を超えて，企業収益の増大を図り，獲得した収益をグローバル化したステイクホルダーと企業自身に適切に配分することが，高次社会的企業には求められる。さらに，それだけでなく，さまざまな非経済的目標の達成にも貢献しなければならない。

三戸は，サブテーマのタイトルとまったく同じテーマで報告した。議論の前提として，企業価値の意味，起源，関心の背景などを検討し，そのうえで，企業価値というコンセプトが多用されたのは，わが国では1990年代以降のことであり，「株主主権」論の台頭と，CSR論やステイクホルダー論を背景にしているという。

そして，新しい企業価値の意味を，「ステイクホルダーにとっての存在価値」と解釈する。この解釈のもとでは，企業は社会的器官（公器）としてステイクホルダー（社会）のものであるという企業観に立ち，CSR指標が企業評価の基準になる。ただし，このCSR指標は公益性，公共性が高く，社会的役割を果たしていることを意味しているが，その数値化は困難であるという。

◆ 新しい社会貢献の模索

サブテーマの②については，奥田務（J.フロントリテイリング株式会社社長兼株式会社大丸代表取締役会長）の「『先義而後利栄』─290年の歴史と経営理念」，金田嘉行（ソニー（株）社友　元代表取締役副社長）の「Good Corporate Citizenによる価値創造」，寺田千代乃（アートコーポレーション株式会社代表取締役社長）の「企業とイノベーション」，の報告が行われた。前年の80回大会と同様，討論者は置かず，司会は奥林康司（摂南大学）と亀田速穂（大阪市立大学）が担当した。

前年の80回大会では，3名とも開催校の慶應義塾大学出身の経営者であったが，今回の3名は，いずれも開催地にあわせて，関西を代表する経営者である。多忙のなかで時間をさいて報告しているので，報告内容は『経営学論集』には収録されていない。代わって，司会者が要旨をまとめている。

　奥田は，信義とか，道義などの「義」を重視する大丸百貨店の経営理念を説明し，その経営理念が，同社の長い歴史のなかで継承されてきたことを述べた。そのなかで大丸は危機をいくどとなく経験するが，そのような危機のなかで，経営理念という経営者価値が繰り返し語り継がれてきたという。そして，小売業にとって，顧客を大切する顧客主権，顧客価値の経営が重要であるとしている。

　金田は，ソニーの経営理念の特徴を報告した。それは，創業者である井深大による会社設立の趣意書に明瞭に表現されているという。優秀な技術開発を求め，それにチャレンジすることを重視し，それを実現するために，働く人びとがもっている能力を発揮できる企業文化をつくってきたことを明らかにしている。ソニーの場合，顧客価値を重視しつつ，あわせて，従業員主権，従業員価値への志向が強く見られている。

　さらに，寺田は，周知のように，「引越し」というサービスを新しい形のビジネスとして登場させた経営者であるが，このようなビジネスを創造するイノベーションを志向する経営者の活動こそが，企業の社会的な存在理由であるという。要するに，企業の社会貢献を重視している。

◆ 企業社会の多様性の探求

　サブテーマ③では，咲川孝（新潟大学）の「組織における文化的多様性，及びその原因と結果」（討論者・馬塲杉夫（専修大学）），下﨑千代子（大阪市立大学）の「ワークライフバランス実現に向けた柔軟的な働き方——雇用形態の多様化から勤務形態の多様化へ——」（討論者・渡辺峻（立命館大学）），馬越恵美子（桜美林大学）の「異文化経営とダイバーシティ・マネジメント——日本の企業社会のあり方をめぐって——」（討論者・植木英雄（東京経済大学）），の報告が行われた。司会は，石井耕（北海学園大学）と齊藤毅憲（横浜市立大学）が担当した。

咲川は，この分野で成果をあげてきたが，Ouchi (1981) のセオリーZをヒントにして，「雇用システム→組織における文化的多様性→組織成果」という因果関係があることが一般的であるとし，その有効性を主張する。

　アメリカの企業は異なる背景や経歴をもった人びとが集まり，出入りする「市場志向」の雇用システムであり，複数の下位文化をもち，管理組織と現場組織との間には文化的な溝が深く，したがって，文化的多様性が高いのに対して，日本企業に見られてきた「組織志向」の雇用システムは，組織にコミットして働く男性中心の文化であり，現場組織と管理組織も比較的同質で，イノベーションは発生しにくいという。このように，日本企業は文化的多様性は低いが，市場志向型へ移行するならば，若者文化，女性の文化，コスモポリタンの文化がもちこまれ，画期的な戦略や制度が提案・策定される可能性が高くなると主張する。

　下﨑は，多様で柔軟な働き方について成果をだしてきたが，勤務形態の多様化を図ることで，ワークライフバランスを実現すべきであると主張した。知識社会におけるホワイトカラーの労働は，自律性の高い働き方になっていることから，働き方の内容的側面であるプロの仕事人への志向性や，エンプロイアビリティの向上については重視されてきたが，雇用契約に明示される観察可能な労働条件である，働き方の形式的側面の豊かさに関しては，あまり議論されることが少なかったという。

　雇用形態の多様化は，就業形態の多様化をもたらす。そして，就業形態の多様化は，ワークライフバランスの実現に関係する労働時間と労働場所の柔軟性を高め，豊かな働き方をもたらし，それは，勤務形態の多様化へとシフトされる。さらに，ワークライフバランスは，男女両方の施策であるとし，時間軸については時間外労働のゼロ化，有給休暇の消化，育児中の勤務時間の短縮化，自由出勤制，場所軸については完全型在宅勤務，部分型在宅勤務など，の勤務形態の多様化を提案している。

　最後の馬越は，異文化経営論の成果で知られているが，多民族，多国籍，多言語，多文化の人びとが構成する企業をマネジメントする「異文化経営」と，社内のさまざまな属性グループの活用を目標とする「ダイバーシティ・マネジメント」は，出発点にちがいはあるものの，さまざまな価値観の人び

と，あらゆる属性の人びとを活用するという最終的な目的を考えると，両者は接近していくのではないかという。

日本企業はダイバーシティ・マネジメントの導入に関してアメリカよりも遅れているが，女性の活用からスタートし，外国人，高齢者，障がい者の活用へと拡大していくという。そのためには，根強く残る異質性排除に対する努力の継続が必要となる。そして，多様性を活かし，異質性を尊重しつつ，チャンスの平等性を確保する心根（マインドウェア）を，日本企業が実践することを提案する。

2-3　総括的な評価

『経営学論集』には，討論者と司会者のコメントが収録されているが，ここでは，それに触れずに，全体を概観するかたちで評価を行いたい。

まず，サブテーマ①では，企業価値をなにに求めるかを報告しており，労働者・従業員価値（遠藤），グローバル化したステイクホルダー価値（櫻井），ステイクホルダー（社会）価値（三戸），の重視に企業価値を求めている。それぞれ興味深い指摘であったが，労働者については，ウェートを増している非正規化をどのように考えるのか。また，報告内容だけでは抽象的であり，グローバル化したステイクホルダーの事例をあげることができるのか。さらに，CSR指標の具体的な内容とはどのようなものか，などの疑問は残った。

つぎに，サブテーマ②は，3名の経営者による経営理念や社会貢献に関する報告であったが，企業価値の面からみると，3社のウェートづけにちがいがあるものの，日本企業にとって，経営者価値，顧客価値，従業員価値などが重視されてきたことがわかる。それに対して，株主価値については，議論が行われなかったように思われる。

最後のサブテーマ③は，企業社会の多様性を検討しており，組織における文化的多様性（咲川），知識社会における柔軟な働き方（下﨑），ダイバーシティ・マネジメント（馬越），などのテーマで，この問題にアプローチしている。文化的多様性については，雇用システムと組織成果との関連性で，柔軟な働き方については，雇用形態から勤務形態へのコンセプトの変更により良

好に分析されているが,ダイバーシティ・マネジメントについては,異文化経営との関連性を明らかにしているものの,女性の活用を取り入れ始めたばかりの日本企業のマネジメントを,アメリカ型のダイバーシティ・マネジメントと同じカテゴリーで考えることができるのかについては,疑問が残った。

全体的にみると,サブテーマ①と②でいえることは,企業の存在理由とは何なのか,企業価値とは何であり,どのように測定し,評価するのか,を再び考える機会を与えられたことである。その点からいうと,サブテーマ①では,いっそうの議論と実証への踏み込みが必要であると思われる。

サブテーマ③では,企業社会の多様性を取り扱ったとみてよい。しかし,企業社会とは単に企業内部のものだけではなく,企業を包摂する社会をも意識している。そう考えるとすれば,もう少し広い視野にもとづく検討が必要になるかもしれない。

3 ▸ 第79集 『日本企業のイノベーション』(2009年)

———— 第82回大会(2008年)

3-1 問題意識の設定

第82回大会は,2008年に一橋大学で行われた。統一論題は,「日本企業のイノベーション」である。大会委員長となった開催校の村田和彦が述べているように,3つのサブテーマの発表の後に,これを「再度統合して,統一論題についての議論を深めるために,統一論題シンポジウムが…企画された」。このシンポジウムのための報告者には,3つのサブテーマの討論者が選ばれている。それは,学会発表のイノベーションとはいえないものの,統一論題の「リノベーション」にはなったのではないかと思っている。

大会のプログラム委員長の十川廣國による統一論題の趣旨を見ていこう。「定常的なルーチンの連鎖を破壊して新たな経済システム状態を創出する創造的な破壊は,少なくとも資本主義社会が始まって以来,常にその本質的な部分に位置してきたと思われる。」という。そして,社会現象としてのイノ

ベーションは，実際のところ，古くから存在していたものの，その経営学的研究が活発になったのは，それほど古いことでないとしている。

イノベーションの経営学的，経済学的研究は，現在ではきわめて活発になっており，「わが国でも，日本企業が中心となって発展させてきた技術や製品の進化プロセスに関する研究，日本企業を主たる分析対象とした新製品開発・プロセスに関する研究など，多様な実証的知見が蓄積され，さまざまな概念化の試みが提示されてきている」という。

以上のように，第82回大会は，日本企業のイノベーションに関する経営学研究の，現時点での達成成果を発表する場となった。

3-2 統一論題報告の主な内容

統一論題のテーマは，3本のサブテーマに分けられている。

① 技術のイノベーション
② イノベーションの組織
③ 企業社会のイノベーション

このなかで，①は，イノベーションを技術の進化や産業の進化で把握し，そのプロセスに注目している。そして，②では，イノベーションを創出する企業は，どのような組織や戦略をとっているかを検討する。さらに，③では，イノベーションの結果として発生する，企業と社会の関係の変化を取り扱っている。

◆ 技術のイノベーション

3つのサブテーマのうち①では，原拓志（神戸大学）の「日本企業の技術イノベーション」，軽部大（一橋大学）の「イノベーション研究の分析視角と課題」，太田原準（同志社大学）の「二輪車産業におけるプロダクトサイクルとイノベーション」の，3本の報告が行われた。3名に対する討論者は藤原孝男（豊橋技術科学大学），司会者は由井浩（龍谷大学）であった。

原は，第80回大会でも示唆的な報告を行い，その後も成果を生みだしているが，現代における日本企業の技術イノベーションの共通性や相異を明らかにしようとした。1980年代から90年代初頭にかけて，日本の製造企業は，継続的にイノベーションをつくりだすシステムとして世界的に注目され，イノベーションの「日本モデル」の研究が盛んに行われたが，これらの既存研究と，自身が行った製薬（医薬品）企業のイノベーション研究とを比較検討をしている。

　まず，さまざまな産業における事例研究の成果をみることによって，現代の日本企業の技術イノベーションが，環境変化のなかで「多様性」に満ちていると指摘する。産業間に共通して指摘できる変化として，ⓐ既存の事業システムにおける製品開発が，製品だけでなく，事業システムの変革も考慮されたイノベーションになってきている，ⓑ単一の企業や企業グループ内で行われるだけでなく，非系列の企業や公的研究機関などとのネットワークで行われ始める，ⓒ海外の大学や企業との研究開発上のアライアンス，M&A，ジョイント・ベンチャーなどが進展している，ことなどがあげられる。

　そして，組織間コミュニケーションや調整の実施，コスト意識の高さは，いずれの産業にもみられる共通性とされる。他方，自動車産業などでは，垂直的統合的な枠組が残ってはいるものの，電子機器などでは垂直分業が見られ，産業間における異なる特性については，多種多様になっていると主張する。

　軽部は，一橋大学グローバルCOEプログラム「日本企業のイノベーション」の支援を受けた成果の一部であり，イノベーションの経営学的研究を体系的かつ明確に整理している。イノベーションプロセスの多面性と基本課題を確認し，それをふまえて，イノベーション研究がⓐ領域横断的研究，ⓑ産業進化と企業の環境適応力，ⓒ主要なプロセスとしての新製品開発活動，ⓓ知の創造者・推進者としての個人，という4つの特徴をもっていることを明らかにしている。

　今後の研究課題については，研究領域，分析視角，研究対象の3つの側面を提示する。研究領域ではイノベーションの源泉となる新知識の創出活動プロセスの検討が重要であり，個人レベルのみならず，企業内の集団間や企

間の相互作用プロセスなどに注目すべきであること，分析視角についてはイノベーションプロセスの包括的な説明のためには，沼上幹の主張する「時間展開的な行為システム観」への立脚だけでなく，事前には不確実で確証のない知識の創造や学習活動に，企業内外の資源が動員される理由についての解明が必要であると主張する。研究対象に関しては組立系製品（産業），ハードウェア系，エンジニアリング系イノベーションだけでなく，プロセス（素材）系製品，ソフト・サービス系，サイエンス系のイノベーションにも注目すべきであるとした。

太田原は，二輪車の経営・産業史研究に関して成果をあげてきた。本報告では，小型二輪車のドミナントデザインを決定し，垂直統合型の大量生産を実現させたホンダが，中国企業の追いあげによってシェアを低下させるが，2000年以降，戦略転換を図ることで，再び競争力を回復させたことを明らかにしている。

中国企業が国際競争力を獲得できた理由は価格競争力であり，小型二輪車の価格をそれまでの3分の1程度にまで引き下げている。これがホンダに不振をもたらすが，これに対してホンダのとった戦略は，従来の性能と品質を維持する製品開発を行いながら，中国メーカーと対抗できる程度にまで価格を下げるという「ローコスト・インテグラル戦略」である。それとあわせて，アジア市場の需要の急拡大に対応できる，生産拠点の増強・新設による生産能力の拡張をはかっている。

結論として，1960年代の日本の二輪車産業は，ホンダのように，製品イノベーションと工程イノベーションの両方を実現したが，中国企業の場合，コストダウン中心の工程イノベーションであり，これに対して，2000年以降のホンダは調達と生産におけるコストダウンであるので，やはり工程イノベーションであると主張する。

◆ イノベーションの組織

サブテーマ②では，川上智子（関西大学）の「組織のバランス分化とイノベーションの成果―大企業とベンチャー企業に関する実証研究―」，高山誠（新潟大学）の「イノベーションの必勝・必敗の法則」，今口忠政（慶應義塾大学）

の「組織の復活とイノベーション創出」，の報告が行われた。討論者は藤田誠(早稲田大学)，司会は鈴木良始(同志社大学)が務めた。

　川上は，『顧客志向の新製品開発：マーケティングと技術のインタフェイス』(2005，有斐閣)で知られているが，報告では，日本企業のイノベーション組織を，研究開発部門とマーケティング部門の関係に関する実証研究で検討している。コア・コンセプトは「バランス分化」で，職能分化が厳格でない日本企業では，ふたつの部門間のキャリアやタスクの遂行の面で，冗長性が認められる分化のあり方を指摘している。また，イノベーションの創出には，この部門間における顧客情報の活用が必要であるとの仮説を設定している。

　実証研究を行った結果として，技術の変化が速い大企業では，マーケティング部門と研究開発部門を地理的に近づける工夫を行い，同時にキャリアとタスクの冗長性を高めているという。また，ベンチャー企業では，マーケティングの知識や経験を有している研究開発担当者の存在が，顧客情報の組織的活用を高めていることを明らかにしている。

　この実証的研究の発見により，組織デザインにあたって，両部門のどちらがどの次元で冗長性を高めるかを考慮できるようになり，そして，自社の成否事例の比較や成功事例のベンチマーキングを行えば，自社にとって最適なバランス分化を明らかにでき，それはイノベーション創出の解明にも役立つという。

　高山は，報告テーマに関する多数の成果を生みだしてきた。種々の業種でイノベーション新市場における必勝と必敗の事例を丹念に調査することにより，新市場をつくり出す新製品開発が成功するか失敗するかは，新製品が既存のメジャー企業のもっている主要製品と直接競合するか，間接競合するかという「競争的市場地位」によって決定されることを明らかにした。

　新規参入組の新製品がメジャー企業の主要製品と直接競合する場合，メジャー企業が勝利し，新規参入組は失敗する。それに対して，新規参入組の新製品がメジャー企業の主要製品と間接競合する場合，メジャー企業は負け，新製品開発は成功する。その理由は，メジャー企業は自社の主要製品に対抗して新製品が出現・競合すると，必死になって対応するので，その結果

勝ち組となり，したがって新製品の新規参入は容易ではない。しかし，新製品が直接競合しないと，メジャー企業はなにもしないので，成功のチャンスを失ってしまう。このように，新製品が成功するか，失敗するかにはメカニズムがあり，あたかも神の導く手で操られるように，運命的に成功と失敗が決められるのである。

今口は，組織の成長，衰退，再生などで成果をあげてきたが，業績を低下させた企業がその危機を契機にして事業再構築を行い，さらに，イノベーションの創出によって復活するという「ターンアラウンド」の過程を，先行事例のサーベイと事例研究やアンケート調査の結果によって明らかにしようとした。

このイノベーションによる復活戦略には，4つの考え方のプロセスが大切になる。第1は，イノベーションにコミットしたトップ・マネジメントの編成であり，「チームの自覚」という。第2は，業務を過度に複雑化させている要素を取り除き，業務の「単純化」をはかることである。第3に，新しいスキルやシステム，データ・ベース，知識の開発に投資し，いわゆる新しい能力を開発し，構築することである。第4は，前の3つのプロセスで確保した優位性をさらに伸張させる「レバレッジ戦略」を推進することである。

◆ 企業社会のイノベーション

サブテーマ③では，池内秀己（九州産業大学）の「企業社会とイノベーション―家型企業・家型社会は変容したか―」，塚本一郎（明治大学）の「ソーシャル・イノベーションと社会的企業―「営利」と「非営利」の境界を超えて―」，谷口勇仁（北海道大学）の「イノベーションと企業不祥事―企業活動の光と影―」，の3つの報告が行われた。討論者は谷本寛治（一橋大学）で，司会は大平浩二（明治学院大学）が担当した。

池内は，家型といわれた日本的経営論の観点に立ち，IT革命やグローバル化に対応した「諸改革」が，日本企業・日本社会をどのように変えたかという問題意識から出発している。日本的経営の「原理」は，企業そのものの持続的発展であるので，イノベーションの創出にも適合的であるという。そして，バブル経済崩壊後に実施された人事システムも，日本的経営の崩壊で

はなく、むしろ日本的経営にもとづいた変革であり、環境変化に対応した柔軟な雇用調整であり、それによって日本企業は存続することができたという。

もっとも、このような存続のための人事システムを中心とする変革は、日本的経営の「構造」上の特徴である親子関係を変容させた。雇用リストラ、非正規社員の増大、系列の切り捨ては、親子関係を否定するものであり、働く人びとの家族意識の希薄化をもたらし、家型企業の性格を失わせたと主張する。これによって、維持繁栄のための諸改革とイノベーションが、逆にイノベーション創出の基盤を崩しているという。

塚本は、NPOや社会的企業で成果をあげてきたが、報告は、非営利組織のビジネス化と「ハイブリッド化」というコンセプトで特長づけている。

社会的企業は、ソーシャル・イノベーションを主たる目的として、社会貢献的手法とビジネス手法とのハイブリッド型経営で事業活動を行うが、企業との関係については、再検討が迫られているという。経営学は、社会的企業をどのように取り扱うかが問われているとも主張する。また、営利と非営利の境界が不明確で、二分法的な分類は困難になっており、実際には両者の組織による協働が行われ、「相互学習」的な関係性が生みだされていると指摘する。

谷口は、雪印乳業による集団中毒事件に関する小山嚴也（関東学院大学）との共同調査研究で成果をあげているが、この食中毒事件と東海村JCO臨界事故のふたつの事例の説明と再検討が、報告の出発点になっている。そして、「企業事故」とは、企業が意図せずに望ましくない結果を引き起こし、その影響が組織全体に及ぶことであり、「不祥事」は、企業が社会問題を引き起こすこととしている。企業は意図的に犯罪を引き起こすことがあるが、報告では、事故に関連した不祥事が対象とされ、工程イノベーションに限定している。

研究二の仮説は、イノベーション発生プロセスと不祥事発生プロセスは表裏一体の関係にあるとし、事故を引き起こした現場には、事故とは一見関係のない現場がもっていた当初の意図があるという。もうひとつは、不祥事発生の防止を目的とするコンプライアンス活動を強化することが、イノベー

ション活動を不活発するという仮説である。そして，このふたつの仮説の可能性を，雪印乳業の事例で検証している。

◆ 統一論題シンポジウム

　新企画の統一論題シンポジウムは，以上の3本のサブテーマの報告と討論をふまえて行われ，パネラーとしてサブテーマの討論者3名が登場した。司会は大会委員長の村田和彦が担当した。以下は，『経営学論集』に収録された村田の報告を要約したものである。

　村田は，イノベーション研究の多様性を認識したうえで，日本企業のイノベーションの全体的な特質を総括的に明らかにするために，事前に討論者に，「日本企業のイノベーションの典型的事例」，「典型的事例を生みだした要因」，「日本企業のイノベーションの社会への作用」，という3つの要望を提示している。

　サブテーマ①を担当した藤原孝男は，イノベーションに大きな影響を及ぼす科学の観点から，とりわけバイオ創薬にかかわるバイオベンチャーに着目している。バイオベンチャーは，マスマーケット志向の製薬大手と比較すると，画期的な技術のニッチ市場への応用により，技術の事業化を迅速に遂行できるものの，多死多産の非能率のイノベーションであり，資源に制約があるために，スタートアップ期に危機に直面する可能性が高いという。そのため，必要な資金を調達できるモデルの構築を提案する。

　そして，サブテーマ②を担当した藤田誠は，日本企業のイノベーションが改良型・工程型のものであること，製品の高品質・低価格化の実現もイノベーションになるとした。イノベーションの推進要因については，川上の「バランス分化」や「知識の共有」，ネガティブな要因については，「人的資源への個別管理」をあげ，さらにイノベーションの社会へのマイナスの作用面については，IT化の負の側面を指摘した。

　サブテーマ③の谷本寛治は，イノベーションの社会への影響についての議論が少なかったことを指摘する。つづいて，ソーシャル・イノベーション研究の重要性を主張し，メインストリームのイノベーション研究と並行して行うべきであるという。そして，その研究にあたっては，かかわっている多様

なステイクホルダーの役割に着目すべきと主張した。さらに、ソーシャル・イノベーション研究が、メインストリームのイノベーション研究に与える示唆にも注目する必要があるとした。

3-3　総括的な評価

　サブテーマ①に関する3報告はいずれも発見的であり、日本企業の技術イノベーション研究の水準の高さを示しているように思えた。「企業内の社会的プロセス」や「強結合志向性」（原）、「資源動員の正当化プロセス」（軽部）、「ローコスト・インテグラル戦略」（大田原）など、のフレームワークやコンセプトは、新たな研究の進展に貢献することが予想される。

　つぎのサブテーマ②は、イノベーションの組織や戦略の問題を取り扱った。研究開発（R&D）部門や研究所組織、イノベーションを促進する企業文化などを直接検討する報告はなかったが、「バランス分化」（川上）や「競争的市場地位」（高山）などは、きわめて示唆的であった。そして、今口のいう「危機を契機としたイノベーション論」は興味深いが、バブル経済崩壊後に不振に陥った日本企業の再生の遅れに、どうしても目が向かざるをえなかった。

　そして、サブテーマ③は、イノベーションの結果として発生する企業と社会の関係を取り扱うものであった。家型企業としての日本的経営の変容を明らかにした池内、NPOや社会的企業によるソーシャル・イノベーションの重要性を指し示した塚本、企業不祥事とイノベーションの関係を検討した谷口、の3報告はそれぞれにチャレンジングであり、示唆的であったが、サブタイトルにどのくらいかなうものであったかは、疑問である。前年度の大会でも、「企業社会」がサブタイトルに入っており、その意味を考えるべきと述べたが、統一論題シンポジウムで、イノベーションの社会への影響についての議論が少なかったという谷本の印象を、筆者ももった。

　さて、統一論題シンポジウムで村田は、日本企業のイノベーションの典型的事例は何かを問う。これは、だれしも知りたい質問である。しかし、これに答えることは、現状ではむずかしいであろう。イノベーション研究が経営

学において進展しており，むしろ多様性の増加が予想される。とすれば，当分の間典型的な事例が支配的であるよりも，複数の代表的な研究の林立・並存へと進むことになるであろう。この大会がその契機になることを期待する。

　なお，企業の社会における重要性を考慮すれば，イノベーションが社会に及ぼす影響も，あわせてさらなる研究を続けていくことが，経営学者には求められている。

第13章 第83回大会〜第85回大会

貫 隆夫 *NUKI Takao*

1 ▶ 第80集
『社会と企業：いま企業に何が問われているか』(2010年)
第83回大会（2009年）

1-1 問題意識と時代背景

　第83回大会は2009年，九州産業大学において開催された。サブテーマは①企業価値の再考，②コーポレート・ガバナンス論の再検討，③事業の目的と使命，である。社会と企業の関係において「いま企業に何が問われているか」というテーマ設定は，社会から見た企業の存在意義に関して検討すべき問題が突きつけられており，企業経営を対象とする経営学はこれに応えることなしには学問としての自らの存在意義が問われることになりかねない，という危機意識を踏まえている。3つのサブテーマに通底する問いは，資本主義市場経済のもとで営利企業としてそれぞれの個別利益の最大化を目指す企業行動ははたして社会の利益の最大化をもたらすのか否か，という問いであり，この問いは，私益の最大化を目指す競争が最終的には公益の最大化をもたらす，という古典派経済学以来のテーゼに対する問いかけとして，これまで何度も繰り返し提起された主題である。繰り返し提起されてきたテーマであるが，IT化やグローバリゼーションの進展によって国境を越える資本移動がますます活発になり，市場経済がグローバル化する一方で，格差問題，環境問題，金融危機が深刻化し，企業は問題の原因者として批判され，ある

いは，原因者として批判されないまでも問題解決への貢献を従来よりも強く求められることとなった。

　外部不経済が十分に内部化されない状況のもとで地域や地球の環境劣化が進行するという状況を考慮した場合に，企業価値の測定をどこまで財務指標に依存できるのかという会計上の問題とともに，前年2008年9月に発生したリーマン・ショック（サブプライム危機）が明らかにした財務上の企業価値の脆弱性は，企業のガバナンスのあり方について改めて見直しを迫る契機となった。20世紀の終盤に強く意識されるようになった環境問題は，（環境の）持続可能性というキー概念を経済や企業に問う理念としても適用する状況をもたらした。経営学にはもともとゴーイング・コンサーンとして持続可能性にたいする認識は十分にあったし，短期利益に対する長期利益という考え方にも持続可能性は意識されていたはずである。にもかかわらず，持続可能性があたかも経営学の外部から輸入された概念であるかのようになってしまったのはなぜか。サブテーマ③の「事業の目的と使命」が設定された背景には，もともと経営学の中にあった長期視点，持続可能性という考え方を片隅に押しやった株主主権重視型経営が，企業と人間・社会・自然との関係を危うくさせているという状況認識がある。以上のように捉えると，大会委員長の池内秀己が報告者の一人である村田晴夫の文章，「統一論題で掲げられているテーマは（中略）我々の現代という時代の，そしてすなわち現代資本主義のいまが，時代と文明の大きな転換点にあるという認識を反映している」を引用して，大会テーマの意義を総括しているのはきわめて適切である。

1-2　統一論題の報告内容と討論者コメント

◆【サブテーマ1：企業価値の再考】

　報告「企業価値と経営戦略―社会性と企業の存続―」藤田誠（早稲田大学）は，企業価値を時価総額あるいはDCF（Discounted Cash Flow）法によって算出される価値すなわち株主にとっての価値（株主価値）としてとらえる現状を批判して，多様な利害関係者を包摂するステイクホルダー理論を主張する。株主からステイクホルダーへという関係者範囲の拡大は必然的に法的な枠組みを超

えた社会性を考慮する価値評価を必要とし、高い社会性を示す企業は財務的成果も高い傾向がみられる、とする。

報告「企業価値評価の動向―コーポレートファイナンスの分野―」砂川伸幸（神戸大学）も、現状において企業価値は投資家（株主）にとっての価値であり、定量的に把握しようとすれば株式時価総額がこれに該当するととらえる。したがって、企業価値の「再考」は、「投資家」を「より多くのステイクホルダー」に拡大すること、DCF法に代替する方法論を模索する、という2つの方向性を取らざるを得ないが、これらの方向性はいまだ模索の段階にとどまりDCF法に代替するだけの明確な説得性を持っていない、とする。

報告「株式会社の再定義と企業価値の変容」小松章（一橋大学）は、企業（株式会社）の価値はたんなる株主の価値ではなく、支配的株主の価値であり、具体的には機関投資家にとっての価値であるから、企業価値を社会化するためには従業員持ち株会も議決権株主化するなど、多面的評価による「社会的企業価値」の追求が必要であると説く。

上記3つの報告に対して、討論者の菊澤研宗（慶應義塾大学）は、DCF法による企業価値の算式は分母に資本コスト、分子に期間利益が計上され、資本コストの低下のためには株主や債権者との良好な関係、期間利益の向上のためには消費者との良好な関係が必要なのだから、DCF法とステイクホルダー論は両立でき、3人の報告者の議論は矛盾するものではないと指摘する。

もう一人の討論者である廣瀬幹好（関西大学）は、3つの報告とも「会社は誰のために経営されるのか」という論点を扱うのみで、「会社は誰のものなのか、誰のものでもないのか」という根本問題を正面から論じていないと批判し、法的ヒトたる法人企業は人間の評価と同様、普段に成長し社会の発展に寄与する努力を基準に測られると主張する。

もともと、企業価値は投資基準としての企業価値と、投資とかかわりなく労働者、消費者、地域住民など非投資家の視点からの価値評価とに大別される。企業利益の最大化が投資家に高配当をもたらすだけでなく、最大の社会性につながるのであれば、投資家視点と非投資家視点による企業価値は矛盾しない。「企業価値の再考」というテーマ設定がなされるのは投資家（株主）資本主義がグローバル化する中で、両者のかい離が次第に人々の許容限度を

超えてきているという問題意識があるからであり，投資家と非投資家の価値評価のかい離の実態を雇用，格差，環境などの評価視点から明らかにする評価視点の多様化と，それを可能にする質的評価の方法論が課題として残されたように思われる。

◆【サブテーマ２：コーポレート・ガバナンス論の再検討】

　報告「コーポレート・ガバナンス論と企業観―Stockholder TheoryとStakeholder Theoryを巡って―」今西宏次（同志社大学）は，ガバナンス論の潮流を株主理論と利害関係者理論とに２分し，その違いは結局，会社の目的は何かという会社観（企業観）の相違を反映し，コーポレート・ガバナンスは株式会社というprivate government（私的政府）をめぐる権力問題であるとし，利害関係者の発言権を重視する。

　報告「利害関係者論からのコーポレート・ガバナンスの再検討」出見世信之（明治大学）は，フリーマン等の『利害関係者志向の経営』を参照しつつ，「企業の目的はすべての利害関係者のための価値の創造である」とし，パナソニックや本田技研の動向を紹介している。結論として，内部統制制度としてチェックリストを作成してチェックを入れて点検するようなやり方は，かえってそれに関する思考を停止させることにつながり，個々の利害関係者との対話を重ねて革新の機会を求めるべきであるとしている。

　報告「経営者自己統治論の提唱」平田光弘（星城大学）は，環境問題など企業活動の逆機能が露になる一方で，大規模化した企業では経営者の発言力が増して株主軽視の経営も見られ，企業経営において社会性と株主重視の両方が求められるようになった，と現状を認識する。このような要請に応えてコンプライアンス（法令遵守）とガバナンスのハード作りが盛んになされているが，優れた人間教育と倫理観に裏打ちされた人材の育成というソフト作り，すなわち他者統治に代えて経営者の自己統治こそが必要であると主張する。

　上記３つの報告に対して，討論者の勝部伸夫（熊本学園大学）は３報告とも利害関係者理論の立場からの株主理論批判という点で共通しているとし，その場合，利害関係者論は会社＝社会的制度ととらえる制度論的企業観の一つと見てよいのか否かを問いかけ，さらに，利害関係者間の利害が対立するとき

に，誰がどのような基準で利害調整を行うのかについて説得的な説明がなかったと批判する。利害調整の主体が誰なのかという問題はそのまま経営者の位置づけをどうするかという問題に直結し，経営者を統治の主体として見てよいのか否か，平田報告は経営者を統治主体と見る前提に立っている，とする。

　もう一人の討論者である菊池敏夫（中央学院大学）は，3報告とも利害関係者論の立場に立つ以上，従業員代表の取締役会への参加など，利害関係者の企業統治へのかかわり方を具体的に解明すべきであったとしたうえで，出見世報告が言及した，日本において社外取締役の導入や義務化に反対する動きが根強いことに関して，現象の指摘にとどまらず，その原因の解明が課題として残ったと指摘する。

　高額の経営者報酬の是非をめぐる議論があるように，経営者自身も利害関係者の一人であるから，利害関係の調整主体は誰なのかという問題は，討論者の勝部が指摘するように確かに「再検討」の重要なテーマであるし，同じく討論者の菊池が指摘した，エンロン（2001年倒産）やGM（2009年破綻）など，社外取締役の比重が高い企業において経営の行き詰まりがみられる事例についても，その解明が研究課題として残されている。

◆【サブテーマ3：事業の目的と使命】

　報告「サブプライム危機と事業の目的と使命」久原正治（九州大学）は，シティグループ，メリルリンチなど巨大金融機関の破綻事例を，破綻しなかったゴールドマン・サックスやJPモルガン・チェースと比較しつつ，分析する。リーダーシップ，組織，報酬インセンティブ，企業文化の視点から分析した結果，破綻した金融機関は利益追求原理だけが前面に出て事業の目的や使命を明確な形で持っていなかった，とする。全体として，1920年代以来の事業部制組織が短期利益の最大化を志向させてリスクを高める傾向がみられ，巨大化し多角化した企業の新たな経営モデルが必要であると結論する。

　報告「持続可能な社会の構築を巡って―『事業経営のあり方』と『事業を活かす社会のあり方』―」高巖（麗澤大学）は，企業の社会的責任の根拠を「合理的な生活者」を想定する社会契約論，および，法人として個人の所有

責任を引き継ぐ所有者責任論に求める。市場は収益性に偏った評価（評価の問題）を行い，しかも評価の基礎となる財務情報がしばしば正確でない（開示の問題）という欠陥を抱えている。これに対し行政は，談合行為の自己申告企業に対する課徴金減免制度を導入，あるいは内部統制システムの義務化を行い，2006年国連による「責任投資原則」の策定を契機に，市場においても多くの年金基金や運用機関が環境，社会，ガバナンスの観点から企業の持続可能性を評価する投資決定にシフトしている。これらの動向を踏まえ，事業者は「契約関係」から「信認関係」にもとづく経営を行うべきである，とする。

報告「人間・社会・自然における企業の地位―事業の目的と使命―」村田晴夫（青森公立大学）は，協働システムとしての企業と人間の「相互浸透性」の考察を，企業と社会，企業と自然との「相互浸透性」に拡大し，企業は人間・社会，自然を結合する主体化過程の存在であるから，企業は自己自身への応答責任（すなわち事業の使命）として，①人間性への応答―自由への促し，②社会における文化多元性の尊重―平和への指向と促し，③自然への応答―調和への指向，すなわち自由，平和，調和を自らの内的責任として自覚しなければならず，それらの使命の現実化が事業の目的である，と結んでいる。

討論者の片岡信之（桃山学院大学）は，先人の企業，事業，経営の概念的区別を念頭に置いたうえで，久原報告が事業の目的と使命についての分析から途中で組織構造の分析に移行していること，高報告においても事業のあり方と企業のあり方との混在がみられること，村田報告には，その主張が発展段階や文化を異にする現代世界でどこまで普遍的な命題として定立できるかを問うている。

同じく討論者の澤野雅彦（北海学園大学）は，事業概念を実業と虚業という視点で再構築すべきこと，最近のコンプライアンス論議が法律を守ったか否かが唯一の判断基準になっていることへの違和感（したがって企業を有機体と見る村田理論への賛同），そして産業構造におけるモノからサービスへのシフトを踏まえた，「主観」や「主体」を重視する経営学の再構築への期待，を述べている。

1-3　報告の歴史的意義

　2009年（第83回大会）の統一論題『社会と企業：いま企業に何が問われているか』は，プログラム委員長代行の齋藤貞之によると前年2008年秋に勃発したリーマン・ショック前の夏頃に決定されており，直後の経済危機を予測してなされたものではないが，結果的に時宜を得たテーマ設定となっている。20世紀末のバブル崩壊を契機に日本型経営に対する肯定的評価は一転して否定的評価に変わり，アングロサクソン型の株主主権論への傾斜を反映して，2003年の会社法改正，委員会設置会社の導入がなされた。リーマン・ショックによる金融危機はアングロサクソン型の株主主権論の限界を意識させるとともに，その後の展開を見ると，日本において社外取締役や委員会制度導入などアングロサクソン型経営の導入に積極的であったソニーをはじめとする電機産業の業績悪化を顕在化させた。

　サブプライム・ローンなどという特殊な金融用語がニュースを通じて一般の市民にも知られる状況になり，経済に占める金融の位置づけの大きさが改めて認識されてみると，経営学において金融業の研究が製造業とくらべて立ち遅れていたことは否めない。金融部門における事業部制組織が短期利益志向となってリスクを高める点を指摘した久原報告はその欠落を埋める契機となった。また，地球温暖化など環境問題の深刻化は，不祥事を起こしていない。したがってコンプライアンスに関して問題のない企業もまた社会との対立要因を孕んでいることを明らかにし，その対立を社会の許容範囲に収めていくことが法的規制を担う行政の課題であると同時に，規制される企業にとっても重要な経営課題であることを知らしめ，持続可能性という概念をクローズアップさせた。高巖および村田晴夫の報告は環境危機の時代の経営のあり方を「事業の目的と使命」という根源の考察から問い直そうとするものである。本大会の自由論題には企業の社会的責任を考察の対象とするガバナンスやCSR関連の報告が7本含まれており，環境報告書あるいはCSR報告書の発行企業が急速に増大した当時の状況を反映している。

　企業価値の評価，企業統治のあり方を巡って，報告の大勢が株主至上主義への疑念に基づくステイクホルダー論の立場を取りながら，多様なステイク

ホルダーの視点での企業価値評価をいかに計測可能とし，いかに統合するかという課題は，小松章が従業員持ち株会の議決権株主化を示すなどの提案を行ったものの，全体として株主至上主義（投資家至上主義）の止揚の道筋が具体的に示されるには至っていない。それでもなお，株主価値重視の企業観を前提とするガバナンスの革新を求める姿勢が，日本経営学会の統一論題報告の主流となっていることが確認されたことの意義は大きい。代表的企業形態である株式会社は私的に所有されている株式を意思決定と配当の基礎に置く私的存在であり，株主はもともと投資額を上限とする有限責任を持つに過ぎないうえに，株式の売却によって有限責任からも解放される。平田光弘の報告にあるように，企業の倫理性の究極は経営者の自己統治にあるが，社会（性）からのかい離をつねに孕んでいる企業のガバナンスについて，経営学の批判的視点の重要性も明らかになった大会であった。

2 ▸ 第81集 『新たな経営原理の探求』（2011年）

―― 第84回大会（2010年）

2-1 問題意識と時代背景

　第84回大会は2010年，石巻専修大学において開催された。サブテーマは①市場経済と企業の社会性，②グローバリゼーションへの対応と課題，③企業経営の永続性，である。

　大会が開催された石巻市は大会半年後の2011年3月11日に発生した東日本大震災によって大きな被害を受けた。大会のテーマ設定は大震災の到来を予見してなされたものではないが，大震災によって引き起こされた福島原発事故が優良企業とされた東京電力の経営のあり方を問う契機となっただけでなく，安心安全という生活の基礎をはたして企業経営が保証するものであるのかという問題意識が広く世に行き渡ったことを考えると，『新たな経営原理の探求』という統一論題は，昨年の大会と同様，結果的に時宜を得たテーマ設定となった。とは言え，テーマの設定と報告の準備は大震災や原発事故を受けてなされたものではないから，ここでは大震災を離れた観点から報告

の時代背景を検討する。

「経営原理」とは経営の根本において作動しつつある法則であるとすると，『新たな経営原理の探求』とは現実に作動しながら経営学がまだ（十分に）認識していない法則の発見を目指すことを意味する。また，「経営原理」を拠って立つべき当為として捉えると，現実に作動している当為に代替する新たな当為ないし規範を開発することを意味する。現実の認識であるのか当為の開発であるのかは報告者それぞれの選択であるが，プログラム委員会（菊池敏夫委員長）では，サブテーマ①「市場経済と企業の社会性」について，産業界におけるCSR活動や社会的企業（家）の活発化，さらにはリーマン・ショック後の雇用問題が経営原理のパラダイム・シフトを促していること，サブテーマ②「グローバリゼーションへの対応と課題」について，グローバリゼーションが企業の理念・制度・経営慣行・財務・組織・管理など経営原理にかかわるさまざまな局面に伝統的な経営原理からの変革を求めていること，サブテーマ③「企業経営の永続性」について，200年以上の長期にわたって存続する長寿企業が国際的にみて高い比率で日本に存在しており，そこから企業経営の永続性を可能にする経営原理を抽出し得ること，に着目してそれぞれのテーマ設定を行っている。

1990年代のバブル崩壊にともなう経済低迷を克服するためにさまざまな規制緩和が進められたが，新自由主義的施策はグローバル化に伴う低賃金国とのコスト競争の下で労働者派遣法の「改正」による非正規雇用労働者の増大など，先進国における労働分配率の低下をもたらし，このことが現在も続く格差拡大の傾向を決定づけている。環境問題も格差拡大も環境政策や税制によって対応すべき政治的課題であると同時に，環境汚染物質の最大の排出源としての企業，格差の要因である雇用形態や賃金体系の担い手としての企業，という構造のもとで，収益性と社会性を両立できる経営原理（サブテーマ①）を，市場経済のグローバリゼーションという競争環境において実現し（サブテーマ②），しかも長寿企業（サブテーマ③）となる経営原理の探求が企業経営の学としての経営学の課題となる。

2-2 統一論題の報告内容と討論者コメント

◆【サブテーマ1：市場経済と企業の社会性】

　報告「新たな経営原理を求めて」厚東偉介（早稲田大学）は，公共財と私的財との区別に基づき，準公共財と公益財の領域を担う「社会的企業」に注目し，これに「企業の社会責任投資」(SRI) の考え方が合流して，新たな経営原理が形成されていると主張する。そして，資源・環境問題の深刻化が資源浪費型経済システムから生命システム・生態系を基礎に置く循環型経済システムへの転換を促しており，したがって，「新たな経営原理」は生活体系全体を貫く「循環型システムのオペレーションの原理」であると結論する。

　報告「コーポレート・ガバナンス制度変化への企業の対応―CSRを意識したプラクティス―」津田秀和（愛知学院大学）は，日本の監査役設置会社を対象とするインタビュー調査によって，コーポレート・ガバナンスに関する近年の法制度変化に対する企業側の反応を分析し，産業界の対応が積極的とは言い難いことを指摘する。そのうえで，本来的に内向きであるマネジメント・システムと外部に対する説明責任を重視するコーポレート・ガバナンス・システムを経営理念・CSRを媒介として融合し，実効力あるプラクティスを目指すことを提唱する。

　報告「日本企業社会論―市場経済と企業の社会性によせて―」渡辺敏雄（関西学院大学）は，企業の存在が社会（したがって市民）に大きな影響力を持つ日本の企業社会を対象に，その特質と問題点を指摘する。株式相互持合い，法人持ち株比率の増大，株主総会の無機能化，という構造が会社本位の価値観を高めたが，企業の巨大化が進むと企業内分業の進行によって企業構成員の一体化は揺らいでくる。この事態の改革のためには企業集団や大企業の解体，ベンチャーの起業促進を通じて企業規模の縮小を図るとともに，企業の内部のみならず外部（市民生活）をも巻き込む管理の影響力に対応する必要がある，とする。

　上記3つの報告に対して，討論者の大平浩二（明治学院大学）は，厚東報告について，循環型経済システムの必要性についてはいまさら啓蒙するまでもなく広く知られていることであり，経営学における理論的命題の提起になっ

ていないこと，津田報告について，制度と現実の乖離を調査するに際して，我が国の経済社会に適合的なコーポレート・ガバナンス制度とは何か，という視点をより明確に持つべきでなかったか，渡辺報告に対しては，問題は大企業の持ち合いよりも中小の同族オーナー企業にあり，大企業を解体して小規模企業を増やしたとしても問題の解決につながらない，とコメントしている。

もう一人の討論者である櫻井克彦（東海学園大学）は，厚東報告が結論として述べている「循環型システムのオペレーションの原理」の内容をより具体的に述べるべきであり，経営原理を問題とする以上，文明論的な言説のレベルではなく経営学のレベルで語るべきではなかったか，津田報告については調査対象企業のCSR観や経営目的観を正面から取り上げないと「新たな経営原理の探求」につながらないのではないか，渡辺報告については，論議の中心が一国資本主義時代の日本企業論に留まっている，と批判している。

◆【サブテーマ2：グローバリゼーションへの対応と課題】

報告「グローバリゼーションと国際提携―国際合弁研究の動向と今後―」石井真一（大阪市立大学）は日本の企業による海外企業との国際提携の分析を通じて，合弁パートナーシップが持続的であることを示し，日本企業が国際提携を通じて欧米パートナーのスキルを内部化し，相手の市場地位を脅かすとする「トロイの木馬仮説」が妥当ではなく，日本企業が他社との連携において長期的な関係構築を重視している，と主張する。

報告「21世紀のグローバリゼーションの新パラダイム」赤羽新太郎（専修大学）は，グローバリゼーションは21世紀の妖怪であり，その特徴はサイバー資本主義とグローバル資本主義である，と捉える。ITを武器としてグローバルに展開する資本主義は関税や通貨の壁，政治的な壁，民族的な壁を突き崩す一方で，富裕国と途上国との平均収入の格差，一国内の富裕層と貧困層との格差を拡大する。環境や格差の問題に対処するためにも「企業はどうあるべきか」という当為命題の重要性が増しており，経済・環境・社会の視点を入れたトリプルボトムラインの思考を組み込んだ国際企業倫理を新たな経営原理の根幹に据えるべきである，と主張する。

報告「中国進出日系企業の経営行動―今後の方向と課題―」金山権（桜美林大学）は，中国における日系企業の中国人従業員を中心に行ってきた聞き取り調査を踏まえて，日系企業の特徴として責任感，真面目さ，チームワークなど現場力の強さを上げる一方で，経営戦略に関して全体性や持続性に欠け，社長の現地化比率は欧米企業の現地法人のそれと比較して最も低く，財務や人事など部門責任者の現地化率も遅れていると指摘する。提言として，人材現地化を進めることが中国人従業員の動機づけを高め，日系企業の現場力を活かす方策である，と述べている。

　上記3つの報告に対して，討論者の高橋由明（中央大学）は，「グローバリゼーション」の特質を，①ICT技術の商用化によるビジネス取引の高速化，②標準としてアングロサクソン型の基準を採用，③国家の経済制御力の低下による不平等の拡大，の3つの要素で理解するなら，サブテーマ「グローバリゼーションへの対応と課題」に正面から取り組んだのは赤羽報告のみであり，石井報告および金山報告はグローバリゼーションというより，InternationalizationないしTrans-nationalizationを論じている，とサブテーマとの適合性を批判したうえで，各報告者にいくつかの質問を提起している。

　もう一人の討論者である岩田智（北海道大学）は，3つの報告とも，今後のグローバリゼーションへの考察に際しては中国をはじめとするアジア，BRICsなど新興国の動向に注目すべきという点で共通しているとし，石井報告に対して，合弁の長期性は，（中国における自動車産業に見られるように）政府が独資子会社を認めないために長期的な合弁行動を義務付けられているなど，政策的な影響への考慮が必要ではないか，赤羽報告に対して，多国籍企業によるBOPビジネスをどう評価するか，金山報告に対して，日系企業の製造面の優位性と経営の現地化とを両立させる条件とは何か，を質問している。

◆【サブテーマ3：企業経営の永続性】

　報告「企業経営の進化と永続性―プログラム概念と進化論的経営学―」福永文美夫（久留米大学）は，企業が永続性を持つためには生物と同様に進化が必要であり，進化するためには企業システムを動かすための原理，すなわちプログラムが環境適合的に作動しなければならない。例えば生産システムの

プログラムであるフォードシステムはほぼ100年を経てセル生産システムに進化している。日本の長寿企業は組織原理として「信頼の維持・向上」を重視しているが，その背景には日本の社会が温存してきた集団主義によって組織内部での信頼形成にエネルギーをさほど必要とせず，その努力を外部との信頼構築に集中できたからである，と主張する。

報告「新しい経営原理の探求―企業経営の永続性―」横澤利昌（亜細亜大学）は，世界一の長寿企業大国となっている日本の調査結果を踏まえて，その原因を，血縁以外の人材を取り込む「家」制度，現代に通じる経営理念（「三方よし」），に求めている。長寿企業には「生活者の論理」を発展させた「老舗モデル」＝「ファミリズムの思想」がある。「所有と経営の分離」は企業の現代的特質として強調されてきたが，ファミリービジネスにおいては資本と経営が非分離であり，これまで否定的に評価されてきた「同族企業」の中から，肯定的に評価すべき「老舗モデル」を抽出し，その永続性要因の分析を進める必要がある。「伝統とは革新の連続」という企業家精神が企業経営の永続性の条件である，とする。

報告「企業経営の永続性―環境と経営の問題―」吉原正彦（青森公立大学）は，企業経営の永続性を21世紀の課題である「持続可能な社会」との関連で考察する。経営は単に環境から生成するのではなく，経営主体の形成作用において自らを形成する主体化過程と客体化過程の統合であり，環境と経営との相互浸透のなかで「生かされつつ生きる」存在である。したがって，持続可能な社会を目指す新たな経営原理は，従来のそれが「生きる」ことに対する責任に基礎を置くのに対し，「生かされつつ」あることへの責任の論理に貫かれたものでなければならない，とする。

上記3つの報告に対して，討論者の丹沢安治（中央大学）は，福永報告に対して，遺伝子としての「集団主義」と，老舗企業が存続の条件として最も多く挙げた「信頼する」という行動パターンとの関係が不明確である，横澤報告に対して，株式公開をした長寿企業も存在するから，家族経営による「老舗モデル」を前提として結論を出しても，長寿企業の「一般的特性」を示したことにならないのではないか，吉原報告に対して，「企業社会の永続性」と「企業の永続性」が論理的に等置されてしまっている，とコメントしてい

る。

　もう一人の討論者である沼上幹（一橋大学）は，企業の永続性を説明する論理として①プログラムによる説明と，②主体性による説明，を挙げ，福永報告を①，吉原報告を②，横澤報告をその中間，として位置付ける。①に対してプログラム変更のプログラム自体の改革はどうなるのか，②に対して主体化の過程で新たな統合を行う際の再現可能な論理は存在するのか，という問題提起を行っている。

2-3　報告の歴史的意義

　環境問題や経済的格差の主要原因が市場経済のもとでの企業行動であることはさまざまな形で証拠となるデータを示して述べられている。温暖化物質の主要排出源は企業の生産過程であるか，企業が提供する財やサービスの消費過程である。また近年注目を集めたトマ・ピケティの著書『21世紀の資本』が示した格差拡大のメカニズム（r＞g）も，遡及すれば企業が支払う利子，配当や経営者報酬，賃金，雇用形態，などの総合的帰結であり，企業行動が変わらない限り現実は変わらない。実際，市場経済がもたらす矛盾は環境規制や税制などマクロ政策による規制や誘導によって解決に向かうと期待されながらも，環境問題も格差問題もむしろ深刻さを増す一方である。市場経済はグローバリゼーションによって矛盾の蓄積範囲を拡大し，IT化によって矛盾の蓄積速度を増している。企業行動を規定する経営原理の革新はまさに時代の要請である。

　企業活動の領域が公共領域へ拡大する一方で，企業評価の基準が社会的責任投資（SRI）やCSRに見られるように公共性（社会性）重視の方向に傾斜している（厚東報告，津田報告）。この動きは，伝統的な公共領域での効率性向上，伝統的な私企業領域での社会性向上のニーズを反映しており，公共財および私的財のそれぞれの領域で効率性と社会性の両立が求められていることを示している。効率性と社会性の両方の同時達成というハイブリッド型の経営において必要な経営原理は，両者のバランスを取るという単純なものではあるまい。両者がシナジーを発揮する経営原理の探求が課題となるが，サブテー

マ①の諸報告は課題を取り巻く状況の確認であり，新たな経営原理を提示するまでには至っていない。

　国際化ないしグローバリゼーションは日本経営学会で何度も取り上げられて来たテーマである（直近では2003年の統一論題「グローバリゼーションと現代企業経営」）。石井報告，金山報告はグローバリゼーションの前段階（あるいは部分領域）としての国際合弁や経営現地化のあり方を論じて，国際化研究の深化に貢献しているが，今年（2016年）の米国大統領選挙でトランプ氏が勝利した背景に，グローバリゼーションによって所得を低下させた中間層の不満があると分析されるように，その影響は経済や経営を超えて政治的次元に達している。テロの頻発や欧米諸国に見られる右傾化の動向は，格差問題あるいは移民・難民問題への対応を巡る対立に起因しており，赤羽報告は格差拡大というグローバリゼーションの負の側面を適切に指摘している。

　「新たな経営原理の探求」のために，アップルやアマゾンではなく，古くから存続している長寿企業を分析するのはかなり逆説的である。福永報告，横澤報告は長寿ないし老舗企業について「革新の連続」「信頼の重視」を指摘しているが，革新も信頼も企業年齢にかかわらず重要であり，長寿企業だけの特性である証拠は示されていない。長期に亘って徐々に矛盾が蓄積されるように，「新たな経営原理」も最初は片隅の例外的現象として生まれ，徐々に主流となっていく。第84回大会で示された「新たな経営原理」の探求は，日本経営学会の第一線研究者にとっても，それがまだ模索の段階にとどまることを示している。

3 ▶ 第82集
『リーマン・ショック後の企業経営と経営学』（2012年）
第85回大会（2011年）

3-1　問題意識と時代背景

　第85回大会は2011年，甲南大学において開催された。サブテーマは①-1および①-2がともに，現代企業の変容と課題：理念・戦略・管理，②は現代経営学の存在理由と方向性，である。2011年は3月11日に東日本大震災

が発生して，地震・津波のみならず福島原発事故による惨害が自然災害の脅威と現代技術のリスクを我々に突きつけた年であった。これを受けて，特別フォーラム【A】東日本大震災を考える，【B】「日本再生」と経営者の役割，が設定された。

　2008年9月に発生したリーマン・ショックは，それ自体はリーマンブラザーズという米国投資会社の倒産を引き金にした金融危機であり，産業界全体に共通する問題ではないにもかかわらず，サブプライム・ローンを混在させた金融商品の劣化が世界規模で企業の財務状況を危機に陥れ，経済の萎縮から立ち直るべく官民の努力がなされている状況のなかで東日本大震災が発生したのであった。「リーマン・ショック後の企業経営と経営学」という論題は，リーマン・ショックによって企業経営と経営学が大きな変化を遂げ，その前と後では経営と経営学のあり方が異なったものになったのではないかという含意があるように思われるが，廣瀬幹好（プログラム委員長代行）が「統一論題趣旨」で述べているように，企業経営の理念・戦略・管理の各様相はすでにリーマン・ショック以前から変化の動きがみられ，これがリーマン・ショックで加速されたとみるべきものも多い（例えば2006年度ノーベル平和賞を受賞したユヌスの多次元的資本主義観，低所得者層（BOP）を対象にしたビジネスへの注目，社会貢献を明示化する経営政策への転換）。

　リーマン・ショックについては，サブテーマ①-2の論者の大竹愼一（Ohtake, Urizar & Co.）が述べているように，経済危機はほぼ10年周期で起こっていることであり（第1次・第2次オイルショック，バブル崩壊，アジア通貨危機），今回は多少規模が大きいとしても企業経営のあり方を変えるほど本質的な変化をもたらすものではないという冷めた見解もみられる。それでも，サブプライム・ローンという金融専門用語が茶の間のテレビを情報源とする家庭の主婦にも耳になじんだ言葉となり，金融工学的には破綻確率が極めて低いはずの金融商品がグローバルな連鎖の中で世界的な経済危機をもたらすというグローバリゼーションの巨大な潜在リスクを表面化させ，企業経営が自己の制御範囲外にある金融的要因に強く影響されることを改めて認識させたこと，経営学の一領域たる企業財務論において事前の予想がなされていなかったことなど，経営学の有用性（ここでは予見能力）が問われる事態をもた

らしたことは明白である。

　同様に，福島原発事故についても，原発の安全性やコスト優位が歴代政府や電力会社によって強調される中で，安全性の確認主体や確認手続きについて行政と電力会社の癒着構造を指摘しなかった企業ガバナンス論，発電コストに関して経営学者からの事前の問題提起がなかったことなど，経営学の存在意義が問われる事態となったのは間違いない。

3-2　統一論題の報告内容と討論者コメント

◆【サブテーマ①-1：現代企業の変容と課題：理念・戦略・管理】

　報告「現代企業の変容とその意味」櫻井克彦（東海学園大学）は，社会的存在としての制度的企業が，①社会的企業〔20世紀中葉から後半にかけての，国内寡占市場の存在を背景とした社会的責任指向の大規模株式会社企業〕，②社会経済的企業〔20世紀終盤から21世紀初頭の，新自由主義の台頭，他方での環境や格差問題などの新たな市場・社会状況に対応する企業モデル〕，③高次社会的企業〔21世紀の企業モデルとして，深刻化する環境や貧困問題への社会貢献責任と分配正義を重視し，量的成長よりも質的成長を指向する〕という発展プロセスのうち，長期的には③の高次社会的企業への移行が不可避である，と主張する。

　報告「リーマン・ショック後の労働の変容と問題点—日本企業と日本経済を中心にして—」守屋貴司（立命館大学）は，リーマン・ショック後の非正規雇用労働者の大量解雇，特に外国人労働者の雇用問題に注目する。販売や生産におけるアジアシフトが進行する中でアジア諸国の優秀な人材，なかでも日本における外国人留学生の採用意欲の高まりがみられる一方で，彼らの望むキャリア開発と日本の企業が留学生に求めるキャリア像が乖離している実態が示される。リーマン・ショックによる景気後退と東日本大震災の影響が重なり，日本国内の雇用は厳しい様相を呈しており，正規・非正規とも労働者の貧困化が今後も進行する，と予測している。

　報告「Management of Sustainability（MOS）と4次元経営」小林喜光（㈱三菱ケミカルホールディングス）は，三菱ケミカルホールディングスグループの経営に2011年度から導入されているMOSについて，その内容と導入意図を説

明する。人類，社会の持続性に対する適切な貢献を評価軸とするMOSは，MBAコースで教える経営のあり方（短期利益重視）および長期的視野に立った研究開発を重視するMOTと並んで，経営の基軸を構成する。MBAが四半期ごとの利益，MOTがイノベーションの創出に要する10〜20年，MOSが将来世代を視野に入れた50〜100年と，それぞれ時間軸に差があり，これら3軸に時間tを変数として加えたものが4次元経営と呼ばれる。CSRは企業活動のすべてをガバナンスの対象とするものではないのに対し，4次元経営は企業活動が人類・社会の持続性を担保する経営手法である，と述べている。

　上記3つの報告に対して，討論者の出見世信之（明治大学）は，櫻井報告についてリーマン・ショックによってその限界が明らかになった新自由主義からの脱却を高次社会的企業としてモデル化したことを評価しつつ，そこへの移行を可能にする制度的要因の探求を求めている。守屋報告に対しては，リーマン・ショック後の労働の状況がこれまでの不況期の状況と異なる点は何か，を問うている。小林報告については定性的なMOS指標の測定方法の普遍性を問題としている。また，司会者の沼上幹（一橋大学）は，社会，自然環境などとの共生が潜在的な企業価値の顕在化をもたらす可能性に注目している。

◆【サブテーマ①-2：現代企業の変容と課題：理念・戦略・管理】
　報告「グローバル化の進展とドイツ的企業統治システムの進化―株主価値重視経営からの脱却と共同決定の現代的意義―」風間信隆（明治大学）は，グローバルな競争圧力と機関投資家の台頭によって株主価値重視の経営が一部の経済界を中心に主張されるなかで，ドイツの企業統治システムの主柱をなす「共同決定」（経営参加）は基本的に維持されており，過度の資本市場志向に対する抑制装置として機能することで，「制度による利害調整」と「協調」を特徴とするライン型資本主義（ドイツモデル）の再評価が起きている，と言う。「企業の社会的責任」の実現や諸利害関係者集団の利害調整を経営者の個人的倫理や努力に委ねるのではなく，共同決定制度によって拘束力ある企業秩序として制度化している点に，1951年モンタン共同決定法に淵源をも

つ経営参加の制度化の現代的意義を認めている。

報告「リーマン・ショック後の設備投資の変化―欧米企業での実証的考察―」大竹愼一 (Ohtake, Urizar & Co.) は，リーマン・ショックの前と後における欧米企業の設備投資の変化に焦点を当てる。そこでの仮説は設備投資のあり方がスケールメリットを求めるものから効率化をめざすものに変化した，ということであり，これを欧米企業3社の事例分析で実証している。

報告「リスクマネジメントによる経営改革―三菱商事の事例―」上田良一 (三菱商事㈱) は，総合商社にとってリーマン・ショックよりも大きな影響をもたらしたアジア通貨危機 (1997年) を契機に行われた経営の変革を論じている。メーカーの海外進出やインターネットの普及などによる商社不要論が喧伝される状況の中にあって，商社は時代の変化に適応しながら各社とも高水準の利益を確保している。三菱商事には4代目社長の岩崎小弥太が制定した三綱領 (所期奉公，処事光明，立業貿易) に示される企業理念が根付いており，持続的な企業価値の追求，社会への貢献が強く意識されているが，1990年代の金融ビッグバンやアジア通貨危機に対応して，従来の部制を廃止してビジネスユニット制とし，リスクの可視化を行い，取っているリスクに対して株主資本コストを付加する方式を確立した。

上記3つの報告に対して，討論者の小松章 (武蔵野大学) は，風間報告がドイツの共同決定方式を高く評価することで従業員の権利が弱体化している日本の現実への警鐘と受け止め，景気循環論 (恐慌論) の観点から設備投資を論じた大竹報告については，投機マネーが実体経済を撹乱させている現状の分析としては設備投資よりもマネー市場に焦点を合わせた議論が求められると批判している。上田報告については，紹介された三菱商事の経営改革を，資金の調達と使途を管理する従来型の「財務管理」から企業全体を財務的視点で経営する「財務経営」への進化の典型例と位置付けている。また，司会の奥林康司 (摂南大学) は，企業経営の基本戦略が地球環境問題を意識した持続性重視の方向へ変化する中で，人類に共通する根源的な価値 (「人々の尊重」や「進歩と改善」など) を尊重することでグローバルな時代の組織としての一体性を維持すべきであると総括している。

◆**【サブテーマ②：現代経営学の存在理由と方向性】**

　報告「市場主義そして／あるいは経営学」藤井一弘（青森公立大学）は，リーマン・ショックをいずれ忘れ去られる金融危機の一つに過ぎず，リーマン・ショックの前後で経営学の存在理由や方向性が変わるとは考えられない，という立場である。藤井は市場を社会的な構築物として捉え，人間が必要物を獲得するための協働をより良く行おうとする行為を経営（する）と捉える。人々のニーズが充足された先進国市場はもはや価格を通じて事業選択のシグナルを発信することができず，経営学のあるべき方向性として，経営（する）という行為が社会にもたらす変化をできるだけ広範囲かつ遠い将来まで描いてみせることで現実の経営に対する批評の機能を持つこと，を提案する。

　報告「経営学における厳密性と適切性─方法論的考察─」榊原研互（慶應義塾大学）は，科学としての厳密性と実践における適切性とのギャップについて考察し，厳密性と適切性は十分両立可能であるとする。科学は経験的にテスト可能な理論であるためにさまざまな初期条件の確定を必要とし，複雑化の傾向を持つのに対し，現実の錯綜性と不確実性への対処を迫られる実践においては単純さと明快さが求められる。この対立を解消するために，科学者と実務家との共同研究や異質な研究方法を組み合わせて用いる「混合研究法」に期待が持たれているが，安易な「共同」や「混合」は避けるべきであり，科学的説明の論理構造は自然科学と社会科学を問わず同一であるとしたポパー（K.R. Popper）に依拠しつつ，より説明力のある理論の探求と有効な初期条件の発見に努力すべきである，と主張する。

　報告「経営学とはどのような学問か─経済性と社会性の連関を巡って─」上林憲雄（神戸大学）は，社会科学が対象とする事象にはコンテキスト（歴史性と地域性）が伴い，社会科学の一部門である経営学は組織体の活動を経営者の主体的意思の貫徹行為として捉え，組織の合理性を経済合理性および社会合理性の2つの軸で分析しようとする学問である，とする。たとえば，「人的資源管理」（HRM）には経済性と社会性をトレードオフで捉えない「日本的経営」の影響が強く働いており，リーマン・ショックを経た企業経営は「経済性」偏重の反省を踏まえて，社会性との両立を改めて志向するものとなるであろうし，経営学は経済性と社会性を両輪とする経営合理性の追求を念頭

に置いて，可能な限りで法則性の発見に努めるべきである，と言う。

　上記3つの報告に対して，討論者の庭本佳和（甲南大学）は，藤井報告に対して，「まず市場ありき」ではないとしても，多くの経営体が市場があると思い込んでいる限りは「市場の実在化」を前提とした経営にならざるを得ないのでないか？　上林報告に対して，経済性と社会性の関係について欧米と日本の相違が述べられているが，なぜ違うのかというコンテクストの説明が必要ではないか？　榊原報告に対して，経営学が「理論と初期条件のセット」の発見に成功しても，経営を取り巻く現実は絶えず変化するから，経営学と経営実践とのギャップはつねに存在するとみるべきではないか？　とそれぞれ疑問を提起している。

3-3　報告の歴史的意義

　リーマン・ショックは，本稿執筆時点（2017年1月）でみると，報告者である大竹愼一あるいは藤井一弘が述べたように，ほぼ周期的に発生する一つの金融危機ないし経済危機に過ぎず，それで企業経営が本質的に変わるものでもなく，ましてや経営学の枠組みが変わるものでもない（上林憲雄），と冷静に受け止めるべき事態であったように思われる。統一論題を担当した他の報告者にしても，リーマン・ショック自体が経営や経営学を大きく変えるという認識を前提にした報告を行っているわけではない。戦争などの大きな破壊は既存の経済的・社会的構造に打撃を与えて経済的格差を縮小させる。金融危機としてのリーマン・ショックは金融証券を保有していた富裕層の資産を毀損することで格差の縮小効果を持つはずであるのに，現実の動向はその後も格差拡大の傾向が続いており，リーマン・ショックを経験した多くの日本企業は財務体質のいっそうの強化のためにコスト削減と内部留保の蓄積に努め，（守屋貴司が予測したように）勤労者の窮乏化をもたらしている。非正規雇用者の増大に象徴される我が国の雇用状況を見ると，欧米に比べて日本の企業経営において社会性への配慮がより確かにビルトインされていると誇ることはできないし，この意味からも，リーマン・ショック後もドイツの労使共同決定が揺らいでいないことを確認する風間報告の意義は大きい。

リーマン・ショックが起こった後の企業経営の課題は，外部で発生した事柄に危機的な影響を受けない強い企業体質の構築であり，三菱ケミカルホールディングスの経営者である小林喜光が実践している「4次元経営」，同じく三菱商事の経営者である上田良一が実践している「リスクに対して株主資本コストを付加するビジネスユニット制」は企業の持続性を確保する優れた先進事例として評価できよう。これらの経営施策が実践可能であり効果を持つための初期条件のセット（榊原研互）の確認は経営学が担うべき課題である。

　現在の我が国産業界の大きな課題である人口減の中での地方創成は地場の中小企業が主たる担い手であるにもかかわらず，中小企業の生き残り（存続＝持続）のための戦略や管理のあり方を経営学が提示しているとは言えない状況にある。優良大企業の先進事例は参照すべきモデルであっても，「初期条件のセット」が共有されていないことには諸他の企業にとって現実的な意味はない。先進事例の中に他の企業が追随できる普遍性を抽出する（あるいは普遍性がないことを証明する）努力が経営学に求められている。

　経済性と社会性の2軸，これに環境への配慮（環境性）を加えた3軸の尊重と調和は経営および経営学の主要な課題であるが，第85回大会は，個別の企業経営にとって外部要因として降りかかってくる危機への対処において，社会や環境と調和する企業理念の確立，組織の一体化，財務体質の強化，等々の重要性を改めて確認する大会となった。しかし，司会の坂下昭宣が指摘するように，経営学を組織体の客観的運動に関する因果論的説明を目指す学とするか，意思を持った行為主体（経営者）の行為理論として構築するか，という経営学の本質にかかわる議論はまったく積み残されたままに終わっている。

第14章 第86回大会～第88回大会

村田和彦 MURATA Kazuhiko

1 ▸ 第83集
『新しい資本主義と企業経営』(2013年)
―― 第86回大会(2012年)

1-1 プログラム委員会の統一論題趣旨

　第86回大会のプログラム委員会は,「資本という点でも知識という点でもイニシアティブをとる経済圏が, 旧来の先進経済圏以外にも多数出現してきたこと」, 特に「自律的に発展を遂げる経済システムとしてのアジア経済圏が生まれてきた」こと, すなわち「急速に成長し続けているアジアの資本主義経済圏」の存在のうちに,「われわれが直面している問題を見つめ直すための重要なカギが隠されている」と解し, 『新しい資本主義と企業経営』を第86回大会の統一論題として設定した。その上で, この新しい現実が日本企業に投げかけている多様な課題を, 3つのサブテーマに分けて議論することとした。すなわち, ①「アジア企業の経営から学ぶ」, ②「『アジアは内需』の時代の企業経営」, および③「新しい資本主義の現実と経営者の意識」が, それである。以下, サブテーマごとに, 報告者の報告の要旨を紹介するとともに, 報告の意義について考えてみることとする。

1-2 報告の要旨と意義

◆ サブテーマ①「アジア企業の経営から学ぶ」

　サブテーマ①は，「新しい資本主義」の現実を直視するために，アジア企業の経営から真摯に学ぶことを企図したものである。論文の提出者は，専修大学の大西勝明と，明治大学の郝燕書の2人である。

　大西の論文「中国の企業経営に学ぶ―電子メーカーを中心にして―」は，中国の電子メーカーの動向の考察に基づいて，日本企業への示唆として，次の3点を確認する。第1点は，焦点を定めた戦略的開発，情報産業等への重点的投資を実行していることである。第2点は，研究開発体制を強化し，先端技術を指向し，生産性を向上し，またM&Aを通してのキャッチアップを進め，自主技術，創新能力を拡充してきていることである。第3点は，国際分業を進展するだけでなく，世界各国と積極的にFTA（Free Trade Agreement）等を締結し，中国的な国際化を進め，新たなる国際的な枠組み構築に邁進していることである。

　郝の論文「中国企業の創出と進化」は，国有企業の改革の過程を，模索期（1980年代），探索期（1990年代），実行期（2000年代），見直期（2010年代）の4段階に区分して詳細に分析するとともに，民営企業の創出の過程をも明らかにすることを試みている。ここに郝論文の学会への貢献があるのであるが，しかし中国企業から日本企業が学ぶべき事項については，残念ながら明確な指摘はなされていない。なお国有企業に対する株式会社制度の導入および近年の中国における企業統治制度の変更は，決して企業の私有化を意味するものではなく，国家は所有権主体として権利を行使することで，国有企業に対する支配権を依然として手放してはいないこと，さらに国有企業は，国民経済と人民の生活に係わる重要な領域，いわゆる「命脈」という国家の戦略領域，具体的には，国家の安全保障に係わる業界，自然独占の業界，重要な公共製品とサービスに係わる業界，牽引産業とハイテク産業の中の中核企業等において，主導的な役割を果たしていることが，指摘されている。

　中国企業に関する大西と郝の論文から学び取るべき事項としては，中国企業が，グローバルな顧客の需要動向を把握しきった上で，グローバル市場全

体を俯瞰して，経営資源を重点的に，しかも大胆かつスピーディに配分していることである。

なお，「アジア企業から真摯に学ぶ」というプログラム委員会の問題設定は，「日本的ものづくり経営の再考」という課題を突き付けることとなり，これが第88回大会の統一論題として取り上げられることとなる。

◆ サブテーマ②「『アジアは内需』の時代の企業経営」

サブテーマ②は，アジア経済圏のダイナミズムを自らの成長へと取り込もうとして積極的な経営を行っている日本企業の実態と論理を明らかにすることを企図したものである。論文の提出者は，株式会社日立製作所の中島純三と，名古屋工業大学の竹野忠弘の2人である。

中島の論文「『アジアは内需』の時代の企業経営」は，「アジアは内需」の時代における日立製作所の経営の実態と論理について明らかにしたものである。それによるならば，日立製作所のグローバル事業の特徴は，マーケット志向のビジネスを現地主導で遂行する「地産・地消」の事業体制をとっていることである。そのキーモデルは，同一エリア内において製造・販売・サービスの一体体制を確立し，取扱商品の品揃えを充実することである。商品の基本性能を日本で集中開発し，地域ごとに異なるニーズには現地の体制で対応するという機能分担をとっている。現地で企業が活動するためのガイドラインは，「共通価値創造」（Creating Shared Value）である。すなわち，特定の地域で展開される企業活動は，その企業に経済的価値をもたらすだけでなく，さらにその地域に対しても社会的価値や経済的価値，あるいは環境価値を生み出すものでなければならない。しかも日立製作所は，「共通価値」をお客様やパートナーと協力して創り上げる「協創」という考え方のもとに事業を展開している。現地側のトップ人材については，その地域を熟知したナショナルスタッフで，かつ本社の経営の考え方と，事業のビジョンを共有する「経営者」でなければならない。さらに社会インフラのような大規模なプロジェクトや，現地の生活に密着したインフラ・プロジェクトにおいては，政府間の話し合いチャネルや，政府間の合意をベースとするような動きが不可欠である。なお，中島によれば，日本から海外に移転する製造業が増える中

で，日本の国力を維持するためには，日本国内の産業は，高付加価値の領域にシフトし，高付加価値産業クラスターの維持が必要である。

この中島の論文は，アジアに限らず，グローバル企業とは今後如何なる経営をしていくべきかを端的に示すもの（司会者　勝部伸夫）であり，日本企業の先進事例の到達点を知る上で有意義なものである。

サブテーマ②に関する竹野の論文「日本アジア間連携的経営―経営上の適応と経営論の進化―」は，マレーシアというアジアの多元性を集約的に示す文化社会の中で，日系進出企業の「経営」活動が，特にイスラム的文脈の中で生活する就業者や従業員，さらに経営パートナーと，日常的にどのような調整を図り，かつ修正調整してきたのかを，具体的に，ハラル認証（イスラムの戒律に従った食品・化粧品等の生産認定），ブミプトラ政策（職場単位の民族構成別雇用比率規制）等の事例を通じて明らかにすることにより，現地に合わせた経営スタイルの必要性を強調している。

サブテーマ②「『アジアは内需』の時代の企業経営」は，直接にはアジアにおける日本企業の実態と論理を問うているのであるが，その実，21世紀の日本企業がどう生き残っていくのかを根底から問うものである（司会者　勝部伸夫）とするならば，このサブテーマのみならず統一論題『新しい資本主義と企業経営』は，第88回大会の統一論題『日本的ものづくり経営のパラダイムを超えて』，なかんずくサブテーマ②「日本型ものづくり経営の再生」の問題に連結する問題である。その際，ここで看過されてはならないのは，中島の論文の内に，消費者および地域の抱える社会問題の解決に努めることが，日本企業の再生の道であることが，示唆されていることである。

◆ **サブテーマ③「新しい資本主義の現実と経営者の意識」**

サブテーマ③は，「新しい資本主義」の現実に対する日本企業の経営者や日本の経営学者たちの意識状況を再点検することを意図したものである。論文の提出者は，立教大学の亀川雅人，明治学院大学の大平浩二，および鹿児島国際大学の馬頭忠治の3人である。

亀川の論文「イノベーションと格差社会における経営者の意識と役割―日本経済の分析と課題を中心にして―」は，「新しい資本主義」を，ブログ

ラム委員会とは異なって,「成熟期の日本経済」として把握した上で,高度経済成長期との対比において,経営者の意識の変容と役割の変化について考察することを試みたものである。それによるならば,日本の経済成長は,キャッチアップ型経営者を過去のものとした。同一業種内の規模を追求し,品質とコストを管理する経営者から,イノベーションを生む起業家的役割を期待されるようになった。この役割の変更は,経営者の意識変革につながる。企業経営者は,異質性の中に起業家的役割を見出さねばならない。経営者に従順で縦割思考の人材は価値を低下させ,異なるアイデアを生み出す組織にしなければ,企業の維持・成長が困難となった。企業家精神によるイノベーションが新しい産業を創り出すとき,新たな関係の構築と同時に,古い関係が破壊される。これらの新旧関係の調整プロセスは,組織内の派閥や従来の企業関係を破壊し,諸種の格差の拡大と,失業者と,超過利潤の発生原因となる。超過利潤は,経済発展の証ではあるが,格差の拡大と失業とは,経済発展の負の側面である。この負の側面の放置は,企業の円滑な資源配分に支障を来たし,やがて企業の維持を困難にさせる。したがって,成熟期の経営者には,起業家的意識と,その副産物としての格差是正・利害調整という役割が必要となる。

この亀川の論文の意義は,イノベーションの正の側面のみならず,負の側面をも考察し,現代社会における格差社会の源泉をイノベーションに求めたところにある。それゆえ,亀川論文は,第87回大会の統一論題『経営学の学問性を問う』,とくにサブテーマ②「危機の時代の企業経営」と問題意識の上で繋がることとなる。

さて大平の論文「新しい資本主義の現実と日本企業の課題—経営者の意識を巡って—」は,「新しい資本主義の現実」の特徴として,つぎの7点を指摘する。すなわち,(1) 東西・南北という軸の崩壊,(2) リーマンショックと先進諸国の不安定化,(3) BRICsの台頭,(4) 自律的発展,(5) "BRICs型"の資本主義,(6) スピード,および (7) 多極・流動化,がそれである。これに対応する意識改革を経営者は求められているのであるが,大平によれば,これまでの日本企業の経営者の意識は,次の8点で特徴づけられる。すなわち,(1) 縦割・自社完結意識,(2) 単一(純正)意識,(3) 横並び意識,(4)

泥臭い摺り合わせ，（こだわりの意識），（5）キャッチアップ思考，（6）提供者の意識，（7）安定的予定調和意識（高度経済成長神話），および（8）従来型産業構造に立脚，がそれである。こうしたこれまでの日本企業の経営者の意識について問題となるのは，それが，「新しい資本主義の現実」と真逆ないしは対極の関係にあることである。そこで大平は，これからの日本企業の再生に向けて必要となる経営者意識として，つぎの6点を提示する。すなわち，（1）多極・無極的流動化意識とビジョン創り，（2）経営資源・成果を束ねる能力，（3）創造・シナジー能力，（4）素早い意思決定，（5）新しい産業構造の創出，および（6）夢と理念を語ることのできる経営者，がそれである。

新しく創出されるべき産業構造に関する大平のつぎの2つの発言は，注目に値する。「我が国企業のモノ造りは価格競争によって疲弊してしまう分野ではなく，付加価値生産性の高い核となる分野に特化し，その延長線上での拡大に努めるべきであろう。」「産業構造を『少子高齢化・福祉』，『（再生）エネルギー』，『新素材』，『都市・社会インフラ』等々へ国を挙げて新しい産業構造を創出し，既存の構造を変革する必要がある。そのためにも，異質の能力がその潜在能力を発揮できるような環境作りが焦眉の急であろう。」

大平の問題意識は日本企業の再生に向けられており，したがってそれは，第88回大会の統一論題『日本的ものづくり経営パラダイムを超えて』，なかんずくサブテーマ②「日本型ものづくり経営の再生」と繋がるものとなる。

馬頭の論文「新しい資本主義の現実と社会イノベーション」は，「新しい資本主義」をプログラム委員会とは異なって，「新自由主義のおわりのはじまり」と把握した上で，それが，結果として，「手に負えない社会コストの膨張と無責任社会」，「中間層の解体と所得格差の極大化」，「社会的排除の問題」を引き起こしていることを，鋭く指摘する。そして社会的排除の問題を解決して，社会的包摂を実現するためには，社会の軸を制度・組織中心から，個々人を当事者とする「自発的な協力」の関係にかえていかなければならないと，主張する。しかも，このことは，馬頭によれば，非営利を原則とする社会的企業による社会イノベーションを必然とする。というのは，企業が内なる利益と安定を追求する閉鎖システムである限り，社会コストや社会リスクを積極的に引き受け，かつ社会の利益を実現することなどできないか

らである。新しい社会イノベーションの試みとしては，馬頭は，英国，米国，韓国，さらにイタリアの事例を取り上げている。

　馬頭論文に関して看過されてはならないのは，「暴走する資本主義」によって排除された中間層をどのようにして社会的に包摂するかという問題こそが，「新しい資本主義」の本当のテーマであって，「いたずらに台頭しつつあるアジア圏に経営資源をシフトさせ既存システムを死守しようとする戦略は，ある意味，世界に対する背信ともなる」と解されていることである。こうした馬頭の問題意識は，今大会のプログラム委員会の問題意識とではなくて，むしろ第87回大会のサブテーマ②「危機の時代の企業経営」，さらに第88回大会のサブテーマ③「ソーシャル・ビジネスの経営探究」と連なるものである。

1-3　第83集の現代的意義

「アジアは内需」の時代に，日本企業が存続し，発展していくためには，日立製作所の中島純三の提示した「地産・地消」かつ「協創」という経営方針に端的に表現されているように，アジアの顧客が本当に必要としているもの，アジアの人々が抱えている社会問題の克服に真に貢献する商品を，アジアの現地の人々と共に探し出し，しかもアジアの現地の人々の購買力に見合った価格と，アジアの現地の人々が手に入れやすい経路を通じて提供することに，真摯に取り組む以外にはないことを，我々に示しているところに，第83集の現代的意義が見出される。このことは，逆に，いつの時代も，企業の存在意義は，社会問題の克服の内に利潤機会を見出すことにあることを，我々に再認識させる。

2 ▸ 第84集 『経営学の学問性を問う』(2014年)
―――――――――――――――――――― 第87回大会(2013年)

2-1　プログラム委員会の統一論題趣旨

　第87回大会のプログラム委員会は，研究対象も，研究方法も，さらに研究課題も多様である現状を踏まえて，経営学とは根本的にどのような学問であるのか，何を研究対象とし，どういった方法論を取るべきであるのか，そもそも経営学の学問としての可能性と意義はどこにあるのかを，今一度問うことを課題として，『経営学の学問性を問う』を第87回大会の統一論題として設定した。その上で，より具体的な検討課題として，つぎの3つのサブテーマが設定されている。すなわち，①「多様化する企業経営」，②「危機の時代の企業経営」，および③「経営学の可能性と存在意義」が，それである。以下，サブテーマごとに，報告者の報告の要旨を紹介するとともに，報告の意義について考えてみることとする。

2-2　報告の要旨と意義

◆ サブテーマ①「多様化する企業経営」

　サブテーマ①は，企業経営の多様性の実態と経営学の在り方について幅広く検討することを企図したものである。論文の提出者は，早稲田大学の大月博司，龍谷大学の梶脇裕二，および北海学園大学の澤野雅彦の3人である。

　大月の論文「企業組織の多様化における普遍性と特殊性」は，「市場ベースのビジネス」から「関係性ビジネス」へと企業組織の在り方が多様化する中で，組織において変化してはならないものがある一方，変化しなければならないものがあるのではないかという問題意識の下に，組織の多様化現象に伴って，組織の普遍性と特殊性の関係がどのようになるのか，どのように影響を受けるのかという点の解明を試みたものである。その結果，導出されたのは，普遍性と特殊性の二元論的な見方の否定であり，企業組織における普遍的な部分と特殊な部分の併存であり，企業が存続するためには，両者の

併存状況の確保が必要なことである。大月は，こうした考察から，さらに，「組織の多様性が増すにつれて特殊性が増し普遍性は減少するが，普遍性がなければ特殊性がなく，逆に特殊性がなければ普遍性につながらない」とする仮説を導出している。

大月のこの仮説については，多様性の具体的内容を企業組織について明示した上で，特殊性と普遍性がどのような内容のものとして具体的に発現をみるのかについて，さらなる説明が必要であるように思われる。

梶脇の論文「企業経営における普遍主義と文化主義の相克を超えて―コミュニケーション共同体としての組織観とディスコース分析の意義―」は，普遍主義的価値観をもつグローバル資本主義の進行とともに，各国家・地域のローカルな文化主義的価値観との対立が大きな問題となる一方で，文化主義的価値の多様性が一層明確となり，それらの対立を乗り越えるためには，各地域に存在する多様な価値観に配慮した企業経営の行動基準を考える必要があるという問題意識の下に，こうした行動基準の形成と確立の可能性の考察を試みたものである。梶脇は，こうした企業経営の行動基準を，多様な価値観に「共有された規範」と呼ぶとともに，企業経営における「共有された規範」が，対話・会話や討議によるコミュニケーション活動を通じて形成されることを明らかにする。その上で，経営学・組織論における組織（企業経営）現象をコミュニケーション活動の反復的パターンとして理解し，言説的実践を主とするコミュニケーション活動の分析・ディスコース分析の重要性を強調する。

グローバル資本主義の下での企業経営の行動基準は，多様な価値観に「共有される規範」でなければならないとする梶脇の主張は，傾聴に値するものである。

澤野の論文「経営学の学問性を問う―研究対象の多様化から考える―」は，まず，19世紀末から20世紀初頭に，ドイツにおいて成立した経営学の焦点は，鉄鋼や石油・化学など装置生産（コンビナート）といわれる大規模生産に置かれており，行政組織をアナロジーとしていること，これに対して同時期にアメリカにおいて経営学を生み出したものが，自動車や電機など組立加工生産を行う大量生産システムであり，しかもアメリカの経営学の準拠組織が

軍隊組織であったことを確認する。ついで澤野は，ドイツとアメリカにおいて経営学を生み出した産業には，大規模生産あるいは大量生産の連続的遂行と，直傭制（直接雇用）という共通の特徴があることに注目する。その上で，澤野は，コンビナートをモデルとするドイツの経営学は経済学に寄り添うことで，自動車をモデルとするアメリカの経営学は科学を装うことで学問性を獲得していたと主張する。ところが，澤野に従うならば，1970年代のオイルショックの結果，コンビナートモデルは頓挫し，21世紀にはいるごろから自動車モデルも機能不全に陥り始めている。情報化を核とする第3次産業革命は，大量生産と直傭制を不必要とし，多くのニュービジネスを産み，経営学の研究対象は，ますます多様化・複雑化している。そのため，経営学は，次々アド・ホックな議論を積み上げ，対症療法を重ね始めている。このままでは，経営学の学問性は，担保し難くなり，安楽死するしかなくなる。経営学を時代のニーズに応え，生き延びさせる方策は，一つは，業種別の経営学を打ち立てることであり，他の一つは，経営人類学である。

こうした澤野の主張に対しては，何故に，業種別経営学なら，経営学の学問性は担保できるのか，また何故に，民族誌の方法論を利用すれば，経営学の学問性が担保されることになるのかについて，さらなる説明が求められる。

◆ サブテーマ②「危機の時代の企業経営」

サブテーマ②は，昨今の「危機の時代」（アメリカのサブプライムローン問題に端を発する世界金融危機，欧州通貨の価値が崩壊するユーロー危機，さらには東日本大震災に伴う原発問題に端を発するエネルギー危機，タイの洪水被害にみられるような自然災害に伴う危機など）にスポットライトをあてて，「危機の時代」に個々の企業はどのような対応をなし，また経営学は，こうした危機に対してどういった対策を講ずることが可能なのかについて検討することを課題として設定されたものである。論文の提出者は，創価大学の國島弘行，大阪市立大学の中瀬哲史，および九州国際大学の齋藤貞之の3人である。

國島の論文「日本企業の危機と株主価値志向経営―日本的経営の解体と再生をめぐって―」においては，日本企業の危機は，つぎのような事態として

把握されている。「株主価値としての株価という『鉄の檻』の中で，経営者は，今や『精神なき専門人』に成り果て，働く人々を使い捨てすべきとする『精神なき』雇用，そして『思い』が宿らない『精神なき』製品やサービスを氾濫させている。」その上で，國島は，日本企業にこうした危機をもたらしている根源として，日本企業による株主価値志向経営の導入を把握するとともに，危機打開の道を，企業を市民社会を構成する一つの制度として捉え直し，株主価値志向経営を市民価値志向経営へ転換することに見出している。しかも，こうした転換に際して，ユーザーのどんな問題を解決したいのかという開発者の「思い」が明確な製品の開発，と多様な利害関係者が参加する企業統治の展開とが欠かせないものとされている。

　國島の主張は，日本企業のみならず，世界の企業の再生の道を示すものとして傾聴に値するものである。

　中瀬の論文「現在は『危機の時代』か」は，プログラム委員会とは異なって，企業経営に対する社会の信頼が認められなくなり，ゴーイングコンサーンが不可能となる事態を，企業経営の危機として把握している。具体的には，電力産業に関しては，再生可能エネルギーの開発に係わるイノベーティブな行動を積極的には進めていないこと，そしてエレクトロニクス産業に関しては，集権化の進展が多様な製品開発を生み出す力を弱体化させて，次世代の新製品開発につながらなかったこと，電子部品の世界におけるデジタル化の進展を認識しないで，単調に特定の商品に偏重した「底の浅い」ものであったことに，中瀬は，日本企業の危機を見出している。したがって日本企業が危機から脱出するためには，電力産業については，再生可能エネルギーの導入だけでは限界があることから，公益事業としての役割を果たしつつ，LNG，石油，石炭，ガスといった電力以外のエネルギーや需要管理をも組み合わせるエネルギーベストミックスを進めるイノベーティブな経営行動を推奨する理論化が必要となる。またエレクトロニクス産業については，デジタル化の流れを踏まえつつ，企業の経営行動に多様化をもたらす分権化の在り方を取り込み，「底の深い」プロダクトイノベーションを進展させうる理論の構築が求められることとなる。

　齋藤の論文「危機の時代における経営学の課題と責任」は，三戸公の提示

した「目的的結果」と「随伴的結果」という新たな概念こそが，東京電力という巨大企業が引き起こした原発事故に対する対応の問題点を経営学的に解き明かすことを可能にし，しかも既存の経営学のパラダイムの限界を理論的に示すものとなると主張する。齋藤によれば，現在の危機は，組織体の意思決定が，随伴的結果を無視・捨象し，もっぱら目的的結果に関する情報のみを集めて行われていることに起因している。しかも経営学そのものが現在の危機とは無縁ではない。否，むしろ危機的状況を促進させる一翼を経営学自体が担っていることが反省されねばならない。というのは，経営学自体が，企業奉仕学・組織奉仕学として，ひたすら目的合理性・機能性の追求に奉仕してきており，組織の合目的行為に伴って必然的に生じる随伴的結果については無視してきたからである。それ故，「目的的結果と随伴的結果の相互不可分の関係性の下に事実をとらえる複眼的管理が現代企業に求められているだけでなく，企業を研究することを職業とする研究者にも複眼的管理へのパラダイム転換が求められている。」これが，齋藤の主張しようとしたことである。

　企業のみならず，企業の研究者である経営学者に対しても，「自省」を求めるところに，齋藤の主張の意義があるのであるが，しかし，齋藤に対しては，東京電力の事例に即して，東京電力が求めた目的的結果の具体的内容と，無視した随伴的結果の具体的内容，さらには東京電力による随伴的結果の無視を許し，これを現実に可能にさせた制度的要因についてのさらなる分析をお願いしたい。というのは，そのことを通じて，はじめて複眼的管理が現実に展開するために欠かすことができない制度的基盤が明らかになると解されるからである。

◆ サブテーマ③「経営学の可能性と存在意義」
　サブテーマ③は，総体としての経営学は何をなし得るのか，その可能性と今後の展望，ひいては経営学という学問領域の存在意義について，議論すること，すなわち経営学が固有の学問領域として存立し続けるためには，現状ではどういった点が欠けており，何が今後必要とされるのかについて議論することを企図したものである。論文の提出者は，青森公立大学の藤井一弘，

関西大学の廣瀬幹好，および甲南大学の河野昭三の3人である。

　藤井の論文「経済成長そして／あるいは経営学―脱成長の経営学の可能性―」は，世界経済の歴史においては，戦後の高度経済成長は，かなりの人口増加率を伴った例外的な現象と言えるものであり，少なくともこれから数十年間は，日本社会は急激な少子高齢化を伴う人口減少に直面するという状況認識に基づいて，こうした状況においては，戦後の高度成長期の企業経営をモデルとした経営学は，その有効性を失うことが予想されるとして，経済成長を前提としない経営学，すなわち「脱成長の経営学」の構想の必要性を説くものである。藤井の構想する「脱成長の経営学」が目指す方向は，「自律分散型社会」である。それは，「エネルギーにしろ，食糧にしろ，他の生活に必要な財やサービスにしろ，できる限り，一人一人の想像力が明確に及ぶエリアの中で自活できるようにする，そのような社会」とされている。

　藤井の論文は，経済成長を前提とする既存の経営学に批判的に対峙し，経済成長・企業成長主義への根源的批判と問いかけをなすものである。脱成長を前提とする新しい経営学がどのような理論体系をもつことになるのか，体系化の努力に期待したい。

　廣瀬の論文「規範，批判の経営学と政策の経営学―技術論的経営学の可能性―」は，現代企業の営利性についての理論的研究に基づき，経営規範の合理的根拠を探求し，政策の学としての経営学の可能性を探ることが今求められているという現実認識の下に，批判の経営学に属するが，その研究姿勢は，政策の学としての経営学認識を欠き，批判を目的化したような批判の経営学とは一線を画し，批判の経営学の基盤の上に，規範の経営学を取り入れて，実践的な政策の経営学の構築を企図した古林喜樂の技術論的経営学の検討を試みている。廣瀬によれば，古林は，企業の利潤追求を法則と目的とに二元化し，法則としての利潤追求は所与とした上で，目的としての利潤追求に規範性を採り入れて，技術論的研究の存立を根拠づけようとした。その際，古林は，法則としての利潤追求を，公益とは調和不能な私益として把握し，両者を永続的に対立するものであるという観点に立った上で，目的としての利潤追求に社会的公益の観点から規制を加えるかたちで，企業の経営規範を導出している。これに対して廣瀬は，社会的公益の視点から私益を規制

する視点は重要ではあるが，しかしそれはどこまでも企業に対する外的な社会的規制であって，ここから積極的に企業活動に内在する指導原理を導き出すことはできないと批判する。その上で，企業の営利性原理そのものから公益性を導き出さない限り，古林のいう技術論的経営学の可能性見出されないとする結論を廣瀬は導出する。廣瀬によれば，私的所有が認められ，商品生産が全面化している資本主義社会で活動する限り，古林のいう企業の法則としての利潤追求は，これを与えられた前提としなければならないのであるが，しかし古林のいう「現実の経済の過程の精確な分析」に基づけば，今日の企業は，自由に私益を追求することが承認されている存在では決してない。すなわち公共の福祉に反しない限りで企業の利潤追求はみとめられている。とすればこの限りで，企業の利潤追求活動は，社会的に承認されうるものであり，したがって，営利性原理そのものの内に公益性が内在していることとなる。それ故，企業の指導原理としての規範を探求する研究は，社会の公益に資するものであり，しかも現在ほどこうした研究が必要とされているときはないのである。

以上の廣瀬の論文は，「従来の批判経営学派の狭い視野・視点を最大限に範囲拡大し，現実対応力を備えた経営学を志向するもの」（司会者　片岡信之）である。

河野の論文「経営学は'無用'か？―その存在意義を考える―」は，みずからの報告内容を次のように要約している。「かつてヴェーバーは資本主義の生成過程を分析し，資本主義社会の発展した様相として『精神なき専門人』の跋扈を予想した。今日，社会科学の一分野である経営学においてもそのような『ヴェーバー予想』が常態化し，学問的な存在意義に疑念を生じさせている。社会科学においては研究の主体および客体が時間と空間の制約から逃れられないために，自然科学におけるような普遍法則的な仮説の提示は困難である。それゆえ，社会科学で最も重要な点は，提示される仮説が厳密な研究方法に基づき普遍法則的かどうかではなく，ヴェーバーが『職業としての学問』で論じたように，研究自体が『知るに値するもの』かどうかにこそある。そこで，経営学が存在意義を獲得するには，研究者が自らの使命と責任を自覚し，『価値前提の開示』を行うことが第一の要件となる。」

アメリカ経営学，およびその影響が強く見られる日本の経営学を特徴づける論理実証主義的研究方法の限界，すなわち「経営学の厳密性と適切性の問題」の存在を指摘するとともに，価値前提への踏み込みのうちに，経営学がその存在意義を獲得する道を求めているところに，河野論文の意義が存在する。

2-3　第84集の現代的意義

　第84集に関してまず指摘されるべきは，サブテーマ③の報告者は，3人とも，なんらかの意味で，価値・規範の重要性を論じていることである。さらにサブテーマ①の梶脇，そしてサブテーマ②の國島と齋藤の2人も，価値・規範を重視している。このことは，「長年『学問性』を保障するものとして，方法論的基礎となってきた論理実証主義的方法論が，現在の危機的大状況下では有効性に限界が見えてきた」（司会　片岡信之）ことを物語る。すなわち，「学問性と社会性の統一の問題」（討論者　宗像正幸），厳密性と適切性とをどのようにして統一するかという問題が，考慮されねばならない問題であることを，われわれに示しているところに，第84集の意義がある。このことは，生活している市民にとって，はたして経営学者による研究が知るに値するものであるのか否かについて，経営学者自ら自問自答しつつ，研究していくことの重要性を示している。市民価値志向の経営学の重要性をわれわれに示しているところに，第84集の意義が認められる。

3 ▶ 第85集
『日本的ものづくり経営パラダイムを超えて』(2015年)
———————————————————第88回大会(2014年)

3-1　プログラム委員会の統一論題趣旨

　第88回大会のプログラム委員会は，これまで日本の強みだと思われてきた「ものづくり経営」が，失われた20年の環境変化への日本企業の適応の遅れの背後に隠されているのではないかという問題意識の下に，日本の「も

のづくり経営」について，その意識・思想・パラダイムの根源にまで遡って批判的検討を加えることを課題として，第88回大会の統一論題として，『日本的ものづくり経営パラダイムを超えて』を設定した。その上で，さらにつぎの3つのサブテーマをプログラム委員会は，用意した。すなわち①「再生の時代の経営者」，②「日本型ものづくり経営の再生」，および③「ソーシャル・ビジネスの経営探究」が，それである。以下，サブテーマごとに報告者の報告の要旨を紹介するとともに，報告の意義について考えてみることとする。

3-2　報告の要旨と意義

◆ サブテーマ①「再生の時代の経営者」

　サブテーマ①は，混迷が続いてきた日本経済の中で力強く再生を行っている企業の経営者の方々に，「いかにして再生を成功させたか」について，講演をお願いすることを企図したものである。講演者は，日産自動車株式会社の志賀俊之副会長，株式会社小松製作所の坂根正弘相談役，三菱電機株式会社の山西健一郎会長，および中外製薬株式会社の永山治会長，の4人であった。以下，順に講演内容の要旨を紹介するが，これは，国士舘大学の田淵泰男が取りまとめた「講演の概要」に基づくものである。

　日産の志賀の講演「日本企業の強みを生かしたグローバル戦略」は，日本企業の強みである「モノづくり・ヒトづくり・おもてなし」の進化は，今後も必要であるが，これだけで勝てた時代は終わろうとしており，急激に変化する環境の中で，グローバル競争に勝ち抜くためには，「多様性」を受け入れる組織文化，顧客の価値に置き換えたブランディング，現場にあるイノベーションの種を収穫まで持っていく強いリーダーシップ，これら3つを加えた企業変革が，日本企業の強みを生かしたグローバル戦略として求められることを，論じたものであった。

　小松製作所の坂根の講演「世界の基本的変化と日本の構造改革―コマツは日本の縮図―」において力説された事項は，つぎの5点である。(1) 企業価値を創り，コマツと共有し，その結果を評価して売上げ，利益をわれわれに

くれる最も重要な存在は顧客であり,「顧客にとってコマツでなくてはならない度合いを高め,パートナーとして選ばれ続ける存在となる」ための活動が重要である。(2) 他社が数年では追いつけない特長を有する「ダントツ商品」,「ダントツソリューション」を通じて「ダントツ経営」を展開しなければならない。(3) コマツグループの全社員が「コマツウェイ」という価値観を職場で永続的に継承する。(4) 地域の活性化に貢献する。(5) 弱気の議論ばかりせず,強みを磨いて攻めに出るしか日本の復活はない。

三菱電機の山西の講演「再生の時代の経営者」において力説された事項は,つぎの4点である。(1) 経営方針は,「収益性・効率性」,「健全性」,とそれをベースとした「成長性」の3つをバランスよく向上させるバランス経営を実践することである。(2) 成長戦略の基本は,ⅰ. 強い事業をより強く,ⅱ. 新たなる強い事業の継続的創出,ⅲ. 強い事業を核としたソリューション事業の強化,そしてⅳ. 消費地調達・消費地生産(地産・地消)の継続,とする。成長戦略の推進は,環境・エネルギーと社会インフラに関わる事業を基本に据え,そのグローバル展開をはかることである。(3) 高品質・高信頼性・高度技術力の展開,コンセプト提案型ソリューション事業の展開,そして構造的なコスト高の是正へと,経営戦略のパラダイムシフトをはかる。(4) 日本の将来を担う人材の育成に努める。

中外製薬の永山の講演「グローバル化する医薬品市場と中外製薬の戦略」は,いまだ薬がない,治療方法がない「アンメット メディカル ニーズ」に対する新薬の創出を,日本が貢献すべきグローバル ヘルスの課題の一つとして挙げている。具体的には,「薬剤の貢献度が高く治療の満足度が高い」領域にある高血圧・不整脈・消化性潰瘍等の薬は,すでに完成度が高く,それを超える新薬開発は困難であるので,「薬剤の貢献度が低く,治療の満足度も低い」領域,すなわちアルツハイマー病,糖尿病系腎症,肝がんといった疾患に対する革新的な開発に努めなければならない。その際,世界の優秀な研究者による最先端の研究が,日本において行われ,日本で実施された研究がノーベル賞を取るような環境を整備することの重要性が強調されている。

以上の4つの講演からわれわれが知ることができるのは,日本企業の再生

は，顧客や地域のかかえている社会問題の解決に寄与する製品の開発と製造とによって，可能となるとされていることである。

◆ サブテーマ②「日本型ものづくり経営の再生」

サブテーマ②は，日本的ものづくりの今を問い，その未来について議論すること，すなわち，日本のものづくりに，今，問題は起きていないのか，そのものづくり経営の発想のままで，日本企業の再生が可能なのか否かについて議論することを企図するものである。論文の提出者は，東京大学の藤本隆宏，立命館大学の今田治，および中京大学の浅井紀子の3人である。

藤本の論文「実証社会科学におけるものづくり現場概念」は，営利企業を供給側の基層的経済主体とみる現代の主流の経済学に批判的に対峙して，産業現場を基層的経済主体とする経済観を提起しようとするものである。そこでは，なによりもまず，ものづくり現場の多面性が指摘される。すなわち現場は，藤本によれば，「付加価値が発生し，流れる場所」であり，「地域に埋め込まれた存在」であり，多くの就業者にとって「所得を得る場所」であり，「人として成長する場所」，「人生の意味を見出す場所」であり，「生産設備が稼働する場所」であり，「人が育つ場所」であると同時に，「資本設備が育つ場所」でもある。現場は，藤本によれば，一方において企業に従属し，自らの存続を決定できない存在であるが，他方において存続の集団的意志を持ち，自発的に能力構築や新規需要開拓を行い，ときには所属する産業や企業を乗り換え，それらの盛衰を超えてしぶとく存続する。良い現場は，①能力構築と②需要創造の双方を通じて，国の経済成長にも，企業の利益にも，雇用の維持拡大にも，人々の生活水準や人生の質の向上にも貢献する組織能力を持つし，自らの維持・存続のためにそれを行う集団意志もある。したがって「良い職場」を国内にたくさん持つ国は，それだけ良い産業・企業・経済を持てる可能性が高まることになる。とりわけ，総需要が不足傾向にある低成長期の先進国においては，こうした能力と意欲を持つ「良い職場」を国内に多くもつことが安定的な経済成長にとっても重要度を増してくる。国内に存在する「良い職場」は，一国経済の安定装置として機能しうる。

こうした藤本の論文については，日本のものづくり経営の発想のままで，

日本企業の再生は可能なのか否かというサブテーマ②の問いかけに対して，結論としてどのような解答が導き出されることになるのか，不明であるといわざるをえない。この問題があきらかになるためには，藤本のいう「良い職場」と「日本のものづくり経営」との関連が明らかにされる必要がある。

　今田の論文「技術経営論・生産システム論視点からの『ものづくり（経営）』再考」は，技術経営論と生産システム論の分析視点に立脚して，マツダのSKYACTIV技術開発と「モノ造り革新」，およびダイハツの「イース技術」開発の事例分析を試み，その結果として，競争環境に対応する戦略性をもって，新興国（インドネシア等）をも視野に入れた新技術の開発を軸に，生産過程の変革，さらに組織革新が進められている状況を明らかにしている。その上で，開発・生産技術・製造部門の連携，生産工程における機械設備・労働の多品種対応能力，部品企業との連携など，日本的特質でもあり，日本企業が優位性をもつ内容についても，国内と「現地化」といった国際分業の中で，その特質をより広い視野で見直し，活かす方向で展開が模索されていることが確認されている。今日の生産活動の課題として，今田は，IT・デジタル化といった今日の技術的条件と，グローバル化・新興国の台頭などの今日の社会的条件の下で，(1) どこに付加価値の源泉を求めるか，(2) 効率的な資源活用でいかに迅速に対応するか，という2点を挙げている。

　今田の論文からは，日本企業の再生の鍵は，新興国市場の市場ニーズの把握に基づく技術開発にあることが，明らかになる。

　浅井の論文「技術転換局面におけるリスクとポテンシャル―ものづくり美学の創生か終焉か―」によれば，従来の成功方程式では，勤勉で堅固な結束力，均一性・同質性に優れる強みを根幹に，機動的に変化・変動に対処し，不具合の原因追究，要因を特定し対策を講じ，さらには開発段階の成果を試作から量産展開へと実際に具現化し，関係企業間で統合していく総合能力に優れているとされてきた。しかしながら，微細化と巨大システム化，さらに変化スピードの加速化で特徴づけられる「桁違いの技術転換局面」においては，現場を重視し，熟練技能者の匠の技に過度に依存し，人の五感・カン・コツを礎に試行錯誤や微調整を繰り返し，「カイゼン」を通して製品の成熟度を漸進的にあげていく日本の得意技，生産現場と開発部門の連携能力

だけでは，不十分である。分析・計測・解析・評価によるシミュレーションといった科学的解明，客観性・再現性が重要となる。さらに，優れた要素技術，高品質な製品を単体で提供するだけではなく，異なる分野の膨大な要素技術を総合し巨大システムとして運営していく能力が求められる。そのためには，浅井によれば，（1）今までの枠組みを超え異なる分野の知見を撚り合わせ，領域横断的に技術の幅広い議論を行う知の集積の場の創出と，（2）既存の概念にとらわれずに新たな発想で個々の要素技術を深く掘り下げる一方で，構成要素が全体の動きに調和するよう機能しシステム全体の成果を最適にするためには，鳥瞰図を描くように全体像を把握できる俯瞰型人材の育成，壮大な構想力を持つ人材の輩出が必要となる。

この浅井の論文は，プログラム委員会の要請に真正面から向き合った論文である。ここには，日本企業の再生の道が示されている。

◆ サブテーマ③「ソーシャル・ビジネスの経営探究」

サブテーマ③は，ますます国内で比重を高めているものづくり以外の産業，とりわけソーシャル・ビジネスのような領域では，日本型ものづくり経営の考え方がそのまま応用できるのか，それともそこには新たな日本的経営原理を見出すことができるのか，そもそもソーシャル・ビジネスはどのような経営を行っているのか，といった問題について議論することを企図したものである。論文の提出者は，九州大学の星野裕志，と関西大学の橋本理の2人である。

星野の論文「開発途上国市場への参入の課題―現地貢献の事業展開―」は，開発途上国の抱える社会的課題をビジネスを通じて解決するにあたっては，先進国でのビジネスモデルとは異なった手法，例えば，（1）日用品などを購買しやすく少量に分けて販売する小分けモデル，（2）一般の消費者にもアクセス可能な地元の小規模商店で販売する流通チャネルの開拓などの販売方法の工夫，（3）現地の消費者の購買力に合わせたよりシンプルな製品の仕様と価格の設定等に加えて，現地の事情を熟知して活動を展開している非営利組織や現地の組織との連携が，大きな助けとなることを，バングラデシュの「雪国まいたけ」と，フィリピンの「グローバルモビリティーサービス」

の事例を用いて示している。

　この星野の論文では，消費者の購買力・支払い能力に合わせたビジネスモデルに一つの焦点が当てられている。

　橋本の論文「社会的企業の経営探究—企業形態としての独自性とその矛盾—」は，営利企業と非営利組織の境界線上に位置する事業組織の活動の興隆が，ソーシャル・ビジネスという言葉が用いられる背景にあると把握した上で，新たな企業形態の現われという観点から，ソーシャル・ビジネスを担う事業組織の企業形態の独自性に焦点をあてて，ソーシャル・ビジネスの経営の特徴に迫っている。橋本によれば，(1)財・サービスの特徴との関わりでは，支払い能力のない者に財・サービスを供給するところにこそ，ソーシャル・ビジネスの本領がある。それ故，独立採算の事業組織と異なり，事業収入だけでなく，寄付やボランティアなど多様な資源が動員される。(2)財・サービスを供給するプロセスの特徴との関わりでは，就労阻害要因を抱える人々，とりわけ障害者の「仕事の場」をつくることが大きなトピックスとなっている。(3)ガバナンス構造の特徴との関わりでは，株式会社とは異なって，資本所有に基づいた意思決定ではなく，「一人一票」の原則に基づいた民主的意志決定が行われることや，多様な利害関係者の権利や参加が保証されること，さらに社会福祉の領域では，サービス利用者の参加を促して社会的包摂を目指すといったことが重視されている。橋本によれば，従来の経営学においては，現行の一般の営利企業にあっては，事業継続を可能とするレベルか，それ以上の利益を追い求めるかはともかく，価値実現を目指す中で，どのように財・サービスの供給を行うか，どのように人々の働く場の提供を行うかを定める営みが展開されている，と想定されている。これに対して，ソーシャル・ビジネス（社会的企業）という概念を用いた議論では，それとは逆の考え方の下での経営が求められる。すなわち，人々が必要とする財・サービスをどのように供給するか，また，人々の働く場をどのように提供するかが第一義的課題となり，その課題の達成のために価値実現が目指され，その営みにふさわしいガバナンスとマネジメントの新たな仕組みを構想することが要請されている。

　ところで橋本によれば，「日本的ものづくり経営」が問われる一方で，ソー

シャル・ビジネスの活動が盛んに議論されていることは，これまで「日本的ものづくり経営」が果たしてきた，社会的に有用な財の提供とボリュームの大きい雇用創出に陰りが生じていること，したがって「新たな社会的機能を付け加えなければ，社会における企業の存在価値が薄れてくる」ことを意味する。「日本的ものづくり経営」に今や期待することが難しい，社会的に有用な財・サービスの供給と雇用の創出を企てるところに，ソーシャル・ビジネスが求められる理由は，見出されるのである。

3-3　第85集の現代的意義

　第85集の意義は，「日本的経営」をめぐるこれまでの議論においては，あまり取り上げられることのなかった日本企業の事業内容，日本企業がつくり出す製品そのものの内容に焦点をあてて，顧客の真に必要とするものの開発に顧客と共に努めるとともに，しかも顧客の有する購買力に見合う価格を設定した上で，さらに顧客の入手可能な販売経路をも用意して提供する顧客志向の事業展開が，「日本的ものづくり経営」の再生に欠かすことができないことを，われわれに再認識させているところに見出される。このことは，なかんずく小松製作所の坂根正弘の「顧客にとってコマツでなくてはならない度合いを高め，パートナーとして選ばれ続ける存在となる」という発言のうちに象徴的に示されている。すなわち「日本的ものづくり経営のパラダイム」を超えるために必要なことは，改めて，企業は，顧客・地域の抱えている社会問題の克服のうちに利潤機会を見出す存在であることをわれわれが再認識することなのである。企業の存在理由の再確認を求めているところに，第85集『日本的ものづくり経営パラダイムを超えて』の意義がある。しかも，浅井紀子の指摘にあるように，微細化が桁違いに進む一方で，科学技術の相互の連関構造がますます巨大・複雑化している技術転換局面にある現代にあっては，日本企業が顧客・地域の抱えている社会問題を解決するためには，「優れた要素技術，高品質な製品を単体で提供するだけではなく，異なる分野の膨大な要素技術を総合し巨大システムとして運営していく能力」が日本企業には求められるのである。

第15章 第89回大会〜第90回大会

高橋俊夫　TAKAHASHI Toshio

1 ▶ 第86集
『株式会社の本質を問う―21世紀の企業像』(2016年)
第89回大会(2015年)

1-1 本号の特徴

　本論文集は日本経営学会第89回全国大会の統一論題を中心とした論文集であり，他に記念講演，基調報告および日本経営学会賞を受賞された論文3本を含んでおり，2016年6月に公刊された。大会委員長は大会が開催された2015年9月，開催校であった熊本学園大学に在籍して，基調報告も行った勝部伸夫である。大会開催に先立って日本経営学会理事会（理事長，海道ノブチカ）と開催校との間に大会プログラム委員会（委員長，夏目啓二）が組織され，統一論題のテーマ，その趣旨について予め報告書に提示され，それに沿って報告がなされたことになっている。その趣旨も本論文集には掲載されている。振り返ってみれば，現代企業の主要な形態である株式会社については本学会では幾度となく統一テーマとして取り上げられていた。だが，そのことによって理解が深まり，明確になってきたとはいいがたいと言及しながら，今日また原点に立ち返って問いかける必要性を認めたのだ，と趣旨では説いている。改めて我々は言及し，互いの認識を深めつつ問いたいと。株式会社が自分の会社の株式を保有する時代，しかもそれが大株主に名を連ねている。ファンドが，年金基金が株主にという時代。株主とは，所有者とは一

体誰なのか，いや法人格とは，有限責任とは何か。グローバル化が進化し，情報化が急速に進むなかで，証券市場との結びつきはどうなっているのかと，こうした問いかけを通じて株式会社をめぐる制度との関連をも見ながらその背後にある考え方，現実の動きをも視野に入れて説いていこうではないか，と。なお追って報告，討議に焦点を合わせていく必要を説く。今日コーポレート・ガバナンスが広く問われていることとて不可分であり，その多くの展開を見る大企業，巨大な規模と化した大企業がその社会的存在としてその生成，発展，現状に加え，今後の動向にも注目して，その本質を問うべき，と。そこに21世紀の企業像が描かれるのではないか，と。報告，討議はどう応えてくれたのであろうか。

　ここで示された問題意識は多くの研究者が共有していた，時宜に適ったテーマであったとみたい。

　この年の初めに多くの関心を呼んだ一書があった。「21世紀の資本」。著書はトマ・ピケティ。単に21世紀の資本主義の状況を説いただけでない，今日深刻な問題となっている格差に，そして税を取り上げ，話題となった。だが，それは共通して今日のビッグ・ビジネスにもかかわる問題を投げかけていた。その一端であろう。

　なおサブテーマが3つ立てられていた。①株式会社の原理を問う，②巨大株式会社のガバナンスを問う，③現代企業とグローバリゼーション，である。

1-2 「企業像」をめぐって

◆ 三戸公論文

　三戸公が立った。「株式会社と情報革命―21世紀の企業像―」。急速に変化していく情報化社会の中に企業の変化を，マネジメントの変化を捉え，在るべき21世紀の企業像を描いた。

　三戸公は説く。時代はすでに情報革命の社会であり，それが情報資本を生み，さらにバーチャル資本が生まれている。情報資本＝架空資本（バーチャル資本）は投機資本である。投機資本が確実に利を得る資本にまで化した現実。

だが，冷静になれ，科学が如何に進んでも未来を完全に予測することはできない，おごるなかれ，と。

産業革命は大規模工場，大企業を生んだ，管理革命もすでに経験した，と。機械中心の産業革命に対し，通信を主軸にしたこの情報革命を三戸は大きな変化と捉え第二次産業革命と捉えている。その内実はコミュニケーションの領域への電気通信が入り込んだことであり，デジタル通信をもってその決定的要因とみる。三戸は，コミュニケーション，コントロール，フィードバックの三者を貫抜く情報の流れを組織＝システムに重ね合わせ，そこで機能する自己組織＝自己維持，自己保存，自己言及組織であって，ここにガバナンスの原型を重ね合わせて捉えているのではないのか。自浄作用，自己責任も見えてくるのではないのか。情報革命が創出した新しい資本形態，それが金融派生商品である。グローバル化した市場の中で，さらにそれは動く。三戸の目は冷静だ。こうした変化する現実は冷酷だが，我々は放地しておいてよいものか，と。市場でさえもが一つの自己組織システムと捉えているかぎり，規制，ルールづくりの必要性も説いていたのではないのか。

◆ 勝部伸夫論文

勝部伸夫は，「株式会社の歴史・理論・課題」のテーマの下に，ほぼ通説に従っていったんは説く。基調報告である。株式会社はその最大の特徴である資本集中という機能を発揮して巨大化し，今日では社会における不可欠の制度となった，と。資本主義の危機が叫ばれる中で，グローバリゼーションの進展の中で新自由主義思想の台頭を背景として，株式利益優先が声高に求められ，国でさえもそれを支援する方策に向かう現状にあることを指摘しつつ，放地してよいものかと疑問を投げかける。今や株主の責任のみならず株式会社そのものにも責任が問われている事態が進行していることにこそしっかりと目を向けなければならない，と勝部は主張する。

株式会社の本質を説くにあたって勝部は丁寧に1602年のオランダ東インド会社をその原型に見る動きから始める。出資者全員の有限責任制，取締役会の設置，資本の証券化。永続企業というほぼ変わりなく今日まで継承している本質であって，指摘はないが当初にあってはそれが特許会社であったこ

とであり，しかもそれがオランダやイギリスという国家から独占権を与えられた国家的使命をも帯びた出発だったことである。それが時代が下るにつれて，つまりは経済活動が活発化するにつれて，準則主義が導入され，株式が証券市場を通じて取引がなされていく。19世紀を通じてリーディング・インダストリーでもあった鉄道業を中心にアメリカにおいてさらに広く普及していったプロセスに言及しつつ，巨大化していった株式会社の支配はどうなっていったのか，と。衆知のバーリ＆ミーンズの実証分析をも例示しつつ，すでに株主＝資本家の手を離れ，専門経営者に移っていたことを。いやそれからでもすでに80年余の時は流れている。勝部はここで問う。最近問われているコーポレート・ガバナンス論はその多くが株主利益の優先を声高に主張しているが，それに同調してよいのか，と。「結論からいってしまえば，利潤率が低下した20世紀後半の資本主義において，会社の利益を確保し株主に利益を還元せしめるために登場した強力な『エンジン』と見ることが出来るのではなかろうか，と。金利の低下もあろう。しかも高い成長率を望めるような産業構造ではない。状況は変化しているのだ。加えて実物経済にあって先進国にあっては「フロンティア」がなくなっていることにふれる。利子率革命と呼んでいる，と。そして再び勝部は問う，会社は誰のものか。それが機関所有となっている現実，しかもその比率が高くなっていることの現実。安易にコーポレート・ガバナンス論で説かれている株主重視の動きに警鐘を鳴らす。加えて，租税回避や企業責任としっかり向き合うことの必要性を説いている。金融庁によって2014年「日本版スチュワードシップ・コード」が制定され，そこでは「スチュワードシップ責任」として機関投資家が投資先の日本企業に対して対話を通じての積極的な対話を促した。しかし，勝部は耳を傾けるべきか，と問う。それが短期思考であり，企業経営に対して責任は一体どうなるのか，ここに有限責任であることも結びついてくるのではないか，と。

　最後に一言指摘する。コーポレート・ガバナンス論を株主のためのものとして議論するのではなく，むしろこれからのガバナンス論の方向性は，株式会社が広く市民社会において「正当性」を獲得できるものでなければならないであろう，と。

1-3 サブテーマ①：株式会社の原理を問う

◆ 村田和彦論文

　村田和彦「株式会社の原理を問う」は，サブテーマ①に応えたものである。株式会社とは何か，その原点に立ち返って検討を加えている。株式会社の本質にかかわる概念を一つ一つ確認しながら忠実に追う。その姿勢がうかがえるというもの。

　営利事業を行うにあたって必要とされる巨額の資金を，均一の小額の単位に分割し，それを出資の単位として集めることを可能にしたこと。より具体的には出資分を有限責任として証券市場を介して全く見ず知らずの人からも，いや今や自然人と限らず法人からもファンドからも集めた資金をビジネスに使い，持続的な活動を持ったこと。さらに求めた永続性。さらには集められた資金を資本の結合体として法人格をもってビジネスでの一個の組織体として事業を行うことのできる機関を持つこと。したがってその主要機関として株主総会，取締役会，監査役会が設置されている点にも言及はなされている。勿論，合併，買収で動く企業の現実，さらにはその社会性のゆえに多くの利害関係者を持っていることも。その延長線上でコーポレート・ガバナンスさらにはグローバリゼーションについても言及はなされている。

　2006年の「会社法」制度によって，この国にあっても「1人会社」が法認され，今や資本金1円の会社も設立可能となった。それは現実の変化を受け入れた一面ではないのか。それが本質にかかわる疑問を投げかけていることを村田とて受け止めるのではないのか。「株式法」ではない。成立したのは「会社法」である。

◆ 中條秀治論文

　中條秀治「株式会社の本質」は歴史に学び，古典に学んでなおその本質を問う，という意欲的な労作。株式会社を問うならば，おそらくは誰れしもが一度は読む，大塚久雄「株式会社発生史論（1938年刊）」そこに批判的検討を加える。たどりついた一つが合名会社，合資会社が「人の集まり」での人間に信用の基礎をおく会社。もう一つが「物的会社」，資本会社，つまりは信

用の基礎がその資本の多寡であり，中條は後者に「会社それ自体」説をみる。法人格をもつ株式会社である。「会社それ自体」が機関運動する「社会制度的存在」であって，そこでの経営者の役割は永続体として存続をはかり「歴史的に見れば一種の公益性ゆえに法人格を与えられた社会的存在としてその社会的責任を果たすもの，と説く。コーポレート・ガバナンスの議論にあっても社会的制度としての永続性からみてステイクホルダーの観点に立つことに正当性がある，と説く。

◆ 高橋公夫論文

　高橋公夫「現代資本主義と株式会社」は，1980年代以降の現代資本主義を新自由主義的経済政策やそのイデオロギーによって特徴づけられる体制として捉え，産業革命とマネジメント革命によって知識集約化がより一層進んで，その結果，顧客創造の資本循環を中心とした経営が行われていると捉える。そこで見えてくるのは付加価値を生み出す知識やアイディアであって，その担い手を知識労働者である，と。顧客を創造することのできる革新的な生産力体系にふさわしい企業こそ描き出すことのできる株式会社であり，そこでの支配集中を正当化する企業統治こそ望ましい21世紀の企業像でなければならない，と説く。

1-4　サブテーマ②：巨大株式会社のガバナンスを問う

◆ 今西宏次論文

　今西宏次「株式会社の本質・目的と巨大株式会社のガバナンス」はサブテーマ「巨大株式会社のガバナンスを問う」に応える報告で，その焦点を上場企業に絞る。何故かと問えば，今日の巨大株式会社のその多くが上場会社，公開会社であり，それがすでに「私的な政府」という様相を呈している状況こそ着目すべきである，と。それは首肯できるのではないのか。

　今西は株主価値一辺倒のイデオロギーに対して，アメリカで繰り返された議論を踏まえて，その限界を説き，現実には多様な関心や価値観を持つ株主である，と一義的な株主観を否定する。コーポレート・ガバナンスをめぐる

議論の端緒と今西が見る1960年代のアメリカの状況に着目し,「現代の巨大株式会社は自社の従業員を全人格的に従属させ,市民の権利」に直接関与し,影響を及ぼす,すでに「私的な政府」の性格を併せ持つ社会的存在とみる。したがってここではmanagerialismの立場に立つことの必要性が説かれている。

◆吉村典久論文

　吉村典久「株式会社統治の多様な姿」は,機関投資家に代表される今日の株主が最近の議論の中で注目を集め,それなりにその動向,とくにコーポレート・ガバナンスをめぐる議論で関心を集めているが,吉村の主張するところに,日本のケースを例にみてきた場合,労働組合を含め多様な利害集団による監視の役割が大きいのではないか,と説いている。企業内部からの統治の重要性,さらには長期的な競争には人材の登用にもその基盤があることを説き,経営権への参画を求めるのも一つの方途とみている。長期保有型の株主の重視,財団方式での株主保有にも経営の長期志向に有用ではないか,と説く。借入過多の時代,機関銀行による監視が効いた時代,新規学卒者からの長期雇用,そこでの企業別組合というようなかつての日本的経営の慣行の中で達成されてきた企業統治のプラスの側面をなお評価すべき,という姿勢がうかがえるのではないのか。

◆青木英孝論文

　青木英孝「コーポレート・ガバナンスと企業不祥事の実証分析」は,2010年度から2013年度にかけての上場企業を対象とした実証分析。ここで青木はそれが不祥事再発の防止策としてガバナンス改革に結びついたかどうか定量的に検証している。ここでの企業不祥事を粉飾決算,法令違反,隠蔽,偽装という「意図的不祥事」と製品不具合,オペレーション不具合,モラルハザードという「事故的不祥事」に分類している。具体的には社外取締役という第三者の立場を導入することによってガバナンス改革がはかられたかどうかを捉えているものであって,たしかに一歩踏み込んだ労作とみた。社外取締役制の導入,独立取締役等,たしかに監視能力,透明性,法令遵守は変

化をみるであろうが，さらに一歩踏み込んで人事権をそこで誰が握っているのか，証券市場こそが責任を果たすべきではないのか。

たえず生ずる業界ぐるみの談合，グローバル化する市場の中で急がれているのは，国際的なルールづくりではないか，と。

1-5　サブテーマ③：現代企業とグローバリゼーション

◆ 大坂良宏論文

大坂良宏「資本希少性の後退と株式会社の変容」は，ここでもグローバリゼーション，情報化の進展に着目している。1991年ソ連が崩壊した以降に，旧社会主義諸国の資本主義経済への参加，発展途上国の台頭は，アメリカが主導する市場原理主義により，国際競争は熾烈さを増しているのではないか，と。

◆ 三和裕美子論文

三和裕美子「経済の金融化とファンドによる企業支配」はグローバリゼーション，情報化の進展，規制緩和が21世紀の企業像を大きく変える様相を呈していることを金融，証券市場での動向を詳細に追っている。

（1）先進各国を中心とした金融資産の規模の拡大とデリバティブや証券化などの金融技術の進歩による金融・資本市場の拡大。
（2）情報通信技術の発達や規制緩和などを背景として，実体経済に深刻な影響を及ぼしている局面に金融のグローバル化を捉えている。

金融の肥大化する現実を以下の特徴にみている。

①　実物資産に比べて金融資産の蓄積がはるかに急速に進み，国境を越えた金融取引が拡大し，その規模が桁違いに大きくなること，
②　金融自由化（規制緩和），市場型間接金融政策および投資促進の政策がとられていること，

③　金融資産の取引に関与している銀行，証券会社，資産運用会社などの金融産業や年金基金などの機関投資家の資金規模の拡大，
④　デリバティブなどの新しい金融取引の仕組みや証券化を生み出す金融工学の普及，
⑤　従来の金融部門の業態区分の崩壊と金融再編がグローバルな規模で進展していること，
⑥　金融市場の急速な膨張に伴い，一般企業の活動においても本業に比べて金融・財務活動の重要性が大きくなっていること，
⑦　租税回避地（タックスヘイブン）を経由しての金融取引の増加，
⑧　これらの諸変化に伴い，企業や家計部門の経済活動が，金融市場の動向によって影響を受ける度合いが強まっていること，

をあげている。これらは大きな変化とみるべきではなかろうか。三和はその具体的状況を生きた情報をデータで図表を示して明示している。活写しているのではないのか。説得的である。

　2012年までの世界の金融資産残高が約200兆ドルにまで及んでいる現実。さらに金融機関発行の社債残高でさえ，1990年に8兆ドルであったが，2010年には41兆ドルにまで達していた，と。ノンバンク，ローンブローカー，ヘッジファンドなどこれまでの主役であった間接金融の中心の銀行にかわってきている状況。

　投資信託，ヘッジファンド，年金基金など一般投資家の資金がこうした機関投資家を通じて運用される比重が高くなっていること，さらにこれにシンジケートローンや貸出債権の証券化が広がりをみる。さらに規制緩和がそれに拍車をかけているのだ，と。機関投資家の動きがおおむね短期志向であることも明らかにされている。世界の機関投資家が2012年現在ですでに80兆ドルを超える規模にまでその運用規模を拡大し（2001年には35兆ドル），規制緩和の動きの中で2015年現在，日本の発行済株式総数の30％強が外国人投資家が占め，東証の売買代金の約65％にまで及んでいると知れば，グローバリゼーションが現実であるということを我々は知るのではないか。

　そしてファンドが暗躍する。投資家から資金を集め，その委託をうけて運

用するこのファンドには，このところよく耳にするヘッジファンド，ベンチャー・ファンド，プライベート・ファンド，エクイティーファンド，事業再生ファンドなどがマネー（債券，株，金融資産）の中での中心となって市場を通じて企業に近づく。モノ言う株主としてコーポレート・ガバナンスに関与するのである。2000年代に入って，ヘッジファンド・アクティビストとして企業戦略への関与を強めているのが特徴であると三和は見ている。大きな変化といってよいのではないのか。例示している一つ「箱企業化」は象徴でもある。M&Aの域ではない。上場企業を乗っ取り，解体してしまうのだ，と。

　ヘッジファンドの透明性，情報開示，使用者責任に関する規制の必要性を三和は説いている。

◆ 夏目啓二論文

　夏目啓二「グローバリゼーションと世界の大企業体制の変貌」は，先進工業国中心に展開されてきた地球規模での大企業体制が，新たな段階として新興国，中国の国有大企業が急増してきている背景と意義について検討を加えている。勿論，新たな動きに対してこれまでの先進国の大企業が企業戦略として行ってきているGVC（グローバル・バリュー・チェーン）とも称されているオフショア・アウトソーシング，株式持分によらない管理方式（Non Equity Mode）も注目している。

　アメリカのよく知られた雑誌「フォーチューン」が長きに及んで毎年1回取り上げている世界の大企業500社を手がかりに，そこでの指標をもとに，2001年から2014年にかけての21世紀の初頭にあって，国毎の大企業数をみるとそこに一つの変化があらわれている，と夏目はみる。それは新興国の数が増していることであり，その典型をアメリカに次ぐ第2位に中国が上がってきたことであり，2001年にはアメリカ197社，中国11社であったのが2014年アメリカは128社と減少し，かわって中国が98社，約100社，ほぼ20％にも相当するところにまで及んでいるとの指摘である。さらにフランス，ドイツ，イギリス，オランダ，日本と比較すれば，韓国の12社が2014年には17社に及んでいることもみている。なかでも夏目は中国の動向に着

目する。2001年WTO（世界貿易機関）に加盟して以来，2009年は世界最大の輸出国となったこと，さらに2011年にはGDP（国内総生産）が日本を抜いて第2位となったこと。

　21世紀に入って先進工業国に対して相対的に比重を高めている中国，韓国を典型とするアジアの新興国には，それが産業分野として資源に向けられた採取産業であることにもその目を向けている。すなわち，石油，ガス，金属鉱業である。加えて中国外交の一面をも示しているアフリカ諸国での石油，ガス会社の活動が活発であることにも注目する。

　地理的にみるならば，約650社とされる世界の国有企業の56%は発展途上国と新興国であり，南アフリカ54，中国50，マレーシア45，アラブ首長国連邦21，インド20が上位5ヶ国であった。

　こうした概観を示したあとで，夏目啓二は市場経済をも導入しながら依然として社会主義体制をとる中国の大企業を追う。それは株式会社をとる企業での企業戦略とは一線を画している。政府からの潤沢な補助金やアフリカ，ラテンアメリカ，東南アジア進出に際して政府の全面的な支援。その信用供与は大きい。そしてイラン，スーダン，ミャンマー，ジンバブエなど政情不安で躊躇している先進工業国に対抗するようにして，その地域拡大に加担するようにしてまでも進出している実態である。

　先進国との対比でみてくると明らかになってくる中国の国有企業は石油化学，発電，銀行，金属，鉱物採掘，鉄鋼，港湾，兵器，自動車，重機械，通信，航空と幅広い分野に及んで産業全般を支配し，なお政治権力とそれが顕著に結びついていることをみている。こうした政府ぐるみの経済活動への関与の深さ，徹底ぶりを夏目啓二は政権基盤の安定に向けた動きであるとみている。

　グローバリゼーションの中でこれまでにはさほど顕在化することがなかった中国と典型とする新興国の動きに対して，これまでの大企業体制はどんな行動をとったのであろうか。市場拡大の意図を持って乗り込んだ新興国市場において先進工業地域での企業戦略が使いえたかといえば，そうではない。新たな練り直しが必要としたことはいうまでもない。それ以上に徹底的なことは，おそらくオフショア・アウトソーシングであろう。それは国外への業

務委託のことであり，先進国の大企業が，製造や事務所の業務を国外，特に南アジア，東アジア，東南アジアの現地企業に委託しているのであって，中国，台湾，韓国も含まれると思われる。今日ではエレクトロニクス，自動車部品，医薬品，半導体，衣料，シューズ製品，玩具など幅広い範囲に及んでいる。さらにそれはサービス分野にまで及んでいる。

新たな変化が新たな矛盾をつくり出していること，そこにも夏目のきびしい目は向けられている。

さらに夏目が注目しているのは，「株式の持ち分によらない管理方法」(Non Equity Mode：NEM)である。それは出資を必要としない業務拡大であって，これとて今日の"変化"の兆候であろう。

1-6　意義にかえて

統一テーマ，「株式会社の本質を問う―21世紀の企業像―」を捉えるにあたって大きな影響を与えているのは，情報化の急速な進展，グローバリゼーションの浸透そして金融化が広く及んでいることであろう。どの論者も明確にしていると否とにかかわらず，それを21世紀へ向けての現実に生じている変化と認めていたのではないかと思われた。

三和，夏目，今西にはそうした動向を金融とファンドによる企業支配，あるいは多国籍企業がより広域化している状況について夏目が，今西は巨大企業がその売上高が中進国のGDPをもしのぐ規模となっている状況を最新の情報を駆使しながら展開していたのが印象的であった。

2015年6月から上場企業を対象に日本においても「コーポレート・ガバナンス・コード」が適用されるところとなった。「編集後記」で理事長，海道ノブチカは，「今大会では，日本企業のガバナンスの問題点について，理論面，実証面より議論が深められた。」と指摘している。一つの契機をなしたことにおいてその意義を認めたい。しかし，現実の企業のみならず，広く及んでまだガバナンス改革が求められていることには注目すべきであろう。2015年，今日のリーディング・インダストリーである自動車業界においてトヨタと市場シェア1位を争う，フォルクスワーゲン社においてディーゼル

エンジンの規制にかかわって不正を行っていることがアメリカにおいて明らかにされた。未だ充分な解明をみているわけではない。改めて原点に立ち返って自浄作用さえ機能していないことを見直すべきではないのか。

ストック・オプションの導入，自社株保有，いや保有だけではない大株主に名を連ねている多くの例をみる。そしてファンドマネー，年金基金，三和は「マネー資本主義」とさえ呼んでいる。そしてアウトソーシング，NEMとみてくれば，株式会社とは何か，原点にかえって問いかけるのは当然ではないのか。そこには本質さえ問う"変化"の兆候をみる。

学会の長老である三戸公が「株式会社と情報革命—21世紀の企業像—」を展開してくれた。海道ノブチカは「警鐘を鳴らしていただいた」と述べている。90歳余にしてなお矍鑠（かくしゃく）としていることに敬意を表したい。

若干付言したいが，世界の巨大企業のランクづけには，多く「フォーチューンが毎年提示しているランキングが広く使われている」のが一般的であるが，そこでの指標「Revenues」収益の算定基準に日本のいわゆる総合商社も加えられている。日本の企業のグローバリゼーションにとって総合商社はその売上高規模においても業務においても国際化している典型であり，いわゆるメーカーなど他の業種が海外進出するに際しても，M&Aを実施するにしても大きな役割を果たしていることは指摘しておきたい。

2 ▸ 第87集　『日本の経営学90年の内省と構想』(2017年)

第90回大会（2016年）

2-1　本号の特徴

統一論題，「日本の経営学90年の内省と構想」と題して1926年以来重ねてきた歩みに想いを馳せ，今何を構想するか，と3つのサブテーマがかかげられていた。すなわち，①社会的課題と企業戦略論，②社会の中での組織の機能，③社会と企業ガバナンスの関係。大会委員長は開催校専修大学，馬場杉夫。

日本経済と企業はこの20年余の失われた20年といわれた時から立ち直り

の兆候が見られるのではないのか，この時に90年という一つの大きな節目にあたってもう一度原点に立ち返り，何をなしてきたか，これから何が見えてくるか，何を求めていくことができるのか，互いに自問するかのように，そうした機会の大会にしようではないか，プログラム委員会（委員長，小阪隆秀）は投げかけた。2016年9月である。したがって報告集もまだ公刊されていない。大会での報告要旨を中心に捉えたが，テーマ，サブテーマからも知るように，前年の内実を継承しているとみた。ガバナンスをめぐる議論もその一つで事態は大きく推移しているわけではない，とみた。

　サブテーマの順に追ってみたい。

2-2　サブテーマ①：社会的課題と企業戦略論

　サブテーマの一つ「社会的課題と企業戦略論」は，経営戦略論のこれまでの系譜を踏まえつつも，その戦略的意思決定に際して，経済的成果のみにとどまらず企業には社会的課題を担うことも求められているのではないか，とプログラム委員会は投げかけた。

◆加藤俊彦論文

　加藤俊彦は「日本企業における付加価値の創出」で応えた。日本企業の活性化策は，やはり付加価値に重点をおくべきではないのか，パイの分配ではなく，パイそのものを大きくする方策としっかり取り組むべきではないかと経営戦略と組織を組み立て直すことの重要性を論じた。売上高10億円以上の製造業を対象にした詳細な分析を加えたうえでたどりついた結論は，「事業部長を中心として組織として進むべき方針が明確にされ，かつ各成員がそれを保つような状況が，望ましい事業組織といえる。それは組織内での上下の間で相互に活発なコミュニケーションがなされ，かかえている問題についても互いに真剣に取り組み，共通する全体の方針が細部にまで及んで徹底されるとともに，その実現にそれぞれの個人責任も明確に負う，というものであって，こうした組織が成果をあげている，と結んでいる。コミュニケーションが充分行き渡っていることを重視しながらも，あいまいさを残す組織

こそがこれまでの日本企業に向けられていた点に変化が生じているのではないのか，と。加藤俊彦は結論で述べている。「日本企業の現状を見ると，少なからぬ事業組織では適切な方策が設定されているわけではない。また，事業組織のあり方としては，斬新な発想を生み出すために，個人が自由闊達に振る舞うことではなく，成員個人が積極的に参加しながらも，規律づけられた形で運営することが求められている」と。

◆ 菊澤研宗論文

　菊澤研宗は「日本企業復活とダイナミック・ケイパビリティ」で応えた。そのタイトルが示すように，日本企業復活，再生の鍵は何か，それはダイナミック・ケイパビリティである，と。これに尽きるとまで口にした，訳して市場対応自己変革能力，と。

　一言で言えば，革新説に立つ主張。

　菊澤はたびたび口にする「誤った資本主義に対して，正しい資本主義論」を。すでに規範論に立っているのではないのか。J.A.シュンペーターはその正しい資本主義論を展開したのだ，と。それはこの資本主義社会とは，企業がゼロ利益状態（均衡）に至る道を破壊し，絶えずイノベーションを起こしてプラス利益を生み続ける均衡で動学的社会，と。

　菊澤はこの説がティースの主張に拠っているとしながらも説く。その特徴は，（1）脅威・機会を感知する（Sensing），（2）機会を捕捉し，資源を再構成して競争優位性を得る（Seizing），（3）競争優位性を持続可能なものにするために組織全体を変容する（Transforming）。

　いま，注目すべき日本企業がある，として富士フイルムをあげる。コダックは消えた，富士フイルムは残った，と。コダックをたたく，それ以上にソニー，パナソニック，シャープ，東芝はどうなったのか，と。日立も三菱重工業，三菱自動車，いや富士通でさえも，だが根底に産業構造がこの国にあって，いや多くの工業化をなしとげた国において変化が生じているのではないのか。産業構造の変化である。

　菊澤は例示して説く。「コダックは，早い時期から自らが開発したデジタル化の流れに脅威を感じていた。それにもかかわらず，株主価値最大化や利

益最大化を求めて既存のルーティンや既存のケイパビリティに従うことに固執した。それゆえ，株主のために株価を下げないように保有していた大量の資金で自社株を購入し，利益をあげるために大幅にコストカットを遂行した。このようなコダックのオーディナリー・ケイパビリティに基づく現状持続経営は，急速に変化する不確実な環境には適応できなかったのである。」おそらく菊澤の指摘する通りであろう。否定するつもりはない。だが，他の機会，関東部会例会でのシンポジュウムの折に立った小松章は，コダックは取締役会が外部の人によって占められたことが，短期志向に走った理由ではなかったのか，とふれていたこともみておきたい。

確かにグローバル化，情報化は我々の身近なところでも生じている。携帯，スマホ，ネットワーク化，今や他人事ではない。株価中心，短期思考の強いアメリカだけでないことを知るべきであろう。

フィルムにあってデジタル化の影響を受けたのは富士フィルムさえ同様。だが，富士フィルムは，「たとえば，従来の高度の写真フィルム技術を応用し，液晶を保護する特殊な保護フィルム技術を開発した。今日，この分野では独占状態にある。また，写真フィルムの乾燥を抑えるために利用していたコラーゲンをめぐる技術を応用し，新しい化粧品を開発し，化粧品業界への進出にも成功した。さらに医薬品の開発まで行っている。菊澤が強調したいのは次の点であろう。「新技術をゼロから生み出しているわけではない。その時々に環境変化に対応して絶えず既存の技術や知識を再構築したり，再配置したり，そして再利用してきたのである。このような自己変革能力がダイナミック・ケイパビリティなのである。」その目的は，利益最大化ではなく，生存に必要なプラス利益の獲得としていることであろう，と。

菊澤の結論は日本企業に活気を与える提言ととれる。「日本企業は，今や世界最高水準の技術や知識を多く持っている。それを環境の変化に対応して徹底的に活用することに尽きる。それがダイナミック・ケイパビリティと。

ここでも社会的課題は見えてこないが，意図するところは，こうした行動をとる企業が一社でも多くなることが，それに応えることと受けとめているのではないのか。

◆ 上野恭裕論文

　上野恭裕「日本企業の競争優位と経営資源論の発展」の展開は，本社機能の持つ重要性を再認識し，企業戦略の拠点にすることを提示している。上野が説くペアレンティングとは，「本社，親会社，各事業部への関わり方を指すものであって，本社，親企業の組織が事業部レベルの戦略策定にあたって積極的に働きかけ，個別の事業から得られる以上の利益が獲得されている状態であって，グローバル化が進行するなかにあっても，望ましい方向である，とみている。

2-3　サブテーマ②：社会の中での組織の機能

　サブテーマ②でプログラム委員会は，「社会の中での組織の機能」を取り上げた。

　アメリカの経済構造の変化，先進国，発展途上国間のみならず先進国内での所得格差の拡大など，世界の経済的，社会的，政治的フレームワークが大きく変わりつつある。今大会に限ったことではない。日本経営学会では大会，部会での報告，討議にかかわってたえずこうした広く社会との関連，経済との関連の中で，企業を捉え，組織を見てきた，向き合ってきたことは大きな特徴ではないかと思う。「社会の中で組織がどのように，機能し，機能すべきか」。機能不全に陥れば，即「大企業病」である。2015年に明らかとなったフォルクスワーゲン社のディーゼルに関する不正の発覚。三菱自動車のケースとて同様ではないのか。VW社グループ従業員数60万人。

　報告は関連して3つなされた。

◆ 藤沼司論文

　藤沼司「『社会の中での組織の機能』を問う」はその応えの一つである。21世紀に入った今日にあっても，経営学にあっては依然として進行している"変化"を受け入れられず，古いものに執着しているのではないのか，改めて社会とは何か，組織とは何か問い直したい。藤沼が持った"苛立ち"が投げかけた応えである。行間からC・I・バーナードに学び，P・F・ドラッカー

に学び，三戸公に結びつく流れを吸収しての展開と思われる。

　敢えてこだわるかのように始める。現代社会で重要な特徴を成す生態系の知識やグローバルに展開する市場経済の人類史的な意義を再確認するため，1700年以降の『産業革命』を起点に設定し，それを人類史上の大きな分水嶺と捉える。一言で近代資本主義の合理化の過程ではないのか。資本主義という言葉さえ藤沼は遠ざける。極力，組織一般へ還元して捉えようとしているように思われる。市場経済の下での組織の人類史意義である。

　産業革命こそが有機物依存経済から鉱物依存経済への転機であり，人間の活動の制約条件が「土地の生産性から労働の生産性」へと変容していく。その労働の生産性（力）に着目したのがA・スミスであった，と。分業に基づく協業を通じて「労働の生産性」を改良しようとする志向性（変化，成長，発展過程）が何処からくるものなのかについて藤沼は問おうとしない。時代の要請で片付けている。社会生活が経済システムの中に埋め込まれている時代の状況，と。個別的分業（協業システム）における経営を捉える。

　作業の科学化を推し進めたF・W・テイラーをP・F・ドラッカーは知識社会への最も重要な一歩が踏み出された，と。脱工業社会を知識社会と名付けたのはP・F・ドラッカーである。さらにその意味するところのポスト・モダンの「新しい世界観」とは，「全体あるいは形態，目的，そして不可逆的な過程を強調し，進歩に革新を強調するところに特徴を持つ，と。

　この知識社会で働く知識労働者は自由なプロフェッショナルの後継者ではなく，「特定協働システムの中で細分化された機能を担うプロフェッショナルに過ぎない，とみた。なお続く，全体としての諸個人の活動を埋め込んだ各々の『組織の有効性』の追求（人為）が「経済価値への一元化の傾向」に埋め込まれながら，そのことで却って人為が自然から乖離，脱埋め込み化を進行させているという連続性。意図することは何か。バーナードに結びつける導線か。

　要は，ポスト・モダンの社会が持つ特徴は分業の細分化，高度化の徹底であって，その中で「組織の有効性と能率」を問い直していく必要を説いていたのではないか。一人で苦吟しているかのように思えた。

　情報化，ネットワークは組織の中でもっと進行しているのではないのか。

◆ 松嶋登論文

松嶋登は「制度ロジックスの組織化と制度としての組織」でサブテーマでの「社会の中での組織の機能」に応えようとしている。多くの議論を指摘しながらも社会に組織がどのように機能し，機能すべきかについて，目線を変えろ，もっと現実に近づけて論ずべきと説いているのではないのか。挙げている例は決定ルールの開発というミッションを忘れた戦略論とか，アンゾフは結局のところ「決定ルール」の開発を論じていたのではないと，とか。

◆ 平澤哲論文

平澤哲「マネジメントにおける厳密性と適切性の概念の再検討」は，マネジメントの理論や手法が現実の問題解決に役立つだろうか，と疑問を投げかけ，プラグマティズムの流れにさかのぼって厳密性，適切性について検討を加え，具体例として，戦後GHQの指導から始まった日本での品質管理の普及にあたった西堀榮三郎を取り上げて，科学と実践との橋渡しの例を指摘している。

2-4　サブテーマ③：社会と企業ガバナンスの関係

誰のために，どのような方法で社会と企業の関係を構築していくのか，「社会と企業ガバナンスの関係」に疑問を投げかけた。21世紀へ向けての方向性を見出すことができるのか。

◆ 太田肇論文

太田肇は日本の置かれている現実から見た。「日本型組織と不祥事」である。企業不祥事への対応はまさにガバナンスの原点であろう。自律性を持つ企業＝組織であるならば，その内部に自浄作用をもつこと，自浄能力を持つこととて原点である。現実にはそれが劣化し機能不全に陥っての"ガバナンス"ではないのか。それが多発しているのが現状。どう対応すべきか，太田はここで問題点を整理し，打つべき対策まで提示している。

その不祥事には日本型組織の特徴を反映したケースが多いとし，そのタイ

プを類型化している。だが、対応の如何によっては逆効果になることも指摘している。専門用語と呼ぶのには少し遠いが、むしろ事例に応じていることもあって分かりやすい類型化である。すなわち①粗暴型、②たるみ型、③利益追求型、④未熟型、⑤組織エゴ型、⑥ゴマすり型（組織エゴ型）と。太田が指摘するのは、まず日本型組織の特徴についてであって、その組織の二重性と職務の不明確さについてである。本来は目的集団である企業が擬似共同体とも呼ばれるほどの全人格を取り込むほどのかかわりを持っていること、さらには組織に帰属する個々人の職務が明らかにされず、責任も権限もマニュアル化されるほど明確でなく、あいまいさが残っていることにその多くは起因しているとみている。組織の一体感を作り上げていることはたしかであろうが、業績が低迷した場合などに露見する「無責任体制」を生んでいる、と。その後で記念講演に立った加護野忠男が言葉を補うようにして、いや日本型組織は不祥事がそもそも露見しやすい組織なのだ、と言及していた。たしかであろう。太田は多発してもなお生ずる不祥事について、それは組織の「構造」が変わっていないからだ、と。粗暴型、たるみ型、利益追求型については、管理を強化することによって、「短期的にはある程度効果があがると期待できる」と。しかし、「組織のなかの上下関係によるものは、管理強化によって上下の力の格差をいっそう大きくし、かえって逆効果になる危険性がある」と。さらに加えて「長期的には過剰な管理が従業員の責任感や自尊心を奪い、不祥事を増加させる可能性もある」と。この点については他に例証のあることも指摘している。

　さらに残りの3つのタイプについてもその対策が短期的にみても逆効果になる、とも述べている。「注目すべきは、」と断って、太田はじつは真面目な忠実な組織人ほど不祥事に陥りやすいとも述べている。現実には個のレベルにまで及んでガバナンス論は視野に入れて論じられているというべきであろう。職務権限の明確化、専門職化、採用時に及んでまでの専門職化への徹底を太田は描いている。

◆ 谷本寛治論文
　谷本寛治「企業と社会のガバナンス構造の変化」は、サブテーマに応えた

報告。ここで谷本が述べようとしていることの要旨は要約されている。日本経営学会90周年記念大会において，今後の経営学の役割，課題について議論するにあたって，社会との関係から組織，戦略，ガバナンスの問題を取り上げることになった。経営学は常に変化する時代の動き，求められる課題を受けて議論を行ってきたのであるが，これまで社会との関係は必ずしも正面から捉えられてきたわけではなかった。しかしながら，経済のグローバル化が進み，また持続可能な発展が求められる時代において，企業に期待される役割，責任は大きく変化しており，社会との相互関係から企業経営を捉えることは重要になっている。『サステナビリティ』『CSR』を組み込んだマネジメント，イノベーションの在り方を考えていくことが，経営学の課題の一つとなっている。「正面から」取り組むことを強調している。

多国籍企業の活動が活発化するにつれて一国域内での関連を越えた多様な利害関係者に応える，そこで生ずるグローバル・ガバナンスを説きながら，日本の企業の現状に結びつけて"課題"を課す。そこでの新たなビジネス・モデルは「関連するステイクホルダーとのコミュニケーションを通じて，新しい社会的課題を知り，資源や指示を獲得し，アイディアを"形に"し，イノベーションを生み出し，事業化し，広げていくことが期待される」と。これがソーシャル・イノベーションの内実と理解した。社会的課題である。

谷本は日本の経営学（者）への内省について，学会活性化策がなされていることにもふれながら，求められているのはむしろ個々人に向けて国際化により積極的に取り組む姿勢を求めている，必要性を訴えている。それは欧文雑誌への投稿，論文審査，編集への参加，その役員，国際学会への参加，会議での委員等，さらには客員教授などでの講義へのかかわり等，実質的な研究・教育レベルでの交流をはかっていくべき，と。全く異論のないところ。谷本自身が自ら実行していることでもあろう。

◆ 上圧慧論文

上田慧「深化するグローバル化と『企業統治』問題」は，多国籍企業の活動が，グローバル化が時を重ねて深化する過程で，途上国，新興国市場に大きな負の側面を生み出していること，格差の拡大，失業，貧困，教育，医療

などそれが多岐に及んでいること自ら出向いて実態を見てきての体験を含めての報告。「もの言う市民」,「グローバルな企業市民」として活動する企業の展開に期待もしている。企業統治との関連で,それが明らかに地域差を持つことにも言及していた。

2-5　意義

「いま社会と経済が大きく変わろうとしている中で,社会科学としての経営学の役割は何かという原点に立ち返って」とプログラム要員会は,かかえている課題,今後立ち向かうと思われる課題としっかりと向き合う必要を説いた。統一テーマ「日本の経営学90年の内省と構想」に9人の報告者がそれぞれの想いを込めて報告されていたのではないのか,私は前向きに受け止めたい。それぞれが構想を描いてくれた,と。しかし,内省はと問えば,はっきりと口にして論じていたのは少なかったが,それぞれの問題意識には若干なりとも振り返っての展望を持つ,そうした構想であったと思いたい。

何よりも大きな流れは現実の日本経済,それを取り巻くグローバル化,情報化,金融化の動き,その中での日本の企業行動についてみれば依然としてコーポレート・ガバナンスが問われ,報酬の高額化,租税問題等に及んで株式会社の本質にも関わる問題が続いていたことであろう。ガバナンスの議論は現実にあっては企業レベルにとどまらず,地方自治体にまで及んでいた。2016年に公表された「パナマ文書」はタックスヘイブンの現状を洗い出し,必ずしもその全容が明らかになったわけではないが,OECDやG20までも動かして国際的ルールづくりに動いたことは大きな進展であろう。

格差拡大を助長する「マネー資本主義」には我々はもっとしっかりと向き合っていくべきであろう。

主要と思われる多くの企業は公開会社＝上場会社である。証券市場が上場会社にもっと責任を持つべきではないのか,証券等監視委員会とて情報開示,透明性,法令遵守に機能すべきであろう。勿論,企業自身とてオートノミーを持つ存在,監査される側から少なくともその人事権を切り離し,そこに目を向けるだけでも自浄作用は機能するのではないのか。

大会の分科会の報告の中で今日の証券市場での株式の取引は1秒間に1億回の取引さえも可能という報告があった。これとて変化ではないのか。

　日本経済での一つの大きな変化は電機業界で生じている。ある企業は外国企業に買収され，さらにいくつかの企業は外国企業に事業売却，さらには多額の損失を計上する企業も出た。そこには産業構造の変化をみる。さらに上場している多くの企業がその業務内容を大きく変えてきていることにも注目する必要がある。2015年にはマイナス金利さえ導入された。日本銀行の国債発行残高は1,000兆円を超えている。国の借金である。その日本銀行は無利子永久債の発行さえ描いている，という。債券とは一体何か，改めて問うことになるのではないのか。

　90年歩んできた日本経営学会が社会科学，わけても経済学研究の素地の中で培われてきたことは，日本の経営学研究にとって貴重であったと思うし，その流れは今後の研究にあっても継承していくことを願う一面である。

　経営学研究とて今後ますます細分化，深化していくことにちがいない。それであればなおのこと現実科学であることを願うし，時には関連する他の分野と共通の場を持って互いの共通認識を深めることも重要ではないかと思う。

編集後記

　日本経営学会は，1926年7月10日に創立され，2016年の専修大学での第90回大会において創立90周年を迎えた。前年の2015年9月の日本経営学会第89回大会の総会においてこの90周年を記念して記念事業を実施することが承認され，「日本経営学会90周年記念事業実行委員会」が設置された。委員会は，当時の常任理事高橋正泰氏，上林憲雄氏，佐久間信夫氏，小阪隆秀氏および当時の理事長海道ノブチカにより構成され，委員長には小阪氏が就任した。

　承認された三つの事業内容は，①学会賞受賞作品の英文翻訳による対外発信，②創立50周年以降の記念大会での記念講演の集成を作成することおよび③『日本経営学会史』の編纂であった。すでに90周年記念事業実行委員会では学会賞受賞作品の英語版と記念講演の集成を完成させ，現在，ウェブ上にこれら二つの記念事業が掲載されている。日本経営学会のホームページより経営学論集のサイトにアクセスしていただければ会員の皆さまにご覧いただけるようになっている。学会賞受賞作品の英語版は，日本からの国際的な発信に大きく貢献することが期待されており，また記念講演の集成は，日本経営学会の良き伝統を次の世代に引き継ぎたいという思いで企画された。

　『日本経営学会史』の編纂に関しては，編集長に日本経営学会元理事長片岡信之氏があたり，実行委員会委員長の小阪隆秀氏と鋭意，編集作業を推し進めてきた。今回，記念事業の最大の柱である『日本経営学会史』が完成し，刊行されたことは誠に喜ばしい限りである。片岡信之氏と小阪隆秀氏の並々ならぬご尽力とご多忙の中ご執筆いただいた執筆分担者の先生方に心より感謝申し上げる次第である。また出版をお引き受けいただいた千倉書房社長千倉成示氏および繁雑な編集作業をご担当いただいた編集部長神谷竜介氏と編集部岩澤孝氏のご厚意に厚く御礼を申し上げる。

本書によって，日本経営学会がこの40年間にわたって追い求めてきた経営学の課題と意義が明らかとなり，創立100周年に向けた発展の礎が築かれることを願っている。

日本経営学会前理事長　海道ノブチカ

巻末資料

日本経営学会 全国大会統一論題の変遷
(第1回〜第90回大会)

第1回大会(第1集)統一論題
会計士(計理士)制度
1926年11月20日〜22日　丸ノ内商工奨励館, 一橋如水会館

▶統一論題報告
- 欧米に於ける会計士制度／東京帝国大学　渡辺鐵藏
- 本邦に於ける会計士の沿革及現状／明治大学　中村茂男
- 会計士観の種々相／神戸高等商業学校　平井泰太郎

▶講演
- 予算に依る事業の統制管理／東京商科大学　吉田良三
- 我邦に於ける信託事業の現状／三井信託株式会社　野守廣
- 事業の集中統一と独逸に於ける資本合同に現はれたる合理化主義に就いて／大阪高等商業学校　村本福松
- 資本市場の組織及び職能―特に金融機関の相互作用に就いて―／慶應義塾大学　向井鹿松
- 現代労働の心理的特徴／東京商科大学　高垣寅次郎
- 株式会社の将来／東京商科大学　上田貞次郎
- 火災保険料率協定の意義／神戸高等商業学校　瀧谷善一

第2回大会(第2集)統一論題
株式会社制度
1927年10月22日〜24日　神戸高等商業学校, 大阪朝日会館

▶統一論題報告
- 我国に於ける会社金融の問題／大阪高等商業学校　松崎壽
- 株式資本の保護について／神戸高等商業学校　原口亮平
- 株式会社の議決権及び機関に就て／東京帝国大学　中西寅雄
- 株式会社の計算／東京商科大学　増地庸治郎

第3回大会(第3集)統一論題
商業教育制度
1928年10月18〜20日　日本大学, 一橋如水会館, 丸ノ内日本工業倶楽部, 有楽町朝日講堂

▶統一論題報告
- 中等商業教育改革論／早稲田大学　小林行昌

- 本邦高等商業学校に於ける学科課程に就いて／名古屋高等商業学校　國松豊
- 大学商業教育に対する我国社会の要望／東京商科大学　高垣寅次郎
- 我国商業教育の現状／彦根高等商業学校　矢野貫城

第4回大会(第4集)統一論題
経営学自体の諸問題・官営及び公営事業
1929年10月17日〜20日　神戸商業大学, 大阪商工会議所

▶統一論題報告
（第1部　経営学自体の諸問題）
- 企業及び経営の目標／大阪商科大学　村本福松
- 経営経済学の科学性／東京商科大学　増地庸治郎
- 経営学的考察／神戸商業大学　平井泰太郎
- 科学的経営学の続時代性に就て／野村証券株式会社　勝田貞次
- 経営学の限界／大阪商科大学　竹島富三郎
- 取引理論としての商学の内容／神戸商業大学　福田敬太郎
- 我国に於ける商業学及経営学の発達について／東京商科大学　上田貞次郎

（第2部　官営及び公営事業）
- 中央卸市場に於ける卸売業者の単複制度と市営制度／彦根高等商業学校　原田博治
- 鉄道の国民経済上の特質を論じ鉄道の経営主義及鉄道制度に及ぶ／長崎高等商業学校　武藤長藏
- 本邦国有鉄道の実績より／立教大学　伊藤重治郎
- 塩の専売／東京商科大学　山中篤太郎
- 銀行国営論の三系統／明治大学　春日井薫
- 郵便貯金制度の改善問題／大阪商科大学　松崎壽
- 我国に於ける簡易生命保険事業／簡易保険局　亀田豊治朗
- 公営保険の本質／早稲田大学　末高信
- 輸出信用保険の組織に就て／神戸商業大学　瀧谷善一
- 公企業に関する若干の疑問／元神戸市会議員　竹田龍太郎
- 本邦市営事業の改善／大阪市長　関一

第5回大会(第5集)統一論題
中小商工業問題
1930年10月18日〜20日　明治大学, 東京日日新聞社支局講堂

▶統一論題報告
- 小売商の将来／神戸商業大学　平井泰太郎
- 店員制度／日本大学　井上貞藏
- 小売商対百貨店問題／明治大学　井関十二郎
- 中小商工業者の金融問題／大阪商科大学　松崎壽

第6回大会(第6集)統一論題
産業合理化と失業
1931年10月10日～12日　名古屋高等商業学校, 名古屋市公会堂

▶統一論題報告
- 産業合理化と失業／名古屋高等商業学校　赤松要
- 産業合理化と失業／東京帝国大学　中西寅雄
- 産業業合理化の諸問題／貴族院議員　中島久萬吉

第7回大会(第7集)統一論題
商品市場組織
1932年10月16日～18日　京都帝国大学楽友会館, 神戸商業大学, 大阪毎日新聞社講堂

▶統一論題報告
- 商品配給組織の発展傾向について／京都帝国大学　谷口吉彦
- 大阪市を中心とする配給市場組織の比較研究―資本系統より観たる配給統制問題―／大阪商科大学　松井辰之助
- 毛織物市場組織／横浜商業専門学校　木村元治
- 我国に於ける農産商品配給組織特に農産生鮮食料品市場に関する研究／神戸商業大学　福田敬太郎
- 満洲に於ける特産物取引の状態―特に大豆の配給に就て―／横浜高等商業学校　井上亀三
- 大分地方に於ける主要産物の買集組織―配給機能の分担の研究―／大分高等商業学校　太神和好
- 水産物配給組織／長崎高等商業学校　馬場誠
- 東京市に存在する魚市場組織の現状／明治大学　林久吉
- 綿糸市場に就て／鐘淵紡績株式会社　井上潔

第8回大会(第8集)統一論題
経営とインフレーション
1933年10月28日～30日　早稲田大学

▶統一論題報告
（第1部　金融とインフレーション）
- インフレーションと銀行信用／明治大学　春日井薫
- 生命保険に対するインフレーションの影響とその対策／早稲田大学　末高信
- 金本位停止下の為替相場に関する一考察／慶應義塾大学　金原賢之肋

（第2部　貿易とインフレーション）
- 近時為替相場の変動条件に関する統計的研究／神戸商業大学　柴田銀次郎
- インフレーションと貿易との関係／大阪商科大学　竹島富三郎
- 日印貿易と為替問題／山口高等商業学校　二宮丁三

(第3部 会計とインフレーション)
- インフレーション下に於ける会計処理に就て若干回想／横浜高等商業学校　小宮山敬保
- 実質資本維持会計の本義／高岡高等商業学校　不破貞春
- インフレーションと企業の評価に就て／小樽高等商業学校　室谷賢治郎
- 貨幣価値変動期の経営分析／東京商科大学　高瀬荘太郎

第9回大会(第9集)統一論題
貿易統制
1934年10月14日～16日　神戸商業大学

▶統一論題報告
- 輸出統制の現状と其改善策／東京商科大学　猪谷善一
- 輸出生糸販売統制／横浜高等商業学校　井上鎧三
- 輸出組合の統制事業について／大阪商科大学　尾形繁之
- 新貿易政策としての為替清算制度／拓殖大学　宮川貞一郎
- 我国に於ける貿易統制の実証的考察／早稲田大学　上坂西三
- 貿易統制に就て／鐘淵紡績株式会社　井上潔

第10回大会(第10集)統一論題
カルテル及び経営学の重要問題
1935年10月17日～19日　慶應義塾大学

▶統一論題報告
- セメント・カルテルの現状について／浅野セメント株式会社　中川孫一
- 統制経済の強化とカルテルの変質／京都帝国大学　大塚一朗
- 日本に於けるカルテル統制政策の発展／小島経済研究所　小島精一
- カルテルにおける統制と自由／名古屋高等商業学校　赤松要
- カルテル精神／住友合資会社　目崎憲司

第11回大会(第11集)統一論題
統制経済と企業経営
1936年10月14日～16日　大阪商科大学

▶統一論題報告
- 統制経済下の企業経営理論／大阪商科大学　松井辰之助
- 統制経済下における企業者の任務―経営経済学の規定とその問題―／
  名古屋高等商業学校　酒井正三郎
- 統制経済は経営経済から―総合経営の技術化―／日本産業株式会社　宇原義豊
- 経済統制に伴ふ企業経営上の犠牲／山本栄助
- 統制経済と満洲國に於ける企業経営／長崎高等商業学校　馬場誠

- 本邦輸入統制の特異性／日本綿花株式会社　浜野恭平
- 組合の会計／大阪商科大学　陶山誠太郎
- 産業組合と農産物販売統制／山口高等商業学校　菊澤謙三
- 産業組合課税問題―税制改革案の国民大衆に及ぼす影響―／専修大学　篠田七郎
- 工業組合の進路／慶應義塾大学　園乾治
- 統制経済に於ける配当制限問題／早稲田大学　長谷川安兵衛

第12回大会（第12集）統一論題
最近に於ける企業・経営組織の諸問題
1937年10月16日～18日　東京帝国大学

▶統一論題報告
- 企業組織の体系／住友合資会社　目崎憲司
- 統制経済と企業組織／商工省事務　岩崎松義
- 組織原則としての経営比較思想―経営比較と経営協同の問題―／
  横浜高等商業学校　黒澤清
- 価格統制と原価計算／神戸商業大学　林健二
- 国民経済の計画性に就て／企画庁調査官　小金義照
- 計算カルテル／東京商科大学　国弘員人
- 強制カルテルの基本的考察／東京帝国大学　高宮晋

第13回大会（第13集）統一論題
戦時体制下に於ける企業経営
1938年10月14日～16日　京都帝国大学

▶統一論題報告
- 戦時体制下に於ける小売商統制問題／慶應義塾大学　岩田冊
- 戦時下の株式取引所並に株価／中央大学　上林正矩
- 戦時経済に於ける減価償却対策／早稲田大学　長谷川安兵衛
- 九州の企業経営／長崎高等商業学校　馬場誠
- 生命保険に於ける戦争危険の保険／神戸商業大学　白杉三郎
- 機械工業に於ける下請制について／京都帝国大学　田杉競
- 最高価格決定基準の一研究―経営固有の原価に適度の利潤を附加する方法について―／
  彦根高等商業学校　松本雅男
- 戦時経済と経営予算統制／山口高等商業学校　中川秋穂
- 戦時体制下に於ける海運経営―支那事変下の吾が海運統制問題を中心に―／
  東京商科大学　伊坂市助

第14回大会(第14集)統一論題
価格統制
1939年10月16日～18日 東京商科大学

▶統一論題報告
- 統制価格の経営価格政策的諸問題／横浜商業専門学校　山城章
- 物価統制と販売経営―物価政策と売価方策との交渉―／神戸商業大学　福田敬太郎
- 価格統制と原価計算―原価計算利子論を中心として―／
  関西学院高等商業学校　久保田音二郎
- 価格構成要素としての賃銀の統制に就て―賃銀統制の経営経済学的一考察―／
  明治大学　大木秀男
- 価格統制と配給統制―特に青果物を中心として―／山口高等商業学校　菊澤謙三
- 輸出振興策としての物価統制―輸出価格統制より二重価格制へ―／法政大学　平野常治

第15回大会(第15集)統一論題
利潤統制
1940年10月20日～22日　神戸商業大学

▶統一論題報告
- 戦時経済と利潤統制／長崎高等商業学校　馬場誠
- 営利主義および営利経済の再吟味―公益優先主義思想下の企業本質に関する一考察―／
  大阪商科大学　松井辰之助
- 動態的経済発展と利潤統制／住友合資会社　目崎憲司
- 利潤統制と企業家精神／明治大学　佐々木吉郎
- 原価及び利潤の統制の要素としての危険負担料(Risikopramie)と減価償却費の問題／
  中央大学　杉本秋男
- 利潤統制と生産力拡充／横浜商業専門学校　山城章
- 利潤統制と経済性計算／横浜高等商業学校　黒澤清
- 利潤統制の影響／神戸商業大学　平井泰太郎

第16回大会(第16集)統一論題
生産力拡充に関する諸問題
1941年10月31日～11月2日　明治大学

▶統一論題報告
- 生産力拡充と原価計算―生産性指標としての原価計算の限界―／
  大阪商科大学　木村和三郎
- 生産力拡充と経営比較／東京商科大学　松本雅男
- 「生産力拡充」と「労務管理」／福島高等商業学校　中村常次郎
- 生産力拡充と労働能率／神戸商業大学　古林喜樂

- 経営均衡と生産力拡充／横浜高等商業学校　黒澤清
- 生産力拡充と輸送力／明治大学　麻生平八郎
- 生産力拡充と組織的合理化／東京帝国大学　高宮晋

第17回大会　統一論題
経営理論の問題
1942年10月17日～19日　関西学院大学

▶統一論題報告
- 経営経済学の日本的自覚／大阪商科大学　松井辰之助
- 経済の本質と経済理論の問題／関西学院大学　池内信行
- 経営経済本質論／明治大学　佐々木吉郎
- 経営学的認識の特性／和歌山高等商業学校　北川宗藏
- 技術論の課題／東京外国語大学　亀井辰雄
- 経営の倫理と論理／大阪商科大学　村本福松
- 国家と経営に関する心理学的一提言／日本大学　青木庄左衛門
- 国家と経営／大分高等商業学校　碓氷厚次

第19回大会（第17集）統一論題
日本経済の再建と経営経済学の課題
1946年12月15日～16日　明治学院専門学校

▶統一論題報告
　（第1部）
- 社会主義経営学の提唱／神戸経済専門学校　中村萬次
- 経営者革命と会社革命／青山学院専門学校　櫻井信行
- 企業民主化の方向―日本経済再建との関連に論み去―／同志社大学　岡村正夫
- 日本経済の再建と経営学／神戸経済大学　竹中龍雄
　（第2部）
- 科学的管理と経営系列／東京産業大学　大須賀政夫
- 作業研究の課題／東京産業大学　大石岩雄
- 中小工業経営の再建―陶磁器工業を中心として―／名古屋経済専門学校　末松玄六
- 経済再建と中小工業／京都大学　田杉競
　（第3部）
- 標準原価について／東京産業大学　小林靖雄
- 経営比較調査の職能／東京工業大学　平栗政吉
- 経営価値循環について―計理制度の前提―／横浜経済専門学校　森弘毅
- 貨幣価値低落時の経営財務対策と経理操作／早稲田大学　青木茂男

第20回大会（第18集）統一論題
経営学の再吟味・経済変動と経営
1947年10月18日～20日　神戸経済大学

▶統一論題報告

（第1部　経営学の再吟味）
- 経営者支配の経営学的意義／東京商科大学　藻利重隆
- 経営者の性格と職分／神戸経済専門学校　栗田眞造
- 経営者論／東京商科大学　古川栄一
- 簿記理論の若干考察―複式簿記の経済的本質に関して―／関西学院大学　小島男佐夫
- 経営経済と大量生産の法則―経営経済学の対象の幅と系列―／日新化学工業株式会社　目崎憲司
- 経営工学の在り方／東京工業大学　磯部喜一

（第2部　経済変動と経営）
- 経済変動と経営規模／名古屋経済専門学校　末松玄六
- 経済変動と賃金体系―生活賃金体系に関する一考察―／福岡経済専門学校　吉武堯石
- アメリカ内部監査制度―経済再建下我が国企業経営の立場より―／早稲田大学　青木茂男
- 株式消化問題一班／神戸経済大学　丹波康太郎
- 経済変動と中小商業／小樽経済専門学校　岡本理一
- 経済変動下の紡績業／東洋紡績株式会社　枡川正三

第21回大会（第19集）統一論題
経営合理化の諸問題
1948年10月29日～30日　早稲田大学

▶統一論題報告
- 人事管理の発展／明治大学　佐々木吉郎
- わが国今次の合理化運動の特質／神戸経済大学　竹中龍雄
- 経営者的企業比較論の体系／東京商科大学　松本雅男
- 販売管理の合理化―需要者的観点に立つ販売計画の策定を中心として―／明治大学　清水晶
- 経営の民主化・合理化とコントローラーズ・デパートメント／大分経済専門学校　野瀬新蔵
- 時間研究（Time Study）の経営学的考察―織布作業の時間研究を通じて―／愛知大学　大石岩雄
- 労働時間及び労働生産性について／東京工業大学　小林靖雄
- 自転車工業に於ける合理化の一考察―系列化を中心として―／名古屋経済専門学校　大須賀政夫

小樽商科大学開学記念臨時大会（第20集）統一論題
日本経済の安定と経営の諸問題
1949年7月2日～4日　小樽商科大学

▶統一論題報告
- 通貨安定化と産業合理化／神戸大学　宮田喜代蔵
- 日本経済の安定と集中生産の問題／経済安定本部　菅谷重平
- 経営における社会的均衡と経済的均衡
  ―Roethlisberger and Dickson, Management and the Worker, 1947を中心として―／
  名古屋大学　末松玄六
- 経済安定と配給組織／小樽商科大学　岡本理一
- 漁業経営の安定条件／函館商業高等学校　横川義雄

第22回大会（第21集）統一論題
経営学の基本問題
1949年11月4日～6日　神戸商科大学

▶統一論題報告
- 経営理論か経営実学か／新扶桑金属株式会社　菅谷重平
- 経営経済学の実証性と規範性／慶應義塾大学　小高泰雄
- 経営学の立場と経営の立場／滋賀大学　山本安次郎
- 経営学の問題と対象と法則／滋賀大学　高田馨
- 危機における経営学と安定期における経営学／神戸市外国語大学　武村勇
- 生産力賃金と生活賃金／明治大学　田中豊喜
- 経済体制と人間類型／名古屋大学　酒井正三郎

第23回大会（第22集）統一論題
株式会社と企業経営の諸問題
1950年10月27日～29日　関西学院大学

▶統一論題報告
- 公共関係としての公開業務／成蹊大学　野田信夫
- 近代株式会社における所有と経営の分離／九州大学　馬場克三
- 授権資本制度における着眼点／同志社大学　岡村正人
- 株式会社財務管理の一問題／大分大学　野瀬新蔵
- 株式会社と創業者利得／大阪市立大学　川合一郎
- 会計監理機構の性格と課題／名古屋大学　木内佳市
- 取締役会と企業経営―アメリカに於ける取締役会について―／京都大学　降旗武彦

第24回大会（第23集）統一論題
経営管理組織の合理化
1951年10月27日〜29日　慶應義塾大学

▶統一論題報告
- 経営管理組織の合理化の歴史的意義／明治大学　木元進一郎
- 経営管理組織の職能化／一橋大学　藻利重隆
- 管理組織の標準化ー組織活動系列の整理と業務単位の問題ー／経営管理研究委員会　岩佐剛一
- 管理の限界／日本国有鉄道　石田武雄
- 企業組織における投資活動の限界ーJ・S・ベーンの所説をめぐつてー／函館商業高等学校　横川義雄
- 「原価管理」の考え方について／茨城大学　今井忍
- 経営管理組織の合理化ー賃金を中心にしてー／大阪市立大学　伊藤淳巳
- 我国における職階給制の経営管理制度的意義／慶應義塾大学　森五郎
- 経営の制度化とその限界／大分大学　岡田吾郎
- 経営管理組織における人間関係／京都大学　田杉競
- 経営管理組織の基本問題／新扶桑金属株式会社　菅谷重平

第25回大会（第24集）統一論題
経営財務の諸問題
1952年11月8日〜10日　同志社大学

▶統一論題報告
- 経営財務論の性格と地位ー経営体における財務の意味と財務論の地位ー／一橋大学　山城章
- 経営財務論と財務管理論／神戸商科大学　宮里俊一
- 財務表分析の発展動向ーー九四〇年代のアメリカ財務表分析ー／和歌山大学　野瀬新蔵
- 資本支出の計画と統制／浪速大学　市橋英世
- 最有利予算の決め方ープログラミングの一応用例ー／小樽商科大学　古瀬大六
- 設備予算の基本理論／日本国有鉄道　河野豊弘
- 財務政策と企業会計原則／明治学院大学　中島省吾
- 企業の資本蓄積対策私案／芝浦製作所　西野嘉一郎
- 株式会社の整理について／法政大学　片岡義雄
- ストック・ディヴィデンドの財務的効果／西南学院大学　細井卓
- 転換社債についてー特にその転換の会計処理に関連してー／神戸大学　丹波康太郎

第26回大会(第25集)統一論題
労使関係の基本問題
1953年10月30日～11月1日　明治大学

▶統一論題報告
- 労使関係の特質と経営学の課題／長崎大学　坂口幹生
- 労資関係の構造的分析／名古屋工業大学　寺沢正雄
- 労使関係の経営心理学的考察／広島大学　正戸茂
- 「労使関係」の進歩性と保守性／神戸商科大学　栗田眞造
- 社会主義企業の労使関係―その特質に関する研究―／運輸調査局　大島國雄
- 新中国の企業に於ける公私並に労資の関係／神戸大学　宮下忠雄
- 団体交渉の管理理論／横浜市立大学　笛木正治
- 人間関係と労使関係／京都大学　田杉競
- 労使関係と人事管理―特に人事考課制度の問題をめぐつて―／慶應義塾大学　関口操
- 賃銀交渉の理論／関西学院大学　吉田和夫
- 炭鉱賃金の算定論／八幡大学　篠崎彦二

第27回大会(第26集)統一論題
経営学の再検討・現下の経営財務問題
1954年11月6日～7日　京都大学

▶統一論題報告
（第1部　経営学の再検討）
- 経営学の再検討／神戸大学　占部都美
- 企業の基本構造に関する一考察／慶應義塾大学　森五郎
- 企業経済学の経営学化―制約条件の実践化―／函館商科短期大学　横川義雄
- 経営学の出発点としての経営事象の完全把握／浪速大学　村本福松
- 国際経営問題と経営社会問題／神戸大学　平井泰太郎
- 経営意志形成の問題―グーテンベルクの所説―／名古屋大学　高田馨
- 経営学理論の思弁的観照―経営法則次元の論理―／千葉工業大学　田畑為彦
- 経営学の再検討／関東特殊製鋼株式会社　菅谷重平
- 経営学の再検討／関東学院大学　亀井辰雄

（第2部　現下の経営財務問題）
- 現下企業財務の問題点と財務管理の領域及び手段／早稲田大学　青木茂男
- 固定資本支出の私経済的効果と国民経済的効果／日本国有鉄道　河野豊弘
- 現下の設備投資効率測定上の問題／和歌山大学　野瀬新蔵
- 資金調達の方法に関する一考察―新株の引受権と発行価格について―／大阪証券取引所　高橋弘

第28回大会（第27集）統一論題
戦後十年の企業経営と経営学の再検討—今後のとりくみ方を含めて—
1955年11月17日～19日　中央大学

▶統一論題報告
- 経営経済学の回顧と展望／関西学院大学　池内信行
- 戦後十年の回顧と経営学の将来／一橋大学　山城章
- 戦後十年間の企業経営と経営学／関東特殊製鋼株式会社　菅谷重平
- 個別資本運動説の展開／熊本商科大学　三戸公
- 企業をとりまく構造条件について／横浜国立大学　伊藤長正
- 経営学の対象としての経営合理化と独占—経営学の方法論に関する一考察—／大阪大学　目崎憲司
- 戦後の労使関係と労務管理／京都大学　田杉競
- 戦後十年の人間関係的管理の再検討／広島大学　正戸茂
- 戦後の労務管理の特徴について／中央大学　長谷川廣
- 生産性向上と生産管理について／慶應義塾大学　野口祐
- 生産性向上と賃金／大阪府立大学　村本芳郎

第29回大会（第28集）統一論題
経営学の体系および内包
1956年10月12日～14日　神戸大学

▶統一論題報告
- 総論の体系および内包／神戸大学　平井泰太郎
- 管理技術学と経営学／一橋大学　藻利重隆
- 経営学の本質および体系／大阪市立大学　伊藤淳巳
- 経営学の本質および体系／和歌山大学　尾上忠雄
- 経営経済学史の体系／神戸大学　市原季一
- 経営史の体系／名古屋大学　酒井正三郎
- 経営政策の体系／大阪府立大学　村本福松
- 経営政策の体系／慶應義塾大学　小高泰雄
- 社会主義経営学の体系／東京都立大学　大島國雄
- 社会主義企業済学の体系と内包
  —ソ同盟の部門経済学の方法論争における社会主義企業経済学の研究対象と研究内容について—／神戸大学　海道進
- 商業経営学の体系／神戸大学　福田敬太郎
- 中小企業経営学の成立／名古屋大学　末松玄六

第30回大会(第29集)統一論題
技術革新と経営学の課題
1957年11月8日～10日 東京大学

▶ 統一論題報告
- 技術の革新化に伴う企業経営の基準諸式／八幡大学　篠崎彦二
- 技術革新とドラッカー理論の再検討／慶應義塾大学　野口祐
- 経営組織における自動制御関係論／函館商科大学　横川義雄
- オートメーション(Automation)の二重性／神戸市外国語大学　武村勇
- 科学投資，技術投資，設備投資／名古屋工業大学　寺沢正雄
- 技術革新の販売及び購買に及ぼす影響／明治大学　今村成男
- 技術の革新と経営政策―代替性と補完性を中心として―／下関商業短期大学　目崎憲司
- 技術革新と設備管理／日本国有鉄道　河野豊弘
- オートメーションの二様性と計量経営学の課題／八幡大学　又城一郎
- 技術的進歩と経営形態／電気通信大学　薄信一
- オートメーションと経営管理／甲南大学　岸本英八郎
- 最近のヒューマン・リレーションズ研究―技術革新に関連して―／京都大学　田杉競

第31回大会(第30集)統一論題
経営計画の諸問題
1958年5月9日～11日 長崎大学

▶ 統一論題報告
- 計画職能と稟議制度／関東学院大学　山田一郎
- 長期経営計画―新製品開発を中心として―／大阪府立産業能率研究所　村山乾一
- 通信網計画の基本問題と経済性／電気通信大学　長尾信次
- 財務計画における包括指標について／東洋大学　亀川俊雄
- 財務計画と経営計画／大分大学　永田数夫
- 経営計画の論理と実務／埼玉大学　兼子春三
- 経営計画と不確実性／神戸商科大学　後藤幸男
- 経営政策と経営計画―長期経営計画について―／慶應義塾大学　関口操
- 経営の計画とわが国企業における計画の伝統的手法―稟議制度と計画―／一橋大学　山城章

第32回大会（第31集）統一論題
国民経済と企業
1958年10月17日〜19日　一橋大学

▶統一論題報告

（第1部　収益性と経済性と生産性）
- 生産性・経済性・収益性―とくにソヴェト経営のそれについて／東京都立商科短期大学　大島國雄
- 収益性，経済性及び生産性概念にたいする制度理論的吟味／神戸大学　占部都美
- 生産性・収益性・経済性／神戸商科大学　栗田眞造
- 営業係数と資本係数／山形大学　亀井辰雄
- 収益性・経済性・生産性と流動性／福岡大学　宮崎力藏

（第2部　経営者の社会的責任）
- 経営者の社会的責任とその企業的責任および自己責任／一橋大学　藻利重隆
- 経営者の社会的責任論について／同志社大学　今井俊一
- 能率と公衆責任の経営哲学／横浜市立大学　土屋好重
- 企業経営者の社会的責任／東京都立商科短期大学　本間幸作

（第3部　市場開発と企業）
- 市場開発と企業／東京農工大学　藤沢袈裟利

（第4部　政府と企業）
- 政府と企業との関係―独占禁止法を中心として―／一橋大学　高宮晋
- 企業に対する公共的統制／埼玉大学　一瀬智司
- 生産性向上運動における国家の役割／中央大学　岩尾裕純
- 公営事業の性格とその経営方式／運輸調査局　工藤和馬
- 「政府と企業」に関する実業人の一考察―関西経済同友会における討議を中心として―／住友金属工業株式会社　樗木航三郎
- 企業の立場からみた政府と企業／八幡製鉄株式会社　桑原季隆
- 企業と政府／関東特殊製鋼株式会社　菅谷重平

第33回大会（第32集）統一論題
日本における経営の諸問題
1959年10月29日〜31日　福岡大学

▶統一論題報告

（第1部　経営と地域開発）
- 猪苗代十六橋水門の管理機構をめぐる経営経済的考察／福島大学　渡辺哲男
- 北海道総合開発の経営学的考察／北海道学芸大学　伊藤森右衛門
- 地域開発と鉄道―公共性の問題―／運輸調査局　高橋秀雄
- 後進国経済開発と経営問題／神戸市外国語大学　金田近二
- 経営と地域開発／神戸大学　米花稔

- 北海道東北開発公庫の一考察／神戸大学　竹中龍雄

（第2部　ビッグビジネスとスモールビジネス）
- 少占企業の非価格方策／東京経済大学　吉村壽
- わが国におけるヒューマン・リレーションズの一側面
  ―大企業と中小企業への導入をめぐって―／中央大学　長谷川廣
- ファミリー・オーンド・ビジネスの問題／大阪府立産業能率研究所　村本福松

（第3部　経営組織の基本問題）
- 経営組織の計量経営学的一考察／武蔵大学　又城一郎
- わが国企業経営の体質と職務給／九州大学　副田満輝
- 日・米・独経営組織論の比較／一橋大学　山城章
- 共同責任と個人責任／大阪市立大学　安部隆一

第34回大会（第33集）統一論題
現段階におけるわが国企業の集団化と分権化
1960年10月20日～22日　日本大学

▶統一論題報告
- 集団的自衛によるわが国企業の集団化／武蔵大学　又城一郎
- 技術革新と企業集団化／関東学院大学　山田一郎
- 現段階における企業集団化の一契機―貿易自由化とカルテル体制―／
  千葉商科大学　菊池敏夫
- 分権的組織の意義と形態／一橋大学　高宮晋
- 系列化と事業部制／中央大学　岩尾裕純
- 企業の系列化と計算制度の問題／埼玉大学　兼子春三
- 企業系列化と中小企業の存立形態／明治大学　渡辺睦
- 金属機械工業における下請関係の変化―下請協力体制調査より―／京都大学　田杉競
- わが国繊維産業における企業集中／東洋紡績経済研究所　玉永一郎
- 経営組織研究の一視角／日本大学　土屋嘉一郎
- 経営組織の概念と二重構造の問題／大阪府立大学　渡瀬浩
- フォレット学説の研究―協働の理論―／名古屋商科大学　垣見陽一
- アーウィックにおける経営概念の形成過程／明治大学　星野清
- サイモンに関する一考察／大阪府立大学　村本芳郎
- 経営管理の基礎構造―組織と機械と人間―／福岡大学　笹淵文男
- 経営管理の最近の動向―アメリカの現状を中心として―／武蔵大学　岡本康雄
- 企業者行為理論の展開／札幌短期大学　横川義雄

第35回大会(第34集)統一論題
貿易の自由化と企業の体質改善
1961年10月28日～30日 名古屋大学

▶**統一論題報告**
- 貿易の自由化とわが国企業の体質改善―特にわが国における技術革新の水準について―／甲南大学 岸本英八郎
- 自由化と「企業合理化」／慶應義塾大学 野口祐
- 「自由化」と資本体質の改善―資本構成是正についての一考察―／明治大学 水越潔
- 貿易の自由化と油脂企業―北海道における一企業の体質改善―／小樽商科大学 岡本理一
- 貿易の自由化と北海道産業―石炭企業の長期計画とその吟味―／小樽商科大学 伊藤森右衛門

第36回大会(第35集)統一論題
経営学における組織論の展開,その役割と地位
1962年10月12日～14日 甲南大学

▶**統一論題報告**
- 組織論の型と経営学的組織論の問題―バーナード組織理論を顧みつつ―／京都大学 山本安次郎
- 経営学における組織論の展開,その役割と地位／大阪大学 高田馨
- これからの経営組織論の方向／青山学院大学 石田武雄
- 組織論の展開／神戸大学 占部都美
- 管理システム論と組織論／甲南大学 山本純一
- 組織理論の展開と経営組織論／慶應義塾大学 関口操
- 管理単位と組織／横浜市立大学 森本三男
- 経営学における組織論の課題／小樽商科大学 伊藤森右衛門
- 経営組織発展の論理と経営組織論の課題／東京外国語大学 岡本康雄

第37回大会(第36集)統一論題
労務管理と経営学
1963年10月17日～20日 明治大学

▶**統一論題報告**
- 労務論の経営学的研究／神戸大学 古林喜樂
- 経営労務の本質と体系に関する問題点―わが国労務管理論の批判とともに―／長崎大学 川崎文治
- 労務管理の体系に関する一研究／慶應義塾大学 森五郎
- 経営における労務管理の地位と課題／中央大学 長谷川廣
- 労務管理の対象について／明治大学 木元進一郎

- 労務管理の形成作用／神戸商科大学　寺田武義
- 同一労働・同一賃金論と労務管理／一橋大学　藻利重隆

第38回大会（第37集）統一論題
財務管理と経営学
1964年11月26日～28日　立命館大学

▶統一論題報告
- 現代企業における財務職能と資本担当トップ／名古屋大学　細井卓
- アメリカ株式制度の導入とその現実／同志社大学　岡村正人
- 固定資本の経済的寿命の測定－固定資本回転の問題－／九州大学　馬場克三
- 設備投資金融の若干の考察／東京工業大学　小林靖雄
- 投資決定における利益率法対現価法の解明についての二つのアプローチ／神戸大学　丹波康太郎
- 経営財務の本質と企業の投資理論／立教大学　高橋昭三

第39回大会（第38集）統一論題
生産管理と経営学
1965年10月21日～23日　青山学院大学

▶統一論題報告
- 生産管理と経営学／一橋大学　山城章
- 経済的生産ロット概念の再吟味／名古屋大学　小川英次
- 生産管理の現代的体系／甲南大学　山本純一
- 生産管理のなかの労務管理／青山学院大学　石田武雄
- 生産管理と時間研究／大阪市立大学　橘博
- 経営管理と研究開発管理
  －経営におけるオペレイショナル・ワークのひとつとしての研究開発の考察－／
  大阪府立大学　森俊治
- 生産の自動化と経営学の変貌／小樽商科大学　古瀬大六
- マテリアルス・マネージメント／名古屋工業大学　寺沢正雄

第40回大会（第39集）統一論題
マーケティングと経営学
1966年10月12日～14日　大阪大学

▶統一論題報告
- サブシステムとしてのマーケッテングについて／愛知大学　山下降弘
- マーケティングにおける消費者行動の分析／西南学院大学　山中均之
- 「チャネル・マネジメント」の課題と帰趨―拡張組織概念の適用をめぐって―／

神戸商科大学　風呂勉
- マーケティング・セオリー研究におけるインターディスプリナリー・アプローチの意義／慶應義塾大学　村田昭治
- マーケティングの機能／成蹊大学　白鬚武
- マーケティングにおける価格方策／関西学院大学　三浦信
- マーケティング研究の本質及び学問的性格の変転／神戸大学　平井泰太郎

第41回大会（第40集／第42回大会と合冊）統一論題
経営学の基本問題
1967年10月17日～19日　中央大学

▶統一論題報告
- 経営学の基本問題―意思決定論への批判―／小樽商科大学　伊藤森右衛門
- ドイツ経営学における経験―実証的傾向の新展開／早稲田大学　鈴木英寿
- 経営学の根本問題／立教大学　三戸公
- 経営理論の性格―法則論・技術論・理念論―／北九州大学　中谷哲郎
- 経営学の基本問題―近代経済学的思考の方法と特徴―／中央大学　鮎沢成男
- Business Economicsの課題と展開　和歌山大学　　山田保
- 企業の独立と自由／名古屋大学　末松玄六
- 組織論的経営学と企業の行動理論／神戸大学　占部都美

第42回大会（第40集／第41回大会と合冊）統一論題
経営学の現代的課題
1968年10月24日～26日　大阪市立大学

▶統一論題報告
（第1部門　経営学の本質と課題）
- 経営学の本質と課題―個別資本説と組織理論―／九州大学　川端久夫
- 無限という概念を経営学に導入すること―変化・発展の無限性を追究するため―／金沢大学（故）丸岡淳夫・山本安次郎代読
- 科学としての経営経済学／慶應義塾大学　小島三郎
- 経営学の本質と課題／神戸大学　平井泰太郎

（第2部門　経営管理の基本問題）
- 意思決定論の課題／一橋大学　宮川公男
- 企業経営の機能的モデル構成の基礎／愛知学院大学　佐野守
- 経営管理の基本問題―管理権限の問題をめぐって―／西南学院大学　原田実
- 「経営」と「管理」の基本問題／青山学院大学　桜井信行
- バーナード理論の再認識／京都大学　田杉競

（第3部門　資本自由化と経営学の課題）
- 世界企業の行動／中央大学　岩尾裕純

- 資本自由化と独占企業の再編成過程―大型集中の問題を中心として―／
  大阪市立大学　上林貞治郎

第43回大会（第41集／第44回大会と合冊）統一論題
経営学と隣接諸科学
1969年10月10日〜12日　東海大学

▶統一論題報告
  （第1部門　経営学と情報システム論）
- 経営システムにおける機械と人間／小樽商科大学　古瀬大六
- 情報システムと経営組織の調整／神戸商科大学　小笠原暁
  （第2部門　経営学と行動科学）
- 「行動科学」的経営学の性格／明治大学　権泰吉
- 経営学と行動科学的アプローチ／東京大学　岡本康雄
- 経営学と行動科学―経済人モデルと経営人モデル―／神戸大学　占部都美
- 経営学における行動科学の新傾向批判／南山大学　水谷一雄
  （第3部門　経営学とマネジリアル・エコノミックス）
- 費用論と競争論との関連について―その具体的分析のための一試論―／
  慶應義塾大学　野口祐
- 企業の経済理論と経営学／一橋大学　今井賢一
- 企業行動の経済分析の課題／青山学院大学　柴川林也

第44回大会（第41集／第43回大会と合冊）統一論題
七〇年代の企業経営―経営学の発展課題―
1970年10月13日〜15日　神戸大学

▶統一論題報告
- 日本における企業合同の問題点／大阪市立大学　儀我壮一郎
- 七〇年代の労務管理の課題／中央大学　長谷川廣
- 経営者の社会的責任／大阪大学　高田馨
- 経営戦略論の展開／神戸大学　占部都美
- 戦略的意思決定の変化／学習院大学　河野豊弘
- ビジネス・リーダーシップ／京都大学　田杉競
- 地方都市の企業における七〇年代の経営政策―長野県を事例として―／
  信州大学　宮坂正治
- 企業における環境制御責任―公害なき企業行動の諸条件―／千葉商科大学　菊池敏夫

第45回大会(第42集)統一論題
七〇年代の経営学の課題
1971年10月14日～16日 日本大学

▶統一論題報告
(第1部 公害問題と経営学の課題)
- 公害問題と株式会社制度／武蔵大学　中村瑞穂
- 公害と経営／立教大学　三戸公
- 「公害」と企業経営／明治大学　木元進一郎
- 公害問題と経営学の課題／神戸大学　米花稔

(第2部 国際経済の動向とわが国経営学の課題)
- わが国企業の世界企業化への道 先進諸国への企業進出の意味および条件
　―日本企業の世界企業化の一環として―／横浜市立大学　衣笠洋輔
- 企業の"国際化"と経営戦略／大東文化大学　竹田志郎
- 国際経営比較の基本問題／小樽商科大学　伊藤森右衛門
- 世界の中の日本の経営学／上智大学　高宮晋
- 技術的経済的変化の進行と経営経済学の今日的課題―方法論的検討を中心として―／
　大阪市立大学　上林貞治郎

第46回大会(第43集)統一論題
経営と環境
1972年10月20日～22日 近畿大学

▶統一論題報告
- 環境適応プロセスにおける管理手法／札幌大学　横川義雄
- 経営と環境についての方法論的課題―企業エコロジー・モデルの開発の必要性―／
　関西学院大学　菅原正博
- 企業環境と企業行動―生態学的接近による問題とその経営学的解明のための基礎的研究―／
　愛知学院大学　佐野守
- 企業環境論の学問的系譜／甲南大学　竹中龍雄
- 企業の，環境に対する目標設定と戦略決定／大阪市立大学　川崎文治
- 経営と環境／東洋大学　山城章
- 経済の国際化と中小企業経営の対応／明治大学　渡辺睦
- 経済改革とソ連経営の社会的責任／青山学院大学　大島國雄
- 企業と環境―現代企業の社会的責任―／長崎大学　櫻井克彦

第47回大会（第44集）統一論題
経営国際化の諸問題
1973年10月11日～13日　専修大学

▶統一論題報告
　（第1部門　多国籍企業の諸問題）
- 多国籍企業とコングロマリット／小樽商科大学　室谷賢治郎
- 現代多国籍企業成立の根本的・現実的要因／慶應義塾大学　野口祐
- 「多国籍企業」をめぐる諸矛盾／大阪市立大学　儀我壮一郎
- 日本企業の国際経営の展望／神戸大学　吉原英樹
　（第2部門　経営行動の国際比較）
- 比較経営学の概念と，組織と意思決定の比較のモデル／学習院大学　河野豊弘
- 日独企業比較論の課題と方法／同志社大学　前川恭一
- 日米自動車資本の国際比較／法政大学　下川浩一
　（第3部門　経営学の国際比較）
- 最近におけるアメリカ経営学動向に対するドイツ経営学界の反応について／慶應義塾大学　小島三郎
- 比較経営経済学の課題―経営経済学における学際性と認識進歩―／早稲田大学　鈴木英寿
- 経営学の国際比較―中国経営学の発展の紹介を通じて―／愛知大学　野崎幸雄

第48回大会（第45集）統一論題
企業の社会的責任と株式会社企業の再検討
1974年9月30日～10月2日　関西大学

▶統一論題報告
- 企業の社会的責任と株式会社―社会的責任イデオロギーを中心にして―／法政大学　坂口康
- 経営者の個別企業の責任と「社会的責任」―株式会社企業再検討の意義と限界―／北九州大学　中谷哲郎
- 「社会的責任」と株式会社制度の再検討―証券資本の集中に関連して―／明治大学　水越潔
- 寡占的企業の経営行動／愛知大学　末松玄六
- 擬制的法人の社会的責任／東京大学　土屋守章
- 企業の社会的責任について―バーナード理論の展開―／北海道大学　真野脩
- 企業の社会責任にたいする経営学的接近／神戸大学　占部都美
- 企業の社会的責任／京都学園大学　田杉競

第49回大会（第46集）統一論題
経営参加の諸問題—現代の経営参加—
1975年9月29日〜10月1日　明治大学

▶統一論題報告
- 「経営参加」の現代的問題状況／明治大学　木元進一郎
- 経営管理と経営参加／九州大学　原田実
- 現代中国の経営参加制度／愛知大学　野崎幸雄
- フランス公企業にみる経営参加／近畿大学　堀田和宏
- 経営的共同決定の現実的展開／早稲田大学　二神恭一
- 西独共同決定制の理論的吟味／広島修道大学　古林喜樂

第50回大会（第47集）統一論題
経営学の回顧と展望
1976年10月12日〜15日　神戸大学

▶記念講演
- 経営学五〇年の伝統に立って／南山大学　山本安次郎
- 日本的経営と日本経営学／中央大学　藻利重隆
- 日本経営学の特殊性と課題／広島修道大学　古林喜樂

▶統一論題報告
- 日本における経営学教育の回顧と展望／弘前大学　齋藤毅憲
- 日本における経営管理研究／神戸大学　吉原英樹
- 組織の統合的理論の展望／南山大学　野中郁次郎
- 技術進歩と経営管理—過去，現在，未来における対応—／名古屋大学　小川英次
- 経営管理学における新展開／学習院大学　北野利信
- 企業行動の理論と現実／一橋大学　今井賢一
- ドイツ経営経済学と経営における人間的要素／一橋大学　田島壯幸
- ドイツ経営経済学の背景と動向／関西学院大学　吉田和夫
- 個別資本概念の具体化と経営学の課題／法政大学　一寸木俊昭
- 個別資本運動説の回顧と展望／九州大学　川端久夫
- 個別資本説から官僚制論へ／立教大学　三戸公

第51回大会（第48集）統一論題
日本的経営の諸問題
1977年10月8日〜10日　愛知学院大学

▶統一論題報告
- わが国経営学の一展開とバーナード—個別経済説の展開—／北海道大学　真野脩
- 日本的経営と日本の経営学説の反省—その源流に立って—／大阪市立大学　川崎文治

- 日本的経営の一つの特質について―年功昇進制―／神戸大学　占部都美
- 経営の"土着性"と経営学―日本人の権限・責任意識を中心に―／武蔵大学　岩田龍子
- 「日本的経営」論における共同体的思考／西南学院大学　古林輝久
- 日本的経営の合理性／大阪大学　高田馨
- 年功賃金について／名古屋大学　関谷幸三
- 「日本的労使関係」の再検討／明治大学　髙橋洸
- 日本的経営論と国際的経営論―日本的多国籍企業研究の問題―／東洋大学　山城章

第52回大会（第49集）統一論題
日本経営学と日本的経営
1978年9月6日〜8日　早稲田大学

▶統一論題報告

- 日本的経営と文化恒常性―海外移転による検証―／千葉大学　村山元英
- 今日の日本中小企業問題の特質／大阪産業大学　牟礼早苗
- 日本の私企業と公企業の国際的特徴／大阪市立大学　儀我壮一郎
- 経営資本研究の日本的特徴―擬制資本論の方法―／和歌山大学　生駒道弘
- 「日本経営学」と「日本的経営」―比較経営論の提唱を中心にして―／鹿児島大学　松本譲
- 「日本的経営」論と経営学の方法―「経営」の概念をめぐって―／明治大学　中村瑞穂
- わが国企業の成長要因分析／慶應義塾大学　清水龍瑩
- 日本的経営の論理の再検討／一橋大学　津田眞澂
- 日本とアメリカの組織の創造性の比較／学習院大学　河野豊弘

第53回大会（第50集）統一論題
現代経営学の基本問題
1979年9月11日〜13日　同志社大学

▶統一論題報告

- バーナード，サイモン理論の形成と経営学の方法論的課題／小樽商科大学　篠崎恒夫
- 現代経営経済学の方法論的諸問題について―W・キルジュの研究を中心にして―／武蔵大学　今野登
- 個別資本説と近代組織論の統合／九州大学　川端久夫
- Kuhnian Paradigmとしてのバーナード理論の受容とその展開をめぐる一考察／東北大学　加藤勝康
- 経営批判における思想的アプローチ―経営哲学への序想／同志社大学　吉武孝祐
- 戦後日本経営の展開と七〇年代不況／東京大学　岡本康雄
- 七〇年代構造変動下の企業経営の分析―特に「企業危機」を中心として―／慶應義塾大学　野口祐
- "転換期"における経営経済学の基本課題と方法／立命館大学　角谷登志雄
- 現代経営学の基本問題―社会主義企業経済学の展開とその方法論的考察―／

神戸大学　海道進

第54回大会（第51集）統一論題
八〇年代の企業経営
1980年9月10日〜12日　中央大学

▶統一論題報告
- 企業の国際化―日本企業の海外進出の基本的特徴―／専修大学　大西勝明
- 企業の国際化とその社会的責任／長崎大学　櫻井克彦
- 企業行動と環境の国際比較―制度的諸条件の問題と展望―／日本大学　菊池敏夫
- 経営参加と企業の社会的統制―戦後東西ドイツの歴史的経験の比較検討を通して―／龍谷大学　林昭
- 社会環境変化と日米自動車産業／法政大学　下川浩一
- 企業経営の国際比較―中国のプラント類導入と経営・管理問題を中心として―／愛知大学　野崎幸雌
- 「労働の人間化」の条件／中央大学　村田稔
- 「労働の人間化」の基本的性格／一橋大学　村田和彦
- 「労働の人間化」―その可能性と問題点―／神戸大学　奥林康司

第55回大会（第52集）統一論題
現代企業の諸問題―八〇年代の経営戦略，企業経営と民主化―
1981年9月8日〜10日　立命館大学

▶統一論題報告
- 八〇年代の経営戦略―経営環境論的アプローチ試論―／愛知学院大学　今光廣一
- 八〇年代の企業戦略―経営学における戦略研究の課題―／東京大学　土屋守章
- 八〇年代における経営財務戦略の展開―わが国株式会社制度の改革との関連において―／九州大学　片山伍一
- 経営戦略論の新しい展開／神戸大学　占部都美
- 現代労務管理における「集団化」と「自主化」／同志社大学　島弘
- 企業経営と労使合意決定の特質／東京都立商科短期大学　島袋嘉昌
- 経営民主化の意味と条件／中央大学　長谷川廣
- 企業経営民主化の現代的課題―日本の銀行業を中心にして―／大阪市立大学　谷田庄三

第56回大会（第53集）統一論題
産業技術の新展開と経営管理の課題
1982年9月7日〜9日　立教大学

▶統一論題報告
- メカトロニクスの急展開と経営管理―変化のマネジメント時代の到来―／

名古屋大学　小川英次
- FAと経営管理／長崎大学　岩田憲明
- 情報技術の進歩と経営管理／東洋大学　涌田宏昭
- 産業技術の新展開と経営管理の課題―わが国石油化学工業の成立と展開の過程に沿って／立教大学　宮川宗弘
- 研究投資前における製品戦略的意思決定
  ―研究開発を生産過程の「なか」でとらえた管理体系の考察―／滋賀大学　森俊治
- 産業技術の新展開と経営管理の諸課題―わが国の自動車工業経営を中心として―／大阪市立大学　橘博
- システム技術の導入と関係管理動学理論の展開／札幌大学　横川義雄
- 生産のオートメーション化の進展と管理技法および作業労働の特質／中央大学　林正樹
- 現代技術革新の基本問題／武蔵大学　貫隆夫

第57回大会（第54集）統一論題
現代企業の所有と支配
1983年9月5日～7日　関西学院大学

▶統一論題報告
- 株式会社における所有と支配―支配論の方法をめぐって―／佐賀大学　荒川米一郎
- わが国企業の株主総会と支配／一橋大学　平田光弘
- 機関所有・専門経営者支配の本質／埼玉大学　小松章
- 機関所有と支配―私的所有・社会的所有パラダイムの終焉―／立教大学　三戸公
- 現代公企業の形態と統制／立命館大学　玉村博巳
- わが国企業税制と資本所有構造／名古屋市立大学　國村道雄
- 大企業における所有と支配―アメリカ株式会社支配論をめぐって―／同志社大学　正木久司

第58回大会（第55集）統一論題
政府と企業
1984年9月5日～7日　拓殖大学

▶統一論題報告
- 現代の政府による企業の規則／中央大学　岩尾裕純
- 日本公企業の経営改革―国鉄を中心として―／青山学院大学　大島國雄
- 現代アメリカの公企業と規制緩和問題―鉄道国営化問題を中心に―／大阪経済大学　上田慧
- 公益事業における規制緩和の意義／筑波大学　髙柳暁
- 公営企業の管理と私企業の管理―中国国営企業の管理の実態と課題を通じて―／愛知大学　野崎幸雌
- 公企業改革の問題点／大分大学　山本政一
- 中小企業政策の展開と企業構造の変化―近代化政策の理念と問題点―／日本大学　中山金治

- 政府と企業―その現代的課題―／神戸大学　佐々木弘
- 日米欧の産業政策と企業経営／同志社大学　前川恭一

第59回大会（第56集）統一論題
現代経営学の新動向
1985年9月11日～13日　松山商科大学

▶統一論題報告
- 現代経営学の動向と組織理論――一般システム理論とPopulation Ecology―／
  駒澤大学　鈴木幸毅
- 企業経営の現代的課題と経営学―現代経営学の新動向―／中京大学　西郷幸盛
- 組織論的管理論の新展開／京都大学　飯野春樹
- 経営学の新しい動向と労働の人間化の展開／滋賀大学　吉田修
- 経営学の新動向―システムの形成と維持の探究―／東京経済大学　長岡克行
- 現代ドイツ経営経済学の一動向―規範的行為科学としての構成主義経営経済学―／
  新潟大学　鈴木辰治
- イノベーションと経営学／福岡大学　三浦隆之
- アメリカ管理論の摂取と批判―現代日本におけるその背景・課題・新動向―
  立命館大学　仲田正機
- コンティンジェンシー理論から労働過程論へ／小樽商科大学　篠崎恒夫

第60回大会（第57集）統一論題
情報化の進展と企業経営
1986年9月2日～5日　駒澤大学

▶記念講演
- 経営管理の本質―経営管理と軍事戦略／名古屋経済大学　岩尾裕純
- 経営学と経済学・法学―経済経営学・法経営学への展開―／福岡大学　片山伍一

▶統一論題報告
- 情報システムの可能性と経営意思決定／札幌大学　八鍬幸信
- 情報化社会と組織革新―脱成熟化の企業戦略と新しい企業組織―／一橋大学　榊原清則
- 情報化の進展と企業経営／西南学院大学　平田正敏
- わが国における情報通信の進展と「産業・企業」の課題／高崎経済大学　井上照幸
- 情報化と熟練／和光大学　坂本清
- 経営情報システムの発展と企業経営／和歌山大学　小島敏宏
- 情報化と組織デザイン／名古屋大学　岸田民樹
- 情報と企業経営の理論的諸問題／駒澤大学　宮城徹
- 情報，情報化と企業経営／関西大学　中辻卯一

第61回大会（第58集）統一論題
企業経営の国際化と日本企業
1987年9月2日～5日　龍谷大学

▶統一論題報告
- 企業経営の国際化の現状と問題点／龍谷大学　井上宏
- 海外関係会社管理論再考／南山大学　中川多喜雄
- 海外生産三〇パーセント時代へ向けての本社の国際化／青山学院大学　林吉郎
- 近代化中国における管理問題―深圳経済特区進出日本企業の場合を中心に―／熊本商科大学　田島司郎
- 戦間期日本繊維産業の朝鮮進出とその経営―源流としての日本多国籍企業―／日本大学　藤井光男
- 企業集団財務の国際的展開と部分的変容―国際金融証券市場の重層化と分割化―／創価大学　坂本恒夫
- 日本企業の経営国際化―グローバルな経営戦略の今後をみる―／札幌大学　横川義雄
- 「国際化」の進展と日本的経営の展望／大阪市立大学　植村省三
- 現地人社長と内なる国際化―多国籍化の新パラダイム―／神戸大学　吉原英樹

第62回大会（第59集）統一論題
産業構造の転換と企業経営
1988年8月28日～31日　小樽商科大学

▶統一論題報告
（サブテーマ1　産業構造の転換と企業戦略）
- アメリカにおける金融構造の転換と金融機関経営
  ―金融の証券化の潮流に焦点を当てて―／小樽商科大学　井村進哉
- イギリスにおける多国籍企業のプレゼンスと産業構造／福岡大学　林卓史
- サービス経済化と企業戦略／中央大学　林昇一
- 産業構造の転換と企業構造／同志社大学　岡本博公
- 産業構造の転換と企業経営―日本型リストラクチアリングを中心として―／中京大学　西郷幸盛
- 産業社会の成熟化とネットワーク戦略の展開／明治学院大学　寺本義也

（サブテーマ2　産業構造の転換と地域産業）
- 地域における「産業構造転換」基本問題
  ―テクノポリス構想，テレトピア構想，リゾート構想と「地域活性化」政策―／阪南大学　水津雄三
- 後進地方の産業構造転換と誘致企業・地場産業―青森県の場合を中心として―／弘前大学　藤田正一

第63回大会（第60集）統一論題
日本的経営の再検討―九〇年代を展望して―
1989年9月11日～14日　福岡大学

▶統一論題報告
- 日本企業の海外現地生産の展開と「日本的経営」／静岡大学　青山茂樹
- グループ戦略と現地生産の展開／名古屋大学　佐藤義信
- 日本企業の成長戦略の基本的特質と「成長メカニズム」
  ―日本企業の国際化戦略に焦点を合わせて―／神奈川大学　衣笠洋輔
- 日本企業における生産方式の展開方向について／神戸大学　宗像正幸
- 企業グローバリゼーションにともなう日本的経営の再構築―国際人事管理の視点から―／神戸商科大学　安室憲一
- 日本的経営財務論―企業の資金調達構造をめぐって―／同志社大学　正木久司
- 経営システムの型と機能―文化的要因の位置づけ再検討／国際大学　岩田龍子
- 『日本的経営』と労使関係の現実／九州大学　原田実

第64回大会（第61集）統一論題
九〇年代の経営戦略
1990年10月4日～7日　東洋大学（朝霞）

▶統一論題報告
- 日本企業の技術開発力／立教大学　林倬史
- 経営戦略情報システムにおけるFA/CIMと生産管理のアプローチ／東洋大学　高桑宗右ヱ門
- エレガント・カンパニーにむかって／京都大学　赤岡功
- 労働市場の構造変化と九〇年代の企業の対応／明治学院大学　田村剛
- 九〇年代における経営戦略の展開と企業倫理／早稲田大学　小林俊治
- 経営戦略・組織革新と日本的経営／大阪市立大学　植村省三
- わが国自動車産業における九〇年代の戦略的マーケティング／三重大学　今尾雅博
- 国際化時代における地場産業の経営戦略／沖縄国際大学　宮平進
- 九〇年代におけるM&Aの展望／成蹊大学　村松司叙

第65回大会（第62集）統一論題
世界経済構造の変動と企業経営の課題
1991年9月5日～8日　愛知大学（三好）

▶統一論題報告
（サブテーマ1　社会主義体制の変動と企業経営）
- ソ連経済・経営改革の新方向／青山学院大学　大島國雄
- 市場経済化・所有制度変革と合理的経営主体の形成―中欧三国と中国のアプローチ―／立命館大学　井手啓二

(サブテーマ2 EC統合と企業経営)
- EC統合とフランス企業の経営戦略／愛知大学　藤本光夫
- ドイツ銀行・ダイムラーベンツの経営戦略とEC統合／九州大学　丑山優
- EC統合とイギリスでの企業経営／弘前大学　金子昭
  (サブテーマ3 グローバリゼーションと企業経営)
- 日本企業グローバル化の諸段階―序論―／名古屋市立大学　西田耕三
- 日本企業のグローバリゼーション／専修大学　大西勝明

第66回大会(第63集)統一論題
新しい企業・経営像と経営学
1992年9月3日～7日　明治大学(駿河台)

▶統一論題報告
  (基調報告)
- 新しい企業・経営像／明治大学　木元進一郎
  (サブテーマ1 企業戦略と社会)
- 競争戦略と経営倫理／東北大学　河野昭三
- 企業連合の戦略哲学―「協調と交流」のアライアンス効果―／青山学院大学　寺東寛治
- 企業戦略と経営倫理／和歌山大学　西門正巳
- 変動する時代の経営―変わりゆく価値の中で―／西南学院大学　田代義範
  (サブテーマ2 「日本的経営」の普遍性と特殊性)
- 現代アメリカ自動車産業における労務管理と労使関係
  ―GM諸工場の「チーム包括協約」を中心として―／札幌大学　平尾武久
- 「日本的経営」の国際移転における普遍性と特殊性／中央大学　林正樹
- 日本的生産システムの特性と変容／名古屋大学　山田基成
- 資本主義的企業としての「日本的経営」―その特殊性―／立命館大学　山下高之

第67回大会(第64集)統一論題
世界の中の日本企業
1993年9月11日～14日　和歌山大学

▶統一論題報告
  (サブテーマ1 日本企業の国際貢献)
- 地球環境と国際経営／神戸商科大学　安室憲一
- 日本企業と国際共生／九州産業大学　井沢良智
- 日本企業の国際貢献／駒澤大学　鈴木幸毅
  (サブテーマ2 日本的企業システムの検討課題)
- 日本的コーポレート・ガバナンスの問題点―経営者監視システムの欠陥―／山形大学　伊藤宣生
- 企業の社会的責任の今日的展開と日本企業の閉鎖性／名古屋大学　櫻井克彦

- 経営環境変化と日本企業再生の条件―内外経営環境との調和と問題点―／
  千葉商科大学　影山僖一
  （サブテーマ3　日本型生産システムの有効性と限界）
- 日本型生産システムの有効性と問題／札幌大学　鈴木良始
- 日本型生産方式における労働と管理
  ―小集団活動の日英比較による日本的特質の一考察―／阪南大学　安井恒則
- 日本の企業・経営・生産システムの有効性と問題点
  ―市場，最高管理組織，作業組織，賃金，労働組合等の日独比較―／中央大学　高橋由明

第68回大会（第65集）統一論題
現代企業と社会
1994年9月7日～10日　山梨学院大学

▶統一論題報告
（サブテーマ1　地域振興と企業経営）
- 地域振興と企業経営―地域産業の構造変化と中小企業の投資行動―／
  山梨学院大学　三浦康彦
- 企業者活動と地域振興―ネットワーク化された学習とインキュベーター―／
  名古屋大学　吉田孟史
- 地域振興と企業経営―北海道開発に対する一見解―／北海道大学　眞野脩
  （サブテーマ2　企業倫理と経営行動）
- 企業行動と経営倫理―環境問題への対応―／和光大学　飫冨順久
- 企業倫理の実証分析／神戸大学　吉原英樹
- 環境倫理と経営の環境保全行動／日本大学　真船洋之助
- 企業倫理への経営学的接近／明治大学　中村瑞穂

第69回大会（第66集）統一論題
日本企業再構築の基本問題
1995年9月6日～9日　大阪経済大学

▶統一論題報告
（サブテーマ1　経営指導原理の再構築）
- 日本型企業社会の再構築―企業と社会の新たな関係―／和歌山大学　谷本寛治
- 企業の活性化とトップ・マネジメント／慶應義塾大学　十川廣國
- 経営学研究の地平―経営指導原理の再構築をめざして―／九州大学　塩次喜代明
  （サブテーマ2　企業システムの再構築）
- 職場内人間関係の変容と情報システム化―管理の情報化の展開と論理に関わって―／
  大阪経済大学　重本直利
- 日本企業の組織能力の再構築―中堅企業のビジネス・システム構築能力をめぐって―／
  東北大学　大滝精一

- 企業の統治システムの再構築／慶應義塾大学　植竹晃久

（サブテーマ3 国際化戦略の再構築）
- 日米情報技術企業の国際化戦略の再構築／龍谷大学　夏目啓二
- 日本企業のリストラとアジア戦略／立教大学　丸山恵也
- アナログ経営のメタデジタル化―新しい国際化戦略の考え方―／
  青山学院大学　林吉郎

第70回大会（第67集）統一論題
現代経営学の課題
1996年9月19日～22日　一橋大学

▶記念講演
- 企業と社会／一橋大学　田島壯幸
- Recent Trends in Human Resource Management in Unified Germany／
  マンハイム大学　Eduard Gaugler
- 日本的経営学の展開―個別資本説を中心として―／奈良産業大学　海道進

▶統一論題報告
- 有能感，自己決定，フロー経験と自己実現
  ―これまでの経営学のモティベーション論を超えて―／神戸大学　金井壽宏
- 情報資本主義時代の経営学／武蔵大学　貫隆夫
- 近代組織論の再構築／熊本学園大学　川端久夫
- 雇用管理の複線化と職業生活―企業活動の市民生活に対するインパクトの一断面―／
  立命館大学　渡辺峻
- 企業活動と市民生活／一橋大学　村田和彦
- 規制緩和の日独比較―運輸業を中心として―／日本大学　桜井徹
- 「規制緩和」と規制改革―ネットワーク論の視点から―／大阪経済大学　上田慧
- 企業行動と政府規制―自律的経営システムの条件の探求―／日本大学　菊池敏夫

第71回大会（第68集）統一論題
環境変化と企業経営
1997年9月16日～19日　関西大学

▶統一論題報告
- 企業における環境管理システム―その機能と構造―／日本大学　石山伍夫
- 地球環境問題と企業の社会的責任―日本企業の取り組みとその問題点―／
  静岡大学　青山茂樹
- 企業における環境管理の現状と今後の課題／甲南大学　中丸寛信
- 地域市場の発展とリージョナル・マネジメント―地域統括会社の役割から―／
  亜細亜大学　徳永善昭
- 東南アジアにおけるグループ戦略の新展開―トヨタ自動車のケースを用いて―／

愛知学院大学　佐藤義信
- 日本，台湾と中国におけるグローバル型企業の国際分業について／台湾・東海大学　劉仁傑
- ジャパナイゼーション・ボルボ軌跡・トヨタ実験／小樽商科大学　篠崎恒夫
- 情報ネットワーク化と企業経営―外注化，世界化，協調化，仮想化を中心に―／同志社大学　太田進一
- ドラッカー知識社会論について―現代経営学の課題―／北九州大学　齋藤貞之

第72回大会（第69集）統一論題
21世紀の企業経営
1998年9月9日～12日　札幌大学

▶統一論題報告

（サブテーマ1　新時代の企業システム）
- ワークスタイルの変化と組織の革新／滋賀大学　太田肇
- 生産システム・事業システム・企業システムの展開／同志社大学　岡本博公
- 21世紀の日本企業の課題／早稲田大学　厚東偉介
- コーポレート・ヘゲモニー―Neoinstitutionalismの立場から―／一橋大学　小松章

（サブテーマ2　アジアと日本）
- 中国における私営企業の行動様式／札幌大学　汪志平
- 在アジア日系企業における国際ロジスティックス戦略の展望―タイ自動車企業の課題―／明治大学　大石芳裕
- 韓国労使関係の現状と展望／九州産業大学　佐護譽

第73回大会（第70集）統一論題
新しい世紀と企業経営の変革―企業経営の変革をめざして―
1999年9月7日～10日　同志社大学

▶統一論題報告

（サブテーマ1　グローバル・スタンダードと企業経営の変革）
- 研究開発者のグローバル・マネジメント
　―日本，英国，韓国，インドの国際比較を通して―／千葉大学　中原秀登
- 経営のグローバル・スタンダードとグループ経営の変革／北陸先端科学技術大学院大学　寺本義也
- 部品事業部門の分社化とGIS連合―GM社を事例として―／関西大学　井上昭一

（サブテーマ2　規制をめぐる諸問題と企業経営の変革）
- 米国・金融自由化とファイナンス・カンパニーの戦略／早稲田大学　坂野友昭
- 持ち株会社解禁と日本型企業経営／立命館大学　玉村博巳
- 規制緩和と組織の境界／熊本学園大学　中野裕治

（サブテーマ3　経営者の役割と企業経営の変革）
- 戦略的変革と経営者／北海学園大学　石井耕

- 日本型企業システムと経営者／創価大学　佐久間信夫
- 管理の論理，時間および経営者の役割／成蹊大学　対木隆英

第74回大会(第71集)統一論題
経営学の新世紀：経営学100年の回顧と展望
2000年9月7日～10日　横浜市立大学

▶統一論題報告
　（サブテーマ1-1　20世紀と経営学，その軌跡と課題）
- 「人間協働の学」としての経営学の誕生とその展開
　―C.I.Barnard, The Functions of the Executiveの論理構造―／青森公立大学　加藤勝康
- 経営学―協調と競争の共存―／専修大学　丹沢安治
- 20世紀とドイツ経営学，その軌跡と課題／帝塚山大学　吉田修
　（サブテーマ1-2　20世紀と経営学，その軌跡と課題―日本経営学の回顧と展望―）
- 日本における経営学の軌跡と課題／桃山学院大学　片岡信之
- 日本的経営論の変遷と日本経営学の展望／中央大学　林正樹
- 戦後50年，日本の経営学を生きて／三戸公
　（サブテーマ2　20世紀の企業経営と新世紀の展望）
- 日本的生産システムの移転と変容―グローバル時代の新パラダイムへ向けて―／東海学園大学　下川浩一
- 社会主義企業経営の教訓―産業民主主義との関連において―／明治大学　加藤志津子

第75回大会(第72集)統一論題
21世紀経営学の課題と展望
2001年9月6日～9日　桃山学院大学

▶統一論題報告
　（サブテーマ1　社会環境の転換期における経営学の展望と課題）
- 社会環境の転換期における経営学研究の展望と課題
　―企業経営とステークホルダー・アプローチ―／名古屋大学　櫻井克彦
- グローバリゼーションの進展と生産システムの革新―ドイツ自動車産業の軌跡―／明治大学　風間信隆
- 21世紀の転換期に何を課題とし，どう取り組むか／九州産業大学　井沢良智
- 経営学における情報技術問題の変遷と展望／東京都立科学技術大学　島田達巳
- 「循環型社会」と環境経営学／駒澤大学　鈴木幸毅
　（サブテーマ2　経営構造の変貌と経営学の課題・展望）
- 市場社会の変化と新しい企業システム／一橋大学　谷本寛治
- 新世紀の企業統治原理―絶対的主権ドクトリンから相対的主権ドクトリンへ―／防衛大学校　菊澤研宗
- ビジネスモデル特許とマーケティング／東京大学　高橋伸夫

- 日本企業の戦略・組織・人事の動向／神戸大学　坂下昭宣
- 「大学発ベンチャー企業」支援策と Innovation Cluster の形成
  ―わが国における産学官連携の可能性―／東北大学　西澤昭夫
- 競争構造の変貌と経営学の課題―日本企業の経営戦略上の課題―／立教大学　林倬史

第76回大会（第73集）統一論題
IT革命と企業経営
2002年9月4日～7日　明治大学（駿河台）

▶ 統一論題報告
　（サブテーマ1　ITビジネスの現状と課題）
- 産業・ビジネスの「創出」の実態とその意味についての検討
  ―経済・企業の基本モデルに従って―／早稲田大学　藁谷友紀
- IT不況とコーポレート・アメリカ／龍谷大学　夏目啓二
- 今日におけるEMSビジネスの展開／福岡大学　川上義明
　（サブテーマ2　IT革命と産業システムの変革）
- デジタル化経営とモジュール化戦略―IT革命と製造システムの転換―／
  名古屋工業大学　竹野忠弘
- 情報システムと競争優位―日本企業を対象とする実証研究―／北海道大学　平本健太
- ITによる今日的なプロセスイノベーション／中央大学　遠山暁
　（サブテーマ3　IT革命と労働・社会生活の変容）
- ITによる労働環境の変化とその社会的影響―情報倫理的アプローチ―／明治大学　村田潔
- 産業社会とIT社会―歴史的に見たIT革命／関西大学　野口宏
- IT革命の希望と不安―希望としての競争力，不安としての格差と孤立―／
  武蔵大学　貫隆夫

第77回大会（第74集）統一論題
グローバリゼーションと現代企業経営
2003年9月3日～6日　愛知学院大学（日進）

▶ 統一論題報告
　（サブテーマ1　グローバリゼーションと経営学の課題）
- 東アジアのグローバリゼーションと経営学の課題
  ―共生の道：東アジア経済・通貨圏と経営管理方式の移転―／中央大学　高橋由明
- 多国籍企業の理論と人間行動の公準／法政大学　洞口治夫
- グローバリゼーションとメイド・イン・ジャパン／駒澤大学　吉田敬一
　（サブテーマ2　グローバル経営の新展開）
- グローバル化と企業競争力の構築―新経営パラダイムの形成に関連して―／
  日本大学　竹田志郎
- モノづくりのマネジメント再考―グローバルニッチの探究と事業モデルの再構築―／

名古屋大学　山田基成
- タイの多国籍企業CP社の栄光と挫折／東北大学　中川多喜雄

第78回大会(第75集)統一論題
日本企業再生の課題
2004年9月1日～4日　早稲田大学

▶統一論題報告

　(サブテーマ1　コーポレート・ガバナンスの再構築)
- 日本企業とガバナンス改革／熊本学園大学　勝部伸夫
- 企業倫理の観点から見たコーポレート・ガバナンスの意義と限界
　―倫理的組織風土の構築を目指して―／麗澤大学　中野千秋
- 制度の進化の観点から見た企業再生―現代の企業の進化とスーパーモジュラー分析―／
　慶應義塾大学　渡部直樹

　(サブテーマ2　人材の育成と活用)
- 「選別」から「適応」へ―HRMのパラダイム転換―／同志社大学　太田肇
- フラット型組織における人的資源管理／神戸大学　奥林康司
- 知力人材の開発―革新的創造力の開発を中心として―／愛知学泉大学　川端大二

　(サブテーマ3　新事業創造とイノベーション)
- 戦略と組織のダイナミック・インタラクション
　―日本企業の創発戦略に関する理論的考察―／一橋大学　沼上幹
- 産業モジュール化が競争優位に与える影響―戦略グループ論の再検討―／
　早稲田大学　根来龍之
- 生命科学の事業化手段としてのスタートアップ／豊橋技術科学大学　藤原孝男

第79回大会(第76集)統一論題
日本型経営の動向と課題
2005年9月7日～10日　九州大学(箱崎)

▶統一論題報告

　(サブテーマ1　変革期における経営学の理論的, 方法論的課題)
- 経営学と経営者育成―「経営教育学派」の認知向上―／中部大学　辻村宏和
- グローバル化と日本経営研究の課題―ナショナリズムを超えて―／同志社大学　長谷川治清
- 支配, 統治, 経営―企業についての三つの概念―／一橋大学　伊丹敬之

　(サブテーマ2　日本型経営の新動向―現場からの発信―)
- 環境激変下におけるこれからの旅行業経営／(株)ジェイティービー　舩山龍二
- 日本的経営の課題と新しい動き―「国鉄改革」「りそな再生」から学ぶ経営改革の方向―／
　(株)りそなホールディングス　細谷英二
- 電力自由化時代における「電力経営」の現状について
　―TQM(経営品質向上)による企業風土改革―／九州電力(株)　松尾新吾

- IBMのコーポレート・ガバナンス／日本アイ・ビー・エム（株）　北城恪太郎

（サブテーマ3　日本型経営の実態分析）
- 賃金管理からみた日本的経営―その動向と問題―／石巻専修大学　晴山俊雄
- バブル崩壊後における日本的生産システムの特質とその課題
―セル生産方式を中心として―／作新学院大学　那須野公人
- デジタル家電産業と日本的ビジネスモデルの追求／同志社大学　鈴木良始

第80回大会（第77集）統一論題
新時代の企業行動―継続と変化―
2006年9月6日～9日　慶應義塾大学

▶記念講演
- Environmental Sustainability and Economic Development: Transferring Energy Efficient and Clean Emissions Tecnology from Japan to China／サンノゼ州立大学　W. Mark Fruin

▶統一論題報告

（サブテーマ1　企業行動研究の新潮流）
- 企業社会責任（CSR）論と経営学の基本問題―労働・人権の問題を中心として―／駒澤大学　百田義治
- インテグリティ主導の企業行動と経営者の課題／富山大学　水谷内徹也
- 経営学の再構築と企業行動研究の新展開―「批判的経営学」から「科学的経営学」へ―／立命館大学　山崎敏夫

（サブテーマ2　継続と変化のマネジメント）
- 変化の時代の不変のマネジメント／リョービ（株）　浦上浩
- 技術力をベースにしたグローバルな戦略的アライアンス／中外製薬（株）　永山治
- 継続的成長へ向けた持株会社経営／（株）CSKホールディングス　福山義人

（サブテーマ3　企業行動のダイナミズム）
- 日本の製薬企業におけるイノベーション／神戸大学　原拓志
- 日本企業の環境適応と組織の柔軟性
―家電製造企業の組織と人材マネジメントの事例研究―／東北大学　藤本雅彦
- 企業の社会性―企業評価の立場から考える収益性・成長性と社会性の関係―／慶應義塾大学　岡本大輔

第81回大会（第78集）統一論題
企業経営の革新と21世紀社会
2007年9月5日～8日　追手門学院大学

▶統一論題報告

（サブテーマ1　新しい企業価値の探求）
- 企業における人間らしい働き方と21世紀社会／九州大学　遠藤雄二

- 現代企業と企業価値／中京大学　櫻井克彦
- 「新しい」「企業価値」とは／横浜国立大学　三戸浩
  （サブテーマ2　新しい社会貢献の模索）
- 「先義而後利栄」―290年の歴史と経営理念／J．フロントリテイリング（株）　奥田務
- Good Corporate Citizen による価値創造／ソニー（株）　金田嘉行
- 企業とイノベーション／アートコーポレーション（株）　寺田千代乃
  （サブテーマ3　企業社会の多様性の探求）
- 組織における文化的多様性，及びその原因と結果／新潟大学　咲川孝
- ワークライフバランス実現に向けた柔軟な働き方
  ―雇用形態の多様化から勤務形態の多様化へ―／大阪市立大学　下﨑千代子
- 異文化経営とダイバーシティ・マネジメント―日本の企業社会のあり方をめぐって―／
  桜美林大学　馬越恵美子

第82回大会（第79集）統一論題
日本企業のイノベーション
2008年9月3日～6日　一橋大学

▶統一論題報告
  （サブテーマ1　技術のイノベーション）
- 日本企業の技術イノベーション―技術の社会的形成の視点から―／神戸大学　原拓志
- イノベーション研究の分析視角と課題／一橋大学　軽部大
- 二輪車産業におけるプロダクトサイクルとイノベーション／同志社大学　太田原準
  （サブテーマ2　イノベーションの組織）
- 組織のバランス分化とイノベーションの成果
  ―大企業とベンチャー企業に関する実証研究―／関西大学　川上智子
- イノベーションの必勝・必敗の法則／新潟大学　高山誠
- 組織の復活とイノベーション創出／慶應義塾大学　今口忠政
  （サブテーマ3　企業社会のイノベーション）
- 企業社会とイノベーション―家型企業・家型社会は変容したか―／
  九州産業大学　池内秀己
- ソーシャル・イノベーションと社会的企業―「営利」と「非営利」の境界を超えて―／
  明治大学　塚本一郎
- イノベーションと企業不祥事―企業活動の光と影―／北海道大学　谷口勇仁

第83回大会（第80集）統一論題
社会と企業：いま企業に何が問われているか
2009年9月1日〜4日　九州産業大学

▶統一論題報告
（サブテーマ1　企業価値の再考）
- 企業価値と経営戦略―社会性と企業の存続―／早稲田大学　藤田誠
- 企業価値評価の動向―コーポレートファイナンスの分野―／神戸大学　砂川伸幸
- 株式会社の再定義と企業価値の変容／一橋大学　小松章

（サブテーマ2　コーポレート・ガバナンス論の再検討）
- コーポレート・ガバナンス論と企業観―Stockholder TheoryとStakeholder Theoryを巡って―／同志社大学　今西宏次
- 利害関係者論からのコーポレート・ガバナンスの再検討／明治大学　出見世信之
- 経営者自己統治論の提唱／星城大学　平田光弘

（サブテーマ3　事業の目的と使命）
- サブプライム危機と事業の目的と使命／九州大学　久原正治
- 持続可能な社会の構築を巡って―「事業経営のあり方」と「事業を活かす社会のあり方」―／麗澤大学　高巖
- 人間・社会・自然における企業の地位―事業の目的と使命―／青森公立大学　村田晴夫

第84回大会（第81集）統一論題
新たな経営原理の探求
2010年9月2日〜5日　石巻専修大学

▶統一論題報告
（サブテーマ1　市場経済と企業の社会性）
- 新たな経営原理を求めて／早稲田大学　厚東偉介
- コーポレート・ガバナンス制度変化への企業の対応―CSRを意識したプラクティス―／愛知学院大学　津田秀和
- 日本企業社会論―市場経済と企業の社会性によせて―／関西学院大学　渡辺敏雄

（サブテーマ2　グローバリゼーションへの対応と課題）
- グローバリゼーションと国際提携―国際合併研究の動向と今後―／大阪市立大学　石井真一
- 21世紀のグローバリゼーションの新パラダイム／専修大学　赤羽新太郎
- 中国進出日系企業の経営行動―今後の方向と課題―／桜美林大学　金山権

（サブテーマ3　企業経営の永続性）
- 企業経営の進化と永続性―プログラム概念と進化論的経営学―／久留米大学　福永文美夫
- 新しい経営原理の探求―企業経営の永続性―／亜細亜大学　横澤利昌
- 企業経営の永続性―環境と経営の問題―／青森公立大学　吉原正彦

第85回大会(第82集)統一論題
リーマン・ショック後の企業経営と経営学
2011年9月7日〜10日 甲南大学

▶統一論題報告
　(サブテーマ1-1 現代企業の変容と課題：理念・戦略・管理)
- 現代企業の変容とその意味／東海学園大学　櫻井克彦
- リーマン・ショック後の労働の変容と問題点－日本企業と日本経済を中心にして－／立命館大学　守屋貴司
- Management of Sustainability（MOS）と4次元経営／(株)三菱ケミカルホールディングス　小林喜光

　(サブテーマ1-2 現代企業の変容と課題：理念・戦略・管理)
- グローバル化の進展とドイツ的企業統治システムの進化
　－株主価値重視経営からの脱却と共同決定の現代的意義－／明治大学　風間信隆
- リーマン・ショック後の設備投資の変化－欧米企業での実証的考察－／Ohtake, Urizar & Co. 大竹愼一
- リスクマネジメントによる経営改革－三菱商事の事例－／三菱商事株式会社　上田良一

　(サブテーマ2 現代経営学の存在理由と方向性)
- 市場主義そして／あるいは経営学／青森公立大学　藤井一弘
- 経営学における厳密性と適切性－方法論的考察－／慶應義塾大学　榊原研互
- 経営学とはどのような学問か－経済性と社会性の連関を巡って－／神戸大学　上林憲雄

　(特別フォーラムA 東日本大震災を考える)
　パネリスト：大東文化大学　貫隆夫
　　　　　　　大阪市立大学　中瀬哲史
　　　　　　　大東文化大学　井上照幸

　(特別フォーラムB 「日本再生」と経営者の役割)
　パネリスト：(社)関西経済連合会副会長　森下俊三
　　　　　　　がんこフードサービス(株)　小嶋淳司
　　　　　　　京南倉庫(株)　上村多恵子
　　　　　　　熊本県　蒲島郁夫

第86回大会(第83集)統一論題
新しい資本主義と企業経営
2012年9月6日〜9日 日本大学(商学部)

▶統一論題報告
　(サブテーマ1 アジア企業の経営から学ぶ)
- 中国の企業経営に学ぶ－電子メーカーを中心にして－／専修大学　大西勝明
- 中国企業の創出と進化／明治大学　郝燕書

　(サブテーマ2 「アジアは内需」の時代の企業経営)

- 「アジアは内需」の時代の企業経営／株式会社日立製作所　中島純三
- 日本アジア間連携的経営―経営上の適応と経営論の進化―／名古屋工業大学　竹野忠弘
  (サブテーマ3　新しい資本主義の現実と経営者の意識)
- イノベーションと格差社会における経営者の意識と役割
  ―日本経済の分析と課題を中心にして―／立教大学　亀川雅人
- 新しい資本主義の現実と日本企業の課題―経営者の意識を巡って―／
  明治学院大学　大平浩二
- 新しい資本主義の現実と社会イノベーション／鹿児島国際大学　馬頭忠治
  (特別フォーラム　東日本大震災を考える)
- 地域を生きる経営―石巻は, 問う―／
  (株)街づくりまんぼう代表取締役副社長　尾形和昭
  山徳平塚水産(株)代表取締役社長　平塚隆一郎
  石巻専修大学　杉田博

第87回大会(第84集)統一論題
経営学の学問性を問う
2013年9月4日～7日　関西学院大学

▶統一論題報告
  (サブテーマ1　多様化する企業経営)
- 企業組織の多様化における普遍性と特殊性／早稲田大学　大月博司
- 企業経営における普遍主義と文化主義の相克を超えて
  ―コミュニケーション共同体としての組織観とディスコース分析の意義―／
  龍谷大学　梶脇裕二
- 経営学の学問性を問う―研究対象の多様化から考える―／北海学園大学　澤野雅彦
  (サブテーマ2　危機の時代の企業経営)
- 日本企業の危機と株主価値志向経営―日本的経営の解体と再生をめぐって―／
  創価大学　國島弘行
- 現在は『危機の時代』か／大阪市立大学　中瀬哲史
- 危機の時代における経営学の課題と責任／九州国際大学　齋藤貞之
  (サブテーマ3　経営学の可能性と存在意義)
- 経済成長そして／あるいは経営学―脱成長の経営学の可能性―／青森公立大学　藤井一弘
- 規範, 批判の経営学と政策の経営学―技術論的経営学の可能性―／関西大学　廣瀬幹好
- 経営学は'無用'か？―その存在意義を考える―／甲南大学　河野昭三

第88回大会(第85集)統一論題
日本的ものづくり経営パラダイムを超えて
2014年9月4日～6日 国士舘大学

▶統一論題報告
　（サブテーマ1　再生の時代の経営者）
- 日本企業の強みを生かしたグローバル戦略／日産自動車株式会社　志賀俊之
- 世界の基本的変化と日本の構造改革―コマツは日本の縮図―／
株式会社小松製作所　坂根正弘
- 再生の時代の経営者／三菱電機株式会社　山西健一郎
- グローバル化する医薬品市場と中外製薬の戦略／中外製薬株式会社　永山治

　（サブテーマ2　日本型ものづくり経営の再生）
- 実証社会科学におけるものづくり現場概念／東京大学　藤本隆宏
- 技術経営論・生産システム論視点からの「ものづくり（経営）」再考／立命館大学　今田治
- 技術転換局面におけるリスクとポテンシャル―ものづくり美学の創生か終焉か―／
中京大学　浅井紀子

　（サブテーマ3　ソーシャル・ビジネスの経営探究）
- 開発途上国市場への参入の課題―現地貢献の事業展開／九州大学　星野裕志
- 社会的企業の経営探究―企業形態としての独自性とその矛盾―／関西大学　橋本理

第89回大会(第86集)統一論題
株式会社の本質を問う―21世紀の企業像
2015年9月2日～5日 熊本学園大学

▶統一論題報告
　（サブテーマ1　株式会社の原理を問う）
- 株式会社の原理を問う―営利事業の遂行主体の観点から―／日本大学　村田和彦
- 株式会社の本質―corpus mysticumとは何か―／中京大学　中條秀治
- 現代資本主義と株式会社―個別資本の3循環と企業統治―／関東学院大学　高橋公夫

　（サブテーマ2　巨大株式会社のガバナンスを問う）
- 株式会社の本質・目的と巨大株式会社のガバナンス／同志社大学　今西宏次
- 株式会社統治の多様な姿―株主，従業員（組合），財団などが果たしてきた役割―／
和歌山大学　吉村典久
- コーポレート・ガバナンスと企業不祥事の実証分析／中央大学　青木英孝

　（サブテーマ3　現代企業とグローバリゼーション）
- 資本希少性の後退と株式会社の変容／石巻専修大学　大坂良宏
- 経済の金融化とファンドによる企業支配／明治大学　三和裕美子
- グローバリゼーションと世界の大企業体制の変貌／龍谷大学　夏目啓二

第90回大会（第87集）統一論題
日本の経営学90年の内省と構想
2016年8月31日〜9月3日　専修大学（神田）

▶記念講演
- High-Performance Democratic Socialism:
  The Emergence of Organizing Principles for a New Society within the Modern Capitalist Enterprise／南カリフォルニア大学・元アメリカ経営学会会長　Paul.S.Adler
- 企業統治3・0／甲南大学特別客員教授　神戸大学名誉教授　加護野忠男

▶統一論題報告
（サブテーマ1　社会的課題と企業戦略論）
- 日本企業における付加価値の創出―事業組織の状況からの検討―／一橋大学　加藤俊彦
- 日本企業復活とダイナミック・ケイパビリティ／慶應義塾大学　菊澤研宗
- 日本企業の競争優位と経営資源論の発展／関西大学　上野恭裕

（サブテーマ2　社会の中での組織の機能）
- マネジメントにおける厳密性と適切性の概念の再検討／中央大学　平澤哲
- 制度ロジックスの組織化と制度としての組織―『制度的企業家』後記―／神戸大学　松嶋登
- 「社会の中での組織の機能」を問う―経営学と協働の変容―／青森公立大学　藤沼司

（サブテーマ3　社会と企業ガバナンスの関係）
- 日本型組織と不祥事―「管理強化」がなぜ裏目に出るのか―／同志社大学　太田肇
- 企業と社会のガバナンス構造の変化／早稲田大学　谷本寛治
- 深化するグローバル化と「企業統治」問題―「公と私」の再構築に向けて―／同志社大学　上田慧

注記：

1．本リストの作成にあたっては，下記3に記した時期的に分割されたいくつかの部分的な既存リストを基にして整理し，そのさい必要に応じて各年に公刊された『経営学論集』原本に立ちもどって確認しつつ，片岡信之が新たに入力して集大成した。

2．大会の開催回数を表す数字と『経営学論集』の通算号数は必ずしも一致していない（例えば第90回大会の内容を収録した『経営学論集』が第87集となっているなど）。こうなった事情は，第I部第1章末尾に掲載した「日本経営学会50年史年表（創設〜50回大会）」「日本経営学会大会史年表（第45回大会〜第90回大会）」を参照してもらえば，理解していただけるようになっている。

3．参照した既存リストは下記の通りである。
　①「日本経営学会五〇年の歩み」（『経営学の回顧と展望』経営学論集47集，日本経営学会

五十周年記念特集），1977，千倉書房所収。
② 「日本経営学会全国大会統一論題の変遷」『日本経営学会誌』創刊号，1977.4所収。
③ 「日本経営学会最近10年の歩み」（『情報化の進展と企業経営』経営学論集57集，日本経営学会六十周年記念特集），1987，千倉書房所収。
④ 「日本経営学会最近10年の歩み」（『現代経営学の課題』経営学論集67集，日本経営学会七十周年記念特集），1997，千倉書房所収。
⑤ 「日本経営学会最近10年の歩み」（『新時代の企業行動──継続と変化』経営学論集77集，日本経営学会七十周年記念特集），2007，千倉書房所収。
⑥ 経営学論集，第1集～第87集。

4．経営学論集は，2017年2月末現在では，第1集以後第74集までがCiNiiでオンラインにて各論文にアクセスできるようになっている（データは順次，J-Stageに移行の予定だが公開は未定である）。また，第83集以後は日本経営学会ホームページからオンラインで各論文にアクセスできるが，残念ながら，第75集～第82集については，現在のところ紙製版に頼るしかない。

5．本リストの作成にあたっては，細心の注意を払ったつもりであるが，思わざるミスもないとは限らない。万一の確認の必要が生じた場合には，上記4で示した資料で確認を御願いする。

日本経営学会 学会賞受賞者一覧

▶著書部門

大会年	大会	著者名	著書名
2016	90	山田仁一郎	『大学発ベンチャーの組織化と出口戦略』中央経済社
2015	89	なし	なし
2014	88	なし	なし
2013	87	長山宗広	『日本的スピンオフ・ベンチャー創出論―新しい産業集積と実践コミュニティを事例とする実証研究―』同友館
2012	86	加藤俊彦	『技術システムの構造と革新―方法論的視座に基づく経営学の探究―』白桃書房
2011	85	なし	なし
2010	84	なし	なし
2009	83	李東浩	『中国の企業統治制度』中央経済社
2008	82	岩田智	『グローバル・イノベーションのマネジメント―日本企業の海外研究開発活動を中心として―』中央経済社
		藤田誠	『企業評価の組織論的研究―経営資源と組織能力の測定―』中央経済社
2007	81	なし	なし
2006	80	川上智子	『顧客志向の新製品開発―マーケティングと技術のインタフェイス―』有斐閣
2005	79	なし	なし

▶論文部門

大会年	大会	著者名	著書名
2016	90	西岡由美	「契約社員の人事管理と基幹労働力化―基盤システムと賃金管理の二つの側面から―」
2015	89	青木英孝	「企業のガバナンス構造が経営戦略の変更に与える影響―多角化戦略の分析―」
		川崎千晶	「組織間信頼の形成プロセス―縁故に基づく信頼の場合―」
		鈴木修	「『活用』と『探索』のトレードオフ関係の解消条件に関する考察―製薬産業を題材にした実証分析―」
2014	88	太田欣吾	「エレクトロニクス導入時の企業行動の比較分析」
		平澤哲	「ベンチャー企業の成長と組織アイデンティティの適応的可塑性―持続性と流動性の意味のマネジメント―」
2013	87	なし	なし
2012	86	なし	なし
2011	85	なし	なし
2010	84	西脇暢子	「プロフェッショナル組織における協働関係形成と昇進の関係―会計監査法人の事例研究からの一考察―」
2009	83	亀岡京子	「埋もれた研究成果の意図せざる引継ぎ―高血圧症治療薬のR&Dプロセスの事例研究―」
2008	82	朴泰勲	「中国自動車メーカーの競争戦略：天津トヨタ・一汽ＶＷ・北京現代・長城汽車・一汽轎車の組織間システムの分析」
		浅井敬一朗	「中国プラスチック金型メーカーにおける技術革新の導入とスキル」
2007	81	坂爪裕	「セル生産方式と分業の新展開―導入企業8社の事例研究―」
		高井文子	「『支配的な通念』による競争と企業間相異形成―オンライン証券業界の事例―」
		松本渉	「NPOの存在理由と組織化との関係」
2006	80	水野由香里	「場のメカニズムの変化をもたらした中核企業の役割」
		藤原雅俊	「多角化企業の技術転換能力と経営体制―リコーの複写機事業における技術転換プロセス―」
2005	79	古瀬公博	「転売目的の企業経営：モジュラー化する企業」
		陳韻如	「オープン標準期におけるパワー構築と標準化団体―DVDコンソーシアムにおける松下のイニシアチブの獲得を中心に―」

執筆者紹介

片岡信之（かたおか・しんし）• 第1章執筆

日本経営学会名誉会員，龍谷大学名誉教授，大連工業大学客座教授，陽光学院（福州）客座教授

1939年生まれ。神戸大学経営学部卒業，京都大学経済学研究科博士後期課程単位取得，博士（経済学）。龍谷大学教授，桃山学院大学教授，日本経営学会理事長，経営学史学会理事長，アジア経営学会常任理事ほかを歴任。主著『日本経営学史序説』（文眞堂）。

田中照純（たなか・てるよし）• 第2章執筆

立命館大学名誉教授

1945年生まれ。神戸大学経営学部卒業，同大学大学院経営学研究科を経て，立命館大学経営学部助教授に就任，その後同学部教授に昇任し，2000年同大学にて博士（経営学）の学位を取得。専門は経営学史，企業倫理学，主著に『経営学の方法と歴史』（ミネルヴァ書房）その他。

坂下昭宣（さかした・あきのぶ）• 第3章執筆

公益財団法人松下社会科学振興財団理事，神戸大学名誉教授，流通科学大学名誉教授

1946年生まれ。神戸大学経営学部卒業，同大学院経営学研究科修士課程修了。神戸大学より経営学博士の学位を取得。神戸大学大学院経営学研究科教授，日本経営学会理事長，流通科学大学商学部教授を歴任。専門は経営管理論，経営組織論，組織行動論。主著に『組織行動研究』『経営学への招待』『組織シンボリズム論』（いずれも白桃書房）など。

河野昭三（こうの・しょうぞう）• 第4章執筆

東北大学名誉教授，甲南大学名誉教授，立命館大学客員協力（上席）研究員

1948年生まれ。一橋大学商学部卒業，同大学院商学研究科博士課程中退。山形大学講師・助教授，メリーランド大学フルブライト客員研究員，東北大学経済学部・経済学研究科教授，甲南大学経営学部教授などを歴任。博士（経営学）東北大学。専門は経営学原理。主著に『ビジネスの生成』（文眞堂）など。

奥林康司（おくばやし・こうじ）・第5章執筆

神戸大学名誉教授，日本学術会議連携会員，大阪国際大学副学長兼グローバルビジネス学部長兼現代社会学部長，放送大学客員教授

1944年生まれ。神戸大学経営学部卒業，神戸大学大学院経営学研究科中退，桃山学院大学経済学部助手，神戸大学大学院経営学研究科教授，摂南大学副学長兼経営学部長・経営学研究科長。

仲田正機（なかた・まさき）・第6章執筆

立命館大学名誉教授，京都橘大学名誉教授

1942年生まれ。同志社大学商学部卒業，同大学院商学研究科修士課程修了。経営学博士。立命館大学経営学部教授，京都橘大学現代ビジネス学部教授を歴任。専門は経営管理論。主著『現代企業構造と管理機能』（中央経済社），『現代アメリカ管理論史』（ミネルヴァ書房）。

宗像正幸（むなかた・まさゆき）・第7章執筆

神戸大学名誉教授，大阪成蹊大学名誉教授

1940年生まれ。神戸大学経営学部卒業，同経営学研究科課程修了退学。経営学博士（神戸大学）。神戸大学教授，大阪成蹊大学教授，同学長などを歴任。専門は工業経営論，技術論，生産システム論。主著に『技術の理論』（同文舘出版）など。

小松　章（こまつ・あきら）・第8章執筆

武蔵野大学経済学部教授，一橋大学名誉教授

一橋大学大学院修士課程修了，埼玉大学教授，一橋大学教授を経て，現職。日本経営学会常任理事，日本学術振興会経営問題第108委員会委員長などを歴任。専攻は企業形態論，経営財務論，経営哲学。主著に『株式会社金融の理論』『企業形態論』など。

森本三男（もりもと・みつお）・第9章執筆

青山学院大学名誉教授，横浜市立大学名誉教授

1930年生まれ。一橋大学大学院商学研究科修士課程修了。名古屋大学より博士（経済学）を取得。横浜市立大学助手・助教授・教授，青山学院大学教授，白鷗大学教授を歴任。主著は『企業社会責任の経営学的研究』（白桃書房）など。

植竹晃久（うえたけ・てるひさ）• 第10章執筆

慶應義塾大学名誉教授，NPO法人東連ジャパン理事
1939年生まれ。慶應義塾大学商学部卒業。同大学大学院商学研究科修士・博士課程修了。同大学商学部教授，白鷗大学経営学部教授，中京学院大学経営学部特任教授を歴任。専門は，現代企業経営論。主著に『企業形態論―資本集中組織の研究―』（中央経済社），『現代企業経営論―現代の企業と企業理論―』（税務経理協会）など。

林　正樹（はやし・まさき）• 第11章執筆

中央大学名誉教授
1942年生まれ。早稲田大学大学院商学研究科博士課程単位取得満期退学，中央大学より博士号（経営学）取得（1995年）。中央大学商学部教授。専門は経営管理論，日本的経営論。主著に『日本的経営の進化』（税務経理協会），『現代日本企業の競争力』（ミネルヴァ書房）。

齊藤毅憲（さいとう・たけのり）• 第12章執筆

横浜市立大学名誉教授，放送大学客員教授，永続的成長企業ネットワーク理事
1942年生まれ。早稲田大学第一商学部卒業，早稲田大学大学院商学研究科博士課程修了，商学博士。横浜市立大学教授などを歴任。主著に『上野陽一―人と業績―』（産業能率大学），『現代日本の大学と経営学教育』（成文堂），『経営学を楽しく学ぶ』（中央経済社）など。

貫　隆夫（ぬき・たかお）• 第13章執筆

武蔵大学名誉教授
1940年生まれ。慶応義塾大学商学部卒業，同大学院博士課程単位取得。武蔵大学経済学部教授，大東文化大学環境創造学部教授，日本学術会議会員，経営関連学会協議会理事長などを歴任。主著『管理技術論』（中央経済社）。

村田和彦（むらた・かずひこ）• 第14章執筆

一橋大学名誉教授

1945 年生まれ。山口大学経済学部卒業，一橋大学大学院商学研究科博士課程単位修得。1978 年商学博士（一橋大学）。一橋大学商学部教授，日本大学経済学部教授を歴任。専門は経営学。主著は『労資共同決定の経営学』，『労働人間化の経営学』，『生産合理化の経営学』，『市場創造の経営学』（以上千倉書房），『企業支配の経営学』，『経営学原理』（以上中央経済社）。

高橋俊夫（たかはし・としお）• 第15章執筆

元日本経営学会理事長，元経営学会国際連合会長，明治大学名誉教授

1939 年生まれ。明治大学経営学部卒業，同大学大学院経営学研究科博士課程修了。経営学博士（明治大学）1970 年。専門は経営学，経営史。主著に『組織とマネジメントの成立』（中央経済社），『企業論の史的展開』（中央経済社），『企業戦略論の系譜と展開』（中央経済社）。

日本経営学会史——創設51周年から90周年まで

2017年9月1日 初版第1刷発行

編　者	日本経営学会
発行者	千倉成示
発行所	株式会社 千倉書房

〒104-0031 東京都中央区京橋2-4-12
電話 03-3273-3931（代表）
http://www.chikura.co.jp/

印刷・製本　藤原印刷株式会社
造本装丁　米谷豪

©日本経営学会 2017　Printed in Japan〈検印省略〉
ISBN 978-4-8051-1116-1 C3034

乱丁・落丁本はお取り替えいたします

JCOPY ＜(社)出版者著作権管理機構 委託出版物＞

本書のコピー、スキャン、デジタル化など無断複写は著作権法上での例外を除き禁じられています。複写される場合は、そのつど事前に(社)出版者著作権管理機構（電話03-3513-6969、FAX 03-3513-6979、e-mail: info@jcopy.or.jp）の許諾を得てください。また、本書を代行業者などの第三者に依頼してスキャンやデジタル化することは、たとえ個人や家庭内での利用であっても一切認められておりません。